Rudolf Hirsch
Junge Leute und ihre Nöte vor Gericht
Eros und Ehe vor Gericht

Rudolf Hirsch

Junge Leute und ihre Nöte vor Gericht

Eros und Ehe vor Gericht

Gerichtsberichte

Verlag Das Neue Berlin

ISBN 3-360-00121-4

1. Auflage dieser Ausgabe

Lizenz-Nr.: 409-160/252/87 · LSV 7004
Umschlagentwurf: Horst Wolff
Printed in the German Democratic Republic
Fotosatzherstellung: (140) Druckerei Neues Deutschland, Berlin
Druck und Buchbinderei: Karl-Marx-Werk Pößneck V15/30
622 796 4

00920

Junge Leute und ihre Nöte vor Gericht

Vorwort

Das Aufzeichnen von Worten und Zahlen war vor etwa fünftausend Jahren noch ein sehr großes Geheimnis. Erfunden und streng gehütet wurde diese Kunst von den Priestern. Wer waren die ersten? Die Ägypter, die Babylonier, die Priester des geheimnisvollen Königs Ever im heutigen Syrien, die Sumerer, die Hethiter? Wer die ersten waren, ist heute eine Streitfrage. Aber es waren Priester. Sie – als Gläubiger – schrieben auf, ob ihre Gläubigen ihnen die verlangten Ochsen, Hammel, Schafwolle, Hühner, Gerste als Opfer gebracht hatten. Der Buchstabe (in Keilschrift oder in Hieroglyphen) als Mittel der Buchführung war gefunden.

Bald war es erforderlich, daß Ordnung in die Opfergaben gebracht wurde. Es mußte eine ordnungsgemäße Abgabenverwaltung eingerichtet werden. Die Oberpriester oder die Könige mußten Kontrolle über die Buchführung haben. So entstanden Gesetzeswerke für jeden

Tempelbezirk, für jeden Gott, Steuergesetze und auch Strafgesetze für Steuersünder. Natürlich auch Handelsgesetze. Zivil- und Familienrecht wurden von den Priestern entworfen. Das erste uns überlieferte Gesetzbuch stammt aus dem babylonisch-sumerischen Raum.

Um 1950 v. u. Z. ließ Hammurapi oder Chammurabi alle Einzelgesetze zusammenfassen für ein großbabylonisches Reich; sein Gesetzbuch ist auf einer Steinsäule eingemeißelt worden. Und als Schmuck ist König Chammurabi abgebildet, wie er vom Sonnengott Samasch persönlich das Gesetzeswerk empfängt. Das göttliche Recht war endlich entdeckt.

Natürlich wurden Buchstaben und Schrift auch für andere Dinge verwandt, für das Aufzeichnen der Heldentaten der Könige oder für die Weisheit der Priester. Zunächst aber wollen wir uns eines merken: Wort, Buchstabe, Schrift und Gesetz stehen in einem unlösbaren Zusammenhang. Gesetze und Gesetzesbücher, auch wenn sie von Göttern gegeben und in Stein für ewige Zeiten gemeißelt wurden, haben nie eine Ewigkeit gedauert. Chammurabis Werk war das Gesetzbuch vom Übergang der Gentil- oder Stammesgesellschaft zur Sklavenhaltergesellschaft. Wir heute kennen wohl alle Einzelbestimmungen des Gesetzbuchs, wir haben aber keinen Bericht, wie das Gesetz angewandt wurde. Die Gerichtsberichterstattung war noch nicht erfunden.

Hier aber, in diesem Buch, wurde Buchstabe, Wort und Schrift angewandt, um Einzelschicksale von jungen Menschen darzustellen, von jungen Leuten, die sich in unserer Gesellschaft zu schädlichen Dingen haben verleiten lassen. Taten von jungen Leuten werden beschrieben, die sich strafbar gemacht haben gegen unsere Gesetze, und es wird gezeigt, wie unsere Gesetze gehandhabt werden.

Taten von jungen Leuten werden abgehandelt, und mit jungen Leuten meine ich einmal die Altersgruppe von vierzehn bis achtzehn, die nach den besonderen Bedingungen des Strafgesetzbuches bei uns als strafmündig gelten, die aber nach dem Jugendgerichtsgesetz abgeurteilt werden. Diese Gesetz gibt den Jugendrichtern und Jugendschöffen viele Möglichkeiten, Maßnahmen festzulegen. Hier bei diesen Jugendlichen soll die Strafe nur den einen Sinn haben: Erziehung zum verantwortungsbewußten Leben.

Und es wird auch in diesem Buch das strafbare Verhalten der Achtzehn- bis Fünfundzwanzigjährigen geschildert. Sie gelten in unserer Gesellschaftsordnung als Vollverantwortliche, die nach dem Strafrecht für Erwachsene verurteilt werden müssen. Aber die Entwicklung eines Menschen ist ein fließender Prozeß, nicht jeder, der achtzehn, neunzehn, ja fünfundzwanzig Jahre alt ist, hat die geistige Reife, die wir als Norm, als normal anerkennen. Viele von diesen jungen Erwachsenen haben noch die Mentalität eines noch nicht voll gereiften Menschen, sie weichen, möchte ich sagen, von der Durchschnittsnorm ab, ohne anormal im krankhaften Sinne zu sein. Deshalb werden Delikte von diesen jungen Erwachsenen, die typische Jugenddelikte sind, mit in diese Betrachtung einbezogen.

Nun ist die Jugendkriminalität in allen Ländern eine ernste Sache, und viele Soziologen, Kriminologen, Juristen und Ärzte haben interessante Untersuchungen angestellt und gelehrte Bücher darüber geschrieben. Es gibt Statistiken in vielen Ländern über die Häufigkeit aller Strafarten, über Alter und Geschlecht, über den Zusammenhang zwischen Intelligenzquotienten und Verbrechen.

Aus all diesen Büchern habe ich gelernt: Es gibt keine exakten Parameter – um mich einmal dieses modernen technisch-wissenschaftlichen Ausdrucks zu bedienen –, die die Ursachen für die Jugendkriminalität festlegen, das heißt, wenn diese oder jene Bedingungen zusammenfallen, dann muß ein Jugendlicher kriminell werden.

Es gibt begünstigende Umstände für Jugendkriminalität. Darin sind sich viele, eigentlich alle Forscher einig. Das ist die hemmungslose Gier nach Geld und Besitz. Eine Gesellschaftsordnung, in der der Wert eines Menschen danach geschätzt wird, wieviel Geld er hat, wieviel der verdient und welche Reichtümer er sein eigen nennt, eine solche Gesellschaftsordnung ist ein Treibhausklima für Diebstahl, Betrug, Kidnapping und Erpressung. Ich meine hiermit die kapitalistische Denk- und Lebensweise und die Wertbegriffe, die ihr eigen sind. Natürlich weiß ich auch, daß nicht alle Jugendlichen, die in kapitalistischer Gesellschaftsordnung aufwachsen, kriminell werden; so einfach ist es nicht.

Hier, in diesem Buch, habe ich an vielen Beispielen versucht darzustellen, daß es auch bei uns Faktoren gibt für das Abgleiten von jungen Menschen. Ich habe versucht, diese Ursachen in eine Art System zu bannen, und bin mir aber klar, daß dieses Schema nur sehr unvollkommen ist. Ganz entscheidend ist das Elternhaus, in dem der Jugendliche aufwächst. Schon das Kleinkind nimmt sich das Verhalten der Eltern zum Vorbild, erst ganz unbewußt, später bewußt. Werden die Vorbilder unterbrochen, also kommt das Kleinkind durch besondere, schwierige Umstände in ein Kinderheim, dann muß das Kind sich ein neues Vorbild vornehmen, neue Vorbilder der Erzieherin oder des Erziehers, aber leider wechselt der Erzieher manchmal. Und es kommt auch vor, daß das Kind von einem Kinderheim in ein anderes Kinderheim kommt und das neue Kinderheim eine andere Tageseinteilung und andere Regeln hat. All das führt zu Störungen des seelischen Entwicklungsprozesses.

Ich glaube, es ist nicht falsch, zu behaupten, daß Kinder, die in Kinderheimen groß geworden sind, schlechtere Startbedingungen haben als Kinder, die in normalen Familien aufwachsen. Und das trotz aller Mühen der Erzieherinnen und Erzieher, trotz aller Aufwendungen des Staates für diese Heime.

Daran liegt es, daß Jugendliche, die als Kinder in Heimen aufgewachsen sind, häufiger vor dem Strafrichter zu finden sind als Jugendliche, die eine normale Familienerziehung genossen haben. Deshalb sollten die Angestellten der Jugendhilfe alles tun, um rechtzeitig Kinder, die nicht bei ihren natürlichen Eltern, bei Mutter oder Vater, aufwachsen können, zur Adoption freizugeben.

Man sollte aber nicht vergessen, bei der Jugendkriminalität wirken meist mehrere Ursachen zusammen. Da ist der Einfluß der Schule, und ich meine sowohl Lehrer als auch Schüler, die die Entwicklung eines Jugendlichen bestimmen, und natürlich der des Arbeitskollektivs. Es spielt auch eine gewisse Vererbung mit, das bedeutet aber nicht, daß es geborene Verbrecher gibt, aber es gibt, und darüber herrscht Übereinstimmung, junge Leute, deren geistige Anlagen, deren Lernvermögen begrenzt ist, der Verstand schwach, deren Temperament aber normal oder sogar stärker entwickelt ist. Es spielt eine Rolle die geistige Nahrung, die die jungen Leute zu sich nehmen, die Bildung, die sie erwerben, die Vorbilder, die sie aus der Kenntnis der Literatur, des Films und des Fernsehens nehmen. Und natürlich spielen auch die erotischen Triebe und ihre Beherrschung durch den Willen eine große Rolle.

Bei der Analyse der Entstehung der Jugendkriminalität ist eine sehr wichtige Erscheinung zu beachten: die Neigung von Jugendlichen zur Gruppenbildung, sowohl in kapitalistischen als auch in sozialistischen Ländern. Ob diese Gruppen sich zu Banden entwickeln, ob sie kriminelle Handlungen begehen, das entscheidet meist, wer in dieser Gruppe den Ton angibt. Die Gruppe steigert, sie potenziert die Aktivität des einzelnen im positiven wie im negativen Sinne. Gehen die Jugendlichen später feste sexuelle Bindungen ein, verlassen sie die Gruppe meist, und die Gruppe zerfällt dann in einer gewissen Zeit.

Und ich habe feststellen müssen, es gibt auch bei uns, und darüber müssen wir uns klar sein, begünstigende Bedingungen. Nicht nur ungenügende Wachsamkeit, mangelnde Kontrolle. Es gibt auch tieferliegende Ursachen. Nehmen wir zum Beispiel die Tatsache, daß junge Menschen, die nicht die Fähigkeit haben, ihr Leben planmäßig zu gestalten, Schulabgänger der fünften, sechsten und siebenten Klasse mit schwachentwickelten intellektuellen Fähigkeiten, junge Leute, die keine Lehrstelle durchgehalten haben, die als ungelernte Arbeiter im Transportwesen oft mehr verdienen als Facharbeiter oder gar als Meister. Sie haben oft keine sinnvolle Verwendung für das von ihnen verdiente Geld, sie fangen an zu trinken, gerade sie schließen sich an Gruppen an, sie tun sinnlose Dinge, die wir als Rowdytaten betrachten und verurteilen müssen.

Durch unsere beispielhafte Schwangerschaftsbetreuung und -beratung, durch die Vorsorgemaßnahmen für Mutter und Kind werden hirngeschädigte Kinder am Leben erhalten. Unter den Bedingungen des Kapitalismus erreichen sie auch heute noch selten das dritte Lebensjahr. So widerspruchsvoll es klingen mag, die humanistische Gesundheitspolitik wirft neue Probleme in der Jugenderziehung auf.

Aber da gibt es auch noch andere begünstigende Ursachen für die Entwicklung von Jugendkriminalität in unserem Staat. Da ist das vielfach vorhandene Streben nach Besitz um jeden Preis. Hier sind es wieder die Eltern, die aus kleinbürgerlichem Prestigedenken oder aus einem Gefühl, das sie für Liebe halten, ihre Sprößlinge mit Geschenken überhäufen. Das schädigt einmal die Kinder selbst, die nie lernen können, was eigene Leistung bedeutet. Es kann aber auch andere Kinder beeinflussen, in ihnen Begierden wecken und sie zum Stehlen verleiten.

Noch schwieriger als dieses Prestigedenken ist ein anderes Problem, das auch eine Ursache für das Fehlverhalten Jugendlicher ist. Gute Ernährung, Sport und gesunde Lebensweise tragen dazu bei, daß sich bei den Jugendlichen durchschnittlich die Zeit der körperlichen und geschlechtlichen Reife immer mehr in das Kindesalter verlagert; es ist die bekannte Akzeleration. Aber der Verstand wächst nicht immer im gleichen Tempo. Aus dieser Diskrepanz erwächst die Ursache für viele Konflikte, die in einigen Fällen zur Kriminalität führen können, nicht müssen. Hier muß eine starke und konsequente Erziehung ein Gegengewicht schaffen. Sicher leicht zu postulieren, aber schwer zu verwirklichen.

Diese kurze Betrachtung zeigt, daß es nicht genügt, vernünftige Gesetze zu schaffen und niederzuschreiben. Heute genügt es nicht für einen Richter, für einen Jugendrichter genausowenig wie für jeden anderen, Gesetzeskenntnis zu haben. Er muß Einsichten haben über die Gesellschaftswissenschaften, Soziologie und Ökonomie, er muß Grundkenntnisse haben über die Vererbungslehre, die Psychiatrie und Psychologie, er muß ein Pädagoge sein. Das Amt des Richters wird immer schwerer. Er muß umfassend gebildet sein.

Der Buchstabe und das schriftliche Fixieren der Gesetze sind wichtig, und deswegen habe ich die kurze Einführung über den Zusammenhang zwischen Buchstabe und Gesetz hier niedergeschrieben. Aber das Amt des Richters ist heute eine hohe Kunst, es ist die Kunst der Menschenführung. Vieles kann man erlernen, aber nicht alles; denn jeder Tag gibt neue Aufgaben. So ist das Richteramt heute eine wahrhaft göttliche oder, sagen wir besser, eine wahrhaft menschliche Kunst.

Rudolf Hirsch

Eltern ohne Pflichtbewußtsein

Vater ist so krank

Er, der Vater, der das Erziehungsrecht, die Erziehungspflicht hat, erschien nicht. Sie aber, die Mutter, die das Erziehungsrecht für sechs andere gemeinsame Kinder hat, die bei der Scheidung die ältesten dem Mann überlassen hatte, sie erschien. Bei ihr hatte der siebzehnjährige Axel Hilfe und Zuflucht gefunden.

Der Prozeß gegen den siebzehnjährigen Axel und seinen sechzehnjährigen Freund Micha mußte vertagt werden, denn der Erziehungsberechtigte muß gehört werden. Nur so kann das Gericht sich ein ungefähres Bild über die wirklichen häuslichen Verhältnisse machen, kann abwägen, wieviel persönliche Schuld dem angeklagten Jugendlichen zuzumessen ist, ob Versagen oder Unvermögen der Eltern zum Abgleiten beigetragen hat. Eine in jedem Fall komplizierte Analyse. Sie kann in der relativ kurzen Hauptverhandlung sicher nicht ganz erschöpfend bewertet werden, denn allzuviel bleibt ungesagt. Aber wichtig sind die Aussage und der Eindruck des Vaters (in diesem Falle), damit die Entscheidungen des Gerichts dem Jugendlichen eine neue Richtung weisen. Denn die Strafe ist ja nicht Sühne, sondern ein Instrument der Erziehung, das ohne die alltägliche Umgebung des Jugendlichen, ohne seine Familie, ohne seinen Freundeskreis und ohne seine Arbeitswelt (Art der Arbeit und Arbeitskollektiv), wenig ausrichten kann.

Also mußte am Freitag vertagt werden. Viele, die Eltern des Micha und der Kollektivvertreter, die vielbeschäftigte Referentin der Abteilung Jugendhilfe, haben weite Wege umsonst gemacht und Wichtiges versäumt.

Am Montag erschien Axels Vater, er gab an, er sei krank, aber nicht krank geschrieben, er hatte auch am Tag des Prozesses, am Freitag, in seinem Betrieb gearbeitet. Es wurde ihm eine Ordnungsstrafe gegeben. Schon diese Haltung zeigt, der Vater ist wenig um seinen Sohn bemüht. Und nicht nur um diesen Sohn Axel, auch der zweite, der ihm anvertraut ist, macht Schwierigkeiten. Er hat sich an den Straftaten beteiligt, ist mitgegangen, hat mitgestohlen, aber er ist erst dreizehn Jahre, ist noch nicht strafmündig.

Das Vernehmungsprotokoll der Volkspolizei legt bloß, daß dieses Kind Züge der Verwahrlosung zeigt, ein kleiner Rüpel, der mit Freude den Verbrecher spielen möchte. Wirklich kein Beweis für die Erziehungsfähigkeit des Vaters.

Wohl hat der Vater für Axel und den kleinen Bruder gesorgt, er hat ihnen zu essen gegeben, hat ihnen Kleidung gekauft. Aber sonst war der Vater wenig da, er ist Schichtarbeiter, und nach der Schicht geht er auch gern einmal ins Wirtshaus.

Axel fiel das Lernen schwer, er hatte die Sonderschule besucht und ihr Pensum geschafft. Es gelang ihm nicht, pünktlich zu sein, er verschlief immer. Und der Vater hatte nie dafür gesorgt, daß er rechtzeitig zur Arbeit kam. Auf seiner ersten Arbeitsstelle konnte er sich nicht halten. »Sie haben mich immer ausgemeckert.« Eine zweite Arbeitsstelle in einer Gummifabrik war für ihn zu schwer. Er mußte sie aufgeben. Am Tage der Verhandlung hat er keine Arbeit.

Oft hat er schon Zuflucht bei seiner Mutter gesucht, hat dort gegessen. Im letzten Monat ist er ganz vom Vater weggegangen und wohnt wieder bei der Mutter, die ihn aufgenommen hat. Er möchte so gerne arbeiten, aber allein auf sich gestellt, findet er nichts.

Der Vater muß etwas von den Untaten seiner Jungen geahnt haben. Wie er sich genau geäußert hat, weiß man nicht mehr, gesagt hat er wohl ungefähr: »Laßt euch ja nicht erwischen«, und in Axels Version heißt es: »Zweimal könnt ihr es ruhig machen, das dritte Mal erwischen sie euch.« Der Vater hat nach seiner Version nichts gewußt, hat sie nur gewarnt. Er hätte mehr wissen können, denn einmal hat er sie ertappt, als sie beide um zwei Uhr nachts nach Hause kamen.

Micha, der Sechzehnjährige, ist auch mitgegangen. Er ist größer, geschmeidiger als Axel, Lehrling in einem Baubetrieb. Sein Elternhaus ist intakt und, wie mir scheint, sogar erstklassig. Er ist beim Einbrechen einfallsreicher, schlauer als die beiden Brüder, aber er ist nicht der Initiator. Das ist ohne Frage Axel.

Die beiden Brüder brechen in einem Schneiderladen ein, im Haus, in dem sie wohnen. Sie öffnen eine Kassette mit einer Schneiderschere und finden Geld. Der Freund Micha kann oder will nicht mitmachen. Beim zweitenmal, bei einem Einbruch in einem Broilerladen, ist er dabei. Die Beute sind einige gegrillte Hühner, ein paar Schachteln Zigaretten und ein Radio. Beim drittenmal haben sie ein Seil für Micha besorgt, der die elterliche Wohnung nachts heimlich verlassen will, ein Seil, mit dem er sich aus dem ersten Stock herunterlassen kann. Das Ziel ist ein Lebensmittelgeschäft, ein Brauseladen, wie Axel immer sagt, und sie wollen von der Hofseite durch ein Fenster einsteigen, das durch Gitterstäbe gesichert ist. Hier bringt Axel eine Eisensäge mit, und die Stäbe werden durchgesägt. Es geht um Bargeld und vor allem um Zigaretten, auch für den Dreizehnjährigen, im Werte von etwa 400 Mark.

Die Voraussage des Vaters hat sich erfüllt. Beim drittenmal werden sie geschnappt. Die beiden Straffälligen haben einen Monat lang in Untersuchungshaft gesessen, dann kann Micha seine Lehre fortsetzen, Axel aber ist ohne Arbeit.

Sehr guten Kontakt zu Axel hat die Mitarbeiterin des Referats Jugendhilfe, aber auch guten Kontakt zu seiner Mutter. Vom Gericht wird sie gebeten, für Axel eine Arbeitsstelle zu finden.

Am Tag der Urteilsverkündung hat Axel schon den Arbeitsvertrag in der Tasche. Arbeit in einem großen Werk der Elektroindustrie, ein Werk mit guten Arbeitskollektiven.

Für ihn eine Strafe auf Bewährung und für die Dauer der Bewährung Bindung an den neuen Arbeitsplatz. Bedingung für die Bewährung auch Wiedergutmachung des Schadens. Angedroht wird ihm eine Strafe von zehn Monaten.

Für Micha ist die Bewährungszeit kürzer, anderthalb Jahre, und die Androhung auch geringer, sechs Monate. Bedingung: Fortsetzung seiner Lehre.

Axel ist einer der wenigen Angeklagten, die sich nach der Urteilsverkündung beim Gericht bedanken, mit Handschlag. Er wohnt bei der Mutter, hat den Arbeitsplatz, der ihm zusagt. Jetzt fühlt er sich geborgen.

Er gehört meines Erachtens zu den Jugendlichen, die sich gerne leiten, aber auch gerne verleiten lassen. Er wurde aus der Bahn geworfen durch die Ehescheidung der Eltern. Konnte man aber acht Kinder der Mutter aufbürden? So kamen die beiden ältesten zum Vater, der völlig ungeeignet und unfähig war, den jungen Menschen ein Heim zu gestalten und sie zu erziehen.

Gruppe oder Freundin

Er schwankt zwischen Gruppe und Freundin. Die Gruppe, das ist sein Zuhause. Wie man sich dort bewegt, das hat er leider von Kind an mitbekommen.

Mit der Freundin, das ist schwieriger. Nicht, daß er nicht wüßte, was das kleine Mädchen von ihm erwartet. Das weiß er zu genau. Ein Kindchen ist schon da; in der Familie der Schwiegereltern ist er ein sehr häufiger Gast. Der Schwiegervater bemüht sich um den etwas rauhen, ungebärdigen, aber frischen und nicht unsympathischen Schwiegersohn. Aber das Leben in der Familie, das ist ihm ungewohnt, da weiß er nicht, wie und was, da fehlt ihm das Leitbild. Voll Sehnsucht ist er bestrebt, auch einmal Familienvater zu sein, richtig mit eigenem Wohn- und Schlafzimmer, Küche und allem Komfort, eigener Herr in den vier Wänden. Doch das muß eben alles, so glaubt er, schon dasein.

Gibt es aber Krach mit der Freundin und den Schwiegereltern, dann ist immer die Gruppe da draußen, die Sechzehn-, Siebzehnjährigen, die ihn gern aufnehmen, Kai, den Einundzwanzigjährigen.

Er ist ein Stiefkind des Lebens. Seine Eltern haben ihn zurückgelassen, als er ein halbes Jahr alt war, sie haben sich in den Westen abgesetzt und sich nie wieder um ihn gekümmert. Ein Kinderheimkind. Einmal hat eine Familie ihn aufgenommen, aber ihn wieder zurückgegeben, er ist zu schwierig. Kinderheim, Jugendwerkhof, das Gruppenleben ist ihm vertraut. Wie er auf eigenen Füßen stehen kann, das weiß er nicht, wie er Geld einteilen muß, ist ihm fremd, ungewohnt.

Aber unser Leben ist trotz aller Wandlungen des Sozialen und des Technischen ein Leben in der Familie. Ich glaube, im wesentlichen wieder geworden durch den Einfluß des Fernsehens. In dieser revolutionären Zeit kehrt die Familie manchmal des Abends zum Lehnstuhl, zum Schlafrock, zu den Pantoffeln zurück.

Kais Leben als Jugendlicher und als Erwachsener wurde oft unterbrochen. Die Lehre als Schweizer – heute heißt der Beruf »Zootechniker« – auf der Insel Rügen, eine Lehre, die man ihm so ans Herz legte, trat er unwillig an und konnte sie natürlich nicht beenden. Dann hat er zwei Jahre eingesessen. Sittlichkeitsdelikte an einem Kind. Keine schwere Geschichte, wie mir der Staatsanwalt sagte, aber hart bestraft, nicht so sehr aus Erziehungsgründen, mehr aus Gründen der Abschreckung. Eine Tat, erklärbar aus dem Alter der Pubertät und wahrscheinlich auch als Folge der Heimerziehung.

Die Wiedereingliederung des noch nie eingegliederten Kai hätte sehr sorgsam vorbereitet werden müssen. Das Gegenteil soll der Fall gewesen sein. »Was kommen Sie heute schon, wir hatten Sie erst nächste Woche erwartet«, soll ihm die Abteilung Inneres beim Rat des Stadtbezirks Berlin-Pankow gesagt haben. Es waren für ihn kein Arbeitsplatz und kein Wohnraum vorbereitet. Hier fand er sofort Anschluß an eine Gruppe.

Nicht lange dauerte es, da stand er wieder vor Gericht, damals eine Freiheitsstrafe von vier Monaten, bedingt. Und diese Strafe mußte er verbüßen, als er erneut zu acht Monaten Freiheitsentzug verurteilt wurde. Jetzt sitzt er für zwölf Monate in Strafhaft und wird so dem Gericht vorgeführt.

Die Dinge, die nun zu behandeln sind, lagen vor der letzten Strafe. Sie waren in der letzten Verhandlung noch nicht bekannt. Sie mußten nachverhandelt werden. Erst ist Kai ruppig, aber er weiß auch genau, wie er sich verteidigt. Er kennt die gesetzlichen Vorschriften. Immer weist er darauf hin: »Ich bin nicht als Haftentlassener betreut worden.« Er kennt sein Recht, er kann es nur, wenn er in Freiheit ist, nicht durchsetzen. Dann aber wieder ist er keß: »Ich habe als Transportarbeiter nur vierhundert verdient, damit komme ich höchstens vierzehn Tage aus.« Und er beschwert sich: »Sonderschichten durfte ich im Betrieb nicht machen. Ich sollte erst dafür sorgen, daß ich morgens pünktlich zur Arbeit komme.« Kai weiß nicht, wann ihm wirklich Unrecht geschieht.

Aber als seine wirklichen Straftaten vor Gericht durchgesprochen werden, wird er ruhig, vernünftig und macht richtige Angaben. Einer aus der Gruppe, ein Siebzehnjähriger, will von zu Hause weg. Er muß Lebensmittel haben. Die Gruppe versucht abends, eine Hintertür eines Lebensmittelgeschäfts aufzustemmen, vergeblich. Kai ist dabei. Die Gruppe zieht zu einem zweiten Laden mit dem gleichen Ergebnis.

Einbruch bei einem Schweinemäster. Die Gruppe klaut Kartons mit Dominosteinen, Süßigkeiten, die in der Rezeptur mißlungen waren, sie sollten an die Schweine verfüttert werden. Sie verkaufen die wenig schmackhaften Dominosteine an Kinobesucher. Dann werden eine Fahrerlaubnis und Autoschlüssel mitgenommen. Einer will sich die Fahrerlaubnis umfälschen, aber sie wissen nicht, wie sie es machen sollen. Sie gehen dann zum Besitzer, geben Fahrerlaubnis und Autoschlüssel gegen eine Belohnung wieder ab. Sie hätten sie gefunden, sagen sie.

Einbruch in eine Kohlenhandlung. Sie stehlen Kohlenmarken, wissen nicht, was damit anfangen. Auch ein Anorak wird mitgenommen. Kai zieht ihn sich an, seinen alten gibt er einem anderen. Er glaubt, er kann sich, jetzt schon von der Volkspolizei gesucht, dadurch unkenntlich machen. Kindliche Dummheiten, sie belasten ihn sehr. Ein zweites Mal stehlen sie eine Fahrerlaubnis, und auch damit kann der

Jugendliche, für den sie bestimmt ist, nichts beginnen. Und als die Volkspolizei Kai aufgreift, findet sie die Fahrerlaubnis bei ihm.

Alle Aktionen sind generalstabsmäßig vorbereitet, nach Art der englischen Posträuber. Doch das Ergebnis der Generalstabsarbeit ist fast gleich Null: Dominosteine aus der Schweinemästerei.

Kai ist aber, wie schon erwähnt, nicht mehr sechzehn oder siebzehn wie einer seiner Freunde, er ist einundzwanzig. Wie unreif die Burschen sind, das sagt einer der Sechzehnjährigen als Zeuge hier im Prozeß. Er sei verlobt mit einer Achtzehnjährigen, und die wolle Richter werden. Große Freude über den juristischen Zuwachs.

Das ist Kais Umgang. Ein Erwachsener mit der Mentalität, mit der Entwicklungsstufe eines gefährdeten Sechzehnjährigen.

Das Gericht erhöht die letzte Strafe, die mit acht Monaten ausgesprochen war, auf vierzehn Monate. Im Urteil verlangt es von der zuständigen Abteilung Inneres, die Wiedereingliederung besonders sorgsam vorzubereiten und je nach der Veränderung seines Wesens Kai in einem sehr guten, geeigneten Kollektiv unterzubringen. Denn alle Anstrengungen, einen wiederholt Straffälligen durch eine Freiheitsbeschränkung erziehen zu wollen, sind vergebene Liebesmüh, wenn nicht der Übergang in die freie, selbstverantwortete Lebensführung gesichert, ja abgesichert wird.

Das unerwünschte Kind

Wenn ich heute das Leben und die Taten eines Klaus-Peter nachzeichne, dann kann ich mir für ihn wenig Hoffnung machen. Obwohl er noch so jung ist, gerade sechzehn Jahre alt.

Dem Gericht sind, so glaube ich, in diesem Fall fast unlösbare Aufgaben gestellt, denn dieser Fall Klaus-Peter ist kein Rechtsfall im normalen Sinne, obwohl er Kriminelles getan hat, obwohl er dafür bestraft werden muß. Es ist ein Fall falscher, fehlerhafter Erziehung. Er kam sehr unerwünscht zur Welt, außerehelich, und hatte von Geburt her einen Hirnschaden. Der wäre bei sehr sorgsamer Erziehung nach Meinung eines unserer besten Psychiater zu überwinden gewesen. Hirnschäden dieser Art verzögern die geistige Entwicklung, die Kinder bleiben in den ersten Schuljahren im Vergleich zu anderen um zwei bis drei Jahre zurück, im allgemeinen aber, nach Erfahrung des Psychiaters, werden diese Rückstände im Laufe der Kindheit wieder ausgeglichen, so daß die meisten sich am Ende der Pubertät das normale Wissen angeeignet haben. Es sind, so meint der Psychiater, Kinder, die nicht in eine Sonderschule gehören, sie sind den Anforderungen der Normalschule gewachsen, allerdings müssen sie in der Klasse zurückgestuft werden. Das bringt auch in der Gesamterziehung Schwierigkeiten mit sich. In den meisten Fällen weicht man lieber in Überweisung an die Sonderschule aus. So scheint es auch im Falle Klaus-Peter gewesen zu sein, dort hatte er ohne jede Schwierigkeiten den Abschluß der achten Klasse erreicht.

Die Mutter – so steht es in den Akten – soll ein etwas ungebundenes Leben geführt haben, nachdem Klaus-Peter ungerufen zur Welt kam. Später heiratete sie, wurde geschieden, die Kinder aus dieser Ehe wurden dem Vater zugesprochen, und sie blieb nur für Klaus-Peter verantwortlich. Aber diese Erziehungspflicht war ihr immer lästig, sie vernachlässigte den Jungen. – Die Mutter will ihn gar nicht bei sich aufnehmen, vor allem jetzt, da sie einen neuen Freund hat, der von dem schwierigen Kind nichts wissen will. Auch ist die Mutter der Gerichtsladung als Erziehungsberechtigte nicht gefolgt.

Klaus-Peter blieb ein ungeliebtes Kind, herumgestoßen, ohne Bindung. Er kam in Kinderheime, auch die mußte er häufig wechseln, er war immer schwierig, stahl, wo er hinkam. Er suchte seine Benachteiligung durch materiellen Besitz auszugleichen. Vor einem halben Jahr war er zum erstenmal angeklagt. Er wurde von einem Psychiater untersucht, und der meinte damals, er habe nicht die Reife eines normalen Vierzehnjährigen, er sei strafrechtlich nicht verantwortlich. Klaus-Peter wurde also freigesprochen. Er kam in ein Lehrlingswohnheim, ihm wurde ein Arbeitsverhältnis in einer Gummiwarenfabrik vermittelt. Er sollte dort den Teilfacharbeiterbrief machen.

Zur Arbeit ging Klaus-Peter höchstens zweimal. Er riß auch ständig aus dem Lehrlingswohnheim aus, er hatte den Schlüssel zur Wohnung seiner Mutter, die hielt sich aber bei ihrem Freund auf. So hatte er ein

Reich für sich allein. Sehr häufig holten ihn die Kameraden aus dem Lehrlingswohnheim von dort ab. Trotz allen guten Zuredens, trotz guten Beispiels ging er nicht zur Arbeit, er streunte herum.

Fast jeden Tag brach er zur Mittagszeit in Wohnungen ein. Er durchsuchte die Zimmer, warf alles durcheinander, er suchte nach Geld. Er nahm aber auch Gasfeuerzeuge, Radios, Kassettenrecorder, Rasierapparate; Keller durchwühlte er. Er suchte und fand Vorräte. Er scheute sich nicht, zur Mittagszeit Türfüllungen einzuschlagen, um in fremde Wohnungen zu gelangen.

Abends knackte er Autos, er suchte Geld, fand aber nicht immer das, was er gesucht hatte, und nahm unnütze Dinge mit. Aus einem Betrieb zum Beispiel von einer Kapelle Kastagnetten. Einer der Geschädigten, bei dem ein Auto geknackt worden war, behauptete vor Gericht, daß der Einbrecher Talent zu einem guten Feinmechaniker hätte, so geschickt habe er sein Auto geknackt.

Siebzehn solcher Fälle, Einbrüche in Wohnungen, Betriebe und Autos, waren in der Anklage aufgeführt, die er alle ohne Zögern zugab; es waren aber sicher noch mehr, einen Teil hatte er vergessen, und die Geschädigten hatten keine Anzeige gemacht.

Diesmal wurde ein sehr gründliches psychiatrisches und psychologisches Gutachten über Klaus-Peter gemacht.

Seine realen Kenntnisse seien gering, sagte der Gutachter. Er habe keinerlei soziale Gefühle entwickelt, er kenne keinen Frohsinn, keine Unternehmensfreude, Mitleid und Mitfreude seien ihm unbekannt. Sein Selbstwertgefühl sei verringert, er wolle es durch Großsprecherei und durch Geschenke ersetzen. Er versage vollkommen bei Belastungen jeder Art.

Durch seinen frühkindlichen Hirnschaden sei er geistig zurückgeblieben. Das hätte durch ein pädagogisch geschultes Elternhaus ausgeglichen werden können. Die Mutter aber habe das Kind und auch den Heranwachsenden völlig vernachlässigt. Auch der Psychiater betrachtet Klaus-Peters Entwicklung mit äußerster Sorge, aber er hält ihn für fähig, wie ein normaler Vierzehnjähriger Recht und Unrecht zu unterscheiden und auch sein Leben nach dieser Einsicht einzurichten. Er hält ihn also für strafmündig, und er empfahl dem Gericht die Einweisung in ein Jugendhaus.

Staatsanwalt und Gericht schlossen sich dieser Empfehlung an. Klaus-Peter wurde in ein Jugendhaus eingewiesen.

Das Jugendhaus ist eine Einrichtung besonderer Art für jugendliche Straftäter. Es hat Erziehungsaufgaben, es soll Beziehungen und soziale Bindungen zur Gesellschaft herstellen und festigen. Im Jugendhaus wirken ausgebildete Erzieher, jeder Jugendliche wird dort zu einem Facharbeiter herangebildet. Der Aufenthalt im Jugendhaus: mindestens ein Jahr, höchstens drei Jahre. Die Dauer ist vom Erziehungserfolg abhängig, das Gericht kann nach Ablauf eines Jahres darüber beschließen. Der Jugendliche wird auf jeden Fall bei Vollendung des zwanzigsten Lebensjahres von dort entlassen.

Die Erziehung eines neuen Menschen beginnt mit dem ersten Tag des Lebens. Wenn ein Kind unerwünscht ist, wenn es vernachlässigt wird, merkt es das sofort. Wenn keine echten Mutter-Kind-Beziehungen vorhanden sind, wird das Kind im späteren Leben Kontaktschwierigkeiten haben. Weinen kann ein Kind schon bei der Geburt, Schmerz empfindet es, das braucht ihm nicht beigebracht zu werden, Freude und Lachen will erlernt, will erzogen werden. Freude muß erlebt werden.

Irgendwo im Kreise Altentreptow

Gesellschaft, ein häufig benutztes Wort, ein Wort mit doppelter Bedeutung. Die Gesellschaft, in der wir leben, die sich in unserem Staat, in unserer Ordnung, in unserem Rechtswesen darstellt und die sich mit dem Menschen Eugen beschäftigt. Die Gesellschaft, die Eugen, sagen wir, Gesellschaft leistet, mit der er privat so zusammen ist.

Die große Form der Gesellschaft hat sich mit Eugen ziemlich häufig befassen müssen. Er stammt aus einer zerrissenen Familie, seine Mutter lebt drüben, niemand kümmerte sich so recht um ihn und seine Schwester.

Auch der Vater nicht; zum zweitenmal verheiratet, sah er ihn selten. Eugen wuchs in Kinderheimen auf, er kam in eine Sonderschule, deren achte Klasse er gut schaffte. In normalen Verhältnissen, davon bin ich überzeugt, hätte Eugen auch die Oberschule bis zur achten Klasse ohne Schwierigkeiten bewältigt.

Als er sich aber im Berufs- und Erwerbsleben beweisen sollte, ging es nicht gut mit ihm. Er schloß sich an eine negative Gruppe an, damals, als er noch sehr jung war, mit achtzehn, neunzehn. Zweimal wurde er als Dieb und Hehler verurteilt. Er war arbeitsscheu. Das letzte Urteil aus dem Jahre 1966 traf den damals Neunzehnjährigen hart, zwei Jahre und zehn Monate Gefängnis und Aufenthaltsverbot für Berlin, verurteilt noch nach dem alten Strafgesetzbuch.

So kam Eugen 1968, als er entlassen wurde, in eine landwirtschaftliche Produktionsgenossenschaft im weiten Land Mecklenburg, im Kreise Altentreptow, fern vom Getriebe der Großstadt. Es ist ein kleines Dorf, an einer Landstraße gelegen, es hat nicht einmal eine Kneipe. Eugen bekam ein Zimmer sogar, etwas entfernt von den Gebäuden der Genossenschaft. Unser Großstadtkind Eugen konnte hier so einigermaßen seelisch und sozial gesunden, und er lernte das Arbeiten. Er ist als tüchtiger Mann in der Feldbaubrigade bekannt geworden, dann wurde er in einem Lehrgang als Traktorist ausgebildet.

Viel Gesellschaft hatte Eugen in diesem Dorfe nicht, es waren nur drei oder vier junge Leute da. Die anderen kümmerten sich nicht allzusehr um Eugen, sie luden ihn wohl manchmal ein, zu Weihnachten, wie es der Kollektivvertreter in der Berliner Verhandlung sagte. Aber Weihnachten ist eben nur einmal.

Seine einzige Abwechslung war ein Fernsehapparat, der im Kulturraum der LPG-Baracke stand. Dort saß er meist Abend für Abend, ziemlich allein. Manchmal kamen auch seine Freunde, schon betrunken. Der Kulturraum muß danach ziemlich traurig ausgesehen haben, das sagte mir der Vorsitzende, den ich besuchte. »Dann habe ich von Eugen verlangt, wenn er Fernsehen sieht, muß er sich einschließen, andere dürfen nicht daran teilnehmen.«

Ab und zu kam auch der Leiter der Abteilung Inneres beim Rat des Kreises Altentreptow und sah sich nach dem verlorenen Großstadtkind um. Eugen, inzwischen ein hübscher, schmaler Bursche mit einem kessen Schnurrbärtchen, fragte diesen Kollegen, ob er vielleicht doch einmal seine Schwester und seinen Vater in Berlin besuchen könne. Der Vater sei Geschäftsführer in einem Exquisitladen Unter den Linden. Darauf ging man ein, man suchte in den Exquisitläden den Vater Eugens, aber leider hatte Eugen gesponnen, er hatte eben angeben wollen, und so konnte der Vater ihn nicht einladen. Dadurch unterblieb auch die Genehmigung für eine gelegentliche Berlin-Reise.

Das neue Strafgesetzbuch sieht für derartige Fälle eine zeitlich begrenzte Aufenthaltsbeschränkung vor, von zwei bis fünf Jahren. Und schon nach dem ersten Jahr kann das Gericht die Dauer verkürzen, wenn der Verurteilte verantwortungsbewußt arbeitet. Die örtlichen Organe der Staatsmacht, die gesellschaftlichen Organisationen und Kollektive können derartige Anträge stellen. Aber niemand tat das.

Eugen wollte nach zwei Jahren wieder einmal nach Hause. Er wollte vor allem seine Schwester besuchen, mit der er in Verbindung stand. Er fuhr ohne Erlaubnis am 15. Dezember los. Zu Hause traf er aber niemanden an, er fand sofort Kontakt zu anderen jungen Leuten, verirrte sich mit ihnen, ziemlich angetrunken, im Hausflur. Die Hausbewohner alarmierten die Volkspolizei, und Eugen wurde noch am selben Abend von der Volkspolizei in Berlin aufgegriffen und bekannte sofort, daß er sich ohne Erlaubnis in Berlin aufgehalten habe. Zurückgeschickt, mußte er sich vor der Versammlung der LPG verantworten. Damit schien die Sache erledigt zu sein. Dann aber nahm sich Eugen Mitte Januar für fünf Tage Urlaub und fuhr wieder ohne Genehmigung nach Berlin. Und wieder wurde er gestellt und jetzt in Haft genommen. Leider wurde nun auch untersucht, was alles gegen ihn sonst noch vorläge, und da fand man eine alte Geschichte, die sich vor etwa einem Jahr in dem Dorf der LPG zugetragen hatte. Eugen hatte, um einer momentanen Geldknappheit zu entkommen, einer alten Frau erzählt, er könne ihr Ferkel besorgen. Sie gab ihm für diesen Zweck 150 Mark, aber die Ferkel blieben aus, und die alte Frau beschwerte sich über Eugen bei dem Vorsitzenden der LPG. Der stellte mit Nachdruck und mit Hilfe des Abschnittsbevollmächtigten Eugen zur Rede, und dieser gab der Frau das Geld zurück. Die Sache war abgetan, ein Jahr schon, und aus einem mir unerfindlichen Grund wurde diese Geschichte ausgegraben und mit angeklagt. Für Eugen, den zweimal Vorbestraften, heißt das verbrecherischer Betrug. Acht Monate war Eugen wegen dieser Sachen in Untersuchungshaft. Selbst die Staatsanwältin sagte zu Eugen: »Hätten Sie ordnungsgemäß einen Antrag stellen lassen, ihre Familie in Berlin zu besuchen, Sie hätten die Genehmigung ohne weiteres bekommen.« Aber niemand stellte einen Antrag. Der Vorstand der LPG hätte sich auch für die Aufhebung der Aufenthaltsbeschränkung einsetzen können.

Der Vorsitzende war mit den Leistungen Eugens sehr zufrieden, und mit Stolz zeigte er mir einen Brief, den Eugen ihm aus der Haftanstalt geschickt hatte. Er bat den Vorsitzenden, ihn auf jeden Fall wieder einzustellen, außerdem würde Eugen gern Mitglied der Genossenschaft werden.

Der Vorsitzende sagte, er freue sich, Eugen wiederzuhaben, er hätte jetzt auch einen besseren Wohnraum zur Verfügung, näher an den Gebäuden der LPG, und er hätte keinen Zweifel, daß der Vorstand Eugen, wenn er wieder dort tätig sei, als Mitglied aufnehmen würde. Aber die LPG-Bauern waren keine Juristen. Sie wußten nichts von ihren Rechten, und das kann ihnen niemand verübeln.

Und die Juristen? Eugen, das muß hier festgestellt werden, hat Pech gehabt. Er hat sich einmal, wie er im Verfahren sagte, an den Staatsanwalt in Berlin gewandt, er nannte im Prozeß den Namen des Staatsanwalts, und der war gestorben. Der Brief Eugens blieb unbeantwortet. Die damals vorsitzende Richterin, die die Aufenthaltsbeschränkung ausgesprochen hatte, ist nicht mehr im Amt. Und auch der Leiter der Abteilung Inneres beim Rat des Kreises Altentreptow, der Eugen sehr gut kannte, ist aus Altersgründen ausgeschieden. So hat die Gesellschaft den Eugen vergessen. Nur die LPG-Mitglieder kümmern sich um ihn, aber sie kennen nicht die Wege, sie kennen nicht die Macht, die sie haben.

Aus all diesen Gründen ist mir der Antrag der Staatsanwaltschaft unverständlich. Er lautet: wegen böswilliger Verletzung der Aufenthaltsbeschränkung und wegen Betrugs anderthalb Jahre Freiheitsentzug. Das Gericht: zehn Monate Freiheitsentzug. Ein Verlegenheitsurteil? Ich glaube, es geht weit über das Ziel hinaus, wenn man den gesellschaftlichen Schaden betrachtet, den Eugen angerichtet hat. Der Antrag der Staatsanwaltschaft aber ist die Durchsetzung einer

Staatsräson. Räson aber heißt auch Vernunft. Vernünftig wäre es, Eugen so schnell wie möglich als Genossenschaftsbauer einzugliedern und ihm auch ab und zu eine Reise nach Berlin zu gestatten.

Und ganz privat meine ich, die Eingliederung in die Gesellschaft ist geglückt, das vertrete ich im Gegensatz zur Auffassung der Staatsanwaltschaft. Sie ist geglückt durch die Mitglieder der Genossenschaft »1. Mai« irgendwo im Kreise Altentreptow.

Eine schwererziehbare Mutter

Kindesmißhandlung, wenn man das hört, denkt man an eine völlig heruntergekommene Familie; Vater und Mutter arbeiten nicht, liegen auf den Betten, trinken Schnaps, stehlen hier und da ein bißchen, und die armen Kinder müssen es ausbaden.

So ist das hier nicht. Hier ist alles, wie es scheint, wohlgeordnet, von asozialer Lebensweise kann nicht gesprochen werden. Die Wohnverhältnisse sind nicht gerade glänzend, aber in der Wohnung herrschen Ordnung und Sauberkeit.

Die Mutter Helga ist angeklagt und muß sich allein verantworten. Sie ist vor Jahresfrist von ihrem Mann geschieden, die Gründe für die Ehescheidung sind leider nicht bekannt, die Ehescheidungsakte lag dem Gericht nicht vor.

Frau Helga muß im Ehescheidungsverfahren einen erheblich guten Eindruck gemacht haben. Ihr wurde das Erziehungsrecht für den zehnjährigen Fred und den neunjährigen Heiner übertragen. Sie ist in dem beneidenswerten Alter von dreißig Jahren. Sie kleidet sich etwas bunt, aber kultiviert, ihre naturrotbraunen langen Haare geben der Erscheinung etwas Mädchenhaftes, Sportliches, wenn auch ihre Gesichtszüge härter und energischer wirken. Und Energie, das glaube ich, kann man Frau Helga nicht absprechen.

Sie hatte als junges Mädchen eine Lehre als Verkäuferin angefangen und abgeschlossen, in Abendkursen erwarb sie Kenntnisse in Schreibmaschine und Stenografie. Als sie verheiratet war und die beiden Kinder bekam, Fred und Heiner, hörte sie mit der Arbeit auf und widmete sich ganz der Erziehung und Betreuung ihrer beiden Jungen.

Im vorigen Jahr war die Ehe gestört und mußte geschieden werden. Gleichzeitig bemühte sich Frau Helga um Arbeit, sie fing in einem großen Industriebetrieb als Schreibkraft an. Dort erwarb sie weitere Fähigkeiten und Kenntnisse und vor allem Vertrauen. Heute ist sie Sekretärin eines Hauptabteilungsleiters.

Dieser, ihr Vorgesetzter, war vom Kollektiv zum Kollektivvertreter bestimmt worden. Er bestätigte ihr Pünktlichkeit, Zuverlässigkeit und eine außerordentliche Ruhe. Keinerlei Anhaltspunkte für Jähzorn. Frau Helga wurde in ihrer Abteilung als Sozialbevollmächtigte der Gewerkschaft gewählt, außerdem nahm sie an den Schulungen für die Zivilverteidigung teil.

Und doch ist sie unbeherrscht und jähzornig. Sie hat Schwierigkeiten mit ihren beiden kleinen Jungen. Der jüngere, Heiner, ist ein übersensibles Kind, er muß eine starke Bindung an die Mutter gehabt haben, er weigerte sich – damals war die Ehe der Eltern noch intakt –, in den Kindergarten zu gehen. Und bekam sogar, als er gezwungen werden sollte, Fieber.

Der ältere, Fred, war fast ein Musterknabe; auch heute, sagt Frau Helga, geht er gern in die Schule, aber nicht in den Hort, dort reißt er aus. Er will lieber spielen und basteln, als unter Aufsicht Schularbeiten zu machen.

Die Schwierigkeiten mit Fred sollen schon während der Ehe der Eltern angefangen haben. Wahrscheinlich merkte der Junge, daß es Differenzen zwischen den Eltern gab. Und er reagierte darauf, wie es häufig Kinder tun, mit einem unbewußten Lernstreik, seine Leistungen fielen merklich ab.

Im November 1974, als der Vater noch da war, aber die Scheidung schon im Gespräch, stahl der Zehnjährige der Mutter zweihundert Mark aus der Tasche, um sich Bastelwerkzeug dafür zu kaufen. Die Mutter merkte das und griff zu einem Wäscheknüppel (eine Art verkürztem Besenstiel), prügelte den Jungen, sie mißhandelte ihn.

Die Klassenlehrerin von Fred merkte das. Sie ging zu der Mutter, machte ihr Vorwürfe, bei diesem Besuch soll Frau Helga sich einsichtig gezeigt haben.

Aber die beiden Jungen seien weiter ungezogen gewesen. Die Mutter hatte ihnen Fernsehverbot erteilt. Und als sie eines Abends um zehn Uhr nach Hause kam, saßen die beiden vor der Fernsehkiste, hatten sich Butterbrote gemacht, sehr stark gekrümelt und die Butter herumgeschmiert.

Das hatte Frau Helga so erbost, daß sie wieder zu diesem Wäscheknüppel griff und ganz besonders auf den Älteren, den Fred, einschlug.

Der Junge erzählte es in der Schule. Er erzählte, er bekäme für alles Schläge, auch wenn er Löschblätter vergessen habe. Für jedes Löschblatt einen Schlag mit dem Knüppel. Diese Abrechnungsmethode bestritt Frau Helga. Die Lehrerin aber sorgte damals im Februar dafür, daß Fred zu einem Jugendarzt gebracht wurde. Der stellte mehrere handtellergroße, blutunterlaufene Stellen am Gesäß und an der oberen Beinpartie fest. Auch der kleinere, der sensible Junge, wurde mit diesem Wäscheknüppel geschlagen. Aber leider fand sich hier niemand, der den Jungen zum Arzt gebracht hätte, um Verletzungen festzustellen.

Aus Verärgerung hatte die Mutter ihre Kinder mißhandelt. Prügel – Erziehungsmaßnahmen? Prügeln erzieht zum Duckmäuser, zum Trotz, zur Unaufrichtigkeit, Prügel im Kindesalter sind oft Ursachen für schwere Charakterfehler.

Wenn Eltern mit den normalen Erziehungsmaßnahmen nicht zurechtkommen, dann sollten sie mit ihren Kindern einen Psychologen aufsuchen, das legten die Richterin und auch die Staatsanwältin Frau Helga dringend ans Herz.

Der Betrieb, in dem Frau Helga arbeitet, hatte eine Bürgschaft angeboten, aber sie war nicht präzisiert. Und das Gericht riet dem Kollektivvertreter, eine ältere, erfahrene Kollegin zu bestimmen, sie sollte sich in gewissen Abständen um die Familie kümmern und vor allem um die Erziehungsmethoden.

Es wurde eine Bewährungsstrafe ausgesprochen, die Zeit der Bewährung auf eineinhalbes Jahr festgelegt. Sollte Frau Helga sich wieder so unmenschlich aufführen, muß sie mit einem Freiheitsentzug von acht Monaten rechnen.

Seit der ersten polizeilichen Vernehmung hat Frau Helga ihr Verhalten zu ihren Kindern geändert. Und merkwürdig, die Kinder haben sich auch geändert. Es sind also keine schwererziehbaren Kinder gewesen. Es war eher eine schwererziehbare Mutter.

Kaspar Hauser heute und des Lebens ernstes Führen

Er weiß nicht, wer seine Eltern sind; wie Kaspar Hauser, der rätselhafte Mann aus dem vorigen Jahrhundert, er scheint ein Findelkind zu sein. Ein hübscher, blonder junger Mann, trotzig verlegen und sehr, sehr unvernünftig – Jürgen.

Bei dem anderen ist es nicht sehr viel anders; der kennt den Namen seines Vaters, er hat ihn nie gesehen, der Vater ist gestorben. Auch den Namen der Mutter weiß er, aber auch sie kennt er nicht. Er ist wendiger, er trägt den Trotz nicht so offen zur Schau, er wird es sicher später einmal leichter haben als Jürgen. Aber noch muß man auch um ihn bangen – Rolf.

Jürgen hat von der Erziehung in den vielen Jugendheimen, die er durchgemacht hat, nicht viel mitbekommen. Die Schule hat er nur bis zur sechsten Klasse besucht, er hat später noch einmal versucht, in Abendkursen die siebente nachzuholen, aber dann hat er, wie er selber sagt, bald die Lust daran verloren. Am 10. Oktober 1969 hat er das achtzehnte Lebensjahr vollendet, und er wurde aus dem Jugendheim entlassen. Eine Wohnung hat er, Möbel und auch eine Arbeitsstelle. Er wurde – bildlich gesprochen – ins Wasser geworfen: Jetzt bist du mündig, du hast Schwimmen gelernt, wir haben dir den Weg geebnet, jetzt schwimme.

Tatsächlich hat er nichts gelernt. Es fehlt ihm das, was Goethe (nach einem Vers) von seinem Vater geerbt hat: »des Lebens ernstes Führen«. Daß er auch nicht »vom Mütterchen die Frohnatur und die Lust zu fabulieren« mitbekommen hat, ist unter diesen Umständen klar; denn dieses Glück der Familie hat er nie kennengelernt.

Es sind, und das ist tausendfach erwiesen, nicht nur die biologischen Erbanlagen, die ein Mensch von seinen Eltern hat und mitbekommt und die seine Entwicklung bestimmen, es ist genauso für ihn bestimmend, *wie* die Eltern ihm das Leben vorleben, den Tag einteilen, die Wohnung gestalten, wie sie lieben, wie sie hassen, welche Interessen sie haben, der Ton, der in der Familie herrscht, den das Kind von den Eltern übernimmt, absichtlich und auch unbewußt. Unwichtig, ob es die natürlichen Eltern sind.

Unsere Gesellschaft, so revolutionär sie im wirtschaftlichen, politischen und kulturellen Aspekt ist, ist eine Familiengesellschaft geblieben. Wer keine Familienerziehung und keine Familienhilfe kennengelernt hat, ist im Lebens- und Daseinskampf benachteiligt. Das wissen die Heimkinder am besten.

Miete zahlen, für jede Familie selbstverständlich. Jürgen hat nur bis Dezember Miete gezahlt. Frühmorgens aufstehen und zur Arbeit gehen, welche Mutter weckt ihre Kinder nicht pünktlich, ob sie sechzehn sind, achtzehn oder zwanzig. Jürgen weckt niemand, Jürgen verschläft den Arbeitsbeginn fast jeden Tag. In keinem Betrieb kann er sich halten.

Rolf geht es ganz ähnlich. Auch er ist aus der Heimerziehung entlassen, wohnt möbliert. Sofort gibt es Konflikte mit den Wirtsleuten. Als er den Schlüssel verloren hat, lassen die ihn nicht wieder in die Wohnung. Er kämpft nicht um sein Wohnrecht, zieht zu Freunden und wohnt schließlich bei Jürgen, den er aus dem Heim und von der Arbeit kennt. Als er später eine eigene Wohnung zugewiesen bekommt, kann er gar nicht einziehen, weil er keine Möbel hat. Auch Rolf kann sich nicht an das frühe Aufstehen gewöhnen. Während er noch im Jugendheim war, hat er als Hilfsschlosser fast zwei Jahre lang gut gearbeitet. Auf sich selber gestellt, reicht das für ein paar Monate. In einer Druckerei arbeitet er von Anfang August bis Dezember, und dann ist auch das aus. Fristlose Entlassung.

Aber es werden Partys gefeiert. Jürgens Wohnung ist eine Anlaufstelle für alle die, die aus Heimen ausrücken, Mädchen und Jungen. Jürgen spielt Gitarre, Gitarre mit Verstärker, die anderen bringen auch Gitarren mit, singen und lärmen und tanzen. Die soliden Hausbewohner sind entsetzt, sie beschweren sich ständig bei der Volkspolizei. Oft kommt die Polizei, sie macht Razzien und holt die Jugendlichen, die gesucht werden, aus der Wohnung heraus. Es bildet sich eine Solidarität von Heimkindern, eine Antigesellschaft, eine Gesellschaft von Benachteiligten – wie sie glauben – scheint sich hier herauszubilden.

Auch ein ziemlich erwachsen aussehender Junge von dreizehn Jahren findet bei den beiden Zuflucht. Mit ihm hatten seine Eltern Erziehungsschwierigkeiten, und er sollte in einen Jugendwerkhof eingewiesen werden. Dieser Dreizehnjährige geht jeden Tag aus, um zu stehlen, Lebensmittel, und er ernährt alle die anderen mit. Einmal kommt er sogar mit einer Gans nach Hause. Im Winter stehlen die drei zusammen etwa 35 Zentner Kohlen.

Die beiden muß das Gericht mit Arbeitserziehung bestrafen, zwei Jahre. Sie haben mit ihrer asozialen Lebensweise wirklich die Ordnung gefährdet, andere belästigt, sie haben ein Kind zum Stehlen verleitet, sie haben andere, bei denen Erziehungsmaßnahmen angeordnet waren, versteckt. Dinge, die alle mit Strafe bedroht sind.

Bei ihrem Leben und Treiben verwundert es niemanden, daß beide schon als Väter benannt werden. Rolf hat die Vaterschaft anerkannt, muß zahlen, kann aber nicht, weil er keine Arbeit hat. Jürgen bestreitet noch, daß er es gewesen sei.

Die Mütter ihrer Kinder, auch Heimkinder, Entwurzelte wie sie, hatten bei Jürgen Zuflucht gesucht. Es ist nicht schwer, zu prophezeien, daß auch diese Kinder Heimkinder werden.

Sicher, die Erzieher in den Kinderheimen geben sich die größte Mühe, sie haben alle Mittel. Aber Familienerziehung können sie nicht ersetzen, allzuoft müssen die Kinder die Heime wechseln, und in den Heimen wechseln die Erzieher und ihre Methoden.

Wir haben jetzt eine fast fünfundzwanzigjährige Erfahrung mit Heimerziehung. Ihre Ergebnisse liegen vor, wir müßten sie einmal wissenschaftlich untersuchen und aus diesen Untersuchungen Folgerungen ziehen. Wir werden zu folgenden Ergebnissen kommen: Heimerziehung sollte für Kleinkinder selten werden. Es gibt genug Ehepaare, die kleine Kinder an Kindes Statt annehmen möchten, also adoptieren. Wenn die natürlichen Eltern zustimmen – bei außerehelichen ist nur die Einwilligung der Mutter notwendig –, können die Organe der Jugendhilfe bei den Räten der Kreise diese Adoption beschließen.

Verweigert aber einer der Eltern die Zustimmung, kann diese Einwilligung auf Klage des Organs der Jugendhilfe durch das Gericht ersetzt werden. Das wird man nur selten tun müssen, aber ich glaube, manchmal sollte man im Interesse des Kindes und im Interesse der gesamten Gesellschaft von diesem Weg, den das neue Familienrecht uns gewährt, Gebrauch machen.

Der Dieb

Ist kein gutes Haar an ihm? Ich möchte es finden, aber es macht zu große Mühe. Volker sieht so sympathisch aus, ein junger Mann, zwanzig Jahre, in der Blüte seiner Jahre, wirkt sogar intelligent, mit graublauen Augen und einer kühnen Nase, mit sauber gescheitelten dunkelblonden Haaren, alle Türen ständen ihm offen – wenn er sie nicht immer selber öffnen würde.

Zugegeben, seine Jugend war nicht rosig. Die Mutter, alleinstehend, starb, als er noch ein Kind war, die Oma wird sein Vormund, sie umsorgt ihn liebevoll, allzu liebevoll. Er dankt es ihr nicht, bummelt die Schule, kleine Diebereien, man wird mit ihm nicht fertig, er kommt in den Jugendhof, in einen Werkhof an der Ostseeküste. Auch hier stiehlt er und stiehlt sich davon. Nun kommt er vors Jugendgericht, eine Verurteilung zum Jugendhaus wird ausgesprochen, und er muß Schadenersatz leisten, es sollen etwa 800 Mark sein.

Er wird am 14. Oktober 1974 nach Berlin, seiner Heimatstadt, entlassen. Und so fängt er sein Leben als Erwachsener mit dieser Schuldenlast an.

Großmutter und auch ein Onkel helfen ihm bei der Einrichtung einer kleinen Wohnung, die Möbel hat er von seiner Mutter geerbt. Ein Arbeitsplatz ist auch für ihn vorbereitet, in der Werkzeugmaschinenfabrik »7. Oktober« ist er als Blechumformer tätig. Da ihm der Verdienst zu gering erscheint, wird der sympathisch wirkende Volker sofort auf einen Lehrgang für Gabelstaplerfahrer geschickt. Hier sind seine Verdienstmöglichkeiten schon größer, aber er schöpft sie nicht aus. Wieder bleibt er dem Betrieb tagelang fern und erscheint auch manchmal betrunken zur Arbeit. Nun folgen Ermahnungen,

Verweise, strenge Verweise. Mitglieder seines Kollektivs holen ihn häufig von zu Hause ab.

Der Bericht einer sehr besorgten und gewissenhaften Kollegin bekam einen geheimnisvollen Ton, als sie dem Gericht erzählte, sie habe ihn dort zu Hause manchmal in mysteriösen Umständen angetroffen. Was denn das für mysteriöse Umstände seien, fragte der neugierige Staatsanwalt. »Er lag mit einer Frau im Bett.« Kurzum, das Mysterium der Liebe wurde durch das mahnende Eintreten der Kollegin empfindlich gestört.

Aber nicht nur das Kollektiv, die Kollegen und Kolleginnen, kümmerten sich um ihn, auch hilft noch immer die Großmutter, hilft der Onkel, ganz abgesehen von der guten Fürsorge des Rates des Stadtbezirks bei der Wohnungsbeschaffung. Aber der Boden ist nicht bereitet, die Saat geht nicht auf.

Er, Volker, will weg vom Betrieb, aber der Betrieb, der wenig Freude an ihm hat, der allen Grund hätte, ihn fristlos zu entlassen, lehnt den von Volker angebotenen Aufhebungsvertrag ab. Jetzt kündigt Volker. Die Kollektivvertreterin meint, sie habe das extra so eingerichtet, daß er jetzt noch Zeit hat, sich vierzehn Tage alles zu überlegen. »Vielleicht würde er doch bei uns bleiben, wir könnten Einfluß auf ihn gewinnen.« Aber dann hat er seinen Arbeitsplatz doch aufgegeben.

Volker sagt vor Gericht, schuld an all seinem Versagen seien die Schulden aus dem ersten Strafverfahren gewesen. Man habe ihm damals gesagt, die Schulden würden jetzt vom Lohn in der Haft abgezogen und bezahlt, aber er habe bei der Entlassung gar keine Abrechnung bekommen. Er hatte sie auch nicht gefordert, er hat nicht danach gefragt. Trotz dieser für ihn jetzt so drückenden Schuldenlast kauft er sich sofort ein Kofferradio und ein Tonbandgerät auf Abzahlung. Er stiehlt, er bricht ein. Volker will angeblich die alten Schulden damit bezahlen. In Wirklichkeit häuft er nur neue Schulden an. Er bricht meistens ein im eigenen Wohnhaus. Bei einem Mieter sieht er einen Schlüssel im Briefkasten liegen, den fischt er sich heraus, probiert an der Tür, ob irgend jemand in der Wohnung ist. Dann öffnet er die Tür, findet in einem Mietbuch 435 Mark.

Von einer anderen Mitbewohnerin, einer Rentnerin, kennt er die

Gewohnheit, daß sie nachts ausgeht, um Tauben zu füttern. Die Wohnung öffnet er mit einem Dietrich, aber dann merkt er zu seinem Schreck, die alte Dame liegt im Bett und schläft. Er schließt die Tür ihres Schlafzimmers und stiehlt ihr 120 Mark und 30 Mark Westgeld, ein Geschenk von Verwandten.

Das schlimmste aber für die alte Frau war, daß er ihre Katze, die die Gewohnheit hat, im Vorraum auf einer Kommode zu sitzen, getreten und verletzt hat. Sie sei seit diesem Tage völlig verstört. Und das Geld, das er ihr nahm, war eine Zuwendung für eine Krankenbetreuung, Geld, das die Dame dringend brauchte. Er stiehlt auch in Wohnungen von Bekannten und Freunden. Bei einem guten Freund steigt er durch eine zerbrochene Fensterscheibe ein, Zigaretten sind dort seine Beute. Der Freund vermißt auch einige Schallplatten, aber Volker leugnete, sie genommen zu haben.

Seine Spezialität ist es, parkende Autos aufzubrechen. Aus einem Auto hat er einen teuren Radiorecorder gestohlen, der wird bei ihm gefunden, er kann auch dem Besitzer zurückgegeben werden, aber leider war der Apparat so demoliert, daß es der Besitzer schwer hat, dieses ausländische Produkt reparieren zu lassen. Und so hat Volker an die zwanzig Autos aufgebrochen oder offene Fahrzeuge durchsucht. Nach seinen Angaben hat er Kleinigkeiten gefunden und mitgenommen. Nicht alle Besitzer haben der Polizei gemeldet, daß sie bestohlen wurden.

In seinem Betrieb scheut Volker sich nicht, auch aus Garderobenschränken seiner Kollegen zu stehlen. Dort nimmt er ein Sparkassenbuch, einen Ausweis, einen Ehering und Geld. Nur das Geld verwendet er, die anderen Dinge konnten zum Glück bei ihm gefunden und sichergestellt werden.

Die Strafe: ein Jahr und fünf Monate Freiheitsentzug und nach Verbüßung Aufenthaltsverbot für Berlin. Werden diese Maßnahmen Erfolg haben, wird er ein anderer werden? Wenn er wieder stiehlt, gilt das als Verbrechen, dann ist er rückfällig, und dann ist die Mindeststrafe zwei Jahre Freiheitsentzug.

Kann man ihm die Reue glauben, seine Zerknirschung, die gestammelten Entschuldigungen, die die Geschädigten von ihm zu hören bekommen? Die Nachbarn, die Fremden, die Freunde, die Kollegen.

Soll das vielleicht auf das Gericht einen guten Eindruck machen, soll das wirkungsvoll sein, oder ist es Ausdruck einer beginnenden Wandlung. Ach, Reue kommt so leicht von den Lippen, wenn man eingesperrt ist. In der Freiheit wird diese peinliche Erinnerung und Erfahrung allzu leicht vergessen.

Tote Seelen, schwanger

Heute steht nur Marianne da, eine etwas volle Blüte im Schmuck ihrer zwanzig Jahre. Sie hätte schon lange alles hinter sich haben können, aber sie bestand darauf, einen Anwalt mit ihrer Verteidigung zu beauftragen. Also wurde ihr Verfahren von dem ihrer Familie abgetrennt. Es war ein Familienprozeß. Ihre Mutter und ihre jüngere Schwester, Ulrike, waren angeklagt und dann verurteilt, dazu noch zwei Freundinnen. Aber Marianne hat keinen Rechtsanwalt für sich gewinnen können, es fehlte ihr wohl das Geld. Und das ist schade, es wäre vieles zu ihrer Entlastung zu sagen gewesen.

Mit vereinten Kräften und wirklich ohne die sonst so übliche und angenehme, beliebte Mitwirkung eines Mannes haben die fünf Damen Schwangerschaften bewirkt, sogar Kinder in die Welt gesetzt. Aber leider waren es nur Schwangerschaften an Phantomdamen. Sagen wir es laut und deutlich, eine unbefleckte Empfängnis liegt also nicht vor. Keine Wunderserie fand statt, nur eine Reihe von Betrügereien.

Sie hat kein leichtes Leben gehabt, diese Marianne, und auch nicht ihre um drei Jahre jüngere Schwester Ulrike. Sie haben nie einen Vater zu Hause gesehen. Marianne kam mit jungen Jahren in ein Kinderheim, nicht weil sie Schwierigkeiten machte, nein, weil ihre Mutter sich nicht um ihre beiden Töchter kümmerte und sogar gerichtlich deswegen verurteilt wurde. Dort erreichte Marianne das Ziel der siebenten Klasse und kam mit sechzehn Jahren nach Hause. Aber hier lag von ihrer Mutter ein böser und scheußlicher Brief, sie muß die Wohnung verlassen, sie soll selber für sich sorgen. Ebenso muß es der heute noch minderjährigen Schwester Ulrike gegangen sein. So wohnen die drei Frauen getrennt.

Ulrike aber hat schon zwei eigene Kinder. Sie ist wie ihre Mutter an Arbeit nicht interessiert, und sie ist in dieser Sache der böse Geist gewesen. Marianne aber hat trotz geringer Schulbildung erst einmal einen technischen Beruf erlernt, sich dann in der Sozialversicherung als Sachbearbeiter gut eingearbeitet. In dieser Zeit ihrer Berufstätigkeit besuchte sie die Volkshochschule und erreichte den Abschluß der achten Klasse.

Ihre Schwester Ulrike sah eines Tages, wie geschickt und schnell Marianne Frauen an ihrem Schalter abfertigte, die Geburtenbeihilfen abholten. Sie bemerkte auch, daß von einigen Berechtigten Vollmachten ausgestellt worden waren, daß nach Vorlage des Sozialversicherungsausweises, der Bescheinigung der Schwangerenfürsorge und des Personalausweises der Abholenden das Geld für sie sofort ausgezahlt wurde.

Sie erkundigte sich, und Schwester Marianne erzählte ihr, bis zu 300 Mark dürfte sie selbst das Geld zur Auszahlung anweisen. Für über 300 Mark brauchte sie noch eine zweite Unterschrift von einer Kollegin.

Mit dieser Kenntnis machte Ulrike einen Plan: »Wir fälschen Vollmachten von nichtexistierenden Frauen, dann kommen ich und eine Freundin zu dir, und wir legen pro forma einen Sozialversicherungsausweis vor. Du fälschst die zweite Unterschrift und, das ist eine Kleinigkeit für dich, weist das Geld dann an.«

Marianne wandte ein: »Aber die Nummer des Personalausweises und der Name des Abholenden werden noch notiert.«

»Da mußt du später diese Unterlagen klauen«, sagte der böse Geist Ulrikes. Marianne wollte erst nicht, aber als ihr Ulrike einen herzzerreißenden Brief schrieb, sie habe nichts mehr zu essen, da ließ sie sich erweichen. Schnell also 450 Mark an eine nichtexistierende Frau angewiesen, die Unterschrift der Kollegin gefälscht und das Geld an eine Freundin der Ulrike ausgezahlt.

Das eine Mal hatte sich Marianne breitschlagen lassen, aber sie wollte nicht mehr. Sie fand dann in der Post einen Brief ihrer Schwester: »Wenn Du nicht mehr mitmachst, schreibe ich einen anonymen Brief an die Sozialversicherung und zeige Dich an. Du allein bist verantwortlich, Dich haben sie dann am Kanthaken.«

Ulrike hat in ihrem Prozeß diese Erpressung bestritten. Der Brief ist nicht mehr aufzufinden. Aber diese Erpressung war ja nicht echt. Hätte sich Marianne das überlegt, dann hätte sie sich sagen müssen, ich bekenne diese einmalige Verfehlung, das wird mir verziehen, dann gibt es eine Beratung vor der Konfliktkommission, und die Sache ist aus der Welt geschafft. Ich ersetze das veruntreute Geld. Aber auch Ulrike wird nicht ungeschoren davonkommen.

Aber leider machte Marianne weiter. Man wurde frech. Ulrike holte selber das Geld als Bevollmächtigte ab. Dann wurde die Mutter eingeweiht, und die machte sofort mit, statt, wie es ihre Pflicht als Erziehungsberechtigte der noch minderjährigen Ulrike gewesen wäre, sie davon zurückzuhalten. Es wurde noch eine zweite Freundin eingeweiht, und auch sie ließ sich bevollmächtigen.

Sie schafften sich Perücken an, damit es in der Sozialversicherung nicht auffiel, daß immer dieselben Frauen Geburtenbeihilfen abholten. Es gelang Marianne auch, aus der Ablage einige Belege zu stehlen, um die Aufdeckung der Sache zu erschweren.

Aber die Kontrolle in der Sozialversicherung ist gut. Nach drei Monaten kam die ganze Sache trotz oder vielleicht sogar wegen der gestohlenen Belege heraus.

Heute ist das Verfahren im ganzen Berliner Stadtgebiet geändert. Es müssen alle Unterlagen dem Leiter oder seinem Stellvertreter bei der Sozialversicherung vorgelegt werden, auch bei einer Zahlung unter 300 Mark, und er muß die Zahlungsanweisung mit unterschreiben. Diese Regelung sollte in der ganzen Republik übernommen werden, und vielleicht sollten auch alle Unterlagen an die Kasse weitergereicht werden, dann wäre ein solcher Betrug unmöglich.

Die Mutter ist schon verurteilt, zwei Jahre und vier Monate. Darin ist auch eine Strafe wegen der Vernachlässigung ihrer Aufsichtspflicht gegenüber der minderjährigen Tochter Ulrike enthalten. Ulrike bekam zwei Jahre und fünf Monate Freiheitsentzug. Die härteste Strafe aber trifft Marianne: drei Jahre und vier Monate. Sie war der Angelpunkt dieser Geschichte. Ohne ihre Mitwirkung, ohne ihren Schalterdienst, der allerdings nur für Namen zutraf, die mit den Buchstaben K–Mo beginnen – für diese Personengruppe war Marianne in der Sozialversicherung im Berliner Stadtbezirk Prenzlauer Berg tätig –, ohne ihre Mitwirkung hätten Frau Olga Krahl, Frau Hedi Moos, Frau Karin Kohl und Frau Eva Meier nie das Licht der Welt erblickt, wären nie schwanger geworden, hätten keine Kinder bekommen. Und sollten zufällig einige Leserinnen genauso heißen, hiermit versichere ich, sie waren es bestimmt nicht, sie können es nicht gewesen sein, denn alle diese schwangeren Frauen sind nichtexistent im Sinne des Standesamtes, des volkspolizeilichen Meldewesens, und sie sind auch in keinem Hausbuch eingetragen. Es sind oder es waren tote Seelen, aber schwanger.

Nur ein halbes Elternhaus

Der Erpresser

Es ist hart, und dennoch sag' ich's, dieser Uwe hat das Zeug in sich, Chef einer Gangsterbande zu werden. Es ist tröstlich, zu wissen, er wird es nicht. Und daß er es nicht wird, das liegt nicht an ihm. Es liegt an uns.

Äußerlich, meine sehr verehrten Kollegen, die Kriminalromane verfassen, äußerlich sieht man es ihm nicht an. Er grinst nicht wie Ihre negativen Helden, er lächelt. Er hat kein doppeltes Kinn, keinen Bauch, er trägt keine grellen Krawatten, er ist jung, schlank und groß. Er hat ein freundliches Gesicht, fast kindlich. Wenn er spricht, dann zischt er nicht, im Gegenteil, wenn er verlegen ist, stottert er sogar. Er ist auch nicht grob, er kann sich wunderbar anpassen; wenn Zwang ausgeübt wird, fügt er sich, wird sogar beispielhaft.

Sein Vater ist früh verstorben, die Mutter hatte es schwer mit ihm. Kinderheim für Schwererziehbare, Jugendwerkhof; dort führt er sich wie ein Musterknabe, er kann frühzeitig entlassen werden. In der kurzen Zeit, da er auf sich selbst gestellt ist, scheut er jedoch geregelte Arbeit. Oft und gern hält er sich am Bahnhof Friedrichstraße auf. Er läßt sich von Ausländern ansprechen und versucht krumme Geschäfte zu machen. Dabei wird er aufgegriffen.

Für Uwe wurde 1968 vom Gericht Arbeitserziehung angeordnet, und ihm wurde der Aufenthalt in Berlin untersagt. Das traf ihn schwer, denn er hat in Berlin eine Freundin, beide haben gemeinsam ein Kind. Die Arbeitserziehung schien erfolgreich zu sein. Ende November 1969 waren die Verantwortlichen überzeugt, dieser junge Mensch kann und will jetzt arbeiten, man kann ihn entlassen. Natürlich war ein Arbeitsplatz für ihn bereitgestellt und ein Zimmer in einem Wohnheim des VEB Plaste in Espenhain, Bezirk Leipzig. Uwe bezeichnet sich selber als sehr labil, das heißt, er scheut regelmäßige Arbeit. Er hatte sich trotz des Verbots in Berlin aufgehalten. Die Mutter, die Freundin, das Kind und auch der Bahnhof locken ihn.

Dann aber fährt er nach Espenhain, und seit dem 8. Januar arbeitet er täglich bis zum 23. Februar, und er arbeitet gut. Richtig zufrieden ist man mit Uwe, dem jetzt Einundzwanzigjährigen. Er verdient sofort 420 Mark netto, und man spricht schon mit ihm, er solle einen Qualifizierungslehrgang in Leipzig besuchen. Dann wird er auch in eine höhere Lohngruppe eingereiht. Am 22. Februar bittet er um einen Tag Urlaub, den kann der Meister ihm aber jetzt noch nicht geben, doch man sagt ihm zu, das wäre vielleicht im März möglich. Er holt sich dann am nächsten Tag noch sein Geld ab, fährt nach Berlin, kommt nicht mehr wieder. Er wohnt bei seiner Freundin.

Uwe kann in Berlin natürlich keine Arbeit aufnehmen, aber der Bahnhof Friedrichstraße ist da. Und die Möglichkeit, Gelegenheitsgeschäfte zu machen. Er trifft wieder die alten Bekannten, die Gefährten, die Kunden. Aber das Geld, das er damit verdient, reicht nicht.

Eines Abends gegen 22 Uhr kommt er in ein Lokal, er will noch ein Bier. Das lehnt man ab. Feierabend. Ein anderer Gast, anscheinend ein solider, ein Stammgast, ein kleiner, schmächtiger Mann, Meister in einem größeren Betrieb, bittet den Wirt, man möge doch dem jungen, sympathischen Mann noch ein Glas Bier geben. Es entwickelt sich zwischen den beiden ein sehr merkwürdiges Gespräch, Sympathie entsteht. Wir wissen nicht, warum, wir vermuten nur.

Nur Fakten geben die beiden zu. Uwe sagt dem Mann, er ist von auswärts, er hat kein Geld. Sofort ist der kleine Meister bereit, ihm 100 Mark zu leihen. Er hat am selben Tag seine Jahresendprämie erhalten. Uwe nimmt, zeigt den Ausweis und unterschreibt eine Quittung, aber unleserlich. Der Geldgeber verlangt eine deutliche Adresse und deutliche Schrift. Dann kauft der kleine Meister noch eine Flasche Hochprozentigen, beide ziehen in die Wohnung des Junggesellen. Da Uwe am frühen Morgen noch weiter muß, geht der kleine Mann in die Küche, um ihm Butterbrote zu machen für die Reise. Dann verabschiedet sich Uwe, und nun bemerkt der Gastgeber, seine Geldbörse und 500 Mark sind verschwunden. Uwe, als er später aufgegriffen wird, leugnet den Diebstahl, aber das Gericht spricht ihn schuldig.

Noch härter ist der letzte Vorfall. Uwe sitzt mit seiner Freundin und einem anderen Mädchen in einem Restaurant. Ein großer, etwas schmalbrüstiger junger Mann mit Hornbrille schließt sich ihnen an. Und er ist sehr einverstanden, einer Einladung zu folgen, in Uwes Wohnung. Der meint natürlich die Wohnung seiner Braut. Der Fremde verspricht sich viel und Abenteuerliches, und er bringt noch die unumgängliche Flasche Schnaps mit.

Dort angekommen, herrscht betretenes Schweigen. Man weiß nicht, wie man beginnen soll, worüber eigentlich sprechen. Uwe aber sagt: »Ich zähle jetzt bis drei, und du legst fünfundzwanzig Mark auf den Tisch.« Und er zählt. Der Fremde weiß nicht, wofür er zahlen soll, und zahlt nicht. Uwe wiederholt das Zählen dreimal und droht dabei. Und als der Fremde noch immer nicht zahlt, schlägt er ihn zusammen, und da er schwächer ist als Uwe, gibt er seine Geldbörse her. Uwe nimmt. Der Fremde glaubt 180 Mark zu vermissen. Uwe gibt aber nur 80 Mark zu.

Diebstahl das erste, Erpressung das zweite, dazu noch der verbotene Aufenthalt in Berlin. Neunzehn Monate Freiheitsstrafe und danach Anordnung staatlicher Kontrollaufsicht. Das Aufenthaltsverbot in Berlin bleibt bestehen.

Justiz in unserm Staat. Nicht sühnen, denn Sühne für die Taten

Uwes wäre zu billig, zu leicht; der Schaden ist verhältnismäßig gering. Das Ziel: Verhütung einer möglichen Fehlentwicklung. Die Gefahr liegt im Charakter Uwes. Er lockt die Opfer nach ihren Neigungen und preßt sie aus. Die Gefahr liegt auch in seinem Wesen, das man ihm nicht ansieht, dem so freundlichen, hübschen und schüchternen jungen Mann.

Er zischt nicht, wenn er spricht, er stottert sogar. Und dennoch, er wird nie der Chef einer Gangsterbande werden. Der Keim ist da, aber der Nährboden fehlt.

Söhne und Mütter

Sie sind alle, die drei Siebzehnjährigen, größer als ihre Eltern – länger ist wohl der richtige Ausdruck. Sie haben alle ihre Freundinnen, Fünfzehnjährige, die, so scheint es mir, die Schule schwänzen, um zu hören, wie es Dieter, Wolf und Uwe ergeht. Kühl hören sie zu, unsentimental, sachverständig, nicht so gefühlsbezogen, nicht so aufgeregt, nicht mit so verweinten Augen wie die Mütter der drei.

Im August 1970 wollten die drei einfach an die Ostsee fahren. Geld hatten sie so gut wie nicht, zusammen 10 bis 15 Mark vielleicht. Es war alles sehr unüberlegt, sehr vage. Sie fuhren erst einmal mit der S-Bahn von Berlin nach Oranienburg. Dort sehen sie auf einem Betriebsgelände Fahrräder stehen. Sie klettern über den Zaun und holen sich drei. Eins ist nach ihrer Meinung defekt, also wird noch ein viertes genommen. Daß Wolf selber ein nagelneues Fahrrad im Keller stehen hat, daran denkt keiner. Es geht ja auch gar nicht so sehr um den Besitz, es geht um ein Abenteuer. Rücksichtnahme gegenüber den Arbeitern im Betrieb, das alles ist ihnen unbekannt.

Aber das Treten bis zur Ostsee ist sehr mühevoll. Schon in Gransee geht ihnen die Puste aus. Sie lassen die Fahrräder dort stehen. Jetzt greifen sie zu Mopeds. Mit denen geht es bis Neubrandenburg. Sie haben eine Verkehrsregel übertreten, ein Volkspolizist hat es bemerkt, verfolgt sie. Schnell lassen sie die Mopeds stehen, verkrümeln sich in Neubrandenburg. Der eine hat schon genug, geht zur Bahn, fährt nach Hause. Die anderen nehmen auch hier in Neubrandenburg wieder zwei Mopeds und fahren zurück bis Fürstenberg, lassen die Mopeds dort stehen.

Ein andermal stehlen sie in einer Kaufhalle Schnaps, Schokolade, Zigaretten für eine Party. Und wenn einer ein Paar Schuhe braucht, werden die auch ganz einfach aus einem Laden geholt. Sie stehlen im Bekleidungshaus Anoraks. Sie brechen auf einem Güterbahnhof ein, wissen genau, wo Weihnachtspakete in Waggons liegen. Zigaretten, Schokolade, das ist ihr Ziel. Über zwanzig Pakete werden ausgeplündert. Hier nimmt Wolf sogar seinen fünfzehnjährigen Bruder zum erstenmal mit.

Der Längste von allen ist Dieter. Er ist mit Marlies befreundet, einer fünfzehnjährigen Schülerin. Einmal hat sie ihm erzählt, ein Mitschüler neckt sie häufig. Er habe ihr auch gesagt, er wolle ihr einen Einlauf machen. Das ist Gerede bei den Fünfzehn-, Sechzehnjährigen, es sollte eine Tracht Prügel gemeint sein, vielleicht nur eine Neckerei. Die beiden haben gar nichts miteinander. In der Klasse sind sie sich gleichgültig, so sieht es von Marlies' Seite aus.

Aber Dieter, der Freund Marlies', ist empört. Er paßt den Fünfzehnjährigen ab bei Schulschluß, fragt ihn, der fast so groß ist wie Dieter, nach der Zeit. Er bekommt höflich Antwort, und dann schlägt Dieter zu. Der andere bleibt besinnungslos liegen. Dieter geht mit der Freundin weg, ohne sich um den Verletzten zu kümmern. Gleichgültigkeit, Rücksichtslosigkeit, fast menschenfeindlich. Er ist als einziger von den dreien in der Untersuchungshaft, als Rowdy.

Die beiden anderen haben auch in der Zeit zwischen Ermittlungs- und Hauptverfahren einiges noch ausgefressen. Es wird Nachtragsanklage gegen Wolf erhoben. Er hat nachts, schwer angetrunken, einen Telefonhörer abgerissen, aus Wut, weil der Apparat nicht funktionierte oder vielleicht weil der Teilnehmer sich nicht meldete. Weitere Dinge sind in der Ermittlung und können noch nicht angeklagt werden. Die beiden scheinen wirklich unbelehrbar.

Sie sind alle drei gefährdet. Wir sagen leichthin, Produkte ihrer Erziehung. Wie erzieht man aber heute Kinder, Jugendliche? Merkwürdig, bei allen dreien ruht die Last der Erziehung auf den Schultern der Mütter.

Wolf arbeitet ordentlich. Er hat ein Lehrverhältnis in einem Metallbetrieb, und er ist verhältnismäßig gewissenhaft. Kein besonders guter Lehrling, aber Durchschnitt, theoretisch schwach. Diesen Pluspunkt vor seinen beiden Freunden verdankt er nur seiner Mutter. Sie macht sich täglich große Sorgen um ihn, obwohl sie noch fünf andere Kinder zu betreuen hat. Sie hat für ihn die Lehrstelle gesucht, ist ständig mit dem Lehrausbilder in Verbindung, sie kümmert sich, daß er pünktlich zur Arbeit geht. Sie ist streng, vielleicht zu streng. Aber sie kann sich nicht anders helfen bei sechs Kindern. Wenig Unterstützung scheint sie von ihrem Mann zu haben. Doch Unterstützung hat sie von der tüchtigen, besorgten Fürsorgerin des Referats Jugendhilfe, Prenzlauer Berg.

Auch die Mutter von Uwe ist sehr besorgt um ihren Jungen. Sie stützt sich ebenso auf die Fürsorgerin. Aber sie entschuldigt ihn ständig. Sie liebt ihn, sie liebt ihn zu sehr. Schuld an der Fehlentwicklung, ihre unglückliche Ehe. Ihr Mann, ein Trinker, hat sich einer anderen Frau zugewandt. Verständlich, aber nicht verzeihlich, daß sie Uwe jede Unart verzeiht und daß sie alles Versagen nur in der Umwelt sieht. Daß er die Lehrstelle für eine Teilqualifizierung aufgegeben hat, Schuld der anderen. Monatelang hat er ohne Arbeit herumgelungert. Jetzt ist er schnell vor dem Termin in einer Marmeladenfabrik untergekommen. Dort macht ihm die Arbeit keine Freude.

Wieder anders die Mutter von Dieter, dem Längsten, jetzt in Untersuchungshaft. Sie hat sich eigentlich nicht um ihn gekümmert. Als Kind machte er Schwierigkeiten. Er mußte in ein Spezialkinderheim, schaffte dort die acht Klassen einer Sonderschule, einer Sonderschule, die vielleicht beim Abschluß denselben Lehrstoff bewältigt wie die sechste Klasse einer Normalschule, ohne Fremdsprachen.

Eine Malerlehre hat er begonnen, nach drei Monaten aber hingeschmissen. Er verdiene zuwenig. Eine Stelle als Lagerarbeiter hat er aufgegeben, ohne Protest der Mutter. Er sei dort nur mit alten Leuten zusammen. Arbeit auf einem Kohlenplatz. Der Verdienst ist ihm so recht, er ist unglaublich hoch, aber die Arbeit zu schmutzig, zu schwer. Aufgegeben. Die Mutter, Mutter von fünf Kindern, die ihn sicher sehr liebt, läßt ihm alles durch. Sie nimmt keinen Einfluß mehr. Wenn er keine Arbeit hat, kann er sich bei ihr durchessen. Der Junge,

Dieter, ist höflich und umgänglich, so sagt die Fürsorgerin. Er hat vier Tage vor der Verhaftung eine Arbeit als Transportarbeiter in einer Betriebsküche angenommen. Dort möchte er bleiben, möchte sich qualifizieren. Wie lange möchte er das?

Außer bei Wolf spielen die Väter gar keine Rolle. Die Mutter von Uwe hat jetzt einen Lebensgefährten, der Kontakt zu Uwe sucht und ihn vielleicht auch findet.

Dieter muß für ein Jahr in die Jugendstrafanstalt und Uwe für fünf Monate. Wolf wird Bewährungsfrist erteilt, zwei Jahre lang, er muß seine Lehre erfolgreich beenden und danach am Arbeitsplatz bleiben und Schadenersatz leisten, wie die anderen auch, sonst muß er ein Jahr zum Freiheitsentzug.

Wolf kann es seiner Mutter verdanken, daß bei ihm schon Ansatz zur Besserung sichtbar wird, Ansatz zu einer normalen, guten Entwicklung: der bevorstehende Lehrabschluß, die Zufriedenheit des Kollektivs, der anderen Lehrlinge, die Unterstützung des Lehrausbilders.

Die Mütter tragen die Last der Erziehung, sie tragen sie sehr unterschiedlich.

Und so kommt es, daß man die Verschiedenheit der Strafen, wenn man sie, wie es früher war, als Sühne für das begangene Unrecht betrachtet, als ungerecht ansehen könnte, wenn man sie aber als Mittel der Erziehung, der Lenkung ansieht, sie richtig bemessen wurden.

Am Falkplatz und leider, ach, auch anderswo

Er ist der geblieben, der er als Kind, als Heranwachsender war, Chef der Putzerbande. Auch mit seinen neunzehn Jahren ist er davon nicht losgekommen, und nun steht er da unter schwerer Anklage, fast beleidigt, angeklagt zu sein. Der Vorwurf ist hart, schuldig zu sein am Tod eines Menschen; nicht aber den Tod gewollt zu haben.

Dieser Wolfgang ist das, was man asozial nennt, ein Mensch ohne Bindung, keine an die Familie, keine an die Arbeit. Nur zu einem

Menschen, einem Kind, hat er eine Beziehung, wie er glaubt, eine echte Beziehung, die er Liebe nennt; zu einem Mädchen, heute vierzehn Jahre alt, das er schon als Frau behandelte, als es dreizehn war, und deswegen ist er auch angeklagt und muß schuldig gesprochen werden.

Er ist Schüler einer Sonderschule gewesen. Bei ihm bleibt es fraglich, ist er nur durch seine schlechte Erziehung und sein trauriges Zuhause nicht fähig gewesen, in der normalen Schule Schritt zu halten, oder liegt bei ihm eine echte Verstandesschwäche vor. Zu Hause wurde von ihm nichts verlangt. Sein Vater, ein Invalidenrentner, starb 1967. Die Mutter mit ihren sechs Kindern konnte ihn nicht bändigen. Er erreichte in der Sonderschule die siebente Klasse, kam dann in einen Jugendwerkhof, weil er sich an bösen Prügeleien beteiligt hatte, war aber zu dieser Zeit noch nicht schuldfähig.

Im Jugendwerkhof machte er eine Teilqualifizierung mit, er hat den Beruf eines Maurers erlernt. Aber diese Tätigkeit machte ihm keine Freude. Zu Hause am Falkplatz ist er wieder der, der das große Wort führt. Er ist lieber Transportarbeiter, erst in einer Druckerei, später in einer kleinen Pantoffelfabrik; dort stiehlt er achtzehn Paar, die er unter die Familie und Freunde verteilt. Es kommt zu einer Beratung vor einem gesellschaftlichen Gericht, aber das macht auf ihn nicht den geringsten Eindruck.

Auch Ältere schließen sich ihm an, darunter der zweite Angeklagte, Heinz. Der ist schon Familienvater, vierunddreißig Jahre alt, hat für drei Kinder zu sorgen. Und dieser Heinz ist nicht nur mitangeklagt, er ist auch gleichzeitig Zeuge und Geschädigter; denn Wolfgang hat ihn einmal böse zusammengeschlagen, ihm das Nasenbein gebrochen, so daß Heinz für vierzehn Tage arbeitsunfähig war. So schlug er noch drei andere zusammen, und immer geht es um das dreizehnjährige Kind, Wolfgangs erklärte Freundin, ein Verhältnis, vor dem die anderen Wolfgang warnen wollen, vielleicht sogar in der besten Absicht. Der aber, beleidigt, schlägt zu. Trotz seiner Verletzung ist Heinz mit von der Partie, und er sitzt jetzt auf der Anklagebank neben ihm.

Die beiden wurden von einem alten Herrn aufgefordert, beim Umräumen seiner Wohnung zu helfen, neue Möbel waren angekommen. Der etwas schwerhörige alte Herr spendierte nach Beendigung der Arbeit Fruchtwein, und dann kam auch der Sohn des alten Herrn dazu, der auch schon ziemlich angetrunken war.

Es kam zu einer kleinen Auseinandersetzung zwischen Vater und Sohn. Der Vater forderte den Sohn auf, die Wohnung zu verlassen, alles im ruhigen Ton. Da mischte sich, völlig unaufgefordert, Wolfgang ins Gespräch. Er schlug mit einem gezielten Hieb den Sohn nieder, so daß der, schwer aus der Nase blutend, auf die Couch fiel. Der alte Mann wollte schon den Abschnittsbevollmächtigten alarmieren, fand ihn aber nicht, und so wies er die Gesellschaft aus seiner Wohnung.

Die ganze Gesellschaft, das ist der Sohn, Wolfgang, Heinz und auch das jetzt vierzehnjährige Mädchen. Auf dem Absatz vor der Treppe schlägt Wolfgang den Sohn des alten Herrn noch einmal nieder, packt ihn an den Füßen und schleift ihn die Treppe hinunter, so daß der Kopf elfmal auf die Treppenstufen schlägt.

Auf der Straße richtet sich der junge Mann noch einmal auf, und nun boxt ihn Wolfgang nieder, so daß der andere bewußtlos in einer Pfütze liebenbleibt. Wolfgang zerrt ihn in einen Hausflur und läßt ihn liegen.

Sein Freund und Begleiter, der vierundreißigjährige Heinz, der selber schon mal den Schlag des brutalen Rowdys zu spüren bekommen hatte, hat Hilfe holen wollen. Aber der Neunzehnjährige verbietet es. So lassen sie den Bewußtlosen und schwer Blutenden hilflos liegen. Er muß etwa eine Stunde dort gelegen haben, bis Hausbewohner ihn entdecken und ins Krankenhaus schaffen lassen. Im Krankenhaus muß er sofort operiert werden, alle ärztlichen Bemühungen sind vergebens, der junge Mann stirbt nach vier Tagen. Und das alles, wie Wolfgang erklärt hat, »weil ich mich über ihn geärgert habe«.

Heinz, der den Bewußtlosen und stark Blutenden liegenläßt, erklärt, warum er keine Hilfe geholt hat: »Weil Wolfgang es mir verboten hat.« Es wird nicht einmal von ihm verlangt, daß er eingreift, als der andere zusammengeschlagen wird, es wird nicht verlangt, daß er mit körperlicher Gewalt dem anderen zu Hilfe kommt, wenn der, an den Füßen gepackt, die Treppe hinuntergeschleift wird. Aber es wird von ihm verlangt, daß er einen Menschen nicht in einem hilflosen Zustand zurückläßt. Er hätte sofort die Volkspolizei oder ärztliche Hilfe herbeirufen müssen. Und er kann sich auch nicht damit herausreden, der andere wäre sowieso den schweren Verletzungen erlegen, wie es der Sachverständige tatsächlich behauptete. Das konnte er in diesem Augenblick gar nicht beurteilen und übersehen.

Der Schläger Wolfgang wird wegen dieser Körperverletzung mit tödlichem Ausgang, wegen der drei anderen schweren Körperverletzungen und wegen seiner Beziehungen zu dem dreizehnjährigen Kind zu acht Jahren Freiheitsentzug verurteilt. Heinz aber, der zusah, der nicht eingriff, der keine Hilfe holte, wird auf Bewährung verurteilt, und zwei Jahre läuft die Zeit. Wenn er wieder so versagt, drohen ihm neun Monate Freiheitsentzug.

Als kleines Dämchen im silberdurchwirkten Minikleidchen erschien die Vierzehnjährige als Zeugin, und ihre Mutter war mitgeladen. Merkwürdig, wie diese Mutter ihre Tochter erzogen hat. Sie fand nichts Bedenkliches an der Freundschaft mit dem Neunzehnjährigen, der in der ganzen Umgebung den Ruf eines Rowdys hatte. Und merkwürdig, daß die Mutter sich nicht vorstellen konnte, daß dieser brutale Bursche ihre Tochter schon wie eine richtige Frau behandeln würde. Soviel Narrheit, soviel Dummheit darf eine Mutter nicht haben. Sie muß mehr gewußt haben, sie war wohl noch stolz auf ihr Kind – das sieht man, wie sie es ausgeputzt hat –, in diesem so traurigen Prozeß als Zeugin aufzutreten.

Am Falkplatz in Berlin und nicht nur am Falkplatz und nicht nur in Berlin fragt man sich sicher heute: Waren wir immer wachsam genug?

Harri und sein eines Elternteil

Was ist mit einem jungen Mann, der von seiner Mutter als von seinem einen Elternteil spricht? »Ich fand es gut, daß ein Elternteil mit mir in der Gaststätte arbeitete«, sagte er während der Verhandlung. Kann man von ihm sagen, daß seine Gefühle unterentwickelt sind oder daß er sich nur vor Gericht einer Behördensprache befleißigt? Ein Beweis sicher, daß er schon öfter mit Jugendhilfe, Volkspolizei und Gericht zu tun hatte. Erstaunlich aber ist bei dem heute siebzehnjährigen Harri, daß er sagt, er habe zu Hause keine Schwierigkeiten, außerdem sei seine Arbeit wunderbar, sie gefiele ihm großartig, und mit seinen Kollegen, vor allem aber mit dem Gaststättenleiter, käme er gut aus. Er ist für ihn das Vorbild.

Nein, Freund und Freundinnen hat er nicht, dieser so keck wirkende frische junge Mann mit dem kleinen Schnurrbärtchen. Er fühle sich am wohlsten zu Hause in seinem Zimmer, wenn er sich mit elektronischen Problemen beschäftige und an Apparaten bastele. Es fehlt bei ihm jede echte Bindung an Menschen; und auch die Bindung an die Mutter, von der er so gerne und so viel spricht, hält, so glaube ich, keiner Zerreißprobe stand. Was ist also mit Harri? Angeklagt des Raubes, des Diebstahls, der vorsätzlichen Körperverletzung, der Nötigung. Dieser Musterknabe, ist er ein Verbrecher? Ja und nein, beides.

Suchen wir erst einmal die Ursachen. Vielleicht liegen sie in seiner frühesten Jugend, in seinen Familienverhältnissen. Er wuchs im Westberliner Stadtbezirk Kreuzberg auf. Er mußte dauernd die Schule wechseln. Sein Vater war ein schlimmer Trinker. Dann aber siedelte seine Mutter mit den Kindern in die DDR um, sie ließ sich scheiden und heiratete hier in unserer Hauptstadt einen Arbeiter, der mit Liebe für seine Familie sorgt und auch ein guter Vater des kleinen Harri geworden ist.

Aber die unglückselige Zeit der frühen Kindheit, die Fehlentwicklung wirkt sich bei Harri leider aus. Er kommt in der Schule nicht recht mit. Selbst das Ziel der siebenten Klasse kann er nicht erreichen. Er wird Transportarbeiter bei der Reichsbahn. Dort muß er aufhören, die Arbeit sei ihm zu schwer, aber wieder geht er als Transportarbeiter ins Transformatorenwerk Oberschöneweide. Auch da geht es gar nicht gut. Er bummelt viel. Beim zweiten Einbruch wird er gefaßt. Das Ziel: Schnaps und Zigaretten. Sechs Monate Freiheitsentzug bekommt er vom Jugendgericht.

Die Mutter sagt: »Um Harri muß ich mich mehr kümmern.« Sie arbeitet in einem Goldbroilergrill. Sie nimmt ihn mit, er wird eingestellt, erst als Küchenhelfer, später als Griller.

Harri glaubt, er habe jetzt seine Bestimmung entdeckt. Er will Koch werden. Ein neuer Gaststättenleiter, der den schon sehr heruntergekommenen Betrieb wieder in Schwung bringt, unterstützt Harris Bestrebungen. Er soll die Schule nachholen, und dann wird man weitersehen.

Nur eine Sache ging in diesem Jahr bei Harri, dem Griller, schief. Er wollte Urlaub nehmen. Die frühere Gaststättenleiterin hatte auf seine Wünsche immer nur gesagt: »Du bist ja hier noch ein ganz kleines Licht. Du mußt warten, erst kommen die anderen dran.« Da nahm sich Harri Ferien, ohne zu fragen, genausoviel, wie ihm zustand. Es war eine grobe Disziplinwidrigkeit, aber in einer Aussprache wurde das erörtert und war damit abgetan. Sonst gibt es über Harri nichts, gar nichts zu klagen. Vielleicht nur, daß er während der Arbeit öfter Bier trank, erklärlich durch die Hitze am Grill. Unter der früheren schlechten Leitung wurde allgemein das Trinken geduldet. Es ist, wie man weiß, das Allerschwerste, schlechte Gewohnheiten auszuräumen.

Eines Tages hatte Harri während der Arbeit mehr getrunken, als für ihn gut war. Er arbeitete in der zweiten Schicht von 14 bis 22 Uhr. Er blieb allein zurück, als die junge Reinemachefrau kam, und er putzte an seinem Grill.

Dann machte er sich an dem Büfettschrank zu schaffen, brach ihn auf und wollte auch seiner Kollegin etwas abgeben. Das wies sie in bezug auf Zigaretten entschieden von sich. Er nahm auch drei Flaschen Sekt, Konfekt und Schokolade. Es ist erwiesen, daß die beiden eine Flasche Sekt zusammen getrunken haben. Wann? Vor der Bedrohung oder nachher? Genaues wissen wir nicht. Später machte sich Harri an der Tür zum Büro der Gaststätte zu schaffen. Als er aber versuchte, die Scheiben zu den Büroräumen einzuschlagen, da wollte die Kollegin gehen, um den Geschäftsführer anzurufen. Er faßte sie hart an. Sie schrie um Hilfe. Harri hielt ihr Mund und Nase zu, warf sie zu Boden, schlug sie mehrmals mit dem Kopf auf den Fußboden. »Wenn du nicht ruhig bist, bring' ich dich um!«

Sie war ruhig, sie wurde ruhig, wurde kurze Zeit ohnmächtig. Sie hatte sich eine Gehirnerschütterung zugezogen. Er bemühte sich um sie, setzte sie auf einen Stuhl. Er brach in die Büroräume ein, öffnete eine Kassette und nahm die Tageseinnahme von etwa 4000 Mark heraus. Harri steckte der Kollegin jetzt etwas Geld und Konfekt in ihre Tasche, sie wagte nicht, es abzulehnen. Dann brachte er sie mit einer Taxe nach Hause, aber unterwegs drohte er: »Wenn du mich anzeigst und ich komme lebenslänglich ins Gefängnis, dann bringen dich meine Freunde um.«

Sein Verhalten zeigt einen gewissen sehr brutalen Grundzug, eine kindliche Renommiersucht, entlehnt aus Kriminalfilmen.

Die Kollegin, zu Hause angekommen, erzählte ihrem Mann, was passiert war. Der alarmierte sofort den Geschäftsführer. Dieser eilte in sein Restaurant, um festzustellen, was geschehen war. So sah er den Einbruch und alarmierte die Volkspolizei. Und während man in der Gaststätte die Spuren sicherte, klingelte das Telefon. Harri war am Apparat, morgens um fünf Uhr. Er wollte sich nur informieren, ob alles in Ordnung sei.

Der Geschäftsführer und die Volkspolizei vermuteten mit Recht, der Anruf kommt aus der Telefonzelle eines Berliner Bahnhofs. Harri sagte nicht, von wo er sprach. Er konnte gestellt werden. Nicht lebenslänglich bekam er, aber doch drei Jahre Freiheitsentzug. Das Geld konnte durch die Klugheit des Geschäftsführers und der Volkspolizei, aber auch durch Mitwirkung der schwer geschädigten Kollegin fast ganz sichergestellt werden.

Vielleicht wäre es gut, wenn Harri auch in der Vollzugsanstalt Küchendienste macht, denn man muß sich doch sehr genau überlegen, wie ein junger Mann im Alter von siebzehn Jahren, der drei Jahre lang mit eingeschränkter Freiheit leben muß, in diesen drei so wichtigen Entwicklungsjahren sich weiterbilden kann. Sie können entscheidend sein für sein späteres Leben.

Über die Autorität der Eltern

Sind die Eltern am Fehlverhalten ihres Jungen Olaf schuldig? Ich glaube, wenn wir alles bedenken, müssen wir es eher bejahen als verneinen. Man kann ihnen wohl bescheinigen, sie haben alles gut gemeint, aber sie haben beide kein Talent eines Erziehers, sie sind in allen Punkten immer den bequemsten Weg gegangen; ohne beispielhaft zu sein, haben sie mit Schimpfen und Maulschellen versucht zu regieren. Und dann wunderten sie sich noch, daß es fast zu einer Katastrophe kam.

Der erste Einbruch im Leben des fast zwölfjährigen Olaf war die Mitteilung, sein Vater ist nicht der richtige Vater. Das wurde ihm wahrscheinlich ganz höhnisch von lieben Nachbarn gesagt. Die Eltern hatten es ihm bisher verschwiegen.

»Meine Eltern haben mir das dann alles erzählt«; aber wenn der Junge irgendwann einmal gegen seinen jetzigen Vater aufbegehrte, so mit den Worten: »Du hast mir ja nichts zu sagen«, habe er ihm vorgeworfen: »Was willst du überhaupt, dein richtiger Vater zahlt ja nicht einmal Alimente.«

Der erziehende Vater, der jetzt dazu gehört und der dazu gehört wurde, stellt das etwas anders dar. Er habe Olaf ganz ruhig erklärt: »Sieh mal, ich bin jetzt dein Vater, ich sorge doch für dich, behandle dich genauso wie die beiden anderen Kinder, die auch meine Kinder sind, es gibt gar keinen Unterschied, auch wenn dein richtiger, natürlicher Vater keinen Unterhalt zahlt.«

Das ist die eine und die andere Darstellung desselben Sachverhalts. Jedenfalls bleibt es unklug und unpädagogisch, einem Kind nicht reinen Wein einzuschenken, damit zu rechnen, das erfährt es ja noch früh genug. So wird die Aufklärung des Jungen über die wirkliche Vaterschaft böswilligen Nachbarn überlassen. Dann entsteht ein Riß im Vertrauen, der nur sehr schwer gekittet werden kann.

Aber auch sonst war dieser Vater kein Vorbild. Er trank in früherer Zeit häufig und schlug manchmal die Mutter. Der Junge stellte sich natürlich auf die Seite der Frau. »Ich fand es nicht richtig, wenn man eine Frau schlägt.«

Darin ist ihm ohne Bedenken beizupflichten.

Wenn Olaf störrisch wurde, bekam er vom Vater und auch von der Mutter Schläge. Maulschellen selbst bei einem sechzehn-, siebzehnjährigen Jungen, der Mutter und Vater um einen Kopf an Körperlänge voraus ist. Die Zerwürfnisse wurden schlimmer. 1972 riß der Siebzehnjährige von zu Hause aus, blieb vier Tage verschwunden. Er schlief in Scheunen, und als seine Kleidung verschmutzt war, ging er in ein Warenhaus, stahl sich dort Hemd und Hose.

Zu Hause wurden die neue Hose und das Hemd bemerkt. Aber es wurde nicht gesagt: Du gehst jetzt zum Warenhaus, klärst alles auf, bezahlst den Schaden von deinem Taschengeld, du hast ja genug. Es wurde nur als Drohmittel benutzt: Wenn du so weitermachst, dann zeigen wir dich an.

Die unerfreuliche Atmosphäre zu Hause wirkte sich in der Schule aus. In der siebenten Klasse mußte Olaf wegen Disziplinverstößen in eine andere Schule strafversetzt werden. Dort aber erreichte er den Abschluß der zehnten Klasse. Es bleibt nachzutragen: In materieller Hinsicht hatte es Olaf gut. Schon als Schüler sparte er so viel von seinem Taschengeld, daß er sich ein Moped kaufen konnte. Heute, als Lehrling in der Bautischlerei, ist sein Lehrmeister mit ihm im großen und ganzen zufrieden. Es gibt wohl auch einige Fehlstunden, aber er lernt gut, gehört zu den Besten. Er macht Sonderschichten für Vietnam gerne mit, ist gewissenhaft und freundlich, wenn man ihm Vertrauen schenkt, sogar hervorragend als Arbeitsschutzobmann seines ganzen Lehrkollektivs. Offen und ehrlich sagt er seine Meinung bei der Diskussion von Tagesfragen. Er ist sicher kein Musterknabe, aber ein Mensch, der seine Anlagen positiv entwickelt, ein Junge, der auch die jugendliche Mode mitmacht, er trägt sein Haar lang, im Gegensatz zu seinem kurzhaarigen Vater. Wahrscheinlich gewollt.

Aber ganz so positiv ist er wiederum auch nicht. Er trinkt manchmal und viel zuviel. Über die weisen Lehren und Hinweise seines Vaters lacht er natürlich. Auch sagt er selber, abends und nachts gammelt er mit Freunden und Freundinnen auf den Straßen. Er kommt dann betrunken nach Hause.

So war es auch an diesem Abend im Oktober. Olaf ist jetzt schon siebzehneinhalb Jahre. Er ging, ziemlich angetrunken, gegen elf, halb zwölf Uhr in die Küche, um sich eine Schrippe zu machen. Die Mutter kam, sie wollte ihm die Schrippe wegnehmen, sie sagt, sie weiß, in diesem Zustand neigt Olaf zum Erbrechen. Es kommt zum Gerangel, die Mutter gibt ihm eine Maulschelle. Es gibt Krach, der Vater steht vom Fernsehen auf, kommt dazu. Schimpfworte, Ohrfeigen. Die Mutter sagt zum Vater: »Reiß ihm die Haare aus.«

Olaf zerschmettert eine Glastür, drückt eine andere Tür ein. In der Küche greift Olaf zum Messer und bedroht seine Eltern. Ohne die Absicht, etwas Böses zu tun. Er läuft aus der Wohnung, will die Volkspolizei gegen seine Eltern alarmieren. Aber die kleine Schwester hat schon den Funkwagen gerufen. Die Eltern zeigen ihn an, stellen Schadensersatzantrag, den sie auf Anraten der Richterin zurücknehmen. Man kann das im Kreis der Familie regeln. Der Strafantrag bleibt.

Aber nach dieser Krise haben die Geister sich besonnen. Man hat auf beiden Seiten gelernt. Olaf wird bald mündig, er hat sein Verhalten den Eltern gegenüber geändert, und die Eltern wissen, dieser große junge Mann ist mit Maulschellen und Schelte nicht zu erziehen. Das Gericht hätte es sicher gern gesehen, wenn die Eltern auch den Strafantrag zurückgenommen hätten, aber so einsichtig war man doch noch nicht. So mußte die Mutter in diesem Verfahren vor der Jugendkammer eine vierfache Rolle spielen, als Erziehungsberechtigte, als Strafantragstellerin, als Zeugin und auch als Geschädigte. Ich muß sagen, ihre erste und wichtige Rolle als Erziehungsberechtigte und -verpflichtete hat sie nicht mit großem Talent wahrgenommen.

Das Gericht tat das Klügste, was in einem solchen Falle zu tun war, es stellte fest, Olaf ist schuldig, schuldig beim Diebstahl von Hemd und Hose, schuldig auch der Bedrohung der Eltern. Er muß den Schaden gegenüber dem Warenhaus wiedergutmachen. Aber Maßnahmen wurden gegen Olaf nicht ausgesprochen, da er sein Verhalten grundlegend geändert hat.

War das ein Strafverfahren? Eher ein Seminar über die Erziehung. Der Beistand Olafs, ein junger Praktikant der Rechtswissenschaft, der sich hervorragend in der Mentalität dieser jungen Menschen auskennt, weil er ja selber einer von ihnen ist, sagte hier ein wahres Wort: »Elterliche Autorität muß täglich verdient werden.«

Strafe und Glück

»Du bist der Größte«, wie oft sagt und hört man diese Schmeichelei. Wir wissen, es ist eine Redensart, nicht ernst, oft sogar ironisch gemeint. Bei Kindern, bei kindlichen Jugendlichen ist es aber anders.

Für Alf ist es ein kategorischer Imperativ, eine unbedingte Verpflichtung, der Größte zu sein, ein Befehl, den er sich selbst erteilt hat. Für einen Sechzehnjährigen ist er groß, aber im Wesen noch ganz kindlich. Er hat einen Sprachfehler, durch eine notwendige Gaumenoperation auch äußerlich sichtbar, eine schwere Belastung für sein Gemüt. Bei Kindern mag er sich oft zurückgesetzt fühlen, vielleicht ist er auch häufig gehänselt worden, bei Erwachsenen erregt der Sprachfehler Mitleid. Beides ist für seine Entwicklung schädlich, denn er möchte ja so sein wie jeder andere Jugendliche.

Körperliche Schäden, ja Hänseleien von Gleichaltrigen sind häufig Antriebskräfte für besondere Leistungen. Bin ich von der Natur benachteiligt, werde ich's den anderen aber zeigen, daß ich besser bin, klüger, größer, stärker als die anderen, die der Norm entsprechen. Aber Alf ist keinesfalls in der Schule der Beste, er ist, sagen wir es einfach und schlicht, faul. Er strengt sich nicht gern an, er ist auch ein Schulschwänzer. Seine Interessen liegen außerhalb der Schule, und er ist ein arger Dieb. Mit vierzehn Jahren mußte er sich schon vor einer Schiedskommission wegen seiner Diebstähle verantworten, es kam auch schon einmal zu einem Jugendgerichtsverfahren, hier, vor derselben Richterin, vor der er heute steht. Damals wurde er als Mitläufer einer Bande sehr milde beurteilt. Eine Bewährungszeit von einem Jahr wurde festgesetzt, die Androhung von drei Monaten Freiheitsentzug wäre ja nie vollstreckt worden, wenn er sich in diesem einen Jahr tadellos aufgeführt hätte und wenn er dann auch noch die Verpflichtung, die das Gericht ihm auferlegte, erfüllen würde, das Ziel der achten Klasse zu erreichen.

Alles, was er damals versprochen hatte, hielt er nicht. Die Schule meldete dem Gericht, Alf wird auch das Ziel der achten Klasse nicht erreichen, er bleibt sehr häufig der Schule fern, er ist ein seltener Gast geworden.

Es gab eine Aussprache im Dienstzimmer der Jugendrichterin, die sehr ernst war: »Gehen Sie zur Schule, strengen Sie sich an. Wenn Sie es aber wirklich nicht schaffen können, dann zeigen Sie wenigstens den guten Willen, und werden Sie ein tüchtiger Lehrling in einem Betrieb für Baureparaturen«, eine Lehrstelle, die ihm die Mutter besorgt hatte; auch ohne Abschluß der achten Klasse hätte er dort unterkommen können.

Die Mutter war bei der Aussprache dabei, sie ist es auch heute wieder, eine kleine, grazile Frau, kaum vorstellbar, daß sie einen so großen Bengel zum Sohn hat. Sie hat sich sehr bemüht, aber sie kann ihn nicht bändigen. Sie hat beim Referat Jugendhilfe um Unterstützung gebeten, sie hat keine Gewalt über ihn. »Ich kann ihm doch keine Backpfeife mehr geben.« Zweifellos hat die kleine Person auch etwas sehr Mütterliches, und Alf sehnt sich danach. Aber sie hat auch eine ältere Tochter, und diese, Alfs Schwester, entwickelte sich so wunderbar. Sie war eine der Besten in der Schule, bestand die Lehre mit Auszeichnung, jetzt qualifiziert sie sich. Sie ist schon verheiratet, wohnt aber noch zu Hause. Und diese Schwester wird von Alf gehaßt. Seine Eifersucht ist Neid. Wie oft ist sie ihm als Vorbild vorgehalten worden. Ihr gelang alles, ihm nichts. Er, der in dieser kleinen Familie gern die Vaterrolle hätte übernehmen wollen, der sich keinen Respekt verschaffen kann.

Er hat es in der Aussprache bei der Jugendrichterin gesagt, und er sagt es jetzt wieder beim Prozeß: »Ich will der Größte sein.« Wenn es in der Schule nicht ist, wenn es zu Hause nicht klappt, dann ist er es in der Clique unter Jugendlichen, dann will er der größte Abenteurer eben sein.

Acht Tage nach der Aussprache bei der Jugendrichterin fährt Alf von Berlin nach Strausberg. Er sagt, er hätte dann weiter gewollt nach Kietz an der Oder, im Kreis Seelow, er wollte dort in einer landwirtschaftlichen Genossenschaft arbeiten. Wie er sich das vorstellt? Aber er fährt nicht weiter, bummelt in der Stadt herum, und spätabends, gegen zehn Uhr, wird er von einem Taxifahrer bei einem Kiosk angesprochen, was er da suche. Er warte auf seinen Vater, sagt er. Nach Mitternacht zerschlägt Alf eine Scheibe des Kiosks und steigt ein.

Er stiehlt eine Kassette mit Bargeld, 100 Mark, sehr viele Zigaretten, auch Schokolade, ein paar Flaschen Spirituosen und Erfrischungsgetränke, insgesamt etwa für 1 400 Mark. Er versteckt die Sachen in einem Schließfach. Am nächsten Morgen kauft er sich mehrere Netze, um die Beute gut abtransportieren zu können, und dann Briefpapier, um seiner Mutter zu schreiben, eine Taschenlampe und – typisch für seinen kindlichen Sinn – vier Spielzeugautos. Aber genauso typisch ist, was er sich dann noch kauft: teuerste ausländische Zigaretten, mehrere Schachteln, obwohl er über hundert Packungen von etwas billigeren Zigaretten gestohlen hatte. Seht mal, was ich, der Größte, mir leisten kann.

Er wurde beobachtet von dem Taxifahrer. Auch am Bahnhof hatte man den jungen Mann gesehen, wie er sich an den Schließfächern zu schaffen machte. Sehr bald wurde er festgenommen. Alle, der Staatsanwalt, das Referat Jugendhilfe, ja auch sein Beistand waren sich einig: Es liegt bei Alf eine erhebliche Fehlentwicklung vor. Alle bisherigen Ermahnungen, ja selbst die Verurteilung auf Bewährung haben seinen Sinn nicht ändern können, auch nicht die letzte Warnung der Jugendrichterin.

Das Urteil: Einweisung in ein Jugendhaus. Dort soll ihm das anerzogen werden, was ihm bisher so sehr gefehlt hat, die Lust zum Lernen.

Er muß hier eine andere Einstellung zu seiner Umwelt, zu seinen Mitmenschen gewinnen, Anpassung an die reale Welt. Und diese Anpassung ist am leichtesten, wenn der einzelne mit tatsächlichen eigenen Leistungen aufwarten kann, denn die eigene Leistung schafft Achtung, Respekt, Kameradschaft, Vertrauen, ja vielleicht sogar Liebe. Es entsteht dann das Gefühl, in eine Gemeinschaft eingebettet zu sein. Und dieses Gefühl verschafft erst Lebensgenuß und das, was wir Glück nennen. Ein Glück, nach dem jeder Mensch bewußt oder unbewußt strebt. Hier, im Jugendhaus wird Alf zwangsweise in eine Gemeinschaft kommen für mindestens ein Jahr bis höchstens drei Jahre. Eine Strafe, formell, die vielleicht sein Glück sein kann.

Tragödien in der Familie

Jochen hat keinen Appetit

Alle sind sich einig, eine schwerwiegende Fehlentwicklung liegt bei Jochen vor, Jochen, fünfzehn Jahre alt.

Wieviel ist hier persönliche Schuld des Jungen, wieviel liegt an den widrigen Dingen, in die er völlig schuldlos hereingeraten ist, fast möchte ich sagen, hineingeboren wurde. Wer kann, wer will das abwägen. Ich weiß, beim Leser liegt es, an meiner Darstellung der Umstände zu beurteilen, wie hoch man seinen Schuldkomplex bewertet oder ob man ihn ganz verneint.

Einiges im voraus. Die Strafe, die das Gericht ausgesprochen hat, muß eine Erziehungsmaßnahme sein, endlich eine energische, spät, sehr spät, hoffentlich nicht zu spät.

Im Anfang entsprach für Jochen das Leben ganz der Norm. Als erstes Kind in einer normalen Ehe kam er auf die Welt, aber dann starb sein Vater, die Erziehung des kleinen Jochen wurde in die

Hände der Oma gelegt. Hier wurde er maßlos verwöhnt, er durfte alles tun.

Seine Mutter heiratet ein zweites Mal, es kommt ein kleines Brüderchen, dann treten tragische Ereignisse in der Familie ein. Die Oma scheidet freiwillig aus dem Leben, der kleine Jochen kommt als erster in das Unglückszimmer. Der zweite Mann der Mutter setzt sich nach dem Westen ab, und später, auch heute noch, lebt die Mutter mit einem Freund zusammen. Vorläufig können sie nicht heiraten, bei beiden sind die Familienverhältnisse ungeklärt. Auch hier hat sich ein weiteres Brüderchen eingestellt.

Das Zusammenleben mit diesem dritten Mann war nach der Auskunft des Referats Jugendhilfe in den ersten Jahren keineswegs harmonisch. Dieser dritte trank zuviel, die Mutter Jochens hatte schwer darunter zu leiden. Viele Jahre waren auch die Wohnungsverhältnisse sehr beengt, Jochen hatte nicht einmal ein eigenes Bett. Inzwischen ist alles zum Guten gewandelt, der Lebensgefährte der Mutter ist vernünftig geworden, er sorgt für die Familie, und Jochen hat sogar ein eigenes Zimmer. Weil die Mutter erziehungsberechtigt für drei Kinder ist, gilt sie als kinderreich und wird staatlich unterstützt.

Die Mutter ist also allein erziehungsberechtigt und -verpflichtet. Eine Frau mit gutem Willen, aber schwach, sehr schwach. Sie kann Jochen gar nicht richtig kontrollieren. Neben wirklich ganz bösen Taten hatte er im letzten Halbjahr über dreißig Schulversäumnisse. Die Mutter hatte keinen Kontakt zur Schule, die Elternversammlungen besuchte sie nicht. Jetzt, belehrt, ist sie für ihren zweiten Jungen im Elternaktiv.

In neun Jahren hat Jochen acht Klassen durchgemacht. Er hat das Ziel wohl nicht ganz erreicht, sein Schulabgangszeugnis drückt das ganz diplomatisch aus. In den meisten Fächern hat er eine Vier bekommen, in Betragen, Aufmerksamkeit, Fleiß und Ordnung eine Fünf. Alle sagen, wenn er sich nur etwas Mühe geben würde, hätte er ein durchschnittlicher, vielleicht sogar ein guter Schüler werden können.

Als Kind, also bis zur Vollendung seines dreizehnten Lebensjahres, ist er schon öfter aufgefallen. Er hat in Läden gestohlen, Spielzeug und Süßwaren, er wurde oft von der Volkspolizei verwarnt, man drohte ihm: »Du, du, wenn du dich nicht besserst, kommst du in ein Heim.«

Einmal wird er auch verwarnt, als er schon vierzehn Jahre alt ist, also strafmündig als Jugendlicher. Aber auch hier nur Drohungen, keine Konsequenz. In allen Fällen wurde die Mutter informiert.

Der hochgeschossene, noch etwas kindlich wirkende fünfzehnjährige Junge stiehlt unheimlich. Und immer im Warenhaus einer großen Bezirksstadt. Dort mischt er sich unter das Publikum bei Sonderangeboten, wenn die Menschen sich um die Tische drängen. Dann greift er jungen und alten Frauen erst in die Einkaufstasche und fischt die Portemonnaies heraus. Später wird er kühner, frecher, er öffnet im Gedränge auch Umhängetaschen, und immer sind die Portemonnaies sein Ziel. Von Juli 1973, also als er noch vierzehn Jahre alt ist, bis zum April 1974, also als Fünfzehnjähriger, hat er Geld gestohlen. Vierzehn Fälle konnten ihm mit ziemlicher Sicherheit nachgewiesen werden, an alle kann er sich nicht mehr genau erinnern. Ob es mehr waren?

Die Portemonnaies wirft er weg, auch was außer dem Geld noch in den Fächern ist, also Personalausweis, Fahrzeugpapiere, einmal sogar einen goldenen Ehering.

Er verschafft sich so jeden Monat viel Geld. Im März 1974 hat er's auf über 400 Mark gebracht. Er kauft sich davon Brause, Süßigkeiten, Zigaretten, und zwar immer die teuersten Sorten, und er ißt gern Broiler. Das Geld, das er nicht ausgeben kann, versteckt er in seinen Socken. Die Mutter merkt nichts, wundert sich nur, manchmal abends, wenn der Junge nach Hause kommt, hat er so gar keinen Appetit.

Im ganzen hat er 1 273 Mark bares Geld entwendet, der Schaden, der den Bestohlenen entstanden ist, liegt natürlich viel höher, er wird auf etwa 1 600 Mark beziffert. Beim vierzehntenmal wird er von einem Kunden beobachtet, und auf der Straße kann er festgenommen werden.

Die Mutter hatte trotz seiner schlechten Schulzeugnisse eine Lehrstelle für den Jungen gefunden, und zwar in einem Großhandelsbetrieb, wo er Facharbeiter für Warenbewegung werden sollte. Kenner der Verhältnisse sind der Meinung, auf Grund der Struktur dieses Betriebes sei diese Lehrstelle für Jochen wenig geeignet. Es sollen dort einige Mitarbeiter tätig sein, die ihm keineswegs als Vorbild dienen können, im Gegenteil, die den schon gefährdeten Jungen auf Abwege bringen würden. Diese Lehrstelle muß er aufgeben; denn das Gericht ordnete die Einweisung in ein Jugendhaus an. Die Erzieher müssen für den jungen Mann einen Lehrberuf finden, den er körperlich leisten kann, und das ist bei ihm nicht ganz einfach, und er sollte bestimmt nichts mit Warenbewegung zu tun haben. Aber neben einer guten Fachausbildung muß sein soziales Verhalten gesteuert, sein Charakter herangebildet werden. Alles, was in seiner Jugend durch die widrigen Umstände versäumt wurde, muß hier nachgeholt werden. Eine schwere Aufgabe für die Erzieher; eine frühere, rechtzeitige Einweisung in einen Jugendwerkhof hätte vielleicht schon einiges verhindern können.

Aus der Eisenzeit

Der schmale Mann, Kuno, der in Haar- und Schnauzbarttracht aussieht wie ein Landsknecht auf alten Stichen, dieser Mann hat sein Interessengebiet weit gespannt. Und er scheiterte an einer Uhr; die Uhr, so sagt schon der alte Goethe, schlägt keinem Glücklichen.

Zur Zeit der Landsknechte gab es natürlich schon Uhren, nur hießen sie damals Seiger, ein mittelhochdeutsches Wort, das heute außer im Thüringischen nur noch im Jiddischen gebraucht wird. Wir messen die Zeit nach der Uhr, ein ursprünglich lateinisches Wort, hora, die Stunde. Zeiten und Sprachen wechseln, der eine lernt von dem anderen, einige Leute aber scheinen nur sehr langsam zu lernen. Bei ihnen gehen die Uhren wohl noch nach dem Mond.

Wir sehen den jungen Mann Kuno als Fahrer in einem großen wissenschaftlichen Verlag. Nur Gutes weiß man dort von ihm zu vermelden. Ein Herr Doktor ist als Kollektivvertreter mit ihm zum Prozeß gekommen, aus berufenem und beredtem Mund kann man Lobenswertes hören. Seit 1970 ist Kuno dort tätig, erst als Bote. Seinen eigentlichen Beruf, Koch, konnte er wegen eines Magenleidens nicht weiter ausüben. Der Betrieb hat sich des jungen Mannes angenommen. Er hatte eine schwere Jugend hinter sich, seine Mutter war mit einem Amerikaner nach Übersee durchgebrannt, seinem Vater und auch seiner Oma war es nicht gegeben, den Jungen zu erziehen. Er kam in ein Kinderheim, die Schule machte ihm keine Schwierigkeiten.

Der Verlag förderte den schmalen Burschen, er konnte nach seinem Wunsch und mit Unterstützung der Betriebsleitung eine Fahrschule besuchen. Er fährt gut, er fährt pünktlich. Als ein Berufskollege eine Zeit krank war, schaute er nicht auf die Uhr und nahm auch dessen Obliegenheiten wahr.

War es wissenschaftliche Neigung oder Ansteckung durch die Umgebung, daß er eines Tages eine Entdeckung machte? Im Keller des Verlagshauses fand er eine Kiste, und dieser Keller gehörte dem Zentralinstitut für alte Geschichte und Archäologie. Und in dieser Kiste lagen alte Dinge. Kuno nahm sich neun eiserne Lanzen, ein Bronzearmband und Reste eines Tierschädels mit nach Hause.

Der Wert dieser Gegenstände ist nur im wörtlichen Sinne unschätzbar. Sie haben keinen marktgängigen Preis, sind, wie der Herr Doktor sagt – obwohl er als Vertreter des Verlages vom Institut gar nicht dazu autorisiert war –, keine Kunstgegenstände, sondern archäologische Objekte, die nur der Wissenschaft dienen. Man setzte formal einen Wert von 200 Mark fest.

Für Kuno aber waren es Gegenstände der Kunst, er brachte sie über seiner Lagerstatt an, und als ihm ein Freund noch einen verrosteten Revolver aus der Vorkriegszeit anbot, wurde der dazugefügt. Wir sehen also, Mordinstrumente, etwas abgelagert, gleichgültig, ob sie aus der Bronze-, Eisen- oder der Zeit der imperialistischen Raubkriege stammen, dienten dem Besitzer als Kulturobjekte. Schön waren sie sicher nicht.

Trotz der sträflichen Zueignung der Kriegshandwerkzeuge fuhr Kuno weiter friedlich sein Kraftfahrzeug, heiratete, inzwischen hat er, vierundzwanzigjährig, für drei Kinder zu sorgen. Und das moderne Leben – seine Frau und seine Kinder kamen mit Ansprüchen, die Kuno nur schleppend erfüllen konnte. Da erschien eines Tages sein Freund Friedo bei ihm. Der war finanziell weit besser gestellt als

Kuno, der Fahrer. Friedo arbeitete im väterlichen Betrieb als Rohrlegerhelfer.

Er, Friedo, hätte vor einigen Tagen im zentralen Warenbüro für Technik Rohre verlegt, dort habe er die schönsten Kassettenrecorder gesehen, und gesichert sei das Büro überhaupt nicht, die Tür könne man ganz einfach mit einem Dietrich vom Hof aus öffnen. Ob er, Kuno, mit seinem betriebseigenen Framo dort einmal abends auf den Hof fahren könne.

Er konnte es, leider. Die Information über die Sicherung des Büros stimmte auch – leider. Und er fuhr auch mit – leider. Wenn ein zentrales Büro für Technik seine Räume nicht durch Schließtechnik besser zu sichern weiß, dann kann man allerdings nur staunen – leider. Kuno hatte nicht nur Neigung zu Waffen aus allen Zeiten, er hatte auch einen modernen Drang zu Phono und Technik.

Die beiden nahmen nicht nur für jeden einen Kassettenrecorder, sie nahmen, was sie laden konnten. Sie nahmen mehr, so daß es schließlich doch einen Sinn hatte, nachts mit einem kleinen Lastwagen vorgefahren zu sein.

Sie nahmen Tonbandgeräte, Plattenspieler, auch eine dreiteilige Kombination von Rundfunk-, Tonband- und Schallplattenapparat, sie nahmen Kassettenspulen und Ersatzteile. Dann nahmen sie noch neue Import-Standuhren, darunter eine sogenannte »Virginia«, die im Laden 850 Mark kostet.

Diese »Virginia« verkaufte Kuno an einen Bekannten für 550 Mark, und der Käufer wunderte sich, wie billig er zu diesem schönen Stück gekommen war.

Vor ihren Frauen mußten sie die ganze Beute verstecken, die hätten ihnen ganz schön den Marsch geblasen. Die gesamte Beute hatte nämlich einen Wert von 6 600 Mark, sehr bedenklich nahe an der 7000-Mark-Grenze, die das Oberste Gericht als ungefähre Grenze festgelegt hat, als Grenze für die Bewertung eines Diebstahls, ob er als Vergehen oder als Verbrechen zu bestrafen ist. Und als Verbrechen zu bestrafen heißt: Mindeststrafe zwei Jahre Freiheitsentzug.

Das Stehlen ist unzeitgemäß geworden, es lohnt nicht. Es erscheint wirklich wie ein Überbleibsel aus der Eisenzeit. Die ganze Sache sah ja noch bedenklicher aus für Kuno, denn diese gestohlenen vorsintflutlichen Objekte waren mit einem Nominalwert von 200 Mark eingesetzt. Und dann stand noch eine Straftat zu Buch. Er hatte den verrosteten Revolver im Besitz, und der gilt nach den Aussagen eines Sachverständigen als Waffe, auch wenn eine Feder fehlt und auch wenn kaum Munition zu diesem Typ auftreibbar war.

Und so endete auch diese böse Geschichte wie die meisten hier beschriebenen vor dem Strafrichter. Ein Jahr und sechs Monate für den Fahrer Kuno und ein Jahr und drei Monate für den Rohrlegerhelfer Friedo. Schlimm die Strafen vor allem für die ganz unschuldigen Frauen und die noch ahnungsloseren Kinder. Die beiden Männer hatten das Risiko des Gefaßtwerdens ja mit einkalkuliert oder mit einkalkulieren müssen. Sie hätten wissen müssen, was die Uhr geschlagen hat.

Der Dieb, der Diebe faßt

Früher hätte man Simone einen Backfisch genannt, heute ist das ein Teenager, sechzehn Jahre alt, Lidschatten, geklebte Augenwimpern, große Ohrringe und ein rötlichbraun gefärbter, kurzgeschnittener Schopf, ein geschminktes Mäulchen, das will gesehen werden, das sagt, seht alle her, Damen und Herren, ich bin erwachsen. Und wie gewachsen, etwa 1,75 m lang, aber noch ein rundlich kindliches Gesicht, und nicht nur das Gesicht rundlich.

Dieser so unfertige »Kiek-in-die-Halbwelt« ist nicht dumm; sie hat die zehnte Klasse geschafft, ich möchte sagen, spielend. Nur einmal, vor zwei Jahren, war sie kurze Zeit versetzungsgefährdet, wohl bei Beginn der Pubertät, aber auf den Brief der Lehrerin und mit Unterstützung der Mutter und des Referats Jugendhilfe setzte sich Simone auf ihren Jeans-Boden, und dann schaffte sie den Abschluß der zehnten Klasse mit Befriedigend.

Kindergärtnerin zu werden war ihr Traum, aber dazu reichte das Zeugnis nicht. Doch mit ihrem Los, Lehrling in einer Fleischverkaufsstelle, ist sie zufrieden. Und zufrieden sind die Kolleginnen mit Simone, dem so hochgewachsenen Teenager mit dem Kindergesicht, und besonders zufrieden ist die Berufsschule mit ihrem theoretischen Wissen.

Aber überaus gut ist sie nun wieder nicht, dieser weibliche Lausbub Simone. Sie hat einen ganz bösen Drang zu fremden Sachen, und dieser Charaktermangel liegt nicht im Elternhaus, soweit wir das sehen. Ihre Mutter, aussehend wie ihre etwas ältere Schwester, hat sicher da keine Schuld. Sie wurde schon nach einjähriger Ehe geschieden. Simone war tagsüber bei den Großeltern, abends wurde sie von der Mutter abgeholt. Als Simone acht Jahre alt war, heiratete die Mutter ein zweites Mal, und sie konnte jetzt ganz zur Mutter ziehen. Ihre Beziehungen zum Stiefvater sind nicht gut, sie hängt mehr an ihrem richtigen Vater. Ihre Mutter meint auch, sie sei verschlossen.

Schmuck und Geld hatten für sie, die kleine Simone, schon immer etwas Faszinierendes. Sie stahl schon als Kind bei den Großeltern Ohrringe, Geldscheine. Zu Hause verschwand auch einiges, bis der Stiefvater ihr eine richtige Falle legte und sie als Dieb dastand.

Mit vierzehn Jahren, nach ihrer Jugendweihe, erklärte Simone ihrer Mutter, nun sei sie erwachsen und könne für sich allein bestimmen. Sie behandelte auch ihre Lehrer von oben herab und begann Zigaretten zu rauchen. In dieser Zeit kamen mehrere Diebereien vor, ihre Leistungen ließen nach, und so wandte sich die Mutter an das Referat Jugendhilfe. Es gab Beratungen mit Simone, und ernsthaft setzte man ihr zu, wenn sie sich nicht ändere, müsse sie wohl in einen Jugendwerkhof. Das hatte einen Teilerfolg, in der Schule ging alles wieder ganz glatt.

Aber ein anderes Problem: In der neuen Schule, als sie wieder bei der Mutter wohnte, gab es Kinder, die mehr Taschengeld hatten als sie. Und diese leichten Ausgaben der anderen hatten einen bösen Einfluß. Sie begann jetzt, da sie sich erwachsen fühlte, »man muß ja rauchen«, Zigaretten in Selbstbedienungsläden zu stehlen. Erst rauchte sie vier am Tage, dann sechs, dann zehn Zigaretten. Das war von dem Taschengeld – die Mutter gab drei Mark in der Woche und die Oma auch – nicht zu bestreiten. Und Simones Anforderungen an die Kosmetik wuchsen.

Vor etwa einem halben Jahr schloß sie sich einem jungen Mann an und wurde auch in die Familie mitgenommen. Dort lernte sie die gleichaltrige Schwester des Freundes, Elke, kennen. Die war in ihrem Wesen viel bescheidener. Ihre Schulbildung war mangelhaft, und sie hat nur den Abschluß der siebenten Klasse erreicht. Sie ist Hilfsverkäuferin und verdient wesentlich mehr als der Verkaufslehrling Simone, aber durch sie wurde Elke veranlaßt, auch Zigaretten zu stehlen.

Und abends gingen die beiden durch die Neubaugebiete in der Berliner Innenstadt. In den Innenhöfen sahen sie Wäsche zum Trocknen aufgehängt, Blusen und Pullover. Die wurden genommen, und den Anstoß gab Simone. Elke, fasziniert von der ihr so imponierenden Freundin, ging mit, nahm mit. Sie hat sogar mehr gestohlen. Kopftücher, Pullis, Nachthemden, Unterwäsche, Kniestrümpfe, alles, was die beiden Mädchen halbwegs gebrauchen konnten, zogen sie von den Wäscheleinen. Was ihnen nicht paßte, warfen sie einfach weg. Den Eltern erzählte Simone, das habe sie von Elke geliehen, und Elke erzählte, die neuen Dinge gehörten Simone. Auch eine Tasche nahmen sie, um die gestohlenen Dinge darin zu verbergen.

Eines Abends wurden sie gestellt. Ein Mann, der in einem Trabant saß, hatte sie beobachtet, fuhr den Diebinnen nach und übergab sie der Volkspolizei. Es wurden Haussuchungen gemacht, und es lagen Anzeigen vor. Simone hatte zwölfmal Wäsche gestohlen, für 430 Mark, Elke auch zwölfmal, für 524 Mark. Durch den Zigarettendiebstahl hatte Simone einen Schaden von etwa 40 Mark, Elke von etwa 30 Mark verursacht. Aber Simone hat, nachdem sie als Wäschediebin gestellt und schon von der Volkspolizei verhört worden war, noch einmal Zigaretten gestohlen.

Die beiden Mädchen wurden zur Bewährung verurteilt, unterschiedlich die Zeit der Bewährung. Bei Simone sind es zwei Jahre, bei Elke nur anderthalb. Die Strafandrohung bei Simone neun Monate, bei Elke sechs.

Merkwürdig bei Elke, ein gespaltenes Bewußtsein. In dem Selbstbedienungsladen, in dem sie als Hilfsverkäuferin tätig ist, hat sie schon Ladendiebe ertappt und gestellt. In anderen Läden aber stiehlt sie selber. Sie ist solidarisch mit ihren nächsten Kolleginnen, mit ihrer Sorge, keine Minusdifferenzen zu haben.

Ein Verhalten, das vielleicht der Moral der Vorgeschichte der

Menschheit entspricht. In der Urgemeinschaft, in der Gentil- oder Sippenverfassung, war es ja auch üblich, die eigene Sippe zu schützen, und da kam es nicht darauf an, die fremde zu schädigen.

Bewährung für Elke und auch Simone, das muß hier heißen, Erziehung zum solidarischen Verhalten, solidarisch zu allen Werktätigen und allen, die es einmal waren, und zu den Alten und allen, die es einmal sein werden, den Jungen.

Der Verzärtelte

Fangen wir unseren Bericht einmal ganz literarisch an. Goethe stellt ein Wort eines griechischen Weisen, Menander, an den Beginn eines Rechenschaftsberichts über sein eigenes Leben, den er »Dichtung und Wahrheit« nennt: »Wer nicht gezüchtigt wird, wird auch nicht erzogen.«

Dies Geschundenwerden soll man bitte nicht wörtlich verstehen. Es soll sicher nicht Prügel und körperliche Qual bedeuten. Es steht dafür, daß Erziehung eben nicht nur Liebe, sondern auch Zwang und Härte bedeuten, daß Erkenntnis auch durch bittere Erfahrung erworben wird und daß das Sichbehaupten in der Gesellschaft bedeutet, ständig Rücksicht zu nehmen, sich ständig zu bilden, sich zu vervollkommnen.

Arno hat das bisher nie erfahren. Der hübsche junge Mann steht gerade vor seinem sechzehnten Geburtstag, und jetzt macht er die bittere Erfahrung, die, wie wir alle hoffen, ihn endlich umformen wird, wenn auch nicht gerade zu einem Goethe, so doch zu einem Menschen, der seine persönlichen Wünsche in Übereinstimmung bringt mit den Forderungen seiner Umgebung und seiner Gesellschaft.

Er lebt mit seinen zwei Brüdern, einem älteren und einem jüngeren, bei seiner Mutter. Die ist geschieden, eine sicher sehr fleißige, arbeitsame Frau, die bei anderen jungen Leuten keine Schwierigkeiten hat, die aber bei diesem Arno so vollkommen versagt. Er ist als das Sorgenkind ihr sicher am meisten ans Herz gewachsen. Er wird verhätschelt, weil er als Kind mehrfach operiert werden mußte, ein

Blasenleiden. Und er hat anscheinend noch immer gewisse Schwierigkeiten. Die Ärzte, die ihn ständig behandeln, haben keine Veranlassung, ihn, wie es die Mutter wünschte, so oft von der Schule freizustellen.

Während der ersten Jahre seiner Krankheit und der Operationen besuchte Arno eine Sonderschule, eben nur wegen seiner körperlichen Mißhelligkeiten, und dort kam er gut mit. Als das akute Stadium seiner Krankheit überwunden war, wurde er in eine Normalschule überwiesen; dort, sagt er, habe er keinen Kontakt. Er behauptet, er begreife den Lehrstoff nicht. Es ist ihm zu mühsam. Von seiner Mutter, aber auch von seinem Vater, mit dem er einen sehr engen Kontakt pflegt, wird er verwöhnt. Von beiden bekommt er ein überreichliches Taschengeld (obwohl das Einkommen der Mutter offensichtlich gar nicht sehr hoch ist). Er besitzt schon mit fünfzehn Jahren ein Moped, das seinen Ansprüchen aber nicht genügt.

Vor einem halben Jahr hat er schon einmal vor Gericht gestanden. Auf primitive Weise hatte er ein Postsparbuch gefälscht, um sich ein neues Moped kaufen zu können. Die Fälschung wurde sofort entdeckt, er wurde wegen Urkundenfälschung und versuchten Betruges auf Bewährung verurteilt. Als Bewährungsauflage wurde von ihm verlangt, von nun an die Schule regelmäßig zu besuchen und in dieser Zeit das Ziel der achten Klasse zu erreichen. Schon in diesem ersten Verfahren wurde die Verhätschelung durch die Mutter vom Gericht und vom Staatsanwalt hart gerügt.

Nach dem Verfahren ging Arno acht Tage zur Schule. Dann so gut wie überhaupt nicht mehr, also ein halbes Jahr lang nicht. Die Mutter will ihn wohl ermahnt haben. Es ist auch erwiesen, daß sie ihn einige Male an einem Sonnabend, wenn sie arbeitsfrei hatte, zur Schule gebracht hat. Dann aber ist er nach ein oder zwei Stunden wieder ausgerissen. Zu Aussprachen mit dem Klassenlehrer oder mit dem Pädagogischen Rat oder zu Elternversammlungen – zu allem wurde sie dringlich eingeladen – erschien sie nicht. Arno konnte natürlich nicht versetzt werden. Er muß also jetzt die siebente Klasse noch einmal durchmachen, praktisch macht er sie überhaupt nicht. Er ist völlig verzärtelt. Er weint, wenn man ihm Vorwürfe macht. Er behauptet, er habe keinen Kontakt zu seinen jetzigen Mitschülern, und das muß man ihm glauben, denn er kennt sie gar nicht. Er muß aber bestätigen, daß sich Schüler bereit fanden, ihm zu helfen, daß oft Mitschüler gekommen waren, um ihn abzuholen. Er aber lehnt jede Hilfe ab. Er ist und bleibt ein Einzelgänger.

Der junge Mann Arno ist oft bei seinem Vater, einem Kraftfahrer, der für einen großen Betrieb einen Kleintransporter fährt. Der Wagen wird abends vor der Wohnung des Vaters geparkt. Der Vater hat Arno schon öfter auf seinen Touren mitgenommen. Diesen Wagen setzt Arno eines Abends gegen 19 Uhr in Bewegung und fährt damit los. Er wählt bewußt die Abend- und Nachtstunden, weil er Verkehr und Kontrollen fürchtet. Die Handhabung hat er vom Vater gelernt, der ihn auch schon einmal auf dem Hof (also nicht im öffentlichen Straßenverkehr) fahren ließ.

Sinn- und planlos rast er in die Welt. Auf die Autobahn zum Hermsdorfer Kreuz. Er dreht dann um. Zwei Tage sind vergangen. Bei der Rückfahrt, in der Höhe von Weißenfels, geht ihm der Sprit aus. Und so stellt er sich der Volkspolizei.

Er handelte völlig ohne Überlegung. Er ahnte nicht, wie er sein Leben und das anderer Kraftfahrer oder Fußgänger gefährdete.

Die Maßnahmen, die das Gericht wegen dieser Schwarzfahrt eines Fünfzehnjährigen verhängt, sind vielfältig. Erst einmal eine sehr fühlbare Strafe: Die sechs Monate, die ihm aus dem ersten Verfahren angedroht waren, muß er verbüßen, in einer Jugendstrafanstalt, wo sein Leiden ärztlich betreut wird. Während dieser Zeit, so ordnet das Gericht an, soll ihm eine passende Arbeitsstelle vermittelt werden, denn das Ziel, die achte Klasse zu erreichen, ist im Augenblick wenig sinnvoll für ihn, dann wäre er schon achtzehn Jahre. Auf Anordnung des Gerichts wird ihm der Berechtigungsschein für sein Moped entzogen. Wegen der unbefugten Benutzung des Kraftfahrzeuges bekommt er noch eine Strafe auf Bewährung, die Bewährungszeit zwei Jahre mit einer Strafandrohung von acht Monaten. Gegen die Mutter, die Arno so maßlos verwöhnt hat, will der Staatsanwalt ein Ermittlungsverfahren wegen Verletzung ihrer Erziehungs- und Aufsichtspflichten einleiten.

Arno soll, wenn er seine Strafe verbüßt hat, in einem Jugendwohnheim untergebracht werden, natürlich auch unter ärztlicher Kontrolle.

Dort aber soll er sehr energisch zur Arbeit erzogen werden, damit aus dem verzärtelten Jungen ein Mann wird, auch wenn er sich jetzt noch so sehr dagegen sträubt.

Sind das Abenteuer?

Die Lehre, die uns die drei Missetäter erteilen, hören wir nicht gern. Wie einfach ist es, zu sagen, hier hat bei den Jugendlichen das Elternhaus versagt oder das Referat Jugendhilfe hätte schon eher daraufkommen müssen, daß sich hier etwas Kriminelles vorbereitet. Und wir sagen dann auch, wo bleibt die wichtige Zusammenarbeit zwischen dem Elternhaus, dem Referat, dem Betrieb und den Schulen, und dann können wir auch meist feststellen: Warum gibt es für die Jugendlichen in diesem Bezirk keine jugendgemäße Unterhaltung, die Jugendlichen wissen nichts mit sich anzufangen, da mußte es ja zu schlimmen Dingen kommen.

Und wenn wir das alles registriert und bemängelt haben, dann können wir feststellen: Hier liegen also die tiefen Ursachen der bedauerlichen Vorkommnisse, das müßte man verbessern, und wir lehnen uns bequem in unseren Ohrensessel zurück und haben die Probleme der Jugendkriminalität gelöst.

Zugegeben, die vielen Fälle von Fehlleistungen Jugendlicher sind durch Milieuschäden verursacht, und sie müssen immer wieder aufgedeckt, behandelt und verändert werden.

Bei diesen drei, die auch des schweren Raubs angeklagt sind, ist das alles in Ordnung. Sie haben alle vorbildliche Eltern, wohl ist die Mutter von Paul geschieden, aber der Stiefvater kümmert sich mit, und auch der richtige Vater nimmt Anteil am Geschick seines Sohnes. Paul ist schon immer ein schwieriges Kind gewesen, kein anormales, aber seine geistige Entwicklung war verlangsamt, langsamer als die Norm. Er ist frühzeitig in ein Spezialkinderheim gekommen, als Kind hat er wirklich das getan, wovon andere schwierige, lernfaule Kinder immer träumen: Er hat die Schule in Brand gesteckt.

Nach dem Spezialkinderheim kommt er, vierzehnjährig, in einen

Jugendwerkhof. Er wollte Maurer werden, der Jugendpsychologe hatte ihm da gewisse Aussichten gemacht, aber seine Schulbildung reichte nicht aus; ihm wurden im Jugendwerkhof landwirtschaftliche Kenntnisse beigebracht, dort hatte er auch Erfolgserlebnisse, er wurde Leiter eines Arbeitskollektivs.

In richtiger Erkenntnis, daß jahrelange Heimerziehung Jugendliche oft unfähig macht, später das Leben zu meistern, wurde Paul mit sechzehn Jahren zur Mutter entlassen. Sie stand ständig mit dem Referat Jugendhilfe in Verbindung. Er hatte im Werkhof den Abschluß der achten Klasse geschafft, bekam, auch das war sein Wunsch, eine Arbeit als Hilfsarbeiter in einem großen Betrieb des Maschinenbaus.

Aber hier stellten sich keine Erfolgserlebnisse ein, hier hatte er weniger Kenntnisse als ein Lehrling. Er begann zu bummeln.

Wieder wurde mit dem Referat gemeinsam beraten. Das Ergebnis, und auch Paul war damit einverstanden: Arbeit in einer landwirtschaftlichen Produktionsgenossenschaft, in der er Kenntnisse und Erfolge vorweisen konnte. Mit dieser Arbeit hatte er gerade begonnen.

Dort lernte er seinen Freund Dieter kennen. Dieter steht heute kurz vor seinem achtzehnten Geburtstag, ein junger Mann, der elternlos bei Pflegeeltern aufwächst, die sehr um ihn besorgt sind. Dieter hat einen frühkindlichen Hirnschaden. Seine Pflegeeltern sind ständig bemüht, daß er in ärztlicher Behandlung und Kontrolle bleibt. Es war sein Wunsch, im Walde zu arbeiten. Auch das wurde mit dem Referat Jugendhilfe eingeleitet. Er kam zuerst mit seinem Revierförster gut aus; als der aber im Urlaub war, wurde er in ein anderes Revier versetzt, dort klappte es nicht, und Dieter begann zu bummeln. Im Sommer 1973 wurde ein Verfahren wegen asozialen Verhaltens eingeleitet. Auch hier wurde auf seine verzögerte Entwicklung Rücksicht genommen, auf Bewährung wurde er verurteilt, mit der Auflage, regelmäßig seinen Psychiater aufzusuchen.

Diese Auflage hat er nicht erfüllt. Es wurde ihm aber auch eine neue Stelle in einer landwirtschaftlichen Produktionsgenossenschaft als Beifahrer vermittelt, auf der er noch tätig ist. Die beiden, Paul und Dieter, kamen zusammen und gingen in einen Jugendklub, um Skat zu spielen, nur Skat, nichts anderes.

Dort trafen sie einen dritten, den Kleinsten, Fred. Er ist Schüler der zehnten Klasse, begabt, aber sprunghaft. Erst in den letzten Jahren ließen seine Leistungen in der Schule etwas nach, aber er steht durchaus noch im Klassendurchschnitt. In seiner Klasse hat er keinen Kontakt, er möchte gern eine Rolle spielen, kann es nicht. In der Skatrunde mit den beiden Älteren wird er endlich anerkannt. Die Eltern haben keinen Kontakt zur Jugendhilfe, der war auch nicht nötig, weil Fred bisher nie gefährdet erschien. Wohl bestand ein sehr intensiver Kontakt zur Schule.

Dieter, der Älteste, erzählte gern von Dingen, die er schon so gedreht hatte. Es waren Angebereien. Die beiden anderen hörten voll Staunen, Bewunderung, manchmal zweifelnd zu. Und einmal veranlaßte Dieter den Kleinsten, Fred, mit ihm in eine Zigarettenfabrik einzusteigen und dort Zigaretten zu stehlen. Beide werden gestellt, ehe sie nur eine Zigarette gesehen haben. Verhört, verwarnt und laufengelassen.

Eines Abends renommiert Dieter wieder mit seinen Erlebnissen. Man müßte in ein Großhandelslager einsteigen und sich dort Schnaps stehlen; die beiden anderen machen sofort mit. Sie versuchen, eine Mauer zu übersteigen, die aber mit Scherben gespickt ist, sie lassen davon ab, versuchen es von der anderen Seite, sehen aber, dort im Großhandelskontor wird noch gearbeitet.

»Jetzt vergewaltigen wir eine Frau oder berauben sie«, sagt Dieter. Sie wählen sich einen S-Bahnhof in einem Vorort von Berlin, eine ganz ruhige, verlassene Gegend. Sie sehen eine Frau mit einem Kind kommen. Die soll es sein. Fred, der Kleinste, soll ihr die Augen zuhalten, Dieter, der Größte, der Anstifter, will ihr die Tasche entreißen, Paul soll den Rückzug decken. So schreibt Dieter die Tat vor. Aber sie werden durch Passanten gestört. Jetzt kommt eine etwas bedächtige, ältere Frau. Dieter ändert kurz seine Disposition. Paul soll ihr die Tasche entreißen, Fred legt ihr, wie verabredet, den Arm über die Augen – sie glaubt, um den Mund –, Paul reißt ihr die Tasche weg. Die Frau aber klammert sich an die Tasche, der Bügel reißt ab.

Wieder kommen Passanten, Paul wirft die Tasche über einen Zaun, und alle rennen weg, versuchen zu entkommen. Noch am gleichen Abend sind sie gestellt und festgenommen.

Einweisungen in ein Jugendhaus für Paul und Dieter, das bedeutet: Isolierung und Umerziehung von mindestens einem bis zu drei Jahren. Bei Fred, dem Kleinsten, Freiheitsentzug von einem Jahr und sechs Monaten, und in dieser Zeit soll er, wie es das Gesetz vorschreibt, in der Jugendhaftanstalt seine Schule weiter besuchen, also das Ziel der zehnten Klasse erreichen.

»Jetzt vergewaltigen wir eine Frau oder berauben sie«, sagte Dieter. Das Ziel ist gleichgültig, wichtig die verbotene Tat, das angebliche Abenteuer, das gefährliche Erlebnis. Wenn, wie in diesem Fall, die ganze Erziehung, die Erziehung zum menschlichen Verhalten, bei drei jungen Leuten so völlig abgestreift wird, wenn völlig gefühllos, ohne jede Motivation und gegen alle Moral »Heldentum« praktiziert wird, dann haben wir keine Wahl, dann müssen wir hart, sogar sehr hart strafen.

Schuld, Kälte und Protzerei

Ungleiche Freundinnen, gleiches Delikt; beide sechzehnjährig, Oberschülerinnen der zehnten Klasse, aber nicht in derselben, in der Parallelklasse lernend.

Elfi, groß und blaß, Schulbummelantin, versetzungsgefährdet, ein Mädchen mit wachem Geist, aber etwas durchtrieben, lebt beschützt in einer geordneten Familie. Die Mutter kümmert sich sehr um ihr Sorgenkind, sie ist geschieden, hat ein zweites Mal geheiratet. Elfi hat mit Erlaubnis der erziehungsberechtigten Mutter noch ständigen Kontakt zu ihrem Vater. Wenn es Probleme mit und um Elfi gibt, kommen die Eltern noch zusammen und beraten. Aber auch der Stiefvater wird von Elfi anerkannt und geliebt, man kann es sich, so glaube ich, nicht besser wünschen. Ob Elfi das Ziel der zehnten Klasse erreicht, ist bei ihren jetzigen Leistungen noch fraglich, aber wenn, dann kann sie als Lehrling bei der Reichsbahn anfangen, der Lehrvertrag liegt schon vor.

Gundel, ihre Freundin, hat es in vieler Hinsicht schlechter. Sie ist kleiner, noch ein wenig pummelig, kindlich. Sie lebt in der Wohnung ihres Vaters, auch der ist geschieden, ein Kontakt zur Mutter ist kaum vorhanden. Der Vater hat eine Freundin, eine Lebensgefährtin, aber Gundel und die Stiefmutter vertragen sich nicht. Der Vater sagt, er stehe immer zwischen zwei Feuern, aber das stimmt nicht. Für ihn ist Gundel im höchsten Maße lästig: »Wenn du achtzehn bist, melde dich sofort beim Wohnungsamt.« Das ist sein Ton.

Einen Wohnungsschlüssel hat Gundel nicht. »Ich mag nicht, daß Gundel andere Kinder unkontrolliert mitbringt.« Wer ihre Freundin, ja, wer ihr Freund ist, das interessiert den Vater nicht. Geburtstag wird nicht gefeiert, vielleicht ein kaltes Geldgeschenk, das ist alles. Zum Wochenende und zu den Feiertagen wird Gundel zur Großmutter – Mutter des Vaters – abgeschoben. Irgendeinen gemeinsamen Spaziergang in den Tierpark kennt der Vater nicht, von Theaterbesuchen ist nie die Rede. Zur Jugendweihe hat sie wohl ein Fahrrad bekommen, in das hat sie, wie der Vater sagt, eine Acht gefahren, und alle Schrauben sind locker. Obwohl der Vater handwerklich versiert ist, hilft er ihr nicht, das Rad instand zu setzen.

Im Gegenteil, solange das Rad defekt ist, bekommt sie kein Taschengeld. Um eine Lehrstelle für Gundel hat der Vater sich nicht bemüht, aber sie hat das allein geschafft. Und weil sie in der Schule recht gut ist, hat sie einen Lehrvertrag bei einem Außenhandelsunternehmen abschließen können. Aber der ist jetzt gefährdet.

Die Staatsanwältin, die einiges schon in ihrem Leben durch den Beruf gewohnt ist, sagt, selbst bei asozialen Familien hat sie einen solchen Grad von Kälte bei einem Vater noch nicht erlebt.

Auch Elfi hat in diesen Wochen kein Taschengeld. Die Mutter hat es ihr wegen ihrer Schulbummelei gesperrt. Und Elfi sann auf einen Ausweg.

Es gibt eine Sporthalle, die von zwei Schulen benutzt wird. Elfis Klasse hätte eigentlich an diesem Tag, dem 20. Januar 1975, hier eine Sportstunde gehabt, aber die fiel aus. Elfi wußte, dort turnt jetzt eine andere Klasse. Sie konnte also so tun, ich weiß ja von nichts, ich muß ja dahin wegen des Unterrichts. Die Freundin Gundel muß mit. Sie zögert erst, aber Elfi war, so scheint es mir, ihre einzige Vertraute, sie wollte sie nicht enttäuschen und auch noch verlieren. Der Umkleideraum war ganz einfach zu erreichen, er war nicht abgeschlossen. Die beiden durchsuchten die abgelegten Kleidungsstücke, fanden einen silbernen Ring und Geld im Werte von etwa 15 Mark. Den Ring nahm sich Elfi, das Geld wurde geteilt.

Weil das so gut ging, hatte Elfi einen neuen und, wie sie glaubte, besseren Plan. Sie wußte, es war an diesem Tage eine zwölfte Klasse einer erweiterten Oberschule in der Sporthalle, also Abiturientinnen, die sich umzogen. Es waren nach ihren Begriffen elegante Mädchen darunter, das würde sich also lohnen, da einmal nachzusehen. Die beiden gingen wieder unbemerkt in den Umkleideraum, und sie fanden drei goldene Ringe mit schönen Steinen. Der eine hatte einen Wert von 500, ein zweiter von 350, der dritte von 200 Mark. Sie fanden zwei silberne Ringe, Kugelschreiber, Filzstifte; ein Paar Schuhe zog sich Elfi sofort an, sie ließ die ihren dort stehen. Und sie fanden auch Geld. Die Beute teilten sie sich.

Sie hätten weitergemacht, wenn sie nicht erwischt worden wären. Sie hatten schon begonnen, sich einen kleinen Schatz anzulegen. Die gestohlenen Ringe wollten sie noch nicht tragen, das wäre zu auffällig, aber sie dachten auch nicht daran, sie zu verkaufen.

Die Sache wurde schnell ermittelt, beide weinten, bereuten. Seither gibt es bei Elfi keine Bummelstunden mehr. Sie hat an die Direktorin ihrer Schule einen ziemlich raffinierten Brief geschrieben, sie bittet um Hilfe, denn die Direktorin ist ihre Chemielehrerin, in Chemie sieht es bei Elfi recht bitter aus; und sie bietet der Direktorin sogar ein Honorar an.

Die Strafen der beiden auf Bewährung. Für Elfi dauert die Bewährungszeit zwei Jahre, ihr sind acht Monate angedroht, falls sie ihre Schulpflichten versäumt oder wieder straffällig wird. Bei Gundel ist die Bewährungszeit auf achtzehn Monate festgesetzt, und die Androhung: sechs Monate Freiheitsentzug.

Der Prozeß hatte für Gundel weitreichende Folgen. Das Referat Jugendhilfe hat sofort eingegriffen. Es ist dafür, daß das Mädchen zur Großmutter zieht, der Vater soll sich bereit erklären, einen entsprechenden Unterhaltsbeitrag an seine Mutter zu zahlen, und den Unterhaltsbeitrag der Mutter soll auch die Großmutter bekommen. Und das Referat Jugendhilfe muß sofort für Gundel einen neuen Lehrbetrieb finden.

Aber der Prozeß wirft weitere Fragen auf. Müssen nicht die Schulen dafür sorgen, daß während der Turnstunden die Garderobe gesichert ist, zumindest daß Geldtaschen und Wertsachen unter Verschluß gehalten werden? Und dann: Müssen Schülerinnen, auch wenn sie Abiturientinnen sind, in der Schule goldene Ringe tragen? Müssen sie damit demonstrieren, wie wohlhabend ihre Eltern oder ihre Freunde sind? Ist das denn ihr Verdienst? Ist das nicht Protzerei?

Der Mitmacher

Ein freundlicher junger Mann, er genießt die Sympathie der Mithausbewohner, er hilft älteren Leuten, macht freiwillig Botengänge, packt gern bei schweren Arbeiten mit an.

Ein hübscher junger Mann, gut gewachsen, schwarzhaarig, Wolf. Er müßte auch für gleichaltrige Damen, sechzehn-, siebzehnjährige, interessant sein, aber noch fehlt ihm hier das rechte Wort am rechten Platz. Mit dem Wort hapert es etwas. Er hatte in seiner Kindheit einen Sprachfehler, er war auch Bettnässer. Das sind Symptome einer nervösen Störung, Symptome von Erziehungsfehlern. Wolfs Mutter hat die Erziehung wohl nicht geschafft, ihr war die Sorge für ihre zwei Kinder in den ersten Jahren allein übertragen. Der Vater hatte sich aus dem Staube gemacht, er zahlte nicht einmal Unterhalt.

Kein Vorwurf gegen die alleinstehende Frau, die es nicht bewältigte. Später hat sie einen anderen Mann geheiratet, der sich redlich bemüht, allen Kindern in der Familie ein guter Vater zu sein. Fast möchte ich sagen, ein idealer Vater. Ein Mann mit sehr vielen handwerklichen Fähigkeiten, ein Bastler, der den Kindern Aufgaben stellt, der sie beschäftigt. Aber ein gestrenger Vater soll er sein. Die Mutter, sicher veranlaßt durch ihr schweres Leben – ihren Wolf bekam sie mit siebzehn Jahren –, etwas lasch, phlegmatisch, inkonsequent.

In der Schule war er unglücklich, er konnte keine gleichaltrigen Freunde gewinnen. Er wurde wegen seines damaligen Stotterns dauernd gehänselt. Natürlich trat der Getretene auch zurück, nach unten. Er schlug die kleineren, schwächeren Mitschüler.

Die Mutter wurde mit dem Jungen nicht fertig, er kam in Heimerziehung. Dort war er folgsam, ein Musterknabe. Als er aber zurückkehrte, glitt er schon als Kind wieder ab, beteiligte sich an Laubeneinbrüchen.

Seine Interessen sind heute wechselnd. Er beginnt alles, führt nichts zu Ende. Er sammelt Briefmarken, dann vergißt er es. Beginnt die Zucht von Zierfischen, dann bleiben sie ohne Pflege, die Fische sterben, weil Wolf plötzlich ein Fußballfan geworden ist, aber ein passiver Fußballfreund, ein Zuschauer.

Der Lehrausbilder in einem großen Betrieb ist mit ihm zufrieden. Wolf ist wohl im Theoretischen schwach, aber ehrlich dabei, und wird bald seine Lehre beendet haben. Er hat sich auch Berufsziele gesteckt, er wird sehr hart arbeiten müssen, um sie zu verwirklichen; denn sein theoretischer Verstand, sein abstraktes Denken sind wenig entwickelt.

Auch in seiner Lehrzeit findet er keinen echten Kontakt zu Gleichaltrigen, aber einem fünfzehnjährigen, kleinen, schmächtigen Jungen, einem Aufschneider, dem schließt er sich an. Dieser Fünfzehnjährige wurde sehr gründlich von einem Psychiater untersucht. Durch Krankheiten ist er geistig zurückgeblieben. Er hat noch nicht die Reife eines Vierzehnjährigen. Er hat überhaupt keinen Begriff für Eigentumsverhältnisse und die aus ihnen entstehenden gesellschaftlichen und moralischen Konsequenzen. Er ist nicht schuldfähig, also er kann nicht verurteilt werden. Das schließt aber nicht aus, daß er in ein oder zwei Jahren das, was ihm heute fehlt, begriffen hat und daß er, wenn auch später, eine normale Entwicklung durchmacht. Aber diesem kleinen Aufschneider und Großsprecher ordnet sich dieser Wolf, der heute schuldfähig ist, siebzehnjährig, völlig unter.

Die beiden stehlen wie die Raben, das heißt, der Fünfzehnjährige findet die Ziele, er steigt durch eingeschlagene Fensterscheiben ein, er läßt sogar in dem Betrieb, in dem er als Bote tätig ist, ein Fenster offen, um hineinzuklettern. Wolf bleibt draußen. Ob er aufpaßt oder nur dabei ist, steht nicht genau fest.

Beim erstenmal wollte Wolf nicht richtig, aber der Freund sagt: »Du traust dir wohl nicht. Verschwinde, dann mach' ich es alleine.« Und das läßt Wolf sich nicht sagen. Er hat nicht den Mut, den kleinen

Freund zu enttäuschen, zu verschwinden, er hat den Mut, leider, mitzumachen.

So gibt es fünfzehn Stellen, an denen der Kleine einsteigt und Wolf draußen steht. Meist holt er kleine Kassetten, die dann aufgeknackt werden. Wolf ist auch beim Verteilen passiv. Er nimmt das, was der Kleine ihm zuteilt. Einmal geht es schief, sie finden nicht das Richtige, und einmal werden sie durch eine Alarmanlage verscheucht.

In einer Silvesternacht stehlen sie aus einem Laden Feuerwerkskörper im Werte von 1280 Mark, die sie beide noch in der gleichen Nacht in die Luft jagen.

Leider muß berichtet werden, nachdem all diese Untaten bekannt und aufgeklärt waren, nachdem Wolf schon von der Volkspolizei vernommen wurde, stiehlt er weiter. Mit seinem fünfzehnjährigen Freund und einem noch nicht vierzehnjährigen Kind. Wer hier einsteigen sollte, wurde durch das Los entschieden. Das Los fiel auf Wolf, und er stieg ein. Er holte eine Kassette mit 2200 Mark heraus und bekam 600 Mark davon zugeteilt. Jetzt wurde er in Haft genommen, weil Wiederholungsgefahr angenommen werden mußte.

Der psychiatrische Sachverständige bejahte Wolfs Schuldfähigkeit, aber er empfiehlt, möglichst eine Strafe auf Bewährung zu verhängen und Wolf Gelegenheit zu geben, die Lehre zu beenden. Trotz der Intensität der vielen Einbrüche beantragte die Staatsanwaltschaft eine Strafe auf Bewährung; zwei Jahre lang hat er Zeit, sich gut zu führen, dann ist die Strafe erloschen. Wenn er sich nicht bewährt und seine Lehre nicht in der Zeit beendet, drohen ihm zehn Monate Freiheitsentzug. So entschied auch das Jugendgericht.

Der Mutter wurde dringend geraten, für wichtige Erziehungshinweise öfter die psychiatrische Beratungsstelle des Stadtbezirks aufzusuchen. Wichtiger aber, erscheint mir, ist die Bürgschaft des Lehrbetriebs, und hier kommt es nicht so sehr auf die älteren Kollegen an, vielmehr auf die jungen, die Mitlehrlinge. Sie sollten verpflichtet sein, Wolf in ihren Kreis aufzunehmen. Er würde hier auch beim Positiven mitmachen, beim Sport, beim Kabarett, beim Tanzen, beim Briefmarkensammeln. Er will dabeisein, er will sich leiten lassen, denn er ist ein zu Leitender und wahrscheinlich auch ein gut zu Leidender, wenn man sein Vertrauen gewinnt.

Konflikte am Arbeitsplatz

Das Präkollektiv

Bis eine Makrele – oder ein Kabeljau – als Gericht aufgetischt und mit Genuß verspeist wird, ist ein weiter Weg vorgeschrieben. Viele Menschen kommen mit ihr in Berührung, sie bekommt Warencharakter, sie wandert vom Schiff in Kühlhäuser, Waggons und Container, sie erlebt nach ihrem Tode die verschiedensten Marinaden und Soßen, der Staatliche Handelsbetrieb Fisch und Fischwaren mit seiner Direktion, mit seiner Finanzbuchhaltung und Warenbuchhaltung nimmt sich ihrer an.

Sie gelangt nur indirekt und theoretisch in die Abteilung Einkauf und Verkauf, gerät in die verschiedensten Verkaufsstellen, vorher aber durchläuft sie noch diverse Lager. Nicht das Leergutlager, vielleicht aber die Salatproduktion, bestimmt nicht das Lebendfischlager, das ist für die Süßwasserkollegen bestimmt. Sie kommt entweder ins Auslieferungslager Frischfisch und Räucherwaren oder in das Lager Konserven, Marinaden und Präserven (also Halbkonserven). Und um dieses Lager und die dort tätigen Männer geht es.

Das Kollektiv in diesem Lager ist auch so eine Art Präkollektiv. Wohl wurde der Einkaufs- und Verkaufsleiter vom ganzen Kollektiv als Kollektivvertreter für dieses Verfahren gewählt, aber er fand für das, also für sein Kollektiv, nicht ein gutes Wort. Dabei ist Jonny schon sechs Jahre im Betrieb, ein Transportarbeiter, der seine Tour, seine Pflicht und seine Kunden kennt, der keine Sonntags-, keine Feiertags- und keine Feierabendarbeit scheut und von dem in diesem Jahr keine Fehlschicht und kein Zuspätkommen vermerkt wurde.

Jonny ist kein Engel, er hat böse Fehler, das darf nicht verschwiegen werden. Er trinkt im »Kollektiv« und während der Arbeit, und der Kollektivvertreter erwähnte, er habe seinen letzten Verweis vor einigen Monaten erhalten.

Hier wurde die Verhandlung dramatisch. »Es war nicht der letzte, sondern mein erster Verweis in meiner sechsjährigen Betriebszugehörigkeit«, warf Jonny ungefragt ein. Und es war auch kein Verweis wegen Trinkens. Er hatte ganz andere Gründe. Das zuständige Transportfahrzeug war ausgefallen, Jonny konnte seine Kunden nicht beliefern, und erst am Nachmittag wurde ihm ein Fahrzeug zur Verfügung gestellt. Die Läden waren geschlossen, unmöglich für ihn, in dieser kurzen Zeit alle zu bedienen, er weigerte sich, auf Tour zu gehen. Und deswegen der einzige und letzte Verweis. Für seine Familie, seine fünf Kinder, sorgt er vorbildlich.

Der mit ihm angeklagte Kollege und Freund Edgar ist kürzer im Betrieb, auch er trinkt gern, allzugern. Bei ihm gibt es einige unentschuldigte Fehltage, im wesentlichen aber sind es Fehltage nach Aufdeckung seiner Untat. Er genierte sich, in den Betrieb zu kommen. Sicher ein falsches Verhalten, aber keine Bummelei.

Ein Container sollte entladen werden. Jonnys Brigade weigerte sich, weil kein Gabelstapler zur Verfügung stand. Nach mehreren Stunden fand der Lagerleiter so ein Hilfsgerät und verlangte nun von der Brigade Überstunden. Spannungen, Ärger, Differenzen. Die Brigade weigerte sich, Überstunden zu machen, sie meinte, der Gabelstapler hätte eher dasein können.

Der Lagerleiter zahlte allen den Restlohn. Jonny war auf Tour.

Der Lagerleiter sorgte nicht dafür, daß Jonny am Ende seiner Schicht den Lohn bekam.

Die Maßnahmen verärgerten Jonny so, daß er seinen Freund Edgar veranlaßte, mit ihm nach Betriebsschluß in das Lager einzudringen. Der Schlüssel hing unbewacht in der Pförtnerloge. Dann zerschlugen die beiden eine Scheibe und gelangten in das Büro des Lagerleiters. Edgar mußte aufpassen, und Jonny nahm nicht nur seine Lohntüte (was vielleicht nicht einmal strafbar gewesen wäre, vielleicht wäre er nur wegen der Sachbeschädigung vor ein gesellschaftliches Gericht gestellt worden), er nahm auch noch sieben andere Lohntüten mit Inhalt. Im ganzen etwa 1 800 Mark.

Bei der Berechnung des Schadens stellte sich außerdem heraus, daß den Arbeitern 0,50 M für eine Mainelke vom Lohn einbehalten wurde. Das ist ungesetzlich, der Erwerb einer Mainelke ist und bleibt freiwillig.

Die beiden teilten sich das Erbeutete, und Jonny nahm ohne jede Scheu am nächsten Morgen seinen Restlohn in Empfang, da er ja als Täter noch nicht erkannt war.

Das Gericht beurteilte die beiden besser als der aus ihrer Mitte gewählte Kollektivvertreter. Beide sind Ersttäter, beide sind im allgemeinen – bis auf ihren Alkoholmißbrauch – verantwortungsbewußt. Zwei Jahre Bewährung, und nur wenn sie in diesen zwei Jahren wieder als Straftäter auffallen, müssen sie für diese Tat zehn Monate in den Freiheitsentzug.

In diesem Verfahren war etwas sehr deutlich zu spüren: Differenzen zwischen den Verwaltungsangestellten und dem Transportkollektiv. Sie spielen wohl zusammen oder wohl besser gegeneinander Fußball und Kegeln. Da ist die Transportbrigade eindeutig überlegen, aber im übrigen, so scheint es mir und erschien es auch dem Gericht, fühlen sich die Verwaltungsangestellten überlegen. Deshalb ist das Kollektiv in diesem Lager kein echtes Kollektiv, nur ein Präkollektiv. Wie eine Präserve keine echte Konserve ist, nur eine Halbkonserve, zum baldigen Konsum bestimmt.

Arno, der Koch

Er trug einen Titel: Technischer Leiter eines Kreiskulturhauses. Tatsächlich war er Hausmeister und eine Art von Barkeeper. Im Stellenplan war eben nur ein technischer Leiter vorgesehen, und so wurde der dreißigjährige Arno eingestellt und eingestuft.

Er war im Grunde für beide Sparten der geeignete Mann, er hatte einmal Koch gelernt, so verfügte er über eine gewisse Erfahrung im Gaststättenbetrieb, und handwerklich ist er überaus geschickt, also in der Lage, Stühle und Schlösser zu reparieren und einen elektrischen Anschluß zu legen. Aber wie so oft im Leben und speziell in Berlin, scheiterte er an der Frage der Bewirtschaftung.

Vielleicht lag es aber auch daran, daß die Lage hier besonders kompliziert war. Das Kulturhaus ist relativ klein, so daß eine Bewirtschaftung durch die HO oder den Konsum oder gar durch ein Ehepaar, das auf Kommissionsvertrag arbeitet, nicht lohnend war. Das letztere wäre sicher die beste Lösung.

In Absprache mit der zuständigen Abteilung des Rates des Stadtbezirks wurde vereinbart, das Klubhaus schließt einen Vertrag mit einer nahe gelegenen Gaststätte ab. Von dort kann der Technische Leiter Arno Bier, Brause, Weinbrand und Liköre beziehen, alles auf der Basis des Gaststättenpreises, Preisstufe II; das heißt, das Kulturhaus verkauft weiter zum Selbstkostenpreis. Ein Gewinn wird nicht eingeplant, oder richtiger: Die Differenz zwischen Großhandelspreis und Abgabepreis bekommt die Gaststätte.

Es wurde ferner festgelegt, es sollen im Kreiskulturhaus nur Getränke verabreicht werden, keine Bockwürste, keine Koteletts, keine belegten Brote.

Wenn Sie mich fragen, liegt hier schon ein gewisser Denkfehler, denn Ausschank oder gar Verkauf von Bier, Brause, Likören und harten Getränken verursacht Kosten oder, wenn Sie so wollen, Unkosten: Transport, außerdem geht ein Glas verloren, es gibt kleine Irrtümer. Ich will nicht einmal behaupten, daß Besucher den Barkeeper oder hier den Technischen Leiter betrügen wollen, aber wo mit Alkohol gehandelt wird, ist die Merkfähigkeit – beim Konsumenten und gelegentlich auch bei der Bedienung – getrübt. Es entstehen

Unkosten, jede mit Gewinn arbeitende Gaststätte hat Möglichkeiten, diese Unkosten zu bestreiten.

In diesem Kreiskulturhaus waren es, so sagt Arno, vor allem Transportkosten. Bei Jugendtanzabenden mußten Kästen Bier und Brause in den zweiten Stock getragen werden. Wer sollte das machen? Es gab junge Leute, die da gern behilflich waren, aber man mußte sie in irgendeiner Weise entlohnen. Manchmal versprach man ihnen freien Eintritt bei den Tanzveranstaltungen, aber häufiger auch für jeden Transport eine oder mehrere Flaschen Bier. Und das ist eigentlich schon unkorrekt. Arno, diesem schmächtigen Mann, konnte man den Transport nicht übertragen. Das war der Grund, sagt er, daß er sich Gedanken machte, wie man beim Verkauf der Getränke Gewinn erzielen könne. Möglich, daß hier die ersten Überlegungen bei ihm aufkamen, aber dann fand er die Sache doch sehr lohnend für seine eigene Tasche. Er kaufte also neben dem Bier, der Brause und den harten Getränken aus der Vertragsgaststätte Brause und Bier in einer Gemüseverkaufsstelle und dann noch in einer normalen Konsumverkaufsstelle harte Getränke zum Ladenpreis. Die Brause kostete beispielsweise in dem Gemüseladen 35 Pfennig, die er dann für 45 Pfennig weiterverkaufte. Und der Umsatz an Bier und Brause war nicht gering. Vom Mai bis November 1973 hat er mindestens 9 000 Flaschen Brause in der Gemüseverkaufsstelle gekauft, sein Gewinn: 900 Mark. Und ähnlich war es bei Bier, bei Wein, bei Korn und bei Kaffeelikör.

Er hat nominell die Gäste betrogen, aber sie konnten das gar nicht merken, denn ausgehängt waren im Kulturhaus die Preise, die für die Getränke galten, die das Kreiskulturhaus von der nahe liegenden Gaststätte bezogen hatte. Die Getränke aus dem Gemüseladen und dem Konsum hätte er zum Ladenpreis verkaufen müssen. So hatte er in der verhältnismäßig kurzen Zeit einen Gewinn von 5 271 Mark in die eigene Tasche gewirtschaftet. Und deshalb war er wegen Betrugs angeklagt.

Es spricht viel für Arno, denn sehr bald nach dieser Geschichte hat er die Arbeit im Kreiskulturhaus aufgegeben, seit Februar 1974 arbeitet er in einem wissenschaftlichen Institut, das neue Baumethoden entwickelt. In acht Tagen machte er hier seine Gabelstaplerprüfung mit dem Prädikat »sehr gut«. Genauso schnell eignete er sich das Schweißen an; in einem Lehrgang bekam er den Schweißerpaß mit demselben Resultat. Und drittens lernte er einen komplizierten, mobilen Bagger fahren; auch hier besuchte er eine Schulung, bestand diese Prüfung mit »sehr gut«. Er beherrscht die kompliziertesten Baumaschinen. Gesellschaftlich ist er dort in der BGL für den Arbeitsschutz tätig, außerdem ein eifriges Mitglied der freiwilligen Feuerwehr. Auch sonst ist sein Verhalten, seine Einsatzbereitschaft, seine Kameradschaftlichkeit vorbildlich zu nennen. Eine Bürgschaft legt der Betrieb auch vor, und der Kollektivvertreter bittet um eine Verurteilung auf Bewährung: »Wir brauchen ihn ja so dringend.«

Bei einem Schaden über 3 000 Mark soll es nach einer Entscheidung des Obersten Gerichts im Prinzip keine bedingte Verurteilung mehr geben. Man kann aber auch behaupten, Arno zeigte, daß bei ihm eine Umerziehung durch eine Freiheitsstrafe nicht mehr notwendig ist, nur der von ihm veruntreute Betrag von 5 271 Mark spricht gegen ihn.

Er wurde leider zu einer Freiheitsstrafe von vierzehn Monaten und einer Geldstrafe von 1 500 Mark veruteilt.

Bequeme Angeklagte?

Zwei junge Leute sind in der Schokoladenfabrik »Elfe« beim Stehlen erwischt worden; sie haben gemeinsam zwei Kartons Creck-Dessert aus dem Lager genommen und auf dem Boden der Fabrik versteckt. Befragt, geben sie sofort zu, daß sie schon mehrmals aus dem Betrieb Schokolade gestohlen haben, auch Kaffee, manchmal zusammen, aber auch jeder einzeln für sich allein. Sie werden vorläufig festgenommen und dem Haftrichter vorgeführt. Der stellt einmal fest, der Jüngere, Neunzehnjährige, Jochen, ist vorbestraft, auf Bewährung verurteilt, sein Arbeitsplatz beim VEB »Elfe« ist durch Urteil auf zwei Jahre gebunden. Zehn Monate bei Nichtbewährung sind ihm angedroht. Der Ältere, Holger, einundzwanzig Jahre, ist nicht so schwer belastet. Er hat allein und gemeinsam mit Jochen gestohlen, im ganzen etwa im Werte von 1 000 Mark.

Auf jeden Fall erläßt der Richter gegen beide Haftbefehl, sie stehen im dringenden Verdacht, in einer Gruppe und außerdem unter Ausnutzung ihrer beruflichen Tätigkeit gestohlen zu haben, und das gilt in jedem Fall als Verbrechen. Da sieht das Gesetz im Prinzip eine Mindeststrafe von zwei Jahren vor. Damit kann man, muß man aber nicht, eine Untersuchungshaft begründen.

Es ist hier nicht die Frage, ob der Haftbefehl gegen den Älteren, den nicht vorbestraften und nicht so schwer belasteten Holger, berechtigt war oder nicht. Das soll hier nicht diskutiert werden. Aber zufällig ist der Haftrichter auch der Vorsitzende der Strafkammer, der jetzt mit seinen Schöffen über das Schicksal der beiden zu entscheiden hat. Und da sieht die Sache anders aus.

Hat der Richter hier schon ein Vorurteil gefällt? Juristen werden es verneinen, denn die eine Funktion, die des Haftrichters, hat nichts mit der des erkennenden Richters zu tun. Psychologen aber würden, da bin ich sicher, dieses Problem etwas komplizierter betrachten.

Beide sind bequeme Angeklagte, sie streiten nicht, sie streiten nichts ab, sie geben zu, dreimal haben sie gemeinsam aus dem Lager Kartons mit Schokoladentafeln beiseite geschafft, das erste Mal zwei Kartons mit je 56 Tafeln Milchblockschokolade. Sie verstecken diese in ihren Garderobenschränken. Jochen nahm seinen Anteil peu à peu heraus. Holger sagt, er habe nur zehn Tafeln herausgeschmuggelt, das andere sei ihm aus dem Garderobenschrank wieder gestohlen worden.

Das zweite Mal nehmen sie drei Kartons Milchschokolade, sie verstecken sie im Keller unter alten Maschinenteilen, aber von dort verschwanden die Kartons, die Diebe hatten nichts von ihrer Beute.

Das dritte Mal die zwei Kartons mit den billigen Crecks. Da sind sie erwischt worden, und dafür müssen sie Schadenersatz leisten, weil das Creck-Dessert angeblich aus der Packung genommen war und nicht mehr verkauft werden konnte.

Außer diesen gemeinsamen Diebstählen hat Jochen für Holger auch einmal ein Pfund Kaffee gestohlen. Holger gibt zu, auch einmal eine Tafel Schokolade mitgenommen zu haben. Jochen hat mehr genommen, er sagt, er habe jede Woche zweimal fünf Tafeln Milchblockschokolade unter seinem Anorak versteckt und mit hinausgeschmuggelt. Das sind in 78 Wochen 780 Tafeln. Also gemeinsam müssen sie für 895 Mark Schadenersatz leisten, Jochen außerdem für sich allein 3 336 Mark, Holger für 72 Mark. Der wirkliche Schaden ist um zehn Prozent höher, weil hier nur der Großhandelspreis ersetzt werden muß.

Jochen ist außerehelich geboren, er ist nur in Kinderheimen aufgewachsen. Er hat sich immer an die verschiedenen Erzieher anpassen müssen. Seine Vorbilder wechselten zu häufig. Er mußte die Sonderschule besuchen und erreichte hier das Ziel der siebenten Klasse. Er sieht recht nett aus, er ist verheiratet, aber die Ehe ist schlecht. Er brachte fremde Mädchen mit, sie fand er auch mit fremden Männern im Bett. Heute weiß er noch nicht, ob er sich scheiden lassen will. Ob Jochen mit dem Maß für normale Menschen zu messen ist, scheint mir fraglich.

Sicher nicht mit der normalen Elle ist Holger zu messen. Er ist das jüngste Kind einer kinderreichen Familie. Brüder und Schwestern haben geachtete Stellungen und normale Entwicklungen. Er aber ist das Sorgenkind.

Holger erzählt dem Gericht, er sei mit zwölf Jahren einmal für ein Jahr in der Charité gewesen. Weswegen, weiß er nicht, auch nicht, in welcher Station. Seine Mutter erzählte mir, ja, er war in psychiatrischer Behandlung in der Charité, zwar nicht ein Jahr. Er weiß, wieviel er verdient, etwa 560 Mark. Er sagt, er gebe 140 Mark der Mutter als Kostgeld. Das übrige Geld verwaltet die Mutter, ihm gibt sie täglich 5 Mark Taschengeld. Die Mutter sagte mir: »Holger weiß nicht einmal, daß ich von ihm wie von allen meinen Kindern 240 Mark Kostgeld bekomme.« Holger kann einfach nicht rechnen, das ist kein Wunder, denn er hat gerade den Abschluß der sechsten Klasse der Sonderschule geschafft. Er hat keinen Freund, keine Freundin, zum Leidwesen seiner Mutter.

Wie kam es zum gemeinsamen Diebstahl? Holger sagt das: »Wir prügelten uns.« – »Warum?« – »Das weiß ich nicht.« Und dann fügt er hinzu: »Ich hatte Angst vor Jochen, er war der Stärkere.« Und dann ging er mit in das Lager, kroch durch das Fenster und stahl für Jochen und sich die ersten zwei Kartons.

Erst prügeln ohne Grund, feststellen, wer der Stärkere ist, dann sich unterordnen ohne eigene Gedanken, das ist das Verhalten der Menschen der Vorgeschichte, der Menschen in der Gentil- oder Stammesverfassung. Ähnliches Verhalten finden wir im Tierreich. Ich will dem Psychiater nicht vorgreifen, denn zum Fall Holger und wahrscheinlich auch zum Fall Jochen muß ein Psychiater gehört werden. Daß sich beide außerdem auch noch ohne Verteidiger vor dem Gericht verantworten mußten, halte ich auch für falsch. Beide sind nicht in der Lage, sich selbst zu verteidigen.

Keiner soll mir bitte sagen, die beiden aber wußten ja, daß sie nicht stehlen durften. Ohne weiteres wußten sie das, das weiß sogar Holger, aber das weiß auch ein neunjähriges Kind, ja sogar ein fünfjähriges. Kinder aber sind nicht strafmündig, weil sie wohl vieles wissen, aber nicht immer die Fähigkeit haben, ihr Handeln danach einzurichten. Das ist das Problem bei Holger und wahrscheinlich auch bei Jochen.

Das Gericht verurteilt Holger zwar nur als Gehilfen bei den gemeinsamen Diebstählen. Die Strafe von einem Jahr und drei Monaten Freiheitsentzug ohne Gewährung einer Bewährungsfrist ist bei einem normalen Angeklagten unverhältnismäßig hoch, wenn man den Umfang des Schadens bedenkt, den er angerichtet hat, ein unvorbestrafter Mensch, der fünf Jahre lang, allerdings mit Schwierigkeiten, in ein und demselben Betrieb tätig ist. Jochen muß für diese Taten für zwei Jahre und sechs Monate in den Freiheitsentzug. Dazu werden die zehn Monate aus der ersten Straftat noch mit zu verbüßen sein.

Wir schützen, berechtigt durch zahlreiche soziale Maßnahmen, die Schwächeren unserer Gesellschaft, die Kinderreichen, die Rentner, die Frauen, ganz besonders nach dem VIII. und IX. Parteitag. Wir sind aber auch verpflichtet, die geistig Schwächeren zu schützen. In der Berufungsverhandlung – Berufung hatte Jochen eingelegt, und die Berufung wurde auf Antrag der Staatsanwaltschaft auch auf Holger ausgedehnt – sprach das Stadtgericht für beide Angeklagte eine Bewährungsstrafe aus.

Der Griff in den Panzerschrank

Der ganze Schmelz der Jugend ist noch da, aber der Lack ist ab. Sie, Sybille, mit dem blonden Haar, dieser Senkrechtstarter im Bereich der Finanzökonomie. Und es erweist sich wieder einmal, daß ein Mensch, der alle Probleme des Finanzwesens und der Ökonomie theoretisch beherrscht, nicht unbedingt fähig ist, seine eigenen finanziellen Fragen zu lösen, auch wenn sie, wie in diesem Falle, ohne besondere Schwierigkeiten hätten geregelt werden können.

Sybille hatte alle Hürden geschafft, die erste, meist die schwierigste, den Übergang in die erweiterte Oberschule. Nach dem glanzvollen Abitur wurde sie Lehrling, ein im doppelten Sinne ausgezeichneter Lehrling in der Elektromontage. Natürlich stehen dann einem so tüchtigen, sympathischen jungen Menschen die Tore der Uni offen. Sie studierte politische und Finanzökonomie. In den ersten beiden Studienjahren gehörte sie zu den Besten. Entwicklungskader heißt das bei uns. Und schon während ihres Studiums arbeitete sie sich in ihrem künftigen Betrieb ein, einem Unternehmen des Außenhandels. Dort kannte man ihre hervorragenden Studienergebnisse. Man wußte, sie würde nach ihrem Staatsexamen aufgefordert werden, eine Doktorarbeit einzureichen. Man sah sie schon in einer Vertrauensstellung im Ausland oder vielleicht als jungen Direktor eines Betriebes. Die höhren Sphären des Außenhandels waren für Sybille möglich, erreichbar.

Dann aber kam der Bruch in Sybilles Entwicklung. Eine junge Liebe, junge Ehe. Schon nach wenigen Monaten unheilbarer Ehekrach. Das Scheidungsgericht, das angerufen werden mußte, stellte in seinem Urteil fest, beide junge Leute waren unreif in die Ehe gestolpert.

Der zarten, blonden Sybille ist die erste Enttäuschung in ihrem Leben nicht bekommen, ihre Zensuren in den Zwischenprüfungen wurden schlechter und schlechter. Sie, das Wunderkind der Finanzökonomie, besteht das Staatsexamen gerade eben noch mit einer Vier.

Inzwischen hat sie sich einem anderen angeschlossen, sie wollen heiraten. Ihr Großvater gibt ihr für die Wohnungseinrichtung ein Darlehen, 2000 Mark. Als Großväterchen aber hört, Sybille erwartet ein Kind, die Heirat ist indes fraglich geworden, ist der alte Mann enttäuscht, und als echter Kleinbürger drückt er sein Mißbehagen in der Forderung aus, sofort das Geld zurück. Sybille wendet sich an eine Tante in einem Dorf, die gibt ihr das Geld aber nur für kurze Zeit.

Inzwischen ist mit dem Mann alles wieder in Ordnung, sie heiraten. Sybille aber sagt nichts von dem Geld, nicht dem Mann und nicht den Eltern, sie zahlt, da es finanziell in der Ehe recht gut geht, 1 500 Mark an die Tante heimlich zurück.

Nach Beendigung ihrer Studien wird Sybille in dem Außenhandelsbetrieb, in dem sie schon bekannt ist, als Finanzökonom in der Wirtschaftskontrolle eingestellt. Diese Kontrolltätigkeit ist schwierig, sie bedarf einer längeren Einarbeitungszeit. Ihren Kollegen erzählt sie, daß sie einen Abendkurs für eine Dolmetschertätigkeit belegt hat. Auch erwähnt sie, so ganz nebenbei, daß sie ihr Staatsexamen mit Auszeichnung bestanden hat. Beides ist unwahr.

Die Tante mahnt ganz dringend, sie droht, sie wird es Sybilles Mutter mitteilen. An einem Vormittag, als Sybille allein im Büro ist und der Panzerschrank offensteht, nimmt sie einen Umschlag heraus, von dem sie weiß, er enthält Gelder der Jahresendprämie. Sie nimmt das Geld heraus, füllt Papierschnitzel hinein. 855 Mark waren im Umschlag. Inzwischen bekommen die Kollegen Zweifel an ihrem mit Auszeichnung bestandenen Examen, sie und die Kaderabteilung wollen das Abschlußzeugnis sehen. Sybille radiert, fälscht die Vier in eine Eins um. Das merkt man sofort. Sie sagt, das Zeugnis sei ursprünglich für eine andere Studentin ausgestellt gewesen, und sie legt auch bald einen Brief der Universitätsleitung vor, der das bestätigt, aber ohne Kopfbogen und mit einer Phantasieunterschrift. Damit kann sie niemanden täuschen.

Auch der Diebstahl wird bald entdeckt. Die anderen Kollegen, die auch Zugang zu dem offenen Panzerschrank hatten, waren schon lange Jahre zusammen in der Abteilung tätig, einer konnte sich auf den anderen voll und ganz verlassen; es konnte nur Sybille gewesen sein.

Die 500 Mark hat Sybille an die Tante wirklich abgeschickt in einem einfachen Brief, nicht, wie es Vorschrift ist, per Postanweisung. Sie sagt, in diesem Dorf ist eine andere Tante Postzustellerin, und die hätte sicher ihre Mutter informiert. Von solchen Ängsten ist eine Frau geplagt, die ein Hochschulstudium in Finanzökonomie absolviert hat.

Diebstahl und Urkundenfälschung. Sybille ist für den Außenhandel nicht mehr tragbar, man rät ihr zu einem Aufhebungsvertrag. Damit ist sie einverstanden.

Inzwischen war ihr Kind krank, sie bekam eine Freistellung, aber auch diesen Krankenschein fälschte sie, verlängerte ihn um einige Tage, angeblich, um Zeit zu gewinnen, sich eine andere Stelle zu besorgen. Vertrauen, das ist die Kernfrage bei Sybille. Sie hat kein Vertrauen zu ihrem Mann, zu ihren Eltern, nicht zu den Kollegen. Sie mißbraucht aber das Vertrauen ihrer Kollegen, für die es selbstverständlich ist, den Panzerschrank offenstehen zu lassen. Zuhörer in diesem Verfahren meinten, das sei nicht in Ordnung. Sie haben sicher recht. Aber für den Betrieb war es ein Glück, daß er offenstand. Durch einen kleinen Schaden erwies es sich, daß Kollegin Sybille völlig ungeeignet an diesem Vertrauensposten saß.

Das Urteil: Strafe auf Bewährung, anderthalb Jahre die Bewährungsdauer. Sybille muß den Schaden in sechs Monaten wiedergutmachen. Bewährt sie sich nicht, drohen ihr acht Monate Freiheitsentzug.

Hat Sybille begriffen, daß sie die Hauptgeschädigte ist. Daß Angst vor ein paar bösen Worten ihres Mannes oder ihrer Eltern jede moralische Hemmung beseitigte, auch jene vorausschauende Klugheit, auf die wir Menschen so besonders stolz sind. Hat sie eigentlich zur Kenntnis genommen, daß auch die Kollegen, ja die Behörden ihr in ihrer Bedrängnis zur Seite stehen, wie zum Beispiel hier in ihrem ureigensten Falle der Staatsanwalt des Stadtbezirks Berlin-Mitte, der persönlich, noch vor der Hauptverhandlung, ihr eine neue Stellung, allerdings weniger gut bezahlt als die im Außenhandel, besorgte.

Gast-freundlich

Für die Ordnung war Hasso da und organisierte die Unordnung. Hauptordner in einem der größten Jugend-Tanzcafés der Hauptstadt zu sein ist sicher kein leichtes Brot. Nicht weil die Berliner Jugend es besonders toll triebe, mit den Jugendlichen wäre es ja verhältnismäßig einfach gewesen, aber nach Berlin, in die Hauptstadt der DDR, zum Tanzen und zum Amüsieren kommen ja viele, viele Gäste, Bürger der BRD, Westberliner und auch viele Ausländer aus allen Richtungen der Windrose. Viele von ihnen wohnen legal oder halblegal in Westberlin, sind als »Gastarbeiter« tätig, und ein beliebter Treffpunkt ist der Alex-Treff, die sogenannte Mehrzweckgaststätte am Alexanderplatz, dort, wo jeden Sonnabend, Sonntag und Mittwoch Jugendtanz ist.

Mit Hasso angeklagt ist Harald, nun neben ihm sitzend in demselben Raum, wo sie bisher tätig waren. Als Zuhörer sind Gastronomen der Berliner Innenstadt geladen. Hinter ihnen liegt das blitzblanke Büfett, an dem der andere Angeklagte, Harald, so lange seines Amtes gewaltet hatte.

Nur in einem Punkt gab es ein Zusammenwirken zwischen Hasso und Harald. Hasso, der Hauptordner, war immer in Geldverlegenheit. Der Bärenstarke hatte für Nachwuchs gesorgt, vielleicht um seine Ordnungsmacht auch in der Familie zu erproben. Acht Kinder leben in seinem Haushalt, und das ist sicher trotz großzügiger staatlicher Betreuung keine leichte Aufgabe. Das Geld war ständig knapp. Büfettier Harald hatte aber ständig reichlich; woher, das werden wir später erfahren. Er pumpte immer, wenn es nötig war, dem Hasso, dem um Worte nie, aber um Geld ständig verlegenen Hasso. Er hatte nur eine Bitte, eine kleine Gegenleistung.

Als Chefordner verkaufte Hasso auch die Eintrittskarten, und er kannte seine Kunden, seine sogenannten Pappenheimer. Er sah in der Gaststätte auch einen beginnenden schwarzen Markt. Seine Aufgabe wäre es gewesen, das zu verhindern, die Volkspolizei zu rufen, wenn er Schiebergeschäfte bemerkte. Es gab genaue Vorschriften, der Betrieb war berechtigt, Valuta im Verhältnis 1 : 1 anzunehmen. Aber Hasso bot ganz andere Umtauschquoten. Er betrieb im kleinen eine illegale Wechselstube, und das Geld übergab er seinem Freund

Harald, damit der Kosmetikartikel westlicher Herkunft kaufen konnte.

Auch ein so starker Mann wie Hasso kann in einer Jugendgaststätte, in der pro Abend 750 Eintrittskarten verkauft werden, nicht allein für Ordnung sorgen. Deswegen war Hasso verpflichtet, sich etwa fünfzehn Helfer zu engagieren, die ihn unterstützen sollten. Es war zwar eine kleine Vergütung vorgesehen. Neben der Ordnerfunktion gab es noch Aufräumungsarbeiten, die nach Ansicht der Hilfsordner eigentlich hätten bezahlt werden müssen.

Da aber dafür kein Geld vorhanden war, gab es ursprünglich eine sehr sonderbare Regelung: Hasso verkaufte Eintrittskarten, sammelte sie wieder ein, und er bekam ganz offiziell die Genehmigung, fünfzehn Karten pro Abend noch ein zweites Mal zu verkaufen und mit diesem Erlös seinen Hilfsordnern ein zusätzliches Entgelt zu geben. Daß eine solche legale Unordnung jede Ordnung untergraben würde, ist jedem Einsichtigen klar.

Das sah die häufig wechselnde Leitung der Gaststätte auch ein und verbot Hasso diesen Doppelverkauf. Ein Verbot ist einfach, aber woher sollte Hasso nun für seine Mitordner das Geld nehmen? Da begann Hasso, ohne Erlaubnis Eintrittskarten doppelt zu verkaufen. Fünfzehn Stück wären es an jedem Abend gewesen. Damit versorgte er seine Mitordner, aber auch sich.

Es gab auch Zeiten, da im Alex-Treff eine verständige Gaststättenleiterin war, die Hasso Mittel für seine Hilfsordner bereitstellte. Dann aber wurde ihm das Geld wieder entzogen. Hasso trat nicht energisch dagegen auf, beschwerte sich auch nicht bei der zentralen Leitung, und er begann wieder mit dem illegalen Verkauf. So entzog er schätzungsweise mindestens 4000 Mark dem Volkseigentum.

Der Büfettier Harald hatte eine wesentlich einfachere Geldquelle. Er hatte eine Kaffeemaschine, und 6,5 Gramm pro Tasse waren berechnet. Er gab nur pro Tasse 6 Gramm in die Maschine. Auch viel Wenig ergab ein Viel. Wenn Speiseeis mit Früchten bestellt wurde, goß er den Fruchtsaft ab und verkaufte ihn als Most – natürlich in die eigene Tasche. Er half auch als Kaltmamsell aus und gab weniger Kaßler, weniger Schinken auf die Platten, als das Rezept vorsah.

Wenn Betriebe und Institutionen Veranstaltungen in der Mehrzweckgaststätte machten, behielt Harald einige Flaschen Wein zurück, die die Betriebe schon bezahlt hatten, und verkaufte sie auf eigene Rechnung dann während des Jugendtanzes. Einfach gesagt, er betrog Kunden. Das Plus, das dadurch am Büfett entstand, füllte seine Kasse. 6000 Mark hat er eingesteckt, und als das herauskam, zahlte er prompt 6000 Mark an den Betrieb zurück. Er hatte nämlich gerade einen Fünfer im Lotto gewonnen.

Für den unordentlichen Ordner Hasso gab es Bewährung, die Zeit der Bewährung zwei Jahre und Androhung einer Freiheitsstrafe von einem Jahr und zwei Monaten, falls er sich in den zwei Jahren nicht ordentlich führt. Für den liederlichen und betrügerischen Glückspilz Harald gab es eine Freiheitsstrafe von einem Jahr und zehn Monaten.

Wo hatte eigentlich die Gaststättenleitung ihre Augen? Sah man dort nicht den beginnenden schwarzen Markt? Hatte sich jemals ein Gaststättenleiter mit den anderen ehrenamtlichen Ordnern unterhalten? Hat er sich einmal die kalten Platten angesehen? Hatte er nicht gegen ein Grundprinzip am Büfett verstoßen, das in einer so großen Gaststätte unbedingt eingehalten werden müßte, die absolute Trennung von Ware und Geld. Einiges sagten die anderen Gaststättenleiter der Berliner Innenstadt in einer Aussprache nach dem Prozeß, einiges sagten sie nicht. Wo hatten zum Beispiel die Kollegen von Harald ihre Augen, die, so sagte der Kollektivvertreter, schon immer mißtrauisch waren, ihn aber dennoch inkonsequenterweise als Mitglied der Konfliktkommission wählten.

Vor allem aber eins: Wo war der Gaststättenleiter? Im Büro oder unter seinen Gästen, dort, wohin er gehört? Denn Berlin soll eine gastfreundliche Stadt sein.

Das Ausscheren

Von Euklid zum Bärchen

Die Triebe sind dem Menschen, dem Kind der Natur, vorgegeben. Sein Wille aber ist das, was den Menschen zum wahren Menschen macht: ein Ziel vorzuplanen und es konsequent anzusteuern. Diese beiden Kräfte, die Triebe und den Willen in Übereinstimmung zu bringen, die Triebe zu steuern und sich dementsprechend zu verhalten, tragen zum Glück des Menschen bei.

Bei Nora stimmt das nicht, sie plant und verwirft, sie weiß nicht, was sie wirklich kann, sie strebt mit großer Anstrengung ein Ziel an, wird aber dann wohl von ihren Trieben überwältigt, macht unüberlegte Dinge.
Sogar solche, die sie vor den Strafrichter führen.

Wir wissen alle – aus eigener Erfahrung oder aus Berichten unserer Bekannten –, wie schwer es für einen Schüler ist, den Übergang von der Oberschule zur erweiterten Oberschule zu schaffen. Damit kann er bei Abschluß der zwölften Klasse das Abitur ablegen. Beides ist Nora gelungen, das Abitur mit der Gesamtnote Zwei. Und dann gelang ihr sogar sofort die Zulassung zum Studium, und auch da werden hohe Anforderungen gestellt. Sie wird an der Humboldt-Universität immatrikuliert, sie studiert Mathematik und Pädagogik, es war wohl ihr Ziel, Mathematiklehrer in der Oberstufe zu werden.

Nach zwei Monaten Studium an der Universität wirft sie das Handtuch. Sie gibt auf. Leider hat das Gericht sie nicht nach den Gründen gefragt, wir müssen annehmen, daß ihr die Anforderungen über den Kopf gewachsen sind oder daß sie etwas aus der Bahn geworfen hat. Es gab nämlich Differenzen mit dem Elternhaus, und die sind zur Zeit noch nicht behoben.

Der Vater ist zum Termin gekommen, obwohl bei einem neunzehnjährigen Mädchen, das volljährig ist, die Eltern nicht geladen und auch nicht vernommen werden. Hier muß Nora ganz allein für ihr Verhalten geradestehen.

Wenn es auch manchmal bei meinen Berichten Einwände gibt, ich würde unnötigerweise das Äußere des Angeklagten beschreiben, so bin ich hier doch dazu genötigt. Nämlich einiges fällt auf: Sie hat nicht die moderne, schlanke Figur, sie betont ihre Form etwas zu stark durch enganliegende Pullover und durch eine zu stramm sitzende Hose. Dabei ist die Figur nicht unförmig, ihre langen, etwas strähnigen Haare sind ungekämmt und nicht gepflegt. Ihr Gesicht ist grob.

Überraschend, womit Nora sich nun beschäftigt. Nach einer kurzen Zeit als Helferin bei einem Zahnarzt wird sie Saisonbeschäftigte im ambulanten Handel, fährt mit einem kleinen Wägelchen über den Alex, steht vor der Humboldt-Universität. Statt Computertechnik zu studieren, verkauft sie ein Püppchen, den Hauptmann von Köpenick, der, wie man ja weiß, nur durch intensive Studien der damals herrschenden Gesellschaft ohne jede Rechentechnik eine Stadtkasse vollkommen leeren konnte. Statt pädagogisch auf Kinder einzuwirken, steckt sie ihnen Nadeln an ihre Mäntel, das Berliner Wappen, statt die Geometrie des Euklid weiterzuentwickeln, bindet sie den Menschen Berliner Bären an. Sie berechnet nicht die Höhe und die Funktion des Fernsehturms, nein, sie verkauft sein Abbild in Plast an

Menschen, die das dringende Bedürfnis haben, sich so etwas als Andenken hinter Glas in ihre guten Stuben zu stellen. Das alles im Auftrag der HO.

Sie verkauft Andenken und Souvenirs.

Diese so völlige Negation einer wissenschaftlichen Tätigkeit, dieser Sprung von den Höhen der Mathematik und der Pädagogik zu den irdischen Aufgaben eines ambulanten Gewerbes sind Nora gar nicht gut bekommen. Sie muß wohl vor der Uni ehemalige Kommilitonen getroffen haben, ehemalige Mitstudenten, die der Wissenschaft treu geblieben, aber deren Brieftasche leer war. Plötzlich, so glaubt Nora, ist sie ein beliebter Mittelpunkt. Früher, als Studentin, hatte sie kein besonderes Aufsehen erregt. Jetzt kommen die Studiosi zu ihr, sagen: »Nora, kannst du mir nicht mal etwas Geld borgen, du verdienst viel, mein Stipendium ist aufgebraucht.« Nora konnte nicht nein sagen, in wenigen Tagen hatte sie an fünf verschiedene sogenannte Bekannte 430 Mark verborgt.

Um aber die Differenzen aufzufüllen — Nora wollte ja angeblich nicht die HO schädigen, obwohl sie jeden Tag ihre Einnahmen hätte abliefern müssen –, nahm Nora Überpreise, besonders wenn sie Abzeichen an Kinder verkaufte. Sie sagt, daß sie etwa in der Woche 100 Mark mehr eingenommen hat, als sie durfte. Das ist Kundenbetrug.

Dieses Geld kann natürlich den einzelnen betrogenen Kunden nicht zurückerstattet werden, es muß dem Betrieb jetzt zugesprochen werden, der es an den Staatshaushalt abführen muß. So hat das Oberste Gericht entschieden.

Verurteilung also wegen Diebstahls von 430 Mark und wegen Kundenbetrug von 600 Mark. Das war das traurige Ergebnis von Noras ambulanter Tätigkeit auf dem Gebiet des Souvenirverkaufs.

Heute ist Nora in einem Geschäft im Kunstgewerbe tätig, erst einmal als Lageristin. Sie muß Ware auspacken und auszeichen, das macht sie jetzt mit großer Gewissenhaftigkeit. Oh, hätte sie immer die richtigen Preisschilder an den richtigen Waren gehabt. Jetzt wird sie von ihren Kollegen gelobt; nur eines bemängeln sie, allzu häufig wird sie in der Arbeitszeit von jungen Männern besucht. Aber die Kolleginnen geben eine Bürgschaft für sie ab, es ist also ein Urteil auf

Bewährung möglich, die Bewährungszeit soll anderthalb Jahre dauern. Nora muß in dieser Zeit den Schaden voll und ganz wiedergutmachen und vor dem Kollektiv darüber berichten. Tut sie es nicht, wird sie mit sechs Monaten Freiheitsentzug rechnen müssen. Aber es gibt noch eine Geldstrafe zusätzlich: 300 Mark.

Noch hat sie viele Möglichkeiten, sie kann sich als Verkäuferin qualifizieren, und wenn sie die anderthalb Jahre Bewährungszeit gut übersteht, dann stehen ihr auch andere Berufe offen.

Die Nomadin

Ein Mädchen, gerade achtzehn Jahre. Schöner, so sagte eine besorgte, spießbürgerliche Mutter einmal von ihren beiden Töchtern, schöner werden sie nicht. Mit achtzehn Jahren müssen sie weg, müssen heiraten, gute Partien machen.

Brigitte, achtzehn Jahre geworden. Wenn ich sie mir recht betrachte, ihre Blüte gleicht gerade schon mehr einer Treibhausblume, vorzeitig zum Blühen gebracht und vor der Zeit schon ein wenig welk geworden. Sie ist nicht sehr groß, ihre Figur kompakt, ich kann mir nicht helfen, ihr etwas festes, gar nicht dummes Gesicht hat etwas Hartes, ein wenig schon Altes.

Sie ist polizeilich gemeldet bei ihrer Mutter, aber faktisch wohnungslos, für gerichtliche Ladungen fast unerreichbar. Selbst die Strafkammer wundert sich, daß Brigitte heute zum Termin erschienen ist. Sie wohnt tatsächlich in einem Omnibus. Der Fahrer, ihr jetziger Freund, ist vertraglich an eine staatliche Institution gebunden und nimmt sie immer mit. Eine Nomadin in unserer sozialistischen Industriegesellschaft.

Bei der Mutter will sie nicht wohnen, die soll ein etwas zu lustiges, also trauriges Leben geführt haben. Brigitte hat schon als Kind gesehen, wie ihre nimmermüde Mutter immer neue Onkels mit nach Hause brachte, und sie hat auch zugeschaut. Sie soll dann auch andere Kinder mitgebracht haben, heimlich, keine Intimität ist da fremd geblieben.

Die Mutter heiratete, ging nach dem Westen, ließ Brigitte allein zurück. Dann kam sie wieder, wurde geschieden, das alte Lotterleben ging weiter. Brigitte wurde in Kinderheimen untergebracht, sie hat die siebente Klasse erreicht, erstaunlich bei diesem so gestörten Leben. Sie hat eine Lehre in einem Interhotel aufgenommen und sogar ihre Gesellenprüfung als Wirtschaftshilfe gut bestanden. Aber die Arbeit sagte ihr nicht zu, vor allem, daß sie oft sonnabends und sonntags arbeiten mußte.

Bei ihrem guten Lehrzeugnis war es nicht schwer für sie, in einem großen Industriebetrieb als Disponentin anzukommen. Aber auch hier keine Ausdauer. Für Büroarbeit interessiert sie sich nicht, das Stillsitzen ist eben nicht ihr Fach. So ist es auch nicht verwunderlich, daß sie monatelang keine Arbeit nachweisen kann. Mit knapp siebzehn Jahren bekommt sie ein Kind. Sie sagt, wer der Vater sein soll, aber der erkennt freiwillig die Vaterschaft nicht an. Gerichtlich kann das Referat Jugendhilfe noch nicht gegen den Vater vorgehen, denn Brigitte hat keine Anschrift, und sie muß als Zeugin gehört werden, wenn es zum Prozeß kommt. So ist auch diese Angelegenheit liegengeblieben.

Das Kind kommt sofort in ein Heim. Jetzt ist es in einer Familie zur Pflege, und sie möchte die Kleine gern adoptieren. Monatelang hat sich Brigitte nicht um ihr Kind gekümmert, hat es nie besucht, keinen Pfennig Unterhalt gezahlt. Sie sagt, sie habe immer Angst gehabt, sie würde beim Besuch verhaftet werden, eben wegen dieser Geschichte. Ihr Mutterinstinkt scheint sehr verkümmert.

Kurz vor Weihnachten, im Jahre 1969, steht Brigitte, noch siebzehn Jahre, also jugendlich, in der Kälte auf der Straße. Ein Sprühwagen der Straßenreinigung kommt vorbei, Brigitte winkt, man möge sie doch ein Stück des Weges mitnehmen. Der Fahrer spürt etwas von seinem Herz, will Gutes tun für sich und für sie, Weihnachtsstimmung, und nimmt sie ein Stück mit. Das Stück wird größer, und sie geht mit ihm nach Hause. Gelegenheit macht Diebe, und am Morgen zieht Brigitte dem Fahrer, der betrunken gewesen sein soll, 400 Mark aus der Tasche. Sie kauft sich einen roten Nylonanorak, ein Kostüm, ein Paar Schuhe und bleibt unauffindbar für die polizeilichen Ermittlungen.

Inzwischen hat sich einiges doch bei ihr geändert. Sie arbeitet seit Monaten in einem großen Metallbetrieb, regelmäßig erscheint sie dort. Es fällt ihr wohl sehr schwer, auf die Norm zu kommen, aber sie strengt sich an. Kein Bummeltag ist zu verzeichnen. Noch ist ihr Einkommen klein, aber sie will bleiben. Sie ist pünktlich, ja gewissenhaft. Der Betrieb weiß nichts von ihrem Vorleben, denn sie hat bei der Einstellung gesagt, sie habe ihren Versicherungsausweis verloren, und da hat der Betrieb ihr notgedrungen einen neuen ausstellen müssen.

Die Richterin erkennt, Brigitte muß eine Wohnung haben. Das ist jetzt die erste Aufgabe des Betriebes, der auch nichts von dem Nomadenleben bisher wußte, denn sie gab immer noch ihre alte Adresse, die Adresse der Mutter, an.

Verurteilung auf Bewährung, die Zeit der Bewährung, mit Bindung an den Arbeitsplatz, anderthalb Jahre. Die Androhung der Strafe: bei Nichtbewährung drei Monate Freiheitsentzug. Zu leicht ist ihr Liebschaft und Diebstahl gemacht worden.

Aber gleichzeitig geht es auch um das Schicksal des kleinen Kindes, des Mädchens, das ein Jahr und vier Monate alt ist. Brigitte will nicht auf ihre Mutterrechte verzichten, das erklärt sie auch im Prozeß der Vertreterin des Referats Jugendhilfe, der Referentin, die einmal gekommen war, um ihr, da sie bei der Tat noch siebzehnjährig war, beizustehen, und auch gekommen war, um für die Zukunft der Kleinen zu sorgen. Brigitte will, wenn sie eine Wohnung hat, das Kind zu sich nehmen. Kann man es ihr anvertrauen? Soll man es ihr anvertrauen?

Brigitte wird den Behörden und den Gerichten noch schwere Aufgaben stellen, denn sie alle haben das Interesse des kleinen Kindes zu wahren. Die Zeit der Bewährung für Brigitte. In einem Jahr wird man sehen, wie sie sich entwickelt hat. Ist bei ihr nicht eine grundlegende Wandlung eingetreten, wird das Referat nicht umhin können, ein Verfahren anzustrengen, um ihr dann gerichtlich die Erziehungs- und Sorgerechte und -pflichten abzuerkennen, damit die neue Familie das Kind adoptieren kann.

Ihr Weg zeigt ganz klar, die Fehlentwicklung Brigittes ist durch das asoziale Verhalten der Mutter veranlaßt worden. Bei Brigittes Tochter darf sich das nicht wiederholen.

Teure Backwaren

Ohne Gepäck kommt ein junger Mann, nicht gerade sehr elegant gekleidet, in das teuerste Luxushotel einer Großstadt und verlangt ein Zimmer. Wenn er es im Westen überhaupt bekäme, was ich bezweifle, verlangte der Empfangschef von ihm vorher Bezahlung, mindestens aber nach drei Tagen würde ihm die Rechnung präsentiert werden.

Wir dagegen sind ja soviel großzügiger. Im Interhotel »Stadt Berlin«, das Haus mit den 2000 Betten am Berliner Alexanderplatz, konnte Hanno zwei Wochen wohnen, ohne daß ihm irgend jemand die Rechnung vorgelegt hätte. Wobei man jedem Gast schon nach drei Tagen die erste Rechnung vorweisen sollte.

Ohne zu bezahlen, zog Hanno stillschweigend in ein neues Interhotel Berlins, in das Haus »Berolina«. Dort konnte er sogar auf Rechnung frühstücken und essen, aber nach fünf Tagen legte ihm der Empfangschef die Rechnung vor. Da Hanno aber nicht bezahlen konnte, holte er die Volkspolizei.

Die Arbeitsweise des Interhotels »Stadt Berlin« war nicht nur für die Rentabilität dieses neuen, schönen Hauses schädlich, sie hatte noch schlimmere Folgen. Es hat dem Hanno geschadet, denn in diesen zwei Wochen hatte dieser Bewohner eines Luxuszimmers buchstäblich nichts zu essen. Einmal schlug er aus Hunger die Schaufensterscheibe in einem HO-Backwarengeschäft ein und nahm sich aus der Auslage zwei Stollen im Werte von neun Mark. Der Wert der zerschlagenen Schaufensterscheibe, den er nun auch ersetzen muß, ist 369 Mark. Und zu alledem kommen noch die unbezahlten Rechnungen in den Interhotels: über 800 Mark. So ist die Existenz dieses jetzt Zwanzigjährigen mit Schulden belastet, die völlig sinnlos gemacht wurden, die bei einer ordentlichen Geschäftsführung eines so großen Unternehmens nie hätten so hoch auflaufen dürfen.

Aber schuld an seinen Schulden hat natürlich in erster Linie Hanno selbst, denn er hatte zweimal eine wirkliche Chance, ein gutes und sinnvolles Leben zu beginnen, und beide Chancen hat er vertan.

Er kam schon aus der Strafhaft, wurde in seinen kleinen Heimatort im Kreis Löbau entlassen, zog zu seinem Vater und seiner Stiefmutter. Aber das Leben in der Familie sagte ihm nicht zu. Er bekam von seiner Heimatgemeinde ein möbliertes Zimmer zugewiesen. Das mußte er räumen, da die Hauptmieterin die Wohnung verließ. Die Gemeinde wußte nun keinen Rat mehr, sie gab ihm Ratschläge, die leider undurchführbar waren, so zum Beispiel, er soll zu seiner Großmutter ziehen.

Aber Hanno, der bisher in seinem Lehrbetrieb als Facharbeiter, als Schlosser, gearbeitet hatte, wußte Rat. Er zog nach Dresden, wurde vom Baukombinat eingestellt und bekam Unterkunft in einem betriebseigenen Wohnheim. Er verdiente dort sehr viel, zufrieden war man nicht mit ihm.

Im beiderseitigen Einverständnis wurde das Arbeitsverhältnis gelöst, doch auch das Wohnheim mußte er verlassen, weil er gegen die Hausordnung verstoßen haben soll. Ich habe mir sagen lassen, er hätte mehrmals Mädchen dort hingebracht. Ich will nicht an der Hausordnung eines Bauarbeiterwohnheims herummäkeln, aber eines weiß ich: Es ist auf keinen Fall statthaft, daß ein Bürger von seinem Vermieter auf die Straße gesetzt wird, wenn er keine andere Bleibe hat.

Hanno arbeitete dann eine Zeitlang als Zeithilfe in Dresden, wie er sagt, in der Markthalle, tatsächlich bei der Handelsgesellschaft Obst, Gemüse und Speisekartoffeln. Dort aber wird eine wirklich vorbildliche Kaderarbeit geleistet. Man wurde auf den intelligenten Gelegenheitsarbeiter aufmerksam, der mehrmals in der Woche zur Arbeit kam. Ob er nicht als fester Mitarbeiter eingestellt werden wolle. Man erfuhr von ihm, daß er in Dresden nirgends eine richtige Bleibe hatte und daß auch sein Sozialversicherungsausweis nicht vorhanden war. Er wohnte jetzt gerade einmal in einem kleinen Hotel. Hanno wurde trotz allem sofort eingestellt. Der Abteilungsleiter sagte ihm: »Du kannst zu mir ziehen, ich haben noch ein kleines Zimmer, das eigentlich für meinen Sohn, der gerade studiert, frei gehalten wird. Aber du kannst so lange kommen, bis du ein eigenes Zimmer hast. Du brauchst mir keinen Pfennig zu bezahlen. Zahle erst mal von deinem Verdienst die Hotelrechnung.«

Aber unser blasser junger Mann Hanno verdiente bei dem Handelsbetrieb Obst, Gemüse und Speisekartoffeln viel weniger als beim Bau. Und obwohl man ihm dort Qualifizierungschancen in den schönsten Farben malte – erst sollte er Gabelstaplerfahrer einmal lernen und werden, dann später könne er Lagerleiter sein, bis zum Abteilungsleiter gäbe es für ihn Chancen –, verließ Hanno sein kleines Zimmer und seine sichere und so menschliche Existenz. Er begann eine DDR-Tour. Vorher brach er in seinem Lehrbetrieb ein, stahl aus einer Kassette Geld und fuhr nach Frankfurt an der Oder, blieb zwei Tage im Interhotel, fuhr dann nach Berlin, um sich die Stadt einmal richtig anzusehen. In Berlin angekommen, brach er nachts in eine Kaufhalle ein und stahl aus mehreren Kassen 250 Mark. Außerdem hatte er sich von einem Freund ein Kofferradio geliehen, das er verkaufte. So hatte er etwas Geld. Für kostenlose Wohnung sorgte in Berlin der Hotelverband Interhotel, und als das Geld vertan war, zertrümmerte er die Schaufensterscheibe.

Für ein Jahr und acht Monate hat Hanno jetzt eine sichere Unterkunft mit einer strengeren Hausordnung als in der Unterkunft des Dresdner Baukombinats.

Aber nach seiner Haftentlassung muß ihm eine seinen Fähigkeiten entsprechende Arbeit vermittelt werden und eine Wohnung. Wir können und dürfen uns im Falle Hanno nicht darauf verlassen, daß er wieder so hilfsbereite Kollegen findet wie in Dresden beim Handelsbetrieb Obst, Gemüse und Speisekartoffeln.

Der Schubs

Einsicht hat Joachim und auch juristische Kenntnisse. Er könnte in diesem seinem Fall den Staatsanwalt spielen, er weiß genau, welche Strafe gegen ihn beantragt wird, und er täuscht sich auch nicht. Aber was nützen alle Einsicht und alle Kenntnisse, wenn bei ihm eines fehlt: der Antrieb oder, sagen wir, der Transmissionsriemen, der diese geistigen Fähigkeiten in die Tat umsetzt, nicht in eine, sondern in ständige Taten. Joachim glaubt, dieser Transmissionsriemen müßte von außen kommen. Er kann sich sein Versagen nicht erklären, aber er hatte einen Wunsch: »Es müßte jemand mir einen Schubs versetzen.«

Der vierundzwanzigjährige blaßblonde und auch sonst ziemlich blasse junge Mann hat bis zu seinem zweiundzwanzigsten Lebensjahr fünfzehn Arbeitsstellen gehabt und zwischendurch längere Wartezeiten. Man kann sich leicht ausrechnen, wie lange er auf jedem einzelnen Arbeitsplatz tätig war.

Früh hat er geheiratet, zwei Kinder sind die seinen, er liebt sie sehr, aber für sie sorgen? Im Mai 1973 wurde er wegen asozialer Lebensweise zur Arbeitserziehung verurteilt. Die Dauer der Strafe ist flexibel, mindestens ein Jahr, höchstens zwei. Während dieser Strafzeit hat Joachim gut gearbeitet. Er wurde nach etwa einem Jahr und sieben Monaten in die Freiheit entlassen, die fünf Monate auf Bewährung ausgesetzt. Aber das süße Wort Freiheit sagt ihm nichts. Trotz der Strafandrohung nahm er die ihm vermittelte Arbeit nicht auf. Heute sagt er dazu: »Ich war so schockiert, daß meine Frau sich inzwischen hatte scheiden lassen. Ich hatte dadurch nicht nur meine Frau und meine Kinder, sondern auch meine schöne, richtige Wohnung verloren. Ich stand in einer neuen Wohnung, die war praktisch leer, es gab dort nur ein Bett, einen Tisch, einen Schrank und einige Stühle.« Er hätte hart arbeiten müssen, aber...

Er ließ sich gehen, nicht zur Arbeit, sondern ins Grüne. Er träumte vom verlorenen Paradies, unfähig oder unwillig, von neuem zu beginnen. Im Januar 1975 wurde durch Gerichtsbeschluß die Bewährung widerrufen, die Reststrafe, fünf Monate Arbeitserziehung, mußte er antreten.

Wieder war es Mai geworden, Mai 1975, seine Entlassung stand bevor, seine Wohnung wurde ihm wieder zur Verfügung gestellt, und er wurde auch gefragt, wo er denn arbeiten möchte. Wieder hatte er in der Arbeitserziehung gut und hart zugepackt. Er sagte: »Im Kohlenhandel.« Er wußte, da wird Geld verdient, da fällt manches Trinkgeld ab. Und es klappte. Als er entlassen wurde, hatte er eine Zuweisung für den VEB Kohlehandel in der Tasche.

Ja, Joachim ging am ersten Tag seiner Freiheit hin, bekam den Fragebogen und eine Überweisung zu einem Arzt, um seine Tauglichkeit für diese harte Arbeit zu überprüfen. Den Fragebogen füllte er aus, und die ärztliche Untersuchung ergab: Joachim ist für den Beruf geeignet, er ist völlig gesund. Das gab er ab, und man nannte ihm den Beginn seiner Arbeit.

Wenn ich dann noch berichte, daß er sehr schnell auch weiblichen Anschluß suchte und fand, daß Joachim seine eigene, etwas leere Wohnung nicht benutzte, ja, dann müßte man glauben, der Mann Joachim ist nun endlich eingegliedert. Die junge Frau, bei der er wohnte, ist auch berufstätig, sie war aber in der Zeit, da sie mit Joachim zusammen lebte, krank geschrieben, sie ist Mutter eines kleinen Kindes. Und Joachim ging jeden Morgen um halb sechs Uhr weg, zur Arbeit, wie er sagte. Da er wenig Geld hatte – er soll von der Arbeitserziehung nur hundert Mark herausbekommen haben, denn das meiste, das er verdiente, wurde für den Unterhalt seiner zwei Kinder abgezweigt –, steckte ihm die junge Frau jeden Morgen drei Mark in die Tasche, für Zigaretten.

Obwohl nun wirklich alle Wege geebnet waren, ging er nicht zur Arbeit. Er will sich tagsüber meist bei einem älteren invaliden Herrn aufgehalten haben. Manchmal, so sagt er, hätte er auf privaten Kohlenplätzen als Zeithilfe gearbeitet. Wenig wahrscheinlich, denn er hatte nie Geld. Er zahlte auch keinen Unterhalt, er zahlte keine Miete, er zahlte keine Schulden zurück, für Strom zahlte er auch nicht. »Ich habe ja nie Strom in meiner Wohnung verbraucht, denn ich wohnte bei meiner Bekannten«, und die versorgte ihn außerdem noch mit Essen. Und nun fragte ihn der Staatsanwalt: »Was haben Sie denn erwartet?«

Joachim sagte darauf: »Man hätte mir einen Schubs geben müssen.«

Wer hätte ihm den Schubs geben müssen? Er wußte, und das war ihm bei der Entlassung gesagt worden, wenn er wieder keine Arbeit aufnimmt, keine geregelte, dann droht ihm Arbeitserziehung bis zu fünf Jahren. Und den wirklichen Schubs gab ihm ja die junge Frau, die ihn jeden Morgen nach einem gemeinsamen Frühstück mit drei Mark losschickte.

»Erwarten Sie denn, daß Sie jeden Morgen ein Volkspolizist von zu Hause abholt und Sie zur Arbeit begleitet?« fragte der Staatsanwalt. Darauf wußte Joachim keine Antwort. »Und wie schätzen Sie Ihr Verhalten ein?«

Er gibt darauf eine indirekte Antwort. »Sie werden mich als notorischen Bummelanten bezeichnen, und da muß ich Ihnen recht geben.«

Das Gericht hatte gar keine andere Möglichkeit, als ihn, den Rückfälligen, Arbeitsscheuen, Asozialen, zur Arbeitserziehung zu verurteilen, Arbeitserziehung bis zu fünf Jahren. Und außerdem danach staatliche Kontrollmaßnahmen.

Ein gesunder, kräftiger, arbeitsfähiger Mensch, der jede Möglichkeit zu arbeiten ausschlägt, obwohl ihm die Arbeitsplätze auf silbernem Tablett nachgetragen werden.

Über den Anteil der Arbeit an der Menschwerdung des Affen hat Friedrich Engels etwas geschrieben, und ich möchte einige Sätze hier erwähnen: »Die mit der Ausbildung der Hand, mit der Arbeit beginnende Herrschaft über die Natur erweiterte bei jedem neuen Fortschritt den Gesichtskreis des Menschen. An den Naturgegenständen entdeckte er fortwährend neue, bisher unbekannte Eigenschaften. Andererseits trug die Ausbildung der Arbeit notwendig dazu bei, die Gesellschaftsglieder näher aneinander zu schließen, indem sie die Fälle gegenseitiger Unterstützung, gemeinsamen Zusammenwirkens vermehrte und das Bewußtsein von der Nützlichkeit dieses Zusammenwirkens für jeden einzelnen klärte. Kurz, die werdenden Menschen kamen dahin, daß sie einander etwas zu sagen hatten.«

Der arbeitsfähige Mensch, der nicht arbeitet, sinkt langsam zum Tier herab, das nur abgrast, von einem Weideplatz zum anderen, um zu ernten, was andere gesät haben. Ein solcher Mensch hat bei uns wirklich nichts zu sagen.

Tresorknacker völlig überflüssig

Diese sarkastische Überschrift behandelt nicht das Hauptproblem. Das Hauptproblem sind die Taten Hans-Georgs. Das äußere Motiv ist einfach: Hans-Georg, damals vierzehn Jahre alt, will Geld. Die acht Mark im Monat, die er von der Mutter und seinem Stiefvater bekommt, reichen ihm nicht, auch nicht, wenn die Oma ihm heimlich etwas zusteckt.

Das innere Motiv, warum dieser baumlange junge Mensch sich

völlig absondert, warum er die Schule schwänzt, warum er tage- und nächtelang von zu Hause wegbleibt, wird nicht deutlich. Er lebt, möchte man meinen, in einem guten, vorbildlichen Elternhaus. Die Mutter ist von ihrem ersten Mann geschieden, sie ist erfolgreich berufstätig. Es mag sein, daß sie dem Hans-Georg etwas zuviel durchgehen läßt, während sein Stiefvater, ein Mann in einer gehobenen Position, tätig in einem Industriebetrieb, strenger mit dem schwierigen Jungen ist. Es wäre eine durchschnittlich normale Familiensituation, ähnlich mag es in tausend anderen Häusern zugehen, und ein Vierzehnjähriger reagiert dann doch nicht so wie Hans-Georg.

Er scheint intelligent, trotz seines Schulschwänzens in der neunten Klasse ist er noch unter den mittelmäßigen Schülern zu finden, nicht versetzungsgefährdet. Die Mitschüler und -schülerinnen haben keinen Kontakt zu ihm. Bis zum sechsten Schuljahr war er ein guter Schüler und ein guter Kamerad, dann sondert er sich ab, geht seine eigenen Wege. Hängt es vielleicht mit der neuen Ehe der Mutter zusammen, die in dieser Zeit geschlossen wurde, eine kindliche Eifersucht, ein Trotz, jetzt die Rolle des einzigen Mannes in der Familie abtreten zu müssen, nicht mehr der Beschützer der Mutter zu sein? Auch das findet man häufig, es endet aber nicht immer so ernst wie bei Hans-Georg. Schon als strafunmündiges Kind ist er mehrmals bei Diebereien von der Volkspolizei aufgegriffen und verwarnt worden.

Zu Hause spricht er fast gar nicht. Auch hier sondert er sich ab, er ist meist in seinem Zimmer mit seinen Büchern und seinem eigenen Fernsehen.

Sein Taschengeld reicht nicht einmal für seinen Zigarettenkonsum. Eines Nachts, am 4. Dezember 1975, will er in die Kaufhalle in Berlin-Weißensee, Hamburger Platz, eindringen, um sich Zigaretten zu holen. Was er hier nun vorfindet, ist so seltsam, ich kann einiges nur erwähnen, die Staatsanwaltschaft steht mit ihren sehr kritischen Untersuchungen noch in Verbindung mit dem Kaufhallenverband und der Leitung der Kaufhalle Hamburger Platz.

Die Tatsachen: Hans-Georg kann durch ein leicht zu öffnendes Schiebefenster in die Kaufhalle einsteigen. Die Alarmanlage, die kurz läutet, kann er abstellen, oder sie stellt sich selbsttätig ab. In der Kaufhalle war nicht eine einzige Tür verschlossen. Aus einer Schublade kann er 63,50 Mark stehlen, dann findet er in einer Schürzentasche den Schlüssel zum Tresor. Er öffnet ihn und entnimmt von dort ungebündeltes Geld. Als er es später nachzählt, sind es über 10 000 Mark. Er will nicht einmal alles genommen haben, was im Tresor lag. Ein zweiter Schlüssel liegt noch auf dem Tresor. Dann nimmt er noch Zigaretten, deswegen ist er ja eigentlich eingedrungen, das Geld versteckt er in einem fremden Keller, dann später im Keller seiner Oma. 100 Mark von dem Geld verbraucht er auf dem Weihnachtsmarkt. Dann nimmt er sich noch einmal 150 Mark, er will für vier Wochen nach Polen, bis über die Sache Gras gewachsen ist, so denkt er.

In Frankfurt an der Oder angekommen, überlegt er sich, das Geld, das er jetzt bei sich hat, wird ja für die vier Wochen nicht ausreichen. Wieder steigt er in eine Kaufhalle ein, aber die ist besser gesichert. Er muß einige Scheiben zerschlagen, die Türen innen sind alle abgeschlossen. Er findet »nur« 280 Mark in bar, Zigaretten und einige andere Kleinigkeiten, eine Bluejeans, alles im Werte von 450 Mark.

Aus einem Lehrlingswohnheim nimmt er ein Moped und fährt damit durch die Stadt. Da er keine Kenntnisse der Straßenverkehrsordnung hat, fällt er der Volkspolizei auf. Er wird gestellt, man findet bei ihm viel Geld und eine ganze Reihe sehr teurer Zigaretten. Die Reise nach Polen wird verhindert, er wird nach Berlin zurückgebracht. In Berlin findet der Stiefvater in einem Keller über 10 000 Mark. Er will das Geld sofort dem Kaufhallenverband zurückgeben, aber dort wird ihm gesagt, hier fehlen nur 8723,40 Mark.

Wie im Kaufhallenverband Ordnung und Gesetzlichkeit wiederhergestellt werden, ist jetzt Sorge der Staatsanwaltschaft. Über die Aufbewahrung von Tresorschlüsseln gab es bisher keine genauen Vorschriften, wohl aber war vorgeschrieben, 3 000 Mark sind die höchste Summe, die im Tresor über Nacht aufbewahrt werden durfte. Daß man Tresorschlüssel nicht in Schürzentaschen und nicht auf dem Tresor aufbewahrt, sagt einem eigentlich der gesunde Menschenverstand. Wieviel Geld man im Tresor hat, müßte eine ordentliche Kassenführung und eine ordentliche Buchhaltung aussagen können. Aber beides scheint in der Kaufhalle Hamburger Platz abhanden gekommen zu sein. Und daß eine Alarmanlage von einem vierzehnjährigen

Jungen, der eindringt, abgeschaltet werden kann oder sich selber abschaltet, wer kann das eigentlich noch erklären?

Noch anderes hat Hans-Georg zu verantworten. In Berlin hatte er auch ein Moped unbefugt benutzt. Und in dem einen Keller, in den er zuerst eingedrungen war, in dem er seinen Schatz aufbewahrte, in dem er übernachtete, hatte er aus Zeitungspapier ein Feuerchen gemacht, weil ihm kalt war, und das Feuer nicht sorgsam gelöscht. Als er wegging, qualmte das Papier weiter, es brannte. Es qualmte so, daß die Hausbewohner die Feuerwehr alarmierten. Es entstand ein ziemlicher Sachschaden, es war eine echte Gefährdung für das Wohnhaus und seine Bewohner. Strafrechtlich gesehen, fahrlässige Brandstiftung.

Die Staatsanwaltschaft beantragt, Hans-Georg in ein Jugendhaus einzuweisen. Und so entscheidet das Gericht. Das bedeutet, die Dauer der Freiheitsbeschränkung hängt ab vom Erfolg der Erziehungsmaßnahmen. Die Freiheitsbeschränkung dauert mindestens ein Jahr und höchstens drei Jahre. Dort, im Jugendhaus, kann Hans-Georg einen Beruf erlernen, dort sind tüchtige Lehrmeister. Sein Wunsch ist es, einmal Maler zu werden. Hier könnten Wunsch und Strafe zusammengehen.

Ullrichs Brief

»Ich hätte mich bloß mehr anstrengen müssen.« Seine eigene Einschätzung ist das zu dem Problem, ob er in der Schule hätte weiterkommen können. So ist er eben aus der Schule mit Abschluß der achten Klasse und einem mäßigen Abgangszeugnis ins Leben getreten, ins Berufsleben.

Schon als Schüler ist er bei kleinen Ladendiebereien aufgegriffen worden. Einmal fand man in seiner Schulmappe einen Zettel: Als Mutprobe mußt du in einem bestimmten Geschäft etwas stehlen, sonst bekommst du Klassenkeile.

Ullrich hat die Klassenkeile mehr gefürchtet als die Folgen des Diebstahls. Damals sind vielleicht die Hemmungen beseitigt worden, die ihm in der Familie und in der Schule oder auch schon im Kindergarten anerzogen werden sollten, die Achtung vor fremdem Eigentum.

Wirklich, am Bemühen und am Vorbild hat es nicht gelegen. Ullrich wurde richtig gut erzogen. Die Eltern sind beide zur Verhandlung erschienen, auch seine jüngere Schwester ist dabei und neben ihr Ullrichs Freunde; denn alle machen sich Sorgen um Ullrich, das älteste Kind aus der Geschwisterreihe, jetzt das Sorgenkind, um das man zittern muß.

Daß die so interessierte Freundin eines gerade Sechzehnjährigen mit zur Gerichtsverhandlung kommt, ist schon etwas. Es spricht dafür, daß Ullrich in den Kreisen der Jugendlichen etwas darstellt. Und äußerlich tut er das auch, das muß ich zugeben.

Der Vater, noch jung und aktiv, hat ihm eine Lehrstelle bei den Berliner Verkehrsbetrieben besorgt. Als Straßenbahner soll er ausgebildet werden, und das war bei dem schlechten Abgangszeugnis bestimmt nicht leicht. Aber der Vater war selber einmal Straßenbahnfahrer, er hat auch O-Busse gefahren, er kennt die Meister und die Ausbilder, und da hatte er den richtigen Zugang. Inzwischen ist der Vater eine Art Planungsleiter geworden.

Erst machte die praktische Arbeit Ullrich Freude, aber die Berufsschule schmeckte ihm ganz und gar nicht. In kurzer Zeit hatte er dreißig Bummeltage, und er bekam einen strengen Verweis.

Was macht Ullrich, wenn er nicht zur Arbeit und nicht zur Schule geht? Er verträumt den Tag einfach. »Manchmal fahre ich einfach mit der S-Bahn herum.« Seine Interessen im Beruf sind mäßig. Er, der sich schon wie ein Mann fühlt, steckt geistig noch völlig in den Kinderschuhen. Seine Freizeit ist noch immer der »Platz«, wo sich die Jugendlichen treffen, dort spielt er Tischtennis. Die Bindung an die Gruppe ist noch stärker als die Liebe zur Freundin oder zu den Freundinnen.

Von seinem Lehrlingsgeld muß er zu Hause 20 Mark abgeben, dafür wird er beköstigt und bekleidet, der Rest steht ihm zur freien Verfügung.

Dem Ullrich ist schwer beizukommen. Einem Freund stiehlt er ein Sparbuch und hebt mit einer gefälschten Unterschrift erst 100, dann

300 und danach 200 Mark ab. Das Geld ist schnell ausgegeben, ebenso schnell ist der Dieb gefaßt. Er wird vor der Volkspolizei vernommen, anderthalb Stunden, wird ermahnt, er solle den Schaden wiedergutmachen. Er verspricht Besserung, das sei das erste und das letzte Mal. Er wolle jetzt diszipliniert sein. Am nächsten Tag bummelt er wieder, er bleibt der Arbeit fern.

Seinem Vater, der nebenher auch noch Versicherungskassierer ist, entwendet er aus einem verschlossenen Zimmer und aus einer verschlossenen Kassette 300 Mark Versicherungsgelder, dazu noch einen Kassettenrecorder mit Zubehör. Er fährt von zu Hause weg, spielt den großen Mann, besucht eine andere Freundin in Erfurt. Die Mutter des Mädchens erlaubt dem jungen Mann zu übernachten.

Zurückgekehrt, nimmt der Vater ihn ins Gebet. Er verlangt von ihm, daß er den Schaden durch eigene Arbeit wiedergutmacht. Er vermittelt ihm einen Ferienarbeitsplatz, bei dem er gut verdienen kann. Dann erhält der Vater diesen Brief, der bezeichnend ist für Ullrich, der auch bezeichnend sein mag für einige Jugendliche, die meinen, mit vierzehn, fünfzehn, sechzehn erwachsen zu sein, und die nun Gefahr laufen, völlig abzugleiten. Dieser Brief ist ein Zeitdokument, und er teilt mit, er habe schon eine eigene Wohnung gefunden. Er wohnt, das ist erwiesen, bei einem Achtzehnjährigen, und dort ist auch noch ein anderer Jugendlicher untergekommen. Die Namen der beiden sind in der Staatsanwaltschaft bekannt. Es ist ein gefährdetes Milieu, aus dem er sehr leicht ganz abrutschen könnte.

Der Brief lautet:

»Liebe Eltern!
Heute möchte ich Euch einmal mitteilen, wie es mir geht und was ich so treibe. Mir geht es übrigens ganz gut, und ich komme auch gut mit dem Essen zurecht. Ich wurde, seitdem Vati da war, von der Ferientätigkeit gefeuert. Warum, wird mir nicht mitgeteilt. Ich wollte erst nach Hause kommen, aber da Vater gesagt hat, nach 18 Uhr gibt es nichts mehr nach Hause. Ich bin dann eben gegangen, und ich muß sagen, ich bereue es heute nicht einmal. Ich finde, es tut mir gut, mal *endlich* frei zu sein. So habe ich meine Ruhe und brauch' mir kein Gejammere und Gemeckere anzuhören. Ihr werdet erstaunt sein, wie

ich schreibe, aber es wird ja endlich mal Zeit, ich bin kein kleines Kind mehr, und ich weiß, was ich tue. Ich wohne jetzt als Untermieter, und ich habe es gut. Jeden Tag erlebe ich neue Abenteuer. Ich habe auch nichts weiter angestellt. Ich habe gehört, daß man ab 16 Jahre als Untermieter einziehen kann. Ich werde mir eine Wohnung anmelden gehen, damit ich ab 18 Jahre eine eigene Wohnung habe, wo ich tun und lassen kann, was ich möchte. So klappt alles, es hapert aber ein wenig mit der Wäsche, da ich gar nichts weiter habe. Bitte schreibt mir Bescheid, ob Ihr jetzt wieder arbeiten geht oder ob Ihr noch Urlaub habt. Ab Sonntag, den 21.8.77, bin ich eventuell wieder zu Hause, aber ich glaube nicht.

Ich habe eine Bitte an Euch. Ich möchte gern am Sonntag meine Arbeitssachen abholen. Zur Arbeit gehe ich, und Mist baue ich auch nicht. Ich finde, wenn ich von zu Hause weg bin und ich mein eigenes Zimmer habe, habe ich mehr Ruhe und bin ein besserer Mensch. Ich möchte nicht, daß ich jetzt wieder alles fallenlasse, was ich mir mühsam erkämpft habe. Ich wollte auch schreiben, daß Mutti wieder in Ruhe schlafen kann. Glaubt mir, wenn ich zu Hause bin, ist alles wieder kaputt. Ich finde, es hat schon seine Richtigkeit, daß ich weg bin. Wenn für mich Post sein sollte, laßt sie bitte im Briefkasten liegen, und wenn Ihr irgendwas habt oder wissen wollt, legt die Nachricht bitte auch in den Kasten.

Ich habe schon so viel Kummer gehabt, aber ich war zu feige, es zu sagen. Bei Euch kann man nicht die Meinung sagen, vor allem bei Mutti. Es ist ihr großer Fehler, daß sie keine Meinung vertragen kann. Jeder Mensch hat seine Fehler, auch ich.

Ich bekomme jetzt so viel Unterstützung von meinen Kumpels, es sind alles Jugendliche, die das gleiche Problem hatten wie ich. Ich danke Euch jedenfalls, daß Ihr mich erzogen habt, auch wenn's schwer war mit mir. Aber Ihr müßt es auch wissen, daß ich schwer erziehbar bin. Ich werde Euch jede Woche einmal mitteilen, wie es mir geht.

Bestellt Heli einen schönen Gruß von mir und sagt ihr bitte, daß sie oder Evelin am Mittwoch um 18 Uhr auf dem ›Zille‹ sein soll, ich muß mit ihr sprechen. Ich habe mir gedacht, daß wir uns für zwei bis drei Monate nicht sehen, da ich, sobald ich zu Hause bin, angeschnauzt werde, und ich möchte mir nicht andauernd Eure Moralpredigten anhören. Vater kann ruhig seinen Mund bei der Gerichtsverhandlung aufmachen und sagen, was ich so alles angestellt habe. Er denkt vielleicht, daß er einen Vorteil hat; aber eins sage ich Euch: wenn ich bei der Verhandlung eingekerkert werde oder ich sollte zufällig nach Hause kommen und ich bekomme von Vater oder von Dir eine gefeuert, mache ich etwas, woran Ihr noch lange denken werdet und was für Dich (Mutti) nicht leicht ist, es zu ertragen. Benno ist ja froh, daß ich weg bin. Evelin ist die einzige, mit der ich mich noch verstand.

Schreibt mir bitte Eure Meinung. Auch ich möchte wissen, was Ihr mal sagt. Mit Frau Schulz stehe ich gut in Verbindung. Ich bitte Euch, ich brauche das Mikrofon, da ich es für 30 oder 40 Mark verkaufen möchte. Ich möchte *nur meine* Sachen haben und die Sachen nun anziehen. Mutti, und wenn Du denkst, ich komme mit den 20 Mark Kostgeld nicht aus, da hast Du Dich geirrt. Ich brauche jetzt nur noch in der Woche 3 bis 4 Mark. Ich esse Vollkornbrot und Margarine. Zum Friseur gehe ich überhaupt nicht mehr, es wird mal Zeit, daß die Haare länger werden. Wenn *mir* irgend etwas nicht gefällt, schneide ich sie mir ab.

Ich habe jetzt alles, was ich brauche. In meinem Zimmer habe ich einen Plattenspieler, Radio, Tonbandgerät und Fernseher.

So, ich bin jetzt müde. Jetzt ist es genau 3.30 Uhr (früh). Seid gegrüßt,

Euer Ullrich.«

Das Urteil des Gerichts, eine Bewährungszeit von zweieinhalb Jahren, wird Ullrich noch zuerkannt. In zwei Jahren soll er den Schaden, den er angerichtet hat, wiedergutmachen. Es wird ihm als Bewährungsverpflichtung auferlegt, seine Lehre mit Erfolg zu beenden. Als Betreuer wird ihm ein Mitlehrling bestellt, der in der Verhandlung sehr gut und einfühlsam über ihn gesprochen hat, der beste Lehrling des Kollektivs, der sich auch früher schon um ihn bemüht hatte. Hält Ullrich diese Verpflichtungen nicht, droht ihm ein Freiheitsentzug von acht Monaten.

Schade, daß das Gericht sich nicht entschließen konnte, die Verpflichtung mit aufzuführen: Ullrich muß während der Bewährungszeit bei seinen Eltern wohnen.

Das sei nicht möglich, sagte die Richterin, aber der Abteilung Jugendfürsorge sei aufgegeben, für die Rückkehr Ullrichs ins Elternhaus zu sorgen. Ich bin aber der Ansicht, es wäre nach geltendem Recht durchaus möglich gewesen, dem Jugendlichen Ullrich in der Bewährung aufzuerlegen, den Umgang mit dem jetzigen Vermieter und seinem Untermieter zu meiden. Dadurch wäre die Rückkehr ins Elternhaus eine zwingende Bestimmung der Bewährungsverpflichtung gewesen.

Alkohol und Pubertät

Enthemmte Instinkte

Aus dem Fehlverhalten dieser drei kann man wichtige Erkenntnisse ableiten. Der Mensch, Krone der Schöpfung, wie die einen sagen, durch aufrechten Gang und durch die Betätigung seiner Hände, also durch seine Arbeit, in Jahrmillionen vom Affenmenschen zum Menschen, zum planenden, denkenden, entwickelt, dieser gewinnt durch sein Denkvermögen immer neue Einsichten. Ihm haften aber noch Triebe und Instinkte aus der Vorzeit an. Triebe und Instinkte, die jeder kennen muß, die er aber kraft seines Verstandes zu regulieren imstande ist.

Ein Beispiel: So rangeln sich Jungen instinktiv auf dem Schulhof, sie messen ihre Kräfte wie die halbflüggen Hähnchen auf dem Hühnerhof. Die Hähnchen ebenso wie die Jungen auf dem Schulhof prügeln sich nur, sie verletzen sich nicht, und macht der Unterlegene die vereinbarte Demutsgebärde, erkennt der Schwächere also den

Stärkeren an, hört der Kampf auf. Sind die Jungen erwachsen, können sie ihren Verstand gebrauchen, wetteifern sie auch, es geht um die Gunst der Damen. Aber der Kampf hat nicht mehr zu beweisen, wer die meiste Kraft hat, oder das nur sehr selten, hier wird der Wettbewerb mit anderen Mitteln geführt. Hier reguliert der Verstand. In der bürgerlichen Gesellschaft wird Kraft durch Geld und Macht ersetzt, in den fortgeschritteneren Ordnungen der menschlichen Gesellschaft wird mit Charme, Klugheit, Witz und Liebenswürdigkeit, ja auch mit äußeren Vorzügen, mit Eleganz und Gewandtheit gestritten. Diese Vielfalt des Wettbewerbs um die Frau, um die Liebe ist Stoff für Tausende von Dramen, Komödien, Novellen und Romanen.

Diese drei Jungen, sechzehn und fünfzehn Jahre alt – die beiden sechzehnjährigen sind Lehrlinge, tüchtig im Beruf –, an ihnen ist eigentlich gar kein Fehl. Der eine, Martin, ist noch sehr kindlich, aber kein Kind mehr, vom Mann weit entfernt. Er schaut mit Erstaunen und mit offenem Mund in das Leben, das vor ihm liegt, er will lernen, weiß aber noch nicht recht, wie und was.

Der größere, Bill, hochgeschossen, hat durch seinen sehr hohen Wuchs zur Zeit Kreislaufstörungen. Den Stimmbruch hat er schon hinter sich, eine Freundin besitzt er auch. Er kennt sich recht gut, mit einer kritischen Selbsterkenntnis sagt er: »Ich habe mich nie besonders angestrengt, ich könnte mehr leisten, aber ich wollte nicht.«

Sein Berufsziel ist auch nicht sehr hochgesteckt: Kraftfahrer. Wenn er wollte, würde er bestimmt ein tüchtiger Mechaniker, Meister sogar, aber die Mühe scheut er. Vom hohen Sitz eines Lastkraftwagens durch die Lande zu gondeln ist für ihn das Lebensziel.

Der dritte, Rolf, ist der Problematischste. Er ist noch Schüler, mit fünfzehn Jahren noch in der sechsten Klasse, drei Jahre älter als seine Schulkameraden, ein routinierter Schulbummelant, wochenlang fehlt er, erst in letzter Zeit hat er sich etwas gebessert. Von seiner Mutter wird er maßlos verwöhnt, sie kontrolliert ihn nicht, sagt, sie sei berufstätig und kann es nicht, aber sie könnte es, wenn sie ihn nicht mit so einer Affenliebe lieben würde. So ist Rolf geistig unterernährt, ohne jedes Ziel und ohne jedes Interesse, nur darauf bedacht, die lästige Bürde der Schule bald abzuschütteln. Er sehnt sich danach, zu arbeiten, aber auch da wird er es schwer haben, denn an keine geregelten Pflichten gewöhnt, kommt er völlig unvorbereitet ins Berufsleben.

Diese drei sind befreundet, wohnen in einer Gegend, treffen sich abends, wissen meist mit ihrer Freizeit nichts oder wenig anzufangen. An diesem 28. Februar 1973 treffen sie sich mit einem Siebzehnjährigen, der eine große Prämie ausbezahlt bekommen hatte. Der lädt sie ein in eine Gaststätte in der Greifswalder Straße. Sie ist in einschlägigen Kreisen wohlbekannt, man sagt von ihr, daß sie Schnaps und Bier an Jugendliche ausschenkt, ohne nach dem Ausweis zu fragen.

Und dieser traurige Ruf bewahrheitet sich. Der Freund spendiert unwahrscheinlich viel, die drei wollen ihre Mannbarkeit beweisen und trinken acht bis neun Bier, einen doppelten Wodka und zwei Weinbrand, so sagt der eine aus. Der Spendierer macht sich bald aus dem Staube. Die drei aber haben so viel getrunken, daß sie nichts mehr von dem wissen, was draußen passiert.

Es stehen zwei andere Jugendliche an einer Haustür, Fünfzehn-, Sechzehnjährige und zwei Mädchen. Die eine soll die Freundin von Bill sein.

Was in den dreien vorgeht, können sie nicht erklären, sie haben keine Erinnerung, sie kennen die beiden, viel kleineren Jungen gar nicht, es besteht gar keine Feindschaft.

Aber der Instinkt ist wach, die Kampflust der jungen Hähnchen. Man will vor allem den Mädchen imponieren, und einer soll gesagt haben: »Hier stehen zwei, die können wir mal tüchtig aushauen.«

So gehen sie hin und prügeln. Nun ist aber durch den Alkohol der Instinkt hemmungslos da, so hemmungslos, daß die natürlichen Grenzen fortfallen. Der Kleinere bekommt einen Faustschlag von dem großen, hochaufgeschossenen Bill, daß er blutend und besinnungslos zu Boden geht.

Jetzt setzt vielleicht der unterdrückte Hemmungsmechanismus ein, der eine von ihnen gibt dem Verletzten sein Taschentuch, um das Blut abzuwischen.

Ein Funkwagen ist schnell zur Stelle, und leider ist auch ein Krankenwagen nötig. Der Verletzte ist sechs Tage bettlägerig, zwei Zähne sind gelockert, vierzehn Tage lang wird er nicht zur Schule gehen können.

Was sie getan haben, eine Rowdytat, sie müssen bestraft werden, und im beschleunigten Verfahren werden sie verurteilt. Sie haben als Gruppe gehandelt. Martin bekommt zwei Wochen Jugendhaft; Bill, der auch am meisten geschlagen hat, sechs Wochen; Rolf, der Schulschwänzer, fünf Wochen. Bei ihm werden außerdem noch Kontrollmaßnahmen angeordnet. Alle drei Strafen sollen nicht im Strafregister erscheinen, sie sind also nicht vorbestraft.

Bei ihnen ist der Blutalkoholspiegel erheblich, 1,3 bis 1,6 Promille. Fünfzehn-, sechzehnjährige Jungen, Jugendliche, denen man eigentlich gar nichts – wie dem Fünfzehnjährigen – und den Sechszehnjährigen nur wenig Alkohol ausschenken dürfte. Aber auch Erwachsenen darf man nicht soviel Alkohol geben, daß sie sinnlos betrunken sind, das ist Gesetz. Über das Alter dieser drei kann ein erfahrener Kellner oder gar ein Gaststättenleiter keinen Zweifel haben. Hier wird der Staatsanwalt, wie er ausdrücklich bekundet hat, die Verantwortlichen zur Rechenschaft ziehen.

Aus jahrelanger Erfahrung sage ich, daß wir viel zuwenig in den Gaststätten auf Einhaltung der Jugendschutzverordnung bestehen. Hier wären viel härtere Strafen notwendig. Wir alle kennen vor allem bei Jugendlichen die enthemmende Wirkung des Alkohols, wir kennen auch die Gefahr des krankhaften Alkoholismus, wir kennen die alte Tradition: Nur im Trinken zeigt sich der Mann. Wir kämpfen viel zuwenig dagegen. Wir wissen alles und kontrollieren zuwenig. Wir müßten viel unduldsamer sein.

Reiners gefährliche Neigungen

Worte wie diese: »Da habe ich ihm ein paar geknallt, da habe ich ihm ein paar gescheuert« spielen in der Verhandlung gegen Reiner eine gewichtige Rolle. Der Richter, Freund der Präzision, fragt ihn dann jedesmal: »Waren es eine oder mehrere Ohrfeigen?« Es muß ja ohne Mißdeutung im Protokoll stehen. Und das Wort ein paar oder ein Paar, auch das ist schon in der deutschen Sprache ein großer Unterschied, den man, wenn es gesprochen wird, nicht erkennen kann. Hier muß es heißen: ein paar, soviel wie eine Ohrfeige, aber das heißt es auch nicht immer. Wie soll sich da ein Ausländer mit der deutschen Sprache auskennen!

Leider ist diese Ausdrucks- und auch Handlungsweise für Reiner tägliches Brot. Er ist immer ein großer Schläger, wenn es gegen Kleine geht. Schon in der Schule gab es mit ihm viele Mißhelligkeiten, als er, fünfzehnjährig, einen kleineren Mitschüler blutig geschlagen hatte, weil der sich weigerte, ein Sklave zu sein und auf seinen, Reiners, Befehl einen Stuhl aufzuheben. Das und einige andere Vorkommnisse führten zu einer Jugendstrafe, ausgesetzt auf Bewährung. In einem zweiten Verfahren mußte die Bewährung widerrufen werden, Reiner hatte sich in einer Gruppe Gleichgesinnter an Mädchen vergriffen, er war dabei die treibende Kraft. Das Urteil lautete für ihn Jugendhaus von einem bis zu drei Jahren, je nach Führung.

Reiner kam nach zwei Jahren heraus. Die Amnestie. Er war inzwischen auch achtzehn Jahre geworden, er hatte im Jugendhaus eine Teilqualifizierung als Schlosser begonnen, sie aber nicht abgeschlossen.

Das war nicht das Schlimme. Die Abteilung Innere Angelegenheiten hatte seine Eingliederung sehr gut vorbereitet, er kam in das große EAW Berlin-Treptow, er wurde freundlich aufgenommen. Ein Brigademitglied, vom Kollektiv gewählt, bestätigte, es ließ sich alles sehr gut an mit Reiner, er machte zwar nur Hilfsarbeiten, aber die in tadelloser Qualität. Er hatte auch ausgezeichneten Kontakt, keiner trug ihm die Vorstrafe nach, es waren in seiner Abteilung noch einige andere Amestierte, so daß er keine Ausnahmestellung einnahm.

Reiner konnte bei seinen Eltern wohnen. Er verdiente im Anfang 350 Mark, 100 Mark gab er für Kost und Logis ab, so konnte er 250 Mark für sich behalten, für Kleidung und persönliche Ausgaben. Eine so gute Eingliederung kann man sich für jeden Haftentlassenen wünschen.

Die Freude dauerte leider nicht sehr lange. Reiner sagte selbst, er sei sehr oft zu spät gekommen, er habe den Wecker – später hatte er sogar zwei – nicht gehört. Er konnte ihn nicht hören, denn er pflegte spät ins Bett zu gehen.

Der Prater im Berliner Stadtbezirk Prenzlauer Berg, Kastanienallee, ist sein Revier. Er trinkt viel, sehr viel, aber der »arme« Reiner hat auch noch ein Magenleiden, und er weiß, er bekommt Magengeschwüre, wenn er viel trinkt, und die schmerzen ihn, aber er trinkt weiter. Er kann einfach nicht früh zu Bett gehen, also kann er auch nicht früh aufstehen, er verschläft.

Aber es ist nicht nur sein Zuspätkommen, er fehlt ganze Tage. Es wurde viel mit ihm gesprochen, diskutiert. Besonders nimmt sich seiner einer der Amnestierten an, der gelernt hat, der weiß, wie das Gefängnis schmeckt. Er versucht, Reiner vom allzu häufigen Praterbesuch abzubringen. Vergeblich. Er fehlt im Juni zehn Tage unentschuldigt, im Juli und August insgesamt fünfzehn Tage. Er bekommt einen Verweis und einen strengen Verweis. Er wäre, hätte er nicht in Haft genommen werden müssen, wahrscheinlich fristlos entlassen worden.

Was er an seinen langen Bummeltagen getan hat, ist unklar. »Ich bin spazierengegangen«, sagt er.

Reiner war wieder im Prater, an einem Abend gegen 21 Uhr. Ein schmaler, siebzehnjähriger junger Mann stand dort mit einem Fahrrad auf der Straße und wartete auf seine Mutter. Reiner hatte den ganzen Nachmittag und Abend sinnlos getrunken. »Es schmeckt mir eben«, sagte er, als man ihn fragte. Er hatte mindestens zwölf Glas Bier im Bauch.

Er will auf der Straße zweifellos vor einigen Mädchen renommieren, seht einmal, was für ein tapferer Kerl ich bin, und er setzt sich bei dem anderen jungen Mann einfach auf den Gepäckträger seines Fahrrads. Der junge Mann will ihn abschütteln. Reiner wird aggressiv und läßt aus dem Hinterrad die Luft heraus. Ein Mädchen warnt noch beschwichtigend den jungen Mann: »Laß ihn ja in Ruhe, er ist ein Säufer.« Aber nun gerät Reiner in Wut, er geht auf den ihm völlig unbekannten jungen Mann zu, der ihm überhaupt nichts getan hat, der nur von Reiner provoziert und geärgert wurde. »Jetzt«, wie er sagt, »habe ich ihm ein paar geknallt.« Nach Befragen des Richters heißt das hier, »er hat zwei Ohrfeigen von mir bekommen«.

Der schmale junge Mann, als Zeuge gehört, scheint eingeschüchtert zu sein, denn Reiner hat ihm im Verlauf der Auseinandersetzung zugerufen: »Warte, wenn ich dir alleine sehe, haste kein Gesicht mehr.« Er behauptet also vor Gericht: »Reiner hat mir nur eine heruntergehauen.« Aber auch die Mutter des jungen Mannes, als Zeugin und als Geschädigte geladen, sagt (wie auch Reiner selber), er hat ihn mehrmals geschlagen.

»Gehen Sie mal weiter, junge Frau«, sagte Reiner und gab ihr einen sehr kräftigen Schubs in die Nierengegend. Gerade der machte ihr große Schmerzen, sie war vor kurzem nach einer schweren Nierenoperation aus dem Krankenhaus entlassen worden. Sie gab dem Reiner eine Ohrfeige, jetzt holte Reiner kräftig aus. Der zarten und schwachen Frau schlug er mit der Faust ins Gesicht, so kräftig, daß ihr eine Zahnprothese zerbrach. Dann rannte Reiner weg, als er sah, daß die junge Frau zwei Volkspolizisten auf den Rowdy aufmerksam machte.

Freiheitsstrafe ein Jahr und sechs Monate, dazu noch die Reststrafe von etwa einem Jahr Jugendhaus. Eine notwendige, also gerechte Strafe für einen Menschen, der einem schwächlichen jungen Mann und einer noch schwächeren Frau »nur« ein paar geknallt hat. Eine Warnung für all die, die ihre Kräfte nicht in einem sinnvollen sportlichen Wettkampf, sondern an Schwächeren, an Frauen und Mädchen, messen wollen.

Auf Reiner wird man nach der Haftentlassung laut Gerichtsurteil ein wachsames Auge haben, denn er tendiert zu einer gefährlichen Lebensweise, die wir asozial nennen, und dazu noch seine Neigung zu rowdyhaftem Verhalten. Ein gefährlicher und gefährdeter junger Mann.

Vierzehn Jahre – sechzehn Jahre

Ein intelligenter Bursche ist Hanno, lang aufgeschossen und aufgeschlossen, nicht gerade der Beste in seiner Klasse, aber zur Spitze gehörend – in acht Fächern hat er eine Eins. Er ist belesen und auch FDJ-Agitator, ein eifriges Mitglied der Gesellschaft für Sport und Technik. In seiner Bildung steht er weit über dem Durchschnitt der Klasse. Der Unterricht langweilt ihn oft. Er gilt in der Klasse auch als etwas arrogant. Über sein Berufsziel hat er schon sehr genaue Vorstellungen, er will zur Armee. Er war jahrelang das Einzelkind, wuchs bei seiner Mutter auf. Erst vor zwei Jahren hat die Mutter geheiratet. Zum Stiefvater hat Hanno kein Vertrauensverhältnis, es ist eher kühl, sagt die Mutter. Seine Bindung aber zur Mutter ist sehr stark.

Hanno kommt eines Abends nach einer Schulfeier sehr spät nach Hause. Die Mutter merkt, mit dem Jungen ist etwas nicht in Ordnung. Auf ihr eindringliches Befragen erzählt er, er war mit einem anderen Vierzehnjährigen, Andreas, und zwei Älteren, Sechzehnjährigen, auf der Straße. Der eine Sechzehnjährige habe eine halbe Flasche Schnaps geholt, und alle hätten getrunken. Dann hätten sie so aus Spaß Autoantennen abgeknickt. Er weist auf sieben Stück, die er bei sich hat. Für die Tat weiß er kein Motiv anzugeben. Eine sinnlose Tat.

Die Mutter ist entsetzt. Sie veranlaßt ihn, sofort zur Volkspolizei zu gehen und sich zu stellen. Sie geht selber mit. Er gibt alles zu, nennt auch die Namen der anderen, die dabei waren. Was die anderen aber getan haben, sagt er, weiß er nicht.

Die Volkspolizei ladet nun die anderen vor. Der Vierzehnjährige, Andreas, sagt sofort: »Ich habe auch fünf Autoantennen abgeknickt.« Andreas ist ein viel kleinerer Junge, Schularbeiten sind ihm ein Greuel. Er läßt sich gern davon ablenken, sofort rennt er zum Nachbarn, wenn der Holz hackt, dann hilft er ihm. Er macht lieber schwere Arbeit als Schularbeiten. Seine Einstellung zur Schule: Schule muß ja sein, da kann man nichts machen. Er wächst in einer wohlgeordneten Familie mit neun Geschwistern auf, alles läuft dort harmonisch ab. Ob Andreas wirklich schon die Reife eines Vierzehnjährigen hat, also ob er strafmündig ist im Sinne unseres Jugendgesetzes, bezweifle ich stark. Seine Lehrerin schildert ihn als ganz verspielt, fast in jeder Stunde fallen seine sämtlichen Sachen auf die Erde, oder er kippt mit dem Stuhl um. Er will aber ernst genommen werden, will nicht als Feigling dastehen und schließt sich gern Älteren an.

Der eine Sechzehnjährige, von der Volkspolizei vernommen, gibt zu, nach der Schulfeier die halbe Flasche Schnaps von zu Hause geholt zu haben, sie sei wohl nur zu einem Drittel voll gewesen, und die vier hätten sie ausgetrunken. Andere wieder sagen, sie war halb voll. Jedenfalls für alle schädlich, besonders natürlich für die beiden

Vierzehnjährigen. Die hätten nur einen Fingerhut voll bekommen, sagt der Sechzehnjährige. Bei Andreas glaube ich es. Er sagt vor Gericht, es schmeckte scheußlich.

Die beiden Sechzehnjährigen, lang aufgeschossen, kluge Burschen, Schüler der zehnten Klasse, sagen aus: »Ja, wir waren dabei, wir haben aber nichts veranlaßt, wir haben auch nicht mitgemacht, wir haben es geduldet, wir haben nichts verhindert.« Nur hat sich jeder der Sechzehnjährigen eine Autoantenne von den Kleineren geben lassen. Wahrscheinlich wollten sie sie an ihrem Fahrrad anbringen. Ob die beiden die ganze Wahrheit gesagt haben, wurde von allen am Verfahren Beteiligten ernsthaft bezweifelt. Aber sie hatten auch vor der Volkspolizei nichts anderes ausgesagt, und da die beiden Kleineren beharrlich über die Mitschuld der Sechzehnjährigen schwiegen, konnten sie nicht als Angeklagte geladen werden, sondern nur als Zeugen. Aber die beiden Sechzehnjährigen machten eine etwas traurige Figur. Praktisch waren sie, weil sie sich ja angeblich nur eine Antenne hatten geben lassen, Hehler geworden, doch das ist ein Bagetellfall und kein Grund, sie hier mit anzuklagen.

Ein beschleunigtes Verfahren, vier Tage nach der Tat, wurde eingeleitet. Die Strafe soll der Straftat besonders bei Jugendlichen auf dem Fuße folgen.

Die beiden Vierzehnjährigen wurden wegen Rowdytums angeklagt. Das Gesetz definiert Rowdytum als ein typisches Gruppendelikt. Keinem der vier Beteiligten (für mich sind die zwei Sechzehnjährigen auch Mitglieder dieser Gruppe, wenn ich ihnen auch eine Beteiligung nicht nachweisen kann) wäre allein auch nur im Traum eingefallen, vierzehn Autoantennen abzubrechen. Im allgemeinen sollen derartige Straftaten von Jugendlichen mit Jugendhaft bestraft werden. Jugendhaft kann bei Jugendlichen für eine Dauer von sechs Wochen verhängt werden.

Aber das Erscheinungsbild der beiden in der Verhandlung stimmte wohl die Staatsanwältin um. Hanno, der Große, der weit Reifere, soll acht Tage gemeinnützige Arbeit leisten, Andreas, der Kleinere, fünf Tage. Sie werden auch verpflichtet, den Schaden wiedergutzumachen. Der Schaden wurde auf 780 Mark geschätzt. Sie wollen und sollen in den Ferien arbeiten und selber sich dieses Geld verdienen.

Dieses Verfahren löste heftige Diskussionen während der Verhandlungspause aus, und es gab einige Stimmen, die meinten, es sei falsch von Hannos Mutter gewesen, den Jungen zu veranlassen, sich selbst der Volkspolizei zu stellen. Für besser hielten es diese Leute, Hanno und seine Mutter hätten die Eltern der anderen Beteiligten aufgesucht, dort die Sache geklärt und alle Jugendlichen veranlaßt, sich bei den Geschädigten zu entschuldigen und ihnen Schadenersatz anzubieten.

Ich kann diese Meinung nicht teilen. Ich möchte die Haltung der Mutter als vorbildlich bezeichnen. Hannos Mutter, gesellschaftlich engagiert, stand bei ihrer Entscheidung, ihren Sohn zur Volkspolizei zu schicken, in einem starken Konflikt. Sie weiß von den Gefahren der Gruppendelikte, sie weiß, wie gewissenhafte Jugendliche in einer Gruppierung – und hier verstärkt durch den ungewohnten Alkohol – zu Taten kommen, die ihrem Wesen fremd sind. Sie wollte ihrem Jungen beibringen: Das war die erste Tat, aber man muß den Anfängen wehren, der Weg zur Volkspolizei sollte sein erster Schritt auf dem harten Weg der Selbsterziehung und Selbstüberwindung sein.

Um eine Lappalie

Schuldig, aber nicht planmäßig, nicht mit Vorbedacht und nicht gewollt, aber verantwortungslos und brutal haben sie sich in eine Situation hineingesteigert, die sie nicht mehr verantworten können. Für die es nur eine Erklärung gibt: Alkohol und maßlose Frechheit. Um nichts und wieder nichts knapsen sie sich schöne Monate ihrer Freiheit selber ab, beide acht Monate. Acht Monate für Theo, da er seine Vorstrafe schon abgesessen hat, für seinen Freund und ständig Mitangeklagten Ronny sind es diese acht Monate, aber hinzu kommen weitere sieben aus einer Verurteilung auf Bewährung, also insgesamt fünfzehn Monate leben hinter festen Mauern, verschlossenen Türen, vergitterten Fensters. Der Anlaß: drei Zigaretten nachts um zwei Uhr.

Wenn eine Geschichte der menschlichen Dummheit einmal geschrieben werden sollte, gebührt Theo und Ronny darin ein Ehrenplatz.

Sie kennen sich, die beiden Dreiundzwanzigjährigen, wohl aus gemeinsamer Friseurtätigkeit, beide große, etwas schmale, blasse Gesellen. Ronny ist dem Barbierhandwerk untreu geworden, er hat sich der Asphaltaufbereitung zugewandt. Dort hatte man für ihn bei einer früheren strafbaren Dummheit eine Bürgschaft abgegeben und damit die schon erwähnte Verurteilung auf Bewährung erwirkt.

Jetzt sind die Kollegen enttäuscht, nach so kurzer Zeit steht er schon wieder vor Gericht, eine zweite Bürgschaft für ihn ist bei ihnen nicht mehr drin.

Theo hat erst vor kurzem die Strafvollzugsanstalt verlassen. Er ist wieder, obwohl er keine Facharbeiterprüfung abgelegt hat, in seiner alten handwerklichen Produktionsgenossenschaft aufgenommen worden. Er wohnt bei seiner Verlobten, und in dieser Wohnung geschah es.

Ronny und Theo und auch Theos Verlobte waren zusammen aus gewesen, sie hatten getrunken, und wie es meist so ist, die Männer mehr als die junge Frau und weit, weit mehr, als ihnen gut war. Sie verspürten das dringende Bedürfnis, sich noch nachts um zwei Uhr weiter zu unterhalten. Da alle Lokale schon geschlossen hatten, zogen sie in die Wohnung von Theos Freundin, Verlobte – wir wollen hier ihren Familienstand nicht weiter untersuchen, da er für die Ereignisse überhaupt keine Rolle spielt.

Zu einer so dringlichen nächtlichen Unterhaltung braucht der Mensch Zigaretten. Das ist leider der Brauch. Aber die drei hatten keine mehr. Ronny, der am wenigsten mit der Wohnung und dem Haus und dem Umgang von Theos Verlobter vertraut war, kam auf den absurden Gedanken, nebenan in der Wohnung zu klingeln. Dort wohnt allein ein junger Mann, ungefähr im Alter von Ronny und Theo, Ronny kannte ihn überhaupt nicht.

Theo riet ab, man könne einen Nachbarn doch nicht nachts um zwei Uhr wegen ein paar Zigaretten aus dem Schlaf klingeln, aber Ronny überhörte die Warnung, klingelte und klopfte. Der junge Mann, nennen wir ihn Oswald, der manchmal von seiner Arbeitsstelle nachts angefordert wird, öffnete die Tür und hörte sich das seltsame Begehren an: »Kannst du uns drei Zigaretten verkaufen?«

»Du mußt wohl spinnen, nachts um zwei Uhr.« Der junge Mann war wütend, wegen solcher Dinge um seine wohlverdiente Ruhe gebracht zu werden, und schlug sehr unwirsch die Tür zu.

Ronny berichtete von seiner mißlungenen Mission, aber er war nicht entmutigt. Er sagte: »Nun versuche ich es noch einmal.« Er ging wieder hinüber, klingelte und klopfte.

Wieder öffnete Oswald und sah den Fremden. »Du bist ja schon wieder da wegen deiner drei Zigaretten.«

Ronny wiederholte seine Forderung.

Oswald war nach der ersten Störung sofort wieder eingeschlafen. Er war sicher noch wütender. Dann aber drang Ronny in seine Wohnung ein, gab ihm Faustschläge ins Gesicht. Jetzt kam auch Theo hinzu, er, der zuerst von dieser Aktion abgeraten hatte. Theo packte Oswald von hinten an der Kleidung und will ihn in nicht wiederzugebender Weise brutal angefaßt haben. Oswald, als Zeuge vor Gericht, berichtete davon nichts, wohl aber, daß er von hinten umklammert wurde, während Ronny auf ihn einschlug.

»Laß ja meinen kleinen Bruder zufrieden«, das hatte Theo gesagt, und vor Gericht mußte er bekennen, daß er gar keinen kleinen Bruder hat, aber als Begründung gab er an, er sei wütend gewesen, weil Oswald bei der Reinigung der gemeinsam benutzten Toilette nicht so sorgfältig war, wie seine Verlobte das verlangte. Auch will er darüber einige Worte bei der Schlägerei verloren haben.

Der völlig ahnungslose, völlig unschuldige Oswald kam mit Blutergüssen davon, weil er sich zweimal geweigert hatte, drei Zigaretten nachts um zwei Uhr zu verkaufen. Der Überfall wurde vom Gericht als rowdyhaftes Verhalten gewürdigt. Die beiden hatten, obwohl es sicher nicht verabredet war, wie eine Gruppe gehandelt.

Wie schon gesagt, für beide gab es einen Freiheitsentzug von acht Monaten, aber dazu noch ein Berlin-Verbot für zwei Jahre und die Anordnung staatlicher Kontrollmaßnahmen. Und das alles um drei Zigaretten.

Es muß etwas sehr Seltsames zu diesem Abend nachgetragen werden. Nachdem Ronny und Theo den Oswald so völlig grundlos und so brutal verdroschen hatten, gingen sie hinüber und entschuldigten sich, und Oswald schenkte ihnen die drei Zigaretten, um die sie ihn angeschnorrt hatten. Das also verstehe, wer will.

Über das Zeittotschlagen

»Was machen Sie in der Freizeit?« Diese so oft gestellte Frage wird dem Angeklagten Eberhard von einem Schöffen vorgelegt.

»Ich kieke fern, ich lese.«

Und natürlich: »Was lesen Sie?«

Wenn dann die Antwort kommt: »Wie der Stahl gehärtet wurde« (diese Antwort kommt oft), dann weiß ich, das hat der arme Sünder gerade eben in der Haftanstalt gelesen, und das sagt er, weil – wie er glaubt – das vom Gericht gern gehört wird und weil das einen guten Eindruck machen soll.

Aber bei Eberhard ist es anders. Er nennt andere Titel, Zola und Gorki. Natürlich sind die auch in Anstaltsbibliotheken, aber Eberhard hat keine Stunde gesessen. Er hat anscheinend ein echtes Literaturinteresse, und er hat Kenntnisse. Nur fürchte ich, er ist kein ständiger Leser, er sitzt mir zuviel in den Kneipen, und die sind nicht literarisch angehaucht. Wohl aber spielen sie in Kriminalromanen und Gerichtsberichten eine leider zu große Rolle.

Zweiundzwanzig Jahre ist Eberhard alt, gut gewachsen und mit einem wachen Intellekt begabt. Er ist bestimmt auch geschickt, aber leider hat er seine Anlagen nicht genutzt. Er hat die Schule mit dem Abschluß der neunten Klasse verlassen. »Warum?« – »Ich wollte schnell Geld verdienen.« – »Hat sich das ausgezahlt?« fragte der vorsitzende Richter. »Bis jetzt noch nicht.« Das ist schon eine Einsicht.

Eberhard begann bei der Post, er machte Schalterdienst. Er hat aber kein Bestreben, den Facharbeiterbrief dort zu erwerben. Deswegen blieb sein Verdienst bei der Post bescheiden, und er faßte den Entschluß, sich etwas anderes zu suchen. In einem Betrieb der Feinmechanik und Elektroindustrie ist er als ungelernter Dreher tätig.

In seiner Arbeit ist er geschickt und zuverlässig, über ihn gibt es keine Klagen. Sein Einkommen ist gegenüber dem Verdienst bei der Post nur um etwas angehoben. »Und wie ist es hier mit dem Facharbeiterbrief?« will der vorsitzende Richter wissen.

»Es ist noch niemand an mich herangetreten.«

»Warum wohl?«

»Weil ich eine zu große Klappe habe«, meint Eberhard.

Er weiß selber nicht, wie er beurteilt wird. Sein Ruf ist besser als seine eigene Einschätzung. Seine Kollegen bemängeln die große Klappe überhaupt nicht. Nur eines ist an ihm auszusetzen, er hat einen so empfindsamen Charakter. Aber sonst schätzen sie ihn sehr, und sie legen eine Bürgschaft für ihn ab.

Ein Widerspruch? Nein. Der Kollektivvertreter sagt: »Wir sind überzeugt, er findet selbst den richtigen Weg. Bei uns hat er sich noch nie etwas zuschulden kommen lassen. Aber wir sagen ihm oft: ›Sei nicht so empfindsam wie ein Mädchen.‹«

Zweimal in der Woche trinkt er. Er trinkt zwar nur Bier, aber leider zuviel. So kommt er schon angetrunken am 5. Juli 1972 in ein Lokal am Rosenthaler Platz in Berlin. Am Nebentisch, so meint er, starrt ihn ein anderer junger Mann mit einer gesträubten Löwenmähne ständig an. Wieder hier seine Empfindsamkeit. Das ist, so möchte ich glauben, ein gestörtes Selbstvertrauen, und das wird verstärkt durch seinen beginnenden Rausch.

Er fragt: »Wat kiekste?« Der andere antwortet nicht, soll ihn aber weiter angestarrt haben, sagt Eberhard.

Auf der Toilette begegnen sich die beiden. Ohne ein Wort zu sagen, ohne Warnung schlägt Eberhard ihn mit der Faust ins Gesicht. Der Kraftakt als Selbstbestätigung des Empfindsamen.

Eine unprovozierte Tat, ein Rowdydelikt, möchte man meinen. Aber die Staatsanwältin sagt es in ihrem Plädoyer, es paßt gar nicht zu Eberhards sonstigem sauberem Lebenslauf. Das alles macht hier ausnahmsweise eine Strafe auf Bewährung möglich. Zwei Jahre lang die Zeit der Prüfung, eine Androhung von zehn Monaten Freiheitsentzug wird ausgesprochen. Die Staatsanwältin hatte noch eine Zusatzgeldstrafe von 500 Mark beantragt, das Gericht war milder. 350 Mark Geldstrafe, die wird Eberhard sehr schmerzen.

Aber bitte, warum schlagen sich zwei junge Leute gegenseitig die Zähne aus? Es ist ein Mangel an Kultur, das ist meine feste Überzeugung. Warum geht ein junger Arbeiter zweimal in der Woche in die Kneipe und trinkt mehr, als ihm guttut? Das Fehlen einer sinnvollen, schönen Tätigkeit am Abend.

Rezepte habe ich nicht. Ich weiß nicht, was würden Eberhard und auch der andere junge Mann, der nun mit zwei künstlichen Zähnen herumlaufen muß, lieber machen, als in die Kneipe zu gehen?

Für Eberhard weiß das Gericht einen Rat, einen wohlgemeinten. In Abendkursen die zehnte Klasse nachmachen und danach Betriebsakademie, arbeiten am Facharbeiterbrief. Das ist sicher erstrebenswert und nützlich, aber Eberhard und tausend andere brauchen etwas, was sie vom Stuhle reißt. Vom Wirtshausstuhl, wohlverstanden. Sie wollen zusammenkommen mit Gleichaltrigen. Lesen, fernsehen, lernen füllt einen, zwei Tage in der Woche, aber es füllt die ganzen vielen Stunden des Feierabends und des Wochenendes nicht aus.

Ein Generalrezept gibt es nicht, aber es gibt hier wie in der höheren Mathematik bei komplizierten Gleichungen mehrere richtige Lösungen. Wir brauchen Lösungen gegen die Langeweile, gegen das sinnlose Zeittotschlagen.

Wer die Zeit totschlagen muß, der schlägt auch auf Menschen.

Im Tee sein

In ihm steckt die Pubertät, die Ablehnung gegen die Welt der Erwachsenen. Ganz bewußt spricht er vor Gericht im Jargon der Siebzehnjährigen. Wenn er sagen will, ich war angetrunken, und angetrunken war er immer, wenn etwas passierte, sagte er: »Ich war ganz schön im Tee.« Wenn er sich rühmt, einen anderen verhauen zu haben, dann sagt er: »Den habe ich hingerichtet.« Aber schon diese Prügelei zeigt, diese Ablehnung ist nicht nur eine Ablehnung gegen die Welt der Erwachsenen, er lehnt auch Jugendliche ab, die eine ähnliche Denk- und Ausdrucksweise haben wie er selber.

Der Körper Arnos ist in die Höhe und in die Breite geschossen, sein Verständnis für die Technik ist recht gut, aber sonst weiß sein fast kindlicher Geist mit alldem nichts anzufangen, als anzuecken und zu provozieren.

Er kam aus dem Jugendhaus, siebzehn Jahre, er wurde amnestiert, der Rest der Strafe auf Bewährung ausgesetzt. Dort hatte er gut arbeiten gelernt. Eine neue Arbeitsstelle wurde ihm vermittelt, es gab eine Einführung in seinen Betrieb, wie sie nicht besser sein konnte, in den VEB Kühlautomat. Das sagte der Kollektivvertreter: »Wir riefen immer, wenn ein Neuer bei uns anfing, das Kollektiv zusammen und stellten ihn vor. Der Meister sagte hier im Falle Arnos, er war im Jugendhaus, er hatte etwas ausgefressen, jetzt wurde er bei der Amnestie entlassen und will bei uns anfangen. Hat jemand Fragen an den neuen Kollegen?« Ich weiß nicht, ob etwas gefragt wurde und was Arno geantwortet hat. Dann sagte der Meister: »Jetzt ist die Sache für uns erledigt, es wird nicht mehr darüber gesprochen, das geht uns nichts an. Jetzt ist er einer von uns, wir begegnen ihm ohne Vorurteil!«

Das ist bester Arbeiterstil, kein Drumherumreden, kein Hintergetuschel, hier wird klarer Wein ausgeschenkt. So muß, denke ich, so sollte eine Wiedereingliederung sein.

Daß sie nicht geglückt ist, das liegt an diesem unausgereiften Burschen Arno. Er begann als Klempner und Stanzer, zeigte sich geschickt und freundlich, ja arbeitseifrig. In kurzer Zeit erfüllte er die Norm und lieferte sogar Qualitätsarbeit. Er kam auf 600 Mark netto im Monat, ein Junge, siebzehn Jahre, gerade aus dem Jugendhaus entlassen. Schon wurde davon gesprochen, daß er sich qualifizieren sollte. Aber die Freude dauerte nur neunzehn Arbeitstage. Der Kollektivvertreter sagte: »Das Verhalten Arnos läuft nicht parallel: das gute Verhalten in der Arbeit und sein miserables Verhalten draußen.«

Arno traf seinen Freund Fred wieder, er ist heute mündig, achtzehn Jahre, etwa ebenso groß, aber etwas schmächtiger. Sie hatten früher schon einiges zusammen angestellt, waren zusammen im Jugendhaus gewesen. Nun waren beide wieder frei. Fred hatte in der Haft eine Lehre als Zerspaner angefangen, es wurde ihm möglich, in einem großen Berliner Betrieb seinen Lehrabschluß zu machen. Beide wurden von ihren Familien aufgenommen, finanziell ging es ihnen gut.

Es begann an einem Saufabend. Arno wollte sein Zimmer neu tapezieren. Sie sahen ein Farbgeschäft. Vom Hof aus drückten sie eine Fensterscheibe ein, stahlen eine Kasse mit Wechselgeld.

Fred hatte sich mit seinen Eltern überworfen, er wollte in einen Keller ziehen. Sie brachen einen Barkas auf, stahlen daraus einige Decken, aber auch immer dann, wenn man tüchtig im Tee war, so nach zehn bis zwölf Glas Bier.

In der Nacht vom 6. zum 7. März brachen beide sechsmal ein, immer mit Gewalt. Einmal wurde ein Fenster zertrümmert, um in einen Büroraum zu gelangen, die Beute: drei Kugelschreiber. In einem anderen Büro wurden völlig sinnlos ein Autoschlüssel und eine Tüte Bonbons mitgenommen. Beim drittenmal gingen sie auf das Dach einer Baracke, deckten die Dachpappe ab und drangen so von oben ein. Vergeblich bastelten sie an einem Panzerschrank, sie tranken dann eine halbe Flasche Sekt, die sie gefunden hatten, eine Flasche Wein, und mit drei Büchsen Obstsaft und 30 Mark zogen sie ab.

Dann traten sie die Tür einer Kohlenhandlung ein, nahmen aus einer Schublade 19 Mark. In einer Buchhandlung in der Dimitroffstraße nahmen sie aus einer Lohntüte 104 Mark und stahlen aus einem Glasbehälter die Spenden von Kunden für den Vietnamfonds.

Um in eine Bäckerei zu gelangen, konstruierte Fred eine Stange, um ein Fenster öffnen zu können. Hier waren ein paar Stück Kuchen und zehn Mark die ganze Beute.

Ein einziges Mal war ein Dritter dabei, ein großer, blonder Bursche, Rolf, der ziemlich lustlos in einer Postlehre steckt, der lieber einen technischen Beruf erlernt hätte, aber nicht erlernen konnte, weil er die Schule nur bis zur achten Klasse besucht hatte. Bisher hat er seine Prüfungen so müde gemacht wie ein alter Karrengaul. Fünf Fünfen hat er gebaut.

Der war auch dabei, als Arno bei einer Schlägerei den anderen so kräftig verprügelte, daß er von einer »Hinrichtung« sprach. Hier drohte unser sonst so passiver junger Mann einem Schlichter mit einem Messer, ohne jedoch die Absicht gehabt zu haben, wie er sagt, zuzustoßen. Arno schlug seinen Gegner nieder, Rolf hatte es mit seiner Drohung möglich gemacht.

Die hohe Intensität bei den Einbrüchen und nicht der Schaden ist für das Gericht im Falle Arno und Fred der Anlaß, die beiden wegen Verbrechens zu bestrafen. Deshalb das Urteil: zwei Jahre für den noch jugendlichen Arno, zwei Jahre und vier Monate Freiheitsentzug für Fred.

Rolf, ein Ersttäter, dessen einmaliges Mitgehen bei einem Einbruch und seine Messerdrohung als Vergehen gewertet wurde, bekam eine Strafe auf Bewährung. Er muß in den zwei Jahren seinen Facharbeiterbrief erwerben, sonst gelten für ihn zehn Monate Freiheitsentzug. Vielleicht sollte man ihm doch lieber eine körperlich schwere Arbeit vermitteln, damit dieser kräftige Bursche seinem Wunsch gemäß sich ausarbeiten kann. Er ist wirklich nicht der Typ des Schalterangestellten.

Das Hauptproblem aber bei Arno und auch bei seinem Mittäter Fred nach zwei Jahren und nach Verbüßung ihrer Reststrafe, die jetzt wieder auflebt: Werden sie jemals ganz erwachsen sein?

Wir haben jetzt ein neues Verfahren entwickelt, Bier schneller herzustellen, dagegen ist nichts einzuwenden, es ist sogar zu begrüßen. Aber wir sollten auch Verfahren entwickeln, Jugendliche, auch wenn sie noch so groß und kräftig sind wie Arno, vom Bierkonsum fernzuhalten. Ihr Übermaß an Kräften, ihre technische Gewandtheit, ihr pubertäres Verhalten, gepaart mit Bier, produzieren Einbrüche, sinnlose Zerstörung und, wenn wir pessimistisch sein wollen, vielleicht auch noch Schlimmeres.

Jetzt ist er einer von uns, begegnen wir ihm ohne Vorurteil, das hatte man ihm einmal nach seiner Strafverbüßung gesagt. Vergeblich. Wir müssen es immer wieder sagen, die Gesellschaft der Sozialisten wird sich am Ende als stärker erweisen.

Lieber feig als doof

Hier gibt es einen wirklichen Helden, nennen wir ihn beim richtigen Namen: Harry Grambeck, Taxifahrer in Strausberg bei Berlin. Sein kluges Verhalten hat großes Unheil verhütet.

Er fuhr am 6. Dezember 1972 mit seinem Taxi vorm S-Bahnhof Strausberg-Vorstadt vor. Zwei junge Leute – ein großer Blonder, ingelligent und sympathisch aussehend, der andere kleiner, etwas untersetzt, jünger, ein Schüler von gerade fünfzehn Jahren – begehrten in ein benachbartes Dorf zu fahren. Der Schüler wollte neben dem Fahrer Platz nehmen, aber die Tür des Wolgas war geschlossen, beide nahmen im Fond des Wagens Platz. Der Schüler setzte sich hinter den Fahrer.

Als sie die Stadt verlassen hatten, legte der Ältere seinen Arm über die Schulter des Taxifahrers, setzte ihm ein Messer an den Hals und sagte ihm: »Halt an und rück das Geld 'raus.«

Der Kollege Grambeck fuhr langsamer und sagte: »Mach doch keine Zicken, ihr macht euch doch nur unglücklich. Ihr habt wohl einen schlechten Krimi gesehen. Ihr spinnt wohl.«

Da rief der Kleine: »Mach schon, mach hinne.«

Der Größere warnte den Fahrer: »Gib ja keine Lichtsignale, biege hier links in den Seitenweg ein, halte an der Kiesgrube.«

Der Fahrer ließ sich nicht einschüchtern. Er fuhr langsam, besonnen weiter. »Solange das Messer hier ist, bekommt ihr kein Geld.«

Der Kleine, der sich bisher nur durch die Aufforderung »Mach hinne« an der Geschichte beteiligt hatte, redete jetzt auf seinen Kumpanen ein: »Wirf doch das Messer 'raus.« Der Fahrer drehte das Fenster auf, und nun warf der Größere das Messer weg.

Der Kleine sagte: »Vergiß die ganze Geschichte. Ich habe kein Geld bei mir, ich gebe dir meinen Personalausweis, fahr mich nach Hause, dann bekommst du dein Geld.«

Der Fahrer mußte bei einer Schranke halten, er wendete sein Fahrzeug und fuhr direkt auf ein Gelände der Volksarmee. Dort konnten die beiden Taxiräuber festgenommen werden.

Der Ältere, ein hübscher, schlanker Bursche von achtzehn Jahren, ist heute schon ein schwerer Alkoholiker. Er hat zwei Lehren angefangen, als Betonbauer und im Baustoffkombinat, mußte sie aber wegen seiner Bummelei, wegen seiner Alkoholsucht aufgeben. Er kam schon als Siebzehnjähriger zu einer Alkoholentziehungskur. Er hat dann später, nach einer Arbeitsruhe von sechs Monaten, in einem Sägewerk angefangen; dort hat er erst gut gearbeitet, nach einem selbstverschuldeten Unfall aber fing die Arbeitsbummelei wieder an. Die Kollegen stellen ihm kein gutes Zeugnis aus. Sein Vater gab ihm sicher kein gutes Beispiel, die Mutter aber verwöhnte ihn, steckte ihm Geld zu. Er möchte mehr sein, als er ist, Schriftsteller oder Dichter werden. Er ist ein junger Mann, sicherlich normal veranlagt, aber teils durch eigenes Verschulden, teils durch die häusliche Misere völlig verkorkst, ein Asozialer.

Sein Kumpan beim Taxiraub ist anders, er ist ein begabter Schüler, hat in seiner kleinen Heimatgemeinde acht Klassen mit gutem Erfolg beendet. Er ist durch nichts negativ aufgefallen, er lebt im Haushalt seiner fleißigen Mutter, die verwitwet ist, mit zwei anderen Geschwistern. Das Geld fließt dort nicht gerade in Strömen. Der Junge sollte in Strausberg weiter zur Schule gehen, um dort den Abschluß der zehnten Klasse zu erreichen, aber in dieser Schule waren viele Schüler, die pekuniär von zu Hause besser gestellt waren als er, und er glaubte, er müsse es ihnen gleichtun. So zog er grundsätzlich immer nur seinen besten Anzug an. Er mußte häufig auf den Bus warten, der ihn nach Hause brachte. Deswegen saß er viel in Gaststätten, er bestellte sich Brause, aber er wurde oft zum Bier eingeladen. Auch ging er mit anderen Schulkameraden manchmal zu Sauftouren. Das war in der Klasse bekannt. Das weiß, so sagt ein Kollektivvertreter aus der Klasse, auch ein Lehrer. Überall bekommen die Fünfzehnjährigen große Mengen von Bier in Strausberg eingeschenkt. Die örtlichen Organe, die für den Jugendschutz verantwortlich sind, sehen nichts, tun nichts, wissen nichts. Kein Gastwirt, kein Geschäftsführer wird kontrolliert, verwarnt oder gar zur Verantwortung gezogen.

In einer Gastwirtschaft haben die beiden sich oberflächlich kennengelernt, und auch an diesem Abend lädt der Ältere den Jüngeren zum Bier ein.

So sitzen sie beide im Speisehaus an der Fähre, sie sprechen über den Geldmangel, sie wollen ein Transistorradio. Beide verabreden einige Laubeneinbrüche. Sie brechen an diesem Abend sogar in drei Lauben ein, finden aber nicht das Ersehnte, nehmen nur ein paar Tassen und Teller, ein paar Bestecke und eine alte Arbeitshose. Dann sprechen sie über Westkrimis, kehren in der Mitropa am S-Bahnhof Strausberg-Vorstadt ein und trinken weiter. Sie haben beide einen Film mit einem Taxiüberfall gesehen und beraten, ob sie sich auch so etwas zutrauen; sie gehen noch in ein Espresso. Sie verabschieden sich, der Schüler steht schon auf dem Bahnsteig und will nach Hause fahren, da kommt der Ältere und redet ihm Mut zu. Sie verabreden, der Jüngere soll sich neben den Fahrer setzen, der Ältere will allein im Fond sitzen und den Fahrer mit einem Messer bedrohen, das er aus dem Einbruch hat. Der Jüngere, der Schüler, soll den Fahrer festhalten. Das ist der Plan.

Aber die Platzverteilung klappt nicht so, wie sie es sich vorgenommen haben. Die Tür neben dem Fahrer ist abgeschlossen, der Ältere kommt nicht hinter den Fahrer zu sitzen. Aber er läßt von dem Plan nicht ab. Mit einem Kopfnicken bestimmt er den Jüngeren, jetzt geht es los. Der zuckt ängstlich mit den Schultern, tut aber nichts dagegen, im Gegenteil, als der Ältere mit seiner Bedrohung angefangen hat, unterstützt er ihn noch durch seine Aufforderung.

Durch die Besonnenheit, durch die Klugheit und die Tapferkeit des Taxifahrers wurde der Überfall vereitelt.

Das Urteil für den Älteren, Achtzehnjährigen, Volljährigen: vier Jahre Freiheitsentzug; für den jetzt sechzehnjährigen Schüler ein Freiheitsentzug von zwei Jahren und zehn Monaten.

Der Schüler hat etwas gelernt, das sagt er auf Befragen. »Ich wollte nicht als feige erscheinen. Deswegen habe ich mitgemacht!« Ob er es wieder tun würde? »Nein, lieber bin ich feig als doof.«

Der wahre Held ist klug, und deswegen ist der Held dieses Überfalls der Taxifahrer Harry Grambeck.

Feuer und Flamme

»In der einen Hand trägt er Feuer, in der anderen Wasser«, so heißt es sprichwörtlich für einen widerspruchsvollen Menschen. Bei Lutz trifft es sogar wörtlich zu.

Auf der Anklagebank ein kläglicher Anblick, so wenig männlich im Aussehen und in der Haltung, so brav dunkelblond gescheitelt, so mädchenhaft seine Wangen. Sicher, dafür kann Lutz nichts, aber das Gesicht ist ja nun einmal ein Spiegel der Persönlichkeit. Wir müssen einem ins Gesicht schauen, wenn wir wissen wollen, was er denkt, warum er so und nicht anders handelt.

Er muß aber doch männlich wirken. Von einer Freundin ist die Rede, an der er hängt, die aber eine arge Bummelantin und Herumtreiberin ist. Er hat eine ziemlich gute Schulbildung und wohnt auf einem Dorf innerhalb des Großberliner Stadtgebiets – so etwas gibt es –, er redet sogar selber von seinem Dorf. Die neunte Klasse hat er absolviert, er lernt, wie stolz das klingt, Agrotechniker, konnte aber nur eine Teilqualifizierung ablegen. Er hat Begabung, aber ihm fehlt der Fleiß. Er hat sicher einiges auf der Schule und in der Lehre gelernt, doch das Denken nicht und nicht »des Lebens ernstes Führen«. In seinem Lehrbetrieb findet er nach Abschluß Arbeit, eine gute Arbeit. Erst als Traktorist und später als Melker. Er kommt mit allen Überstunden und Sonntagszuschlägen auf brutto 800 Mark.

Er wohnte bis auf die letzten Wochen zu Hause, dort gab er 170 Mark ab, den Rest verbrauchte er für sich auf die dümmste Weise, er vertrinkt und verraucht ihn. Er sagt, zwanzig bis fünfundzwanzig Glas Bier am Tag und dazu noch Zigaretten. Er hat sich das Trinken seit seiner Kindheit angewöhnt. Mit dreizehn und vierzehn Jahren habe er regelmäßig Bier getrunken. Später trank er meist in der Betriebskantine des volkseigenen Gutes, in dem er lernte. Der Vater hat davon gewußt, jeder im Dorf wußte es und kannte ihn, und dennoch hat man ihm ausgeschenkt. Und er trank nicht nur in der Betriebskantine, auch in anderen Gaststätten. Durch sein vieles Trinken und sein Trunkensein verschlief er die Zeit, da er seine fünfzig Kühe melken mußte. Es gab Verwarnungen, Verweise, strenge Verweise, und in den letzten Wochen vor seinen Straftaten wurde er zwar nicht fristlos entlassen, was ihm zugekommen wäre, nein, man machte mit ihm einen Aufhebungsvertrag.

Warum trinkt einer? Weil es ihm schmeckt. Und warum kriegt er Bier? Weil der Ober es ihm bringt. Der Ober bekommt eine Umsatzprovision, und Umsatzprovisionen sind notwendig, man muß den Verkäufer und den Kellner materiell interessieren. Umsatzprovision bei Verkauf von Bier und Schnaps an Jugendliche und Betrunkene ist bedenklich.

Lutz liebt das Bier, das Tanzen, das Rauchen und das Löschen, denn er ist Mitglied der freiwilligen Feuerwehr. Sein Vater ist der Leiter, fast alle seine Freunde im Dorf gehören dazu. Das Löschen von Bränden macht ihm Freude, da ist er Feuer und Flamme.

Er fährt auch gern Moped, aber er hat keins, denn er trinkt zuviel und hat kein Geld. Sein Onkel besitzt eins, das möchte er öfter benutzen, aber der Onkel will das nicht. Er kennt seinen Neffen, er weiß, wie wenig verläßlich der ist und ständig betrunken.

Beim Onkel steht das Moped in einem Schuppen, der Schuppen ist mit einem Vorhängeschloß abgeschlossen. Eines Abends, es ist der 19. März 1974, öffnet Lutz den Schuppen mit einem Nachschlüssel. Er will wieder Moped fahren, aber diesmal geht es nicht, der Onkel hat das Moped mit einem Vorderradschloß gesichert. Aus Wut nimmt Lutz nun einen Benzinkanister, gießt ihn aus, schließt das Tor des Schuppens ab und zündet dann den ausströmenden Treibstoff an. Der Schuppen brennt ganz ab. Das Moped und zwei Fahrräder werden unbrauchbar.

Als Mitglied der freiwilligen Feuerwehr ist Lutz einer der ersten beim Löschen. Und als jemand gesucht wird, der freiwillig die Brandwache übernimmt, meldet er sich sofort. Und er wird ja genommen, weil er keine Arbeit hat.

Bis 15 Uhr schläft er am nächsten Tag. Dann geht er zu seinem Onkel, diskutiert mit ihm über den Brand, und dann nimmt er seinen täglichen Weg in die Kneipe, zwölf bis dreizehn Glas Bier und einen Kaffeelikör.

Nachdem er ein Mädchen nach Hause gebracht hat, geht er durchs Dorf, zündet eine große Strohmiete der kooperativen Abteilung der Pflanzenproduktion an und setzt sie in Brand. Wieder ist er als erster beim Löschen dabei, aber da ist nicht mehr viel zu retten. Für 9000 Mark Stroh verbrennt. Wieder meldet sich Lutz als Brandwache, und wieder macht er sich so nützlich.

Fünfmal hat es außerdem noch im Dorf und in der Umgebung gebrannt. Immer waren es Brandstiftungen, und die Täter sitzen auch und warten auf ihre Verurteilung. Der Schaden ist groß, die Erregung der Bevölkerung nicht minder.

Noch einige Tage drückt sich Lutz in der Kneipe herum, redet über die Brände, er sagt sogar, er habe einen Verdächtigen gesehen, einen mit einer Pudelmütze. Aber er trinkt zuviel, redet zuviel, er verrät sich selbst.

Das Gericht verurteilt Lutz wegen vorsätzlicher Brandstiftung zu einem Freiheitsentzug von vier Jahren und sechs Monaten.

Und warum legt der freiwillige Feuerwehrmann Lutz Brände, die er dann so eifrig mitlöscht?

Einmal ist es das Prickeln, etwas zu erleben, dabeizusein, eine

Sensation. Aber im ersten Fall war es auch Wut auf den Onkel, weil der nicht duldet, daß der ständig betrunkene Neffe sein neues Moped ruiniert. Aber auch Wut, weil seine siebzehnjährige Freundin abgeholt wurde, angeklagt wegen asozialer Lebensweise. »Wenn sie in den Knast geht, gehe ich auch«, das hat er seinem Vater gesagt.

Prickel, Wut und Liebe, angeheizt durch das Gift Alkohol. Und ausgeschaltet ist der Kontrollmechanismus, das Gehirn. Sicher schon geschädigt durch den ständigen Mißbrauch dieses gefährlichen Giftes. Wie dumm ist dieser Mensch. Empört sich sogar bei Gericht, daß er zweimal hintereinander nachts nicht ins Bett gekommen sei, weil er Brandwache geschoben habe – freiwillig – bei zwei Brandherden, die er selbst gelegt hat.

Ein kläglicher Anblick, dieser Lutz, ich sagte es schon.

Der Traum vom alkoholfreien Märchenbrunnen

In dieses Tanzlokal kann oder konnte man im Rollkragenpulli gehen. Nach der Kleiderordnung scheiden sich die Geister. Die älteren Herrschaften, verheiratet oder unverheiratet, gingen nach einem Theater- oder Kinoabend selten ins Café Märchenbrunnen am Friedrichshain. Es war und es wird hoffentlich wieder ein Treffpunkt der Jugend sein. Keine Kapelle spielte dort, Schallplatten-Tanzmusik, das nannte Anja, die Leiterin, eine Diskothek.

Sie ist es nicht mehr, und außerdem wurde der Laden zugemacht, weil es ein Treffpunkt für einige junge Leute geworden war, die von dort im wahrsten Sinne des Wortes auf Raub ausgingen. Nun ist die Schließung eines Lokals aus solchen Gründen eine Methode, die mich an das beliebte Überpudern von Geschwüren erinnert. Man heilt den Schaden nicht, man verkleistert ihn, es sieht besser aus, man hat etwas getan.

Daß es aber so weit kommen konnte, daran hat, so glaube ich, Frau Anja ein gerüttelt Maß schuld. Sie ist im Grunde eine tüchtige, erfahrene, energische und elegante Frau, selber Mutter eines Jugendlichen. Sie sähe auch gut aus, vielleicht noch besser, wenn sie nicht diese eisgraue Perücke über ihr Haupthaar gestülpt hätte, aber das ist ihre höchstpersönliche Privatangelegenheit, jeder sehe, wie er's treibe.

Dieser Märchenbrunnen war ein Nachtlokal, er wurde abends gegen 20 Uhr aufgemacht, und es ging dort bis früh um vier. Grundsätzlich war vom HO-Kreisbetrieb angeordnet: Zutritt haben nur Gäste über achtzehn Jahre. Das ist strenger als der gesetzliche Jugendschutz, denn Jugendliche von sechzehn bis achtzehn Jahren dürfen bis 24 Uhr solche Tanzlokale besuchen, man darf ihnen sogar mäßig Alkohol ausschenken. 24 Uhr aber ist absolut Schluß, dann müssen alle Jugendlichen nach Hause. Um aber in der Nacht solche Diskussionen zu vermeiden, stand hier die Anordnung: Nur volljährige Gäste dürfen das Lokal betreten.

Die Leiter von Gaststätten sind verpflichtet, mindestens einmal im Monat mit allen Mitarbeitern eine Belehrung durchzuführen, Probleme des Jugendschutzes, des Brandschutzes, der Arbeitsschutzbestimmungen sollen erläutert werden. Jeder Teilnehmer muß durch eine Unterschrift seine Teilnahme bestätigen. Solche Schulungen wurden nach Meinung von Frau Anja häufig, aber mehr im geselligen Rahmen durchgeführt. Um 20 Uhr waren die Gäste noch nicht da, man trank zusammen eine Tasse Kaffee, aß ein Eis und besprach die Probleme. Auch die des Jugendschutzes wurden im Jahre 1970 einmal durchgesprochen. Es ging etwas unformell zu, unterschrieben hatte das niemand. Grundsätzlich sollte vom Einlaßdienst mit dem Eintrittsgeld auch die Vorlage des Personalausweises gefordert werden. Das sei, so sagte Frau Anja, auch immer korrekt geschehen, solange ein bestimmter Kollege diesen Einlaßdienst übernommen hatte.

Nun schied dieser Kollege am 1. August 1970 aus, der Einlaß wurde abwechselnd von drei anderen übernommen, und da wurde mehr als ein Auge zugedrückt. Frau Anja, die Gaststättenleiterin, kümmerte sich nicht sehr darum, sie war meist hinter der Bar, ihre Tüchtigkeit hat sicher zu dem großen Umsatz beigetragen. Die Gaststätte wurde für ihre erfolgreiche Tätigkeit auch prämiiert. Aber gerade ein Gaststättenbetrieb – wenn er nicht nur in seiner Eigentumsform, sondern auch in seiner Auswirkung sozialistisch ist und sein will – sollte mit dem guten wirtschaftlichen Resultat allein nicht zufrieden sein. Leider kümmerte sich Frau Anja nicht darum, wenn sie an der Bar Alkohol einschenkte.

Einmal sogar wurde Frau Anja in der Kaderabteilung des Kreisbetriebes von einer Kollegin angesprochen: »Du mußt einmal in deiner Gaststätte besser aufpassen. Da ist bei meinem Jungen in der Klasse ein vierzehnjähriges Mädchen namens Marion, das behauptet, täglich oder nächtlich im Café Märchenbrunnen zu tanzen, oft bis früh vier Uhr.«

Frau Anja sagt, sie habe diese Marion gesucht, aber nicht gefunden. Tatsächlich aber war Marion, die äußerlich wie eine Sechzehn-, Siebzehnjährige wirkt, jeden Abend an der Bar. Sie kam mit einer älteren Freundin, bei der sie wohnte, ihre Eltern waren für längere Zeit abwesend.

Sie trank dort erst ein alkoholfreies Mixgetränk, später aber auch Bier, Kognak, Sekt, sie ließ sich einladen. Sie war auch zweimal völlig betrunken.

Einmal hatte sich ein älterer Kellner von Marion den Ausweis erbeten, aber die Freundin sagte, Marion habe ihn vergessen, sie sei bald schon achtzehn. Es war weit nach Mitternacht, und hier hätte eine Siebzehnjährige auch das Lokal verlassen müssen. Aber der Kellner war mit dieser Auskunft zufrieden.

Mit den wechselnden Einlaßkontrollen hatten sich die beiden Mädchen so weit angefreundet, daß sie nicht einmal mehr Eintritt zu zahlen brauchten. Von Ausweiskontrolle war überhaupt keine Rede.

Aber dafür ist die Gaststättenleiterin und nur die Gaststättenleiterin verantwortlich. Wegen Verstoßes gegen den Jugendschutz mußte sie schon ein Ordnungsgeld bezahlen. Da das Vergehen von Frau Anja so schwerwiegend war, wurde diese Maßnahme vom Gericht nachdrücklich besätigt, sie wurde aber auch – das ist gesetzlich möglich – von der Strafkammer strafrechtlich zur Verantwortung gezogen. Weil sie pflichtwidrig den Alkoholmißbrauch dieser Jugendlichen nicht verhindert hatte, ihn sogar über längere Zeit geduldet hatte, wurde sie auf Bewährung verurteilt, Bewährungszeit ein Jahr, Androhung drei Monate Freiheitsentzug bei Nichtbewährung.

Das Café Märchenbrunnen ist an dem Tage, an dem ich dies schreibe, noch geschlossen. Das ist keine Lösung. Aber wahrscheinlich ist dieses kleine, etwas dunkle Lokal als Jugendgaststätte ungeeignet.

Jugend will tanzen, sie will nicht unbedingt Alkohol trinken. Eröffnet einen Saal im Saalbau Friedrichshain als alkoholfreie Jugendtanzstätte, wo man auch im Rollkragenpulli tanzen kann. Als Beispiel.

Leben wofür?

Der moderne Zaubermantel

Ein Auto besitzen, wer möchte es nicht gern. Fast jeder ist von dem Wunsch gepackt, und auch der Zeuge in dieser Sache macht in dieser Hinsicht keine Ausnahme. Wenn aber jedem dieser Wunsch erfüllt würde – auch das weiß ich genau –, sind unsere Städte und unsere Landschaft nicht mehr bewohnbar. Private Wünsche und gesamtgesellschaftliche Interessen stehen hier im Widerspruch; eine Lösung muß gesucht und gefunden werden. Das Auto löst überhaupt eine Menge Konflikte aus, Unfall und Tod, Verkehrskriminalität, Autodiebstähle, unbefugtes Benutzen eines Kraftfahrzeuges, ein ganzes Buch, nein, Bände könnte man darüber schreiben.

Hier aber sind es andere Diskrepanzen, die große Differenz zwischen Wünschen und finanzieller Schwäche. Und wenn diese Diskrepanz ganz einfach durch Diebstahl ausgeglichen wird? – Wie schlimm das ausgeht, mußten Frau Manja und Herr Dietmar erfahren.

Frau Manja ist eine energische Frau von einunddreißig Jahren, ich möchte sagen, sie ist eine tüchtige Berlinerin, etwas füllig. Sie ist geschieden, hat drei Kinder zu betreuen. Frau Manja ist schon seit langem Büfettier, sie hat in Kantinen und Klubhäusern gearbeitet, darunter auch beim VEB Taxi. Ab April hatte sie sich entschlossen, ein Sommerbüfett an einem Bahnhof zu übernehmen, und sie war dabei, es einzurichten.

Finanziell gab es keine Schwierigkeiten. Sie hatte sich einen ziemlich anspruchsvollen Wagen gekauft, einen Wolga, keinen neuen, einen aus zweiter oder sogar aus dritter oder vierter Hand. Kummer machten ihr die völlig profillosen Decken; bei einer Überprüfung, das wußte sie, würde es Ärger mit der Volkspolizei geben.

Als sie gerade ihr neues Büfett eröffnet hatte, war einer ihrer ersten Gäste der Kollege Dietmar. Sie kannte ihn, den Einundzwanzigjährigen, aus ihrer Tätigkeit beim VEB Taxi. Frau Manja wußte, Dietmar ist Fahrer, aber noch nicht taxiberechtigt, er ist im Innendienst tätig, er fährt einen Barkas. Vom Zentrallager liefert er die nötigen Ersatzteile an die verschiedenen Höfe des VEB Taxi.

Auch Dietmar ist ein moderner Mensch, auch er besitzt einen privaten Wagen, einen, wie er sagt, ganz billigen alten EMW. Das ist ein Wagen, den – so habe ich mir sagen lassen – sich eigentlich nur ein Millionär leisten kann. Ein solcher Wagen verschlingt teure und seltene Ersatzteile wie ein Hecht kleine Karpfen. Der Unterhalt des Wagens, das sagt auch Dietmar, sei ziemlich teuer und belastet sein an sich sonst ausgeglichenes Einkommen sehr.

Aber hier beschäftigt uns weniger der EMW des Herrn Dietmar, es geht um den Wolga der Frau Manja. Ob er, der Herr Dietmar, nicht in der Lage sei, einen Satz Reifen, das sind fünf neue Decken, zu besorgen? Das fragt Frau Manja ihren Gast am Sommerbüfett. Das ließe sich machen, sagte Herr Dietmar. Er und Frau Manja waren über das mangelnde Kontrollsystem im Ersatzteillager des VEB Taxi informiert. Es herrschte bei beiden eine völlige Übereinstimmung in der Auslegung des Wortes besorgen, es war beiden klar, es hieß: stehlen.

Dann aber wurde der Wagen der Frau Manja von dem Herrn Dietmar erst einer eifrigen Kontrolle unterzogen. Radkappen fehlten und auch Chromringe, der Außenspiegel sei schadhaft, die Spiralvorderfedern wären zu erneuern, und auch zwei Gläser des Rücklichts seien gesprungen.

All das und auch den Satz, also fünf runderneuerte Decken, besorgte Herr Dietmar. Frau Manja bezahlte, und so konnte er wiederum einige Ersatzteile kaufen, denn EMW-Ersatzteile hält der VEB Taxi nicht mehr auf Lager.

Im Sommerbüfett der Frau Manja kehrte auch einmal oder mehrmals, wir wissen das nicht so genau, ein Herr aus Zittau ein mit einem Wartburg. Und worüber spricht der Herr aus Zittau? Natürlich über Autos und über Reifen. Frau Manja kannte sich ja in diesen Dingen recht gut aus. Der Herr aus Zittau brauchte für seinen Wagen einen Satz funkelnagelneuer Wartburgreifen, natürlich mit Schläuchen. Daß das Besorgen ohne Rechnung vor sich gehen sollte, daß es also Stehlen war, war auch dem Herrn aus Zittau durchaus klar. Und er wollte sich auch nicht ungefällig zeigen. Er sei seinerseits bereit, Frau Manja und ihren drei Kindern einen Urlaubsplatz in Oybin zu beschaffen. Der Satz Wartburgreifen und später noch zwei Sätze Wolgareifen für den freundlichen Herrn aus Zittau wurden besorgt und geliefert von Herrn Dietmar. Für Lagerung und Gefälligkeit schlug Frau Manja für sich noch 50 Mark pro Reifen auf, denn der alte Wolga brauchte nicht nur Ersatzteile, er brauchte auch Kraftstoff, und den nicht zu knapp. Woher nehmen, wenn man stehlen kann.

Was hilft's bei diesem schlimmen Sachverhalt, wenn die Kollektivvertreter beider, von Manja und von Dietmar, nur Lobesworte fanden für ihre gestrauchelten Kollegen. Sie hatten sogar für Herrn Dietmar eine Bürgschaft bereit, aber das Gericht hatte kein Interesse, denn hier kann und darf nicht zur Bewährung verurteilt werden. Der Schaden war zu hoch, 4400 Mark, die Intensität zu groß. Beide hatten sich, so stellte das Gericht fest, unter Ausnutzung ihrer beruflichen Tätigkeit zu einer Gruppe zusammengeschlossen, um wiederholt Straftaten zu begehen. Wenn das der Fall ist, dann hilft keine Bürgschaft und kein Kollektivvertreter, dann liegt ein Verbrechen vor, dann ist die Mindeststrafe für jeden einzelnen zwei Jahre, und deswegen verurteilte das Gericht auch jeden der beiden zu einer Freiheitsstrafe von zwei Jahren und drei Monaten.

Der Wunsch, ein Auto zu besitzen und zu betreiben, ist der

Wunsch, die Bewegungsmöglichkeiten nach Lust und Laune auszudehnen. Es ist das Auto der Zaubermantel des modernen Menschen.

Das Auto aber mit gestohlenen Gütern auszustatten und zu finanzieren engt die Bewegungsmöglichkeiten auf einen sehr, sehr begrenzten Raum ein. Und das muß man wissen, das muß man sich vorher überlegen.

Die Bande um eine Band

Wir wollen es dem Herrn Martin Luther beileibe nicht verübeln, daß er über den Wert der Musik eine Meinung hatte, die ein wenig zu positiv ist, aber darin trifft er sich mit vielen großen Geistern. In einer seiner berühmten Tischreden sprach er davon, daß die Musik eine der schönsten und herrlichsten Gaben Gottes sei und der Satan sei ihr sehr feind, man vertreibe mit ihr viele Anfechtungen und böse Gedanken. Hier aber muß von einem traurigen Ereignis berichtet werden, wo gerade die Beschäftigung mit der Musik fünf junge, intelligente Männer, vier davon jugendlich, sechzehn, siebzehn Jahre, und einer erwachsen, verheiratet, einundzwanzig Jahre, zum strafbaren Tun verleitet hat. Zwei von ihnen sind Schüler einer zehnten Klasse, Freunde, zwei andere Lehrlinge. Alle diese fünf haben ein Schicksal, eine Entwicklung, alle sind Verführte und gleichzeitig Verführer.

Nehmen wir als wichtige Figur in diesem Quintett erst einmal Gerd, den sicher Intelligentesten, Begabtesten. Er ist siebzehn geworden, und er ist sehr selbstsicher. Sein Elternhaus war gut, die Mutter Pädagogin, von seinem Vater spricht Gerd nur in den höchsten Tönen: »Er war für mich nicht der Vater, er war für mich ein älterer Kumpel.« Heute sind seine Eltern geschieden, er bedauert das. Ich glaube aber nicht, daß dieser Konflikt ihn ernsthaft berührt und betrübt hat.

Gerd war als Kind, als Schüler, ein begeisterter Sportler. Er hat Goldmedaillen errudert, bezeichnet sich auch als sehr gebildet, sehr fortschrittlich, ist erstaunlich offen: »Ich weiß, manche meiner früheren Mitschüler waren Heuchler, sie redeten den Lehrern zu Munde, dachten aber ganz anders. Ich bin nicht so, aber, das muß ich zugeben, bei mir besteht ein nicht erklärlicher Widerspruch zwischen Denken und Handeln.«

Erstaunlich gut gewählte Worte, Worte nur, wirkliche Überzeugung, wer will das ergründen? Da sein Ruderpartner in eine andere Stadt verzog, da er jetzt wohl nicht mehr so schnell Goldmedaillen erwerben konnte, kehrte er dem Sport ganz den Rücken und warf sich mit seinem jugendlichen Feuer auf die Musik, wollte eine Band gründen.

Nach Abschluß der zehnten Klasse nahm er eine Postlehre in Frankfurt an der Oder auf. Dort wohnte er in einem Internat, aber zum Wochenende war er immer in Berlin. Er ist nicht so, wie er im Prozeß scheinen will. Wahrscheinlich ist er ein Heuchler, denn die Mitlehrlinge nennen ihn den beaterfahrenen »Jimmy«, nach einem westlichen Musikidol. Auch brachte er teure Spirituosen in das Heim mit, die aus einem Kellereinbruch stammten.

Konzertgitarre will er spielen, und er hat einen Freund, Sven, der hatte schon einige Musikerfahrung. Er war mit den anderen hier Mitangeklagten in derselben Schülerband, er, Sven, der Schlagzeuger. Auf Schulfeiern hatten sie schon gespielt, mit dem Notenlesen haperte es zwar noch, und eine Lizenz zum Auftreten hatten sie nicht. Jetzt, da auch Sven Lehrling ist, sucht er mit seinem etwas schlecht ausgestatteten Schlagzeug Anschluß an eine neue Band, und Gerd konnte ihm helfen, er kannte einen Bandleiter mit Lizenz.

Aber zu dieser Band mußten neue Instrumente und vor allen Dingen elektronische Verstärker und neue Schlagkombinationen mitgebracht werden. Also mußte in erster Linie Geld her, um Instrumente zu kaufen.

Sie begannen zusammenzustehlen, vor allem neue, schöne, moderne schwarze Kordhosen. Sie gingen in die großen Berliner Geschäfte, wenn Gerd zum Wochenende in Berlin war, und stahlen. Der eine probierte Hosen an, der andere reichte sie in die Kabine, und dann verschwanden Hosen in den Aktentaschen. Gerd hatte Absatzmöglichkeiten erkundet, die Lehrlinge im Postlehrheim Frankfurt an der Oder gierten danach, sie wollten alle schwarze Kordhosen haben. Sie wollten 30, 40, 50 Mark zahlen, manche zahlten, viele aber nicht.

Das Geld kam zögernd ein. Sie stahlen auch fünf Pullover, Hemden, Strickjacken, zum Teil brauchten sie sie selber, zum Teil wollten sie sie verkaufen.

Sie erkundeten eine neue Möglichkeit, Einbrüche in einem Schuhlager. Ein Fenster wurde eingeschlagen, einer kletterte hinein, stahl die neuesten und feinsten Herren- und Damenstiefel, die im Laden 80 bis 100 Mark kosten. Fünfmal wurde dort eingestiegen. Durch Sven kamen auch die beiden Schüler mit dazu, auch sie stahlen, auch sie wollten neue Instrumente für ihre Musikband kaufen.

In einem Berliner Stadion wurden Tonsäulen abmontiert, die Lautsprecher sollten Verstärker für die Band abgeben. Mikrofone ließen sie aus dem Warenhaus mitgehen.

Die beiden Schüler stahlen auch noch eine Baßgitarre und einen Verstärker aus einem Restaurant. Dort hatten sie sehr genaue Lokalkenntnisse, hier bekamen sie ihre Schulspeisung.

Aus einem Kulturhaus holten sie, durch Sven veranlaßt, eine Baßgitarre und einen Wattverstärker.

Der Einundzwanzigjährige, der mit vollem Wissen gestohlene Schuhe gekauft, hatte hier Bedenken. Er kannte den wirklichen und wahren Besitzer dieser Musikinstrumente und veranlaßte die beiden, die gestohlenen Dinge wieder zurückzubringen. Aber andere Dinge nahm er gerne an.

Eine Freiheitsstrafe für Gerd und Sven, die beiden Lehrlinge, die sich richtig zu Diebereien verabredet hatten, um eine Combo zu bilden, zwei und zweieinhalb Jahre.

Für die beiden Schüler, die etwas weniger, aber mehr als genug und systematisch gestohlen hatten, Verurteilung auf Bewährung. Lange Bewährungszeiten, zweieinhalb und drei Jahre. Sie müssen in dieser Spanne die jetzt begonnene Lehre erfolgreich abschließen.

Für den Erwachsenen, der im wesentlichen ein Hehler war, Verurteilung auf Bewährung. Die Zeit: ein Jahr und drei Monate; die Androhung: acht Monate Freiheitsstrafe.

Und liegt die Schuld bei der Musik? Ist sie eine liederliche Kunst, die den Guten zum Besseren, den Schlechten zum Schlimmeren bringt? Wir haben auch schon darüber berichtet, daß gute Bücher zu Straftaten verleiten, auch gute Bücher werden von Bösen gestohlen.

Allein kann die Musik Menschen nicht bessern. Aber nennt die Musik nicht schlecht, auch wenn hier einige junge Musikanten ihretwegen gestohlen haben. Und glaubt nicht, hinter jeder Band steht eine Bande. Was hier geschildert wurde, ist die Ausnahme, nicht die Regel.

Wie bei den Philistern

Die langen blonden Haare, die ihm sonst auf die Schultern fallen, hat er eingeschlagen und hochgesteckt. Die Haare werden fallen, noch vor Weihnachten, wie er sagt, denn seiner Braut gefallen sie nicht, und »ich werde mich Weihnachten verloben«, sagt er.

Der will sich verloben, dieses Milchgesicht, denk' ich mir, der ist ja selber noch nicht trocken hinter den Ohren. Man könnte ihn für einen netten, etwas weichlichen Jungen von sechzehn Jahren halten.

Jörg ist zwanzig. Er hat schon die Erfahrung einer ersten Ehe hinter sich; das Kindlein, das in den Armen seiner geschiedenen Frau gewiegt wird, ist Beweis genug seiner sonst männlichen Attribute und Neigungen. Und der Grund der Ehescheidung: »Stellen Sie sich vor, meine Schwiegereltern, bei denen wir wohnten, kamen nachts um elf Uhr ohne anzuklopfen in unser Schlafzimmer. Wo gibt's denn so was.« Nun muß er Unterhalt zahlen, auch noch für die Frau, sie kann nicht arbeiten, es ist kein Krippenplatz da, und so lastet auf ihm eine Schuld von monatlich 220 Mark.

Jetzt ist Jörg verlobt mit einer Krankenschwester. »Sie ist aus gutem Hause«, sagt er. Merkwürdig, auf das legt dieser noch nicht ausgebackene, unreife junge Mann mit der hochgesteckten Protest-Haarfrisur mehr Wert, er legt Wert auf eine gute Kinderstube, in tiefster Seele ein spießbürgerliches Gemüt. Nicht wichtig, wer sie ist, wie sie ist, was sie ist, wichtig nur, aus was für einem Hause sie stammt. Nun sind lange Haare nicht strafbar, aber die Richterin will doch wissen, warum dieser geschiedene Ehemann und beinahe wieder Verlobte die Haare hat wachsen lassen.

»Mit den Haaren hat man mehr Chancen bei den Mädchen.« Wie ein Widerspruch ist es, das Mädchen, das er gerade liebt, mit dem er sich verloben will, verlangt den Haarschnitt. Die Mädchen aber, mit denen man einen Abend tanzt, die man einen Abend küßt, die lieben die lange Harre, oft bis auf die Schultern. Darin liegt seine Stärke. Liegt darin seine Stärke? Das glaubten in der Bibel bei Samson die Philister. Glaubt er das heute auch noch? Philister, das sind nach alter Studentenweisheit die Spießbürger.

Das Stadtbezirksgericht in Pankow kennt Jörg nicht allein durch seinen Scheidungsprozeß. Schon als Jugendlicher hat er einmal ein Hemd gestohlen, und da er sonst auch leider keinen sehr guten Ruf hatte – er gehörte einer negativen Gruppierung an und hatte sich an allerlei Unfug beteiligt –, gab es damals einen unbedingten Freiheitsentzug. Danach hat er Schlimmeres getan, achtzehn Monate hieß es das zweite Mal, aber er hat nur einen kleinen Teil davon verbüßt, der Rest war auf Bewährung ausgesetzt. Und dazu kam noch eine dritte Verurteilung im Jahre 1968, eine Geldstrafe wegen Trunkenheit auf einem Moped.

Von alldem aber weiß die Krankenschwester aus gutem Hause nichts, und nichts wissen die neuen Schwiegereltern, denen er Weihnachten vorgestellt werden soll. Die Braut imponiert ihm überhaupt; nicht nur wegen des guten Hauses, nein, später erläutert er es auch. Sie hat die zehnte Klasse absolviert, er hat gerade die achte geschafft. Jetzt möchte er es gerne nachholen, möchte auch imponieren. Aber womit? Er ist Beifahrer in der Großhandelsgesellschaft Obst und Gemüse. Das heißt, er ist nur ein ungelernter Transportarbeiter, aber auf dem Fahrzeug ist er Chef, Einsatzchef; denn die Lastwagen, die die GHG benutzt, sind meist von privaten Fahrzeughaltern gemietet und werden von den Besitzern gefahren. Der Beifahrer ist für die Route, das Abliefern und Abholen, für das Geld verantwortlich. Er ist dort keiner der Eifrigsten, der Besten. Er verschläft sehr oft den Arbeitsbeginn. Die zwei Wecker stören seinen Schlaf nicht, den Schlaf, der eben verstärkt wird durch zuviel Bier und zu langen Skat. Bier und Skat sind unterhaltsam, wenn man sie gelegentlich genießt. Des deutschen Spießers Wunderhorn, wenn sie Lebenszweck sind. Bei Jörg sind sie es noch.

In der Woche vor dem Prozeß ist er gar nicht mehr zur Arbeit gegangen. Aber er hat sich in einem neuen Betrieb beworben, als

Lagerleiter in einem großen Elektrobetrieb. Alte Vorstrafen und das neue Verfahren hat er jedoch verschwiegen.

Die Richterin erklärt, bei wahren Angaben wird er als Lagerleiter nie eingestellt, ob er es dort als Transportarbeiter versuchen wolle. Nein, dann will er gar nicht.

Die Straftat: Jörg besitzt ein Motorrad, das ist defekt. Er meinte, er könne sich im Augenblick keine Ersatzteile leisten, dazu reicht bei seiner schlechten Arbeitsmoral das Geld nicht aus. Ein Freund teilt ihm mit, draußen in der Kastanienallee in Niederschönhausen steht ein altes Motorrad des gleichen Typs, ohne Luft im Reifen, schon monatelang steht es dort, niemand kümmert sich darum.

Das stimmt. Jörg sieht es, fährt es in der Nacht weg, aber schon beim Wegfahren wird er von einer Volkspolizeistreife gestellt.

Es stellt sich heraus, der Besitzer hatte dieses alte Motorrad einem Kumpel für 400 Mark verkauft. Der hatte ihm eine Anzahlung gegeben und durfte es benutzen. Dann geschah eine Panne. Der Käufer kam ins Krankenhaus, und das Motorrad blieb stehen. Der Besitzer, auf dessen Namen das Motorrad noch lief, wußte nichts davon.

Soweit seine Straftat, Schaden war ja nicht entstanden.

In der Pause hatte Jörg es sich überlegt. Der Kollektivvertreter vom Großhandelskontor hatte ernst mit ihm gesprochen. Die Richterin wollte mit dem Vorschlag, als Transportarbeiter weiter tätig zu sein, ihm eine goldene Brücke bauen für eine Verurteilung auf Bewährung, für eine Bindung an einen der Arbeitsplätze. Jetzt hat er es verstanden, er ist bereit, im alten oder im neuen Betrieb als Transportarbeiter vorläufig zu bleiben.

Vertagung wird beschlossen. Es soll erkundet werden, ob der alte Betrieb ihn wieder aufnehmen will. Ja, so heißt es in der neuen Verhandlung vom Kollektivvertreter, er kann bleiben. Das ist die einhellige Meinung. Erst soll er zwei Monate im Lager bleiben unter Aufsicht eines starken Kollektivs, und später kann er dann wieder als Beifahrer auf den Wagen.

Zwei Jahre Arbeitsplatzbindung; die Bürgschaft des Kollektivs wird angenommen und bestätigt. Auch der Vater hat sich jetzt endlich eingeschaltet, nach zwei Jahren soll Jörg eine richtige Lehre aufnehmen als Maurer. Der Vater will ihn dabei finanziell unterstützen.

Und Jörg sagt: »In diesen zwei Jahren der Bewährung will ich die neunte und zehnte Klasse noch nachmachen.«

Das also beschließt dann auch die Strafkammer, allerdings unter Protest der Staatsanwaltschaft. Verurteilung auf Bewährung, die Bewährungszeit zwei Jahre und drei Monate mit einer Strafandrohung von acht Monaten. Der Staatsanwalt hatte trotz aller Bemühungen eine unbedingte Freiheitsstrafe von acht Monaten beantragt; ich glaube, hier zu Unrecht. Hier wurde bei einem sehr labilen jungen Menschen noch einmal der Versuch gemacht, unter Aufbietung aller Kräfte, der gesellschaftlichen, der pädagogischen und der familiären, jetzt die Wende herbeizuführen, mit dem Gedanken, daß die Androhung einer achtmonatigen Freiheitsstrafe erzieherisch wirksamer ist als die Vollstreckung einer unbedingten Strafe.

Mittelpunktdenken

Es scheint ihm alles leicht von der Hand zu gehen. Er hat eine angenehme Art, er wirkt sympathisch, Hasso. Er war und er ist wahrscheinlich heute noch ein Sport-As. Immer allen voran, immer an der Spitze im Radfahren. Die Mutter verwöhnt ihn, und auch der Stiefvater, ein Pädagoge, will sich nicht nachsagen lassen, daß er Hasso stiefväterlich behandle. So hatte er zu Hause jede Liebe und alle Förderung, die sich ein junger Mensch nur wünschen kann. Die Eltern, in einer mecklenburgischen Stadt lebend, erfüllen ihm alle Träume.

Er kommt in eine Sportschule nach Berlin, und hier und da ist er der bewunderte Mittelpunkt. Aber eben Mittelpunkt nur als Star. Dennoch steht er abseits. Er hat keinen echten Freund, er bleibt ein Einzelgänger. Mühevoller ist die Anerkennung im Beruf. Dort fällt ihm nichts zu, dort gilt technischer Geist und handwerkliche Fertigkeit. Sicher ein schwerer Beruf, den er da lernen wollte im Berliner VEB Elektroprojekt, Lehrling in der Montage. Hier ist er nicht Mittelpunkt, nur mäßig, mittelmäßig.

Als er die zehnte Klasse in der Schule beendet hatte, wollte er seinen Sport in der Betriebsgemeinschaft weiterbetreiben, aber als er 1970 die Facharbeiterprüfung bestehen sollte, hatte Hasso Angst. Er stellte sich nicht seinen Meistern und Lehrern, und so war er auch nicht mehr bewunderter Radfahrer der Betriebssportgemeinschaft. Seinen Eltern sagte er, nach den Ferien ginge er nach Berlin, um die Abschlußprüfung zu machen. In Wahrheit aber fuhr er spazieren, er besuchte seine Oma, und zum Schluß fuhr er nach Rügen, in Bergen nahm er sich ein Zimmer. Er konnte sich das leisten, seine Eltern hatten ihn großzügig mit Geld bedacht, und in der Lehrzeit war er auch sehr sparsam gewesen. Er hatte, man höre und staune, 6000 Mark auf seinem Sparkonto stehen.

Das war für ihn der Grund, seiner Arbeit so nachzugehen, daß er sie nicht mehr erreichte. In Bergen auf Rügen fand er ein Hotel und eine Bar. Und dort fing er an, sein Geld in Rausch und Bogen zu verjubeln.

Daß ein so wohlanzusehender junger Mann von neunzehn Jahren sich auch gern gut anzieht, ist verständlich. Daß aber Hasso dafür auf einen Schlag zwei- bis dreitausend Mark ausgeben mußte, zeigt seine seelische Verkümmerung. Das heißt, er hatte gar kein Vertrauen mehr, durch sein Wesen zu wirken, er wollte sein Ansehen durch die Vielfalt und das Ansehen seiner Anzüge erhöhen: »Seht her, was für ein toller Kerl ich bin.« Aber Kleidung reichte nicht, also mußte mehr getan werden. Jeden Abend ging er in die Bar und gab 200, 300, ja 400 Mark aus. »Ich wollte meinen Bekannten imponieren«, sagte er. Die Kapelle spielte ihm jeden Wunsch von den Augen. Jetzt lag er endlich nicht nur im Sport vorne, jetzt war er anerkannt als eleganter junger Mann, als Techniker, ein Mann mit Erfolg, der Geld wie Heu hat und es mit vielen Freunden verjubeln kann.

Auch der kleine blonde Berliner Kellner, der zur Saison nach Rügen gekommen war, reagierte nicht nur auf den spendablen Gast, nein, auf jede seiner Gesten, er freundete sich richtig mit Hasso an. Aber Hasso, der ungeprüfte Lehrling vom VEB Elektroprojekt, lebte ja nur von der Hand in die große Schnauze. Er war bald am Ende seiner Ersparnisse, und er mußte nach Berlin, denn ein Freund feierte Hochzeit. Das erzählte er dem kleinen Ober; er würde mit dem Nachtzug nach Berlin fahren. »Aber dann bist du ja morgens um fünf Uhr in Berlin, du kannst doch deinem Freund nicht so früh auf den Wecker fallen. Hier hast du den Schlüssel zu meiner Wohnung.« Der kleine Ober hatte ein zweites Schlüsselbund. »Du kannst dich dort noch hinlegen und frisch machen.«

In des Kellners Berliner Wohnung fühlte Hasso sich sehr wohl. Er schnüffelte überall herum, und in der Vase fand er auch den Schlüssel zum Kleiderschrank. Dort hingen schöne Kellnerjacken, und wie würden sie dem schönen Hasso stehen. Eine Jacke paßte ihm gut, aber er hatte da so ein merkwürdiges Gefühl an der linken Brust, eine harte Stelle. Er griff in die Brusttasche, ein Plastikbeutel. Darin Geld, viel Geld, 5700 Mark.

Nun wurde das lustige Leben in Berliner Bars fortgesetzt. Neue Freunde wurden eingekauft, auch anderen wurde gestattet, mit ihren Mädchen in der Wohnung zu übernachten. Zurück in Bergen, wurde der Kellner auch eingeladen, der Arme ahnte nicht, daß er sein eigenes Geld vertrinken mußte und außerdem noch Trinkgeld vom eigenen bekam. Dann war Hasso wieder in Berlin. Es ist sinnlos, die Kumpel, die Taxis und die Bars aufzuzählen, in denen das Geld verbraten wurde, und auch die Anzüge, die Pullis, die Schuhe zu beschreiben, die Hasso sich kaufte. Ja, er half auch bedrängten Saufkumpanen aus finanziellen Klemmen. Peinlich wurde es nur, als unser kleiner blonder Kellner einmal nach Berlin fuhr, um sich für sein Geld eine größere Sache anzuschaffen. In seiner Wohnung fand er kein Geld mehr, wohl aber ein ihm völlig unbekanntes Pärchen, schlafend.

Am Tage der Hauptverhandlung konnte der Kellner sein ganzes Geld von der Post abholen. Wieder war es die Mutter mit starker Hand und schwachem Herzen.

Das Urteil: ein Jahr Freiheitsentzug, obwohl er von seinem neuen Betrieb gut eingeschätzt wurde, in dem Hasso erst als Heizer und nun schon im Heizungsbau tätig ist. Er greift immer, sagt der Kollektivvertreter, nach der richtigen Zange. Aber er greift auch manchmal bei anderen Dingen etwas daneben. Fast wäre es sogar zu einer Nachtragsanklage gekommen.

Eines wird Hasso lernen müssen: Hier bei uns gilt nicht der Grundsatz »Haste was, dann biste was«. Erst mußt du etwas sein, erst etwas leisten, dann hast du was, dann kannst du dir etwas leisten. Diese Umkehrung macht eine ganze Wende im Denken notwendig.

Durch dick und dünn

Welche Leitbilder haben die drei, junge Erwachsene, 1950 geboren, welche Vorstellungen, was wollen sie werden, was wollen sie sein?

Jede Generation, ja fast jeder Jahrgang tritt mit neuen, eigenen Grunderlebnissen in die Welt, eine Welt, die sich täglich verändert und täglich neue Gedanken, neues Tun von uns fordert. Was fordert sie von ihnen? Versuchen wir es, bei diesen dreien zu ergründen, die in diesem Verfahren ihren Lebenslauf und ihre Taten erzählen müssen, die natürlich nur einen ganz kleinen Teil ihrer Gedanken, Wünsche, Hoffnungen, Erwartungen vor uns aufblättern. Die wir aber zu beurteilen haben und die das Gericht zu verurteilen hat, die das Gericht leiten will und lenken soll auf ein normales Leben mit einem Großteil Arbeit, mit einem Leben mit noch einem größeren Teil Freizeit, Freizeit, die sich die jungen Leute nach ihren Wünschen gestalten sollen – soweit diese Wünsche nicht in Kollision geraten mit den Interessen anderer oder der Gesellschaft.

Der erste, Heinz, ist ganz auf Playboy ausgerichtet, ein Mini-Playboy von sehr kleiner, schmächtiger Figur, schwarzen, gelackten Haaren und einem kecken Schnurrbärtchen, mit einer großen Scheu vor Arbeit aller Art. Sein Interesse: Autos, wie er sagt. Aber selbst eine Lehre als Tankwart war ihm zu beschwerlich. Nach der Lehre schüchterne Versuche, als Beifahrer, als Wagenpfleger sein Geld zu verdienen, dann kurze Zeit als Kohlenträger.

Nicht schwer, bei ihm festzustellen, welche Leitbilder die seinen sind. Sie leben drüben, Halbwelt, wo Arbeit klein oder gar nicht geschrieben wird, Konsum aber groß. Wo Geld keine Rolle spielt. Der Kleine zahlt nicht einmal die Miete von monatlich 24,50 Mark. Er kümmert sich um nichts, nicht einmal, daß der Hausbesitzer ihm in seiner Wohnung elektrisches Licht legt. Er lebt in den Tag hinein. Nach vielen Aufforderungen, geregelte Arbeit anzunehmen, ist er in Haft und wartet vor einem anderen Gericht auf ein Verfahren wegen asozialen Verhaltens. Hier aber geht es nur um eine Tat, die er mit den anderen zusammen versucht hat.

Der zweite, Bert, im Grunde ein netter junger Mann, fast doppelt so groß wie Heinz, mit rötlichblonden Haaren und Sommersprossen, der immer ordentlich arbeitet, der trotz seiner bescheidenen Schulkenntnisse – Abgang aus der siebenten Klasse – eine Lehre aufgenommen und abgeschlossen hat als Einschaler, der durch eine Fußverletzung nicht mehr im Baubetrieb tätig sein kann und jetzt als Beifahrer eine gute Arbeit leistet. Sein Direktor ist so von ihm eingenommen, daß er ihn nicht mehr missen möchte.

Am Tattag lag er schon im Bett, aber er war sofort dabei – ein Beifahrer von Beruf, ein Mitläufer aus Neigung, der für seine Kumpels durch dick und dünn geht, der aber auch nur mitgeht. Leider. Dessen Leitbild wechselt; im Beruf ist es ein anderes als in der Freizeit.

Der dritte, Lutz, hat zehn Klassen in der Schule ohne Mühe absolviert. Er hat auch die zwei Jahre seiner Lehre als Elektromonteur durchlaufen, aber zur Prüfung hat er die Lust verloren. Er erscheint nicht mehr, er arbeitet nicht. Bei seinen Eltern hat er Wohnung und Essen, und das genügt ihm. Dabei kann er gut arbeiten, wenn er arbeitet. Eine Postangestellte ist von seinem Eifer in den zehn Tagen begeistert gewesen, als er dort zu Weihnachten ausgeholfen hat. Und auch sein jetziger Betrieb, dem er erst seit kurzem angehört, ist mit einer Arbeitsplatzbindung bei ihm einverstanden.

Aber deutlich macht er es, wohin er gehört. Seine Haare trägt er überlang, sie wären braun, wenn sie gewaschen wären. Sie sind es nicht. Und sein Schnurrbart ist ungepflegt. Sein Leitbild ist leicht zu erkennen. Er hat auch noch eine eigene Tat allein zu verantworten, die so typisch für ihn ist. Er sitzt spätabends mit Kumpels in einer Wirtschaft, er ist leicht angetrunken. Dann beschließt die Gesellschaft, mit einem Taxi in das neue und sehr teure Interhotel »Stadt Berlin« zu fahren. Dort, an der Grillbar, sprechen sie Mädchen an, und Lutz bestellt Gulaschsuppe und teure Mixgetränke. Er weiß, er hat nur noch 30 Mark in der Tasche und die Zeche wird er nie bezahlen können. Seine Kumpels verdrücken sich leise, er allein bleibt mit dem Mädchen zurück. Er begleitet sie hinauf in den zehnten Stock, aber schon ruft der Koch an, der junge Mann möchte runterkommen und 110 Mark bezahlen, so hoch ist seine Zeche. Das kann er natürlich nicht, er verschwindet schnell.

Aber hier geht es im wesentlichen um die Tat, die die drei zusammen begangen haben. Einer ihrer Kumpels soll zur Armee, und das muß gefeiert werden. Geld haben sie nicht, deshalb beschließen sie und noch zwei andere Jugendliche, die in einem anderen Verfahren verurteilt wurden, in der Großhandelsgesellschaft für Spirituosen und Tabakwaren einzubrechen. Ganz vornean ist Heinz, der kleine Schwarzhaarige, die beiden anderen stehen Schmiere. Aber ein Wächter bemerkt es, er hält den Kleinen fest, und so können alle der Polizei zugeführt werden.

Heinz allein muß mit einer Freiheitsstrafe rechnen, drei Monate. Er hat nach der Tat keinen Schritt zu seiner Wandlung getan. Und nun wartet er noch auf seine Verurteilung wegen asozialen Verhaltens.

Bert kommt am besten weg, er hat das positivste Bild abgegeben. Er wird auf Bewährung verurteilt. Die Zeit: ein Jahr; und ihm drohen drei Monate Freiheitsentzug, wenn er sich wieder Kumpels durch dick und dünn anschließt.

Lutz aber muß sich zwei Jahre bewähren und bekommt die Bindung an seinen neuen Arbeitsplatz dazu. Sieben Monate drohen ihm, wenn er Bindung und Bewährung verletzt.

Fühlen die drei sich richtig erwachsen? Sie sind mündig nach Verfassung und Gesetz, aber sie betrachten die Welt der Erwachsenen nicht als die ihre. Uns allen und den Eltern ist mit jedem heranwachsenden Jahrgang die immer wieder neue Aufgabe gegeben, den Jugendlichen und den jungen Erwachsenen unsere Welt zu erläutern, verständlich zu machen, die auch ihre Welt ist und bald nur die ihre.

Rosis Rezepte

Rosi hat es auf die Post abgesehen. Sie ist geistig sicher nicht die Zierde der Nation, aber sie hat eine unerhörte Begabung, die Post auf ihre schwachen Stellen abzuklopfen und sie dann ganz gehörig anzuzapfen. Wenn sie sich um ihre Berufsarbeit soviel Gedanken gemacht hätte wie um Postsparbücher, Postanweisungen und Zustellkarten, wir würden sie alle hoch ehren. Aber über Berufserfolge oder gar Bildungserfolge kann ich hier nicht berichten.

Sie ist zwanzig Jahre alt, hat drei Kinder und lebt mit ihrem Lebensgefährten zusammen. Wie, das weiß ich nicht, wie man so leben kann. Sie hat ihr dunkelbraunes Haar ganz hellblond gefärbt, das ist peinlich, wenn man in der Haft sitzt und nicht nachfärben kann. Das Haar immer anders zu tönen mag zum Beruf des Postscheckfälschers gehören, aber es ist gefährlich, es stimmt dann im Personalausweis nicht mit dem Bild überein. In der Haft aber wird man derangiert, da helfen auch die hellrote Strickjacke und die moderne schwarze Hose nicht. Abgemagert ist Rosi in der Untersuchungshaft keinesfalls, im Gegenteil, ich glaube, die Gefängniskost schmeckt ihr und schlägt gut an.

Wenn man gerade zur Bewährung verurteilt ist und zehn Monate Freiheitsentzug einem angedroht sind, weil man gestohlen hat, und wenn man in der Frist, in den acht Tagen, da das Urteil rechtskräftig werden soll, noch schnell in der Mütterberatungsstelle einen Mantel stiehlt, dann findet man vor Gericht keine Freunde, kein Verständnis, keine Sympathie. Mit dem Geld, das Rosi und ihr Lebensgefährte monatlich einnahmen, hätte sie wirtschaften können – wenn sie hätte wirtschaften können.

Von einer Bekannten, nennen wir sie Frau Karge, stiehlt sie in einem unbeachteten Moment den Personalausweis und ein Postsparbuch. Da ihr, Rosi, nicht genug Geld in diesem Buch eingetragen ist, erhöht sie das Konto künstlich. Sie paust den Stempel der Post durch und zieht ihn dann mit einem Kugelschreiber nach. Etwas plump, muß ich sagen. Vom 8. Juni bis zum 6. Juli fälscht sie nun munter drauflos. Mit Leidenschaft. Ungeschickt. Einmal sogar fälscht sie eine Abhebung. In vierundzwanzig Fällen aber hebt sie an verschiedenen Postämtern insgesamt 3 689 Mark ab.

Am 5. Juni 1973 fällt einem aufmerksamen Schalterangestellten die plumpe Stempelfälschung auf. Und nun geschieht das Groteske, sie wird in das Zimmer des Leiters des Postamtes gebracht, sie soll den Personalausweis vorlegen. Der Leiter merkt nicht, daß das Bild nicht Rosi darstellt, denn das Foto der Frau Karge zeigt eine herbe junge Frau mit einem männlich kurzen Haarschnitt und intelligenten Zügen, die nicht die geringste Ähnlichkeit haben mit den Zügen der molligen, etwas dümmlich aussehenden Rosi. Dem Leiter des Postamtes genügt der Ausweis, er schreibt die Adresse auf, macht eine Anzeige gegen eine gewisse Frau Karge, und Rosi ist aus allem heraus. In dieser Periode fischt Rosi aus einem Hausbriefkasten auch noch Briefe. In einem ist ein Postscheck über 430 Mark, den löst Rosi mit dem fremden Personalausweis ein.

Aber nach der Affäre auf dem Postamt sind Sparbuch und Personalausweis der Frau Karge nicht mehr verwendbar. Rosi ist auf der Suche nach einem neuen fremden Ausweis. Vor einer Poliklinik hat eine junge Frau ihre Handtasche in einem Kinderwagen liegenlassen. Rosi bringt rasch diese Tasche an sich, die 20 Mark in der Börse sind eine willkommene Beigabe, wichtiger aber ist der Personalausweis. Mit ihm, aber ohne Geld, eröffnet sie an einer Sparkasse ein Gehaltskonto. Als sie sofort ein Scheckbuch haben wollte, wurde ihr das Gott sei Dank nicht ausgehändigt. Die Sparkassen sind bei solchen neuen Kunden etwas vorsichtig geworden. Aber in derselben Tasche fand Rosi noch zwei Blankoschecks, unterschrieben von dem Mann der leichtsinnigen Frau, sagen wir Frau Krause. 362 und 260 Mark holt Rosi an verschiedenen Postämtern auf diese Schecks ab. Natürlich mit dem Ausweis der Frau Krause. Mit demselben Ausweis kauft Rosi sich auf Teilzahlung ein Radio, das will sie aber am selben Tag in der U-Bahn stehengelassen haben.

Einen ganz neuen Postbetrug entwickelte Rosi, ich bin erstaunt über soviel Einfallsreichtum. Sie zahlte bei einem Postamt einen ganz kleinen Betrag ein, zehn Mark, an ihre Adresse von einem Phantasieabsender per Postanweisung. Bei Buchstaben und Zahl ließ sie sehr viel freien Raum. Als der Postbote ihr diese Postanweisung zustellte, schrieb sie mit Kugelschreiber jetzt vor die 10 eine 4 bzw. vierhundert und holte sich mit dem fremden Ausweis 410 Mark ab. Dieser Betrug ist leicht zu verhindern. Die Post dürfte nur Postanweisungen abnehmen, wenn Zahl und vor allem Buchstaben sofort nach dem gedruckten Wort »M in Buchstaben« ausgeschrieben werden und wenn am Ende von Zahl und Buchstaben noch handschriftlich ausdrücklich Mark steht. In vielen Fällen, und nur sieben davon sind dem Gericht bekannt geworden, fischte sich Rosi Benachrichtigungen aus fremden Briefkästen und holte diese Päckchen und Pakete mit dem Personalausweis der Frau Krause ab. Es ist unvorstellbar, wie viele Menschen sie damit geschädigt hat.

Das Urteil, drei Jahre Freiheitsentzug, dazu noch die Verbüßung der zehn Monate, die ihr aus der Verhandlung zuvor angedroht waren.

Alle Erleichterungen für die Postkunden nützte Rosi auf das schamloseste zu ihrer Bereicherung aus. Aber niemand soll glauben, er könnte Rosis Rezepte, mit denen sie 7 566 Mark ergaunerte und die ich hier geschildert habe, nachmachen, noch einmal das gleiche versuchen. Die Post ist unterrichtet, und sie hat ihre Kontrollmaßnahmen noch verstärkt. Es geht nicht mehr nach Rosis Rezepten.

Langeweile und Zufall

Die beiden haben große Rosinen im Kopf, doch war es nicht sehr viel, was sie im Kopf hatten. Sie waren nicht sehr lerneifrig, wohl besaßen sie die Fahrprüfung für Kraftfahrzeuge, Hinz sogar die für Lastkraftwagen. Er ist nicht minderbegabt, aber sein Geist ist ein unterentwikkeltes Gebiet. Sein Körperbau nicht. Er wirkt, ich kann es nicht leugnen, so ganz sympathisch.

Sein Freund und Beifahrer hatte schon in der Schule Schwierigkeiten, aber dumm ist er auch nicht. Er hat bei seinem Vater einmal in der Landwirtschaft gearbeitet, und als der Vater zur Genossenschaft ging, verließ er das Elternhaus. Er wurde bei der Straßenreinigung beschäftigt. Kunz, so wollen wir ihn nennen, besaß zwar auch eine Fahrerlaubnis, aber die war mit zwei Stempeln verziert. Er war einmal auf einer Zugmaschine eingeschlafen und hatte ein Verkehrsschild überfahren. Der Betrieb nahm Kunz deshalb von der Lenksäule weg und machte ihn zum Beifahrer.

Hinz und Kunz fuhren meist in der Nacht. Sie sollten für die Straßenreinigung Papierkörbe leeren und Schutt abfahren. Sie hatten ein genau umgrenztes Gebiet, in dem sie für Ordnung sorgen mußten. Sie machten ihre Arbeit ziemlich lustlos, bekamen aber dafür sehr schönes Geld. Sie sind beide familiär ungebunden, keine Frau drängt auf Haushaltsgeld, und kein Kind schreit nach Brot. So war es für beide möglich, Hinz mit zwanzig und Kunz mit einundzwanzig Jahren, ein schönes Sparkonto anzulegen. Jeder will sich ein Auto kaufen, vielleicht kein ganz neues, aber so ein schönes aus zweiter oder dritter Hand, das sind ihre Rosinen, das sind ihre Träume. Hinz besitzt schon ein Motorrad, Kunz hat dafür ein noch besser ausgestattetes Konto.

Eines Nachts, als sie beide keine Lust mehr hatten, Papierkörbe zu entleeren, fuhren sie einfach mit ihrem Lastkraftwagen los, über die Autobahn, und sie landeten zufällig, wie sie sagten, in Potsdam. Sie taten es, wie sie sagten, aus Langeweile. Aber Langeweile war es nicht, es war Faulheit, denn ein großer Teil ihrer Arbeit blieb liegen, und Zufall war es auch nicht, denn Hinz hatte ganz bewußt den Wagen nach Potsdam gelenkt. Die beiden kannten Potsdam noch nicht und wollten sich in der Nacht die Sehenswürdigkeiten betrachten.

Aber der Park von Sanssouci war geschlossen, und auch Cäcilienhof bot sich nicht zur Besichtigung dar. Sie blieben also in der Stadt, bummelten, und ihr Augenmerk fiel auf ein Geschäft der Konsumgenossenschaft, in dem wunderschöne Rundfunk- und Fernsehapparate ausgestellt waren.

Sie besahen sich die Auslagen, betrachteten den Laden auch von hinten, und sie fanden ihn gar nicht gut gesichert. Aber sie fanden ihn sehr interessant.

Am nächsten Tag, das heißt in der nächsten Nacht waren die beiden wieder auf ihrem Lastkraftwagen, und wieder ließen sie einen großen Teil ihrer Arbeit liegen und fuhren nach Potsdam. Diesmal konnten sie nicht sagen, Langeweile und Zufall, sie waren zu gut vorbereitet. Sie hatten sich richtige Einbruchswerkzeuge besorgt, einen Schraubenzieher und einen Bolzenschneider, 35 Mark investierten sie in das Unternehmen Potsdam.

Eine Stunde blieben sie auf der Straße, bis alle Passanten sich zur Ruhe begeben hatten, und dann verschafften sie sich von hinten Eintritt in das Geschäft. Sie holten sich fünf Radioapparate »Berolina« heraus und einen Apparat »Automatic«, zwei Kassettenrecorder nahmen sie mit und sechs Tonbandkassetten. Die Beute hatte einen Wert von 2600 Mark. Sie verteilten die Radioapparate und Kassettenrecorder unter sich und verkauften davon nichts. Einen Apparat wollte jeder für sein künftiges Auto haben.

Da alles für Hinz und Kunz so gut gegangen war, blieb es nicht dabei. Fast in jeder Nacht suchten sie sich etwas für ihre beiden erträumten Autos zusammen. Sie schraubten von parkenden Autos Spiegel ab, Autoantennen. Von zwei Polski Fiat stahlen sie je vier Radkappen und vier Radkappen von einem Wartburg. Von einem Motorrad nahmen sie sich eine Batterie. Von zwei westdeutschen Autos stahlen sie die Firmenzeichen. Sinnlos stahlen sie. Was wollten sie mit Radkappen für drei Autos, die wahrscheinlich alle nicht auf ihre künftigen Wagen gepaßt hätten! Wieviel Ärger machten sie den anderen Kraftfahrzeugbesitzern, die morgens ihre demontierten Wagen vorfanden.

Alle Autoteile, alle gestohlenen Radios und Kassettenrecorder konnten bei ihnen gefunden werden. Die Radios und Kassettenrecorder hatten sie mit bunten Bildern beklebt, einige schon davon demoliert. Die Apparate konnten der Konsumgenossenschaft in Potsdam wohl zurückgegeben werden, aber die machte eine Wertminderung von 420 Mark geltend. Der Betrieb verlangte für die Schwarzfahrten mit dem LKW einen Schadenersatz von 728 Mark.

Beide wurden zu Freiheitsentzug verurteilt, beide zu anderthalb Jahren.

Es gehört wohl zur menschlichen Natur, Rosinen im Kopf zu haben. Schön ist, daß jeder andere hat, mehr oder weniger große, mehr oder weniger farbige, andersartige, man kann das auch sehr gebildet ausdrücken, Zielvorstellungen. Die hat jeder, der denkt. Viele wünschen sich ein Auto, ein Auto, mit dem man sich schneller fortbewegen kann.

Aber ein Auto, das man sich zusammengestohlen hat, das auch mit dem Geld bezahlt wird, das nicht erarbeitet wurde? Und hätten die beiden, wenn sie zwei Autos bekommen hätten, sich ehrlich Ersatzteile und Kraftstoff besorgt? Auch ein Autolenker muß ein Ziel haben. Ein Auto nur zum Fortbewegen an sich, zur Fahrt ins Blaue, woher, wohin, wofür?

Wenn man das nicht weiß, schläft man, und dann stößt man gegen Verkehrszeichen.

Warnung oder Anleitung

Es sollte eine Warnung sein, der Lehrmeister hatte einmal berichtet, es gab da einige unehrliche Eisenbahner, die versucht hatten, S-Bahn-Fahrkarten auf eigene Rechnung zu verkaufen. Sie hatten die komplizierte Maschine, die an jedem Schalter der Berliner S-Bahn Fahrkarten der verschiedenen Preisstufen druckt, aufgebrochen und das Zählwerk zurückgestellt. Dieser Versuch sei ihnen aber nicht gelungen, es habe die Missetäter erwischt, und sie hätten ihre gerechte Strafe bekommen. Dieser knappe Bericht war für zwei Lehrlinge des S-Bahn-Bereichs Anlaß genug, darüber nachzudenken, nicht, wie man einen solchen Mißbrauch verhüten könne, nein, ob sie das beide nicht besser und erfolgreicher machen könnten.

So geht es leider manchmal mit Berichten über Kriminalfälle. Das, was aus erzieherischen Gründen dargelegt wird und als Warnung gedacht war: Kinder, hütet euch vor solchen Taten, das dicke Ende kommt bestimmt hinterher, außerdem sind solche Dinge schädlich für das allgemeine Wohl und das gesellschaftliche Eigentum, all das, was in einen guten Gerichtsbericht gehört, wirkt bei Leuten, die labil sind, ganz anders. Die weisen Lehren werden in den Wind geschlagen, man predigt tauben Ohren, nein, die Ohren hören nur die Tat und nicht die Folgen, der Schuß gegen die Kriminalität geht, wie man ballistisch sagt, nach hinten los, oder man schießt – sportlich betrachtet – ein Eigentor.

Genug der Allgemeinplätze, Ulli und Fred sind Lehrlinge, die diese Warnung vernahmen. Es sind zwei junge Leute mit guter Schulbildung, man merkt, sie haben die allgemeinbildende polytechnische Oberschule mit Gewinn absolviert, beide sind siebzehn Jahre alt, sehr bald werden sie mündig sein, zum Tag des Prozesses ist es Fred sogar schon. Und sie können sich glücklich schätzen, daß sie es zum Zeitpunkt der Tat noch nicht waren, so können sie noch nach den milderen Prinzipien des Jugendstrafrechts verurteilt werden.

Fred ist der beste Lehrling in seinem Lernaktiv, er ist beliebt. In Einzelgesprächen, so sagt eine gleichaltrige Kollektivvertreterin, sei er sehr aufgeschlossen, auch beim Tanz. Im Kollektiv, in der Gemeinschaft, findet er nicht den rechten Kontakt, da ist er still, in sich gekehrt, zurückgezogen. Sein Freund Ulli, größer und etwas jünger als er, ist da anders, allerdings sind seine bisherigen Leistungen nicht mehr als gutes Mittelmaß.

Beide aber sind Musikenthusiasten, Fred hat schon ein Tonbandgerät, ist aber nicht mit ihm zufrieden, er will was Besseres, er möchte sich gern eine Stereo-Anlage kaufen, aber die ist teuer, und das Lehrlingsentgelt reicht nicht aus.

Sie haben beide den Wunsch, gemeinsam in ihren Ferien nach Bulgarien zu fahren, aber mit ihrem Einkommen von 110 Mark im zweiten Lehrjahr, glauben sie, ist das kaum zu schaffen. Ich teile da ihren Pessimismus nicht, denn ihr ganzes Geld dürfen die beiden behalten, sie leben bei alleinstehenden Müttern, und die sind im allgemeinen und auch hier im besonderen sehr großzügig, ihnen wäre alles möglich gewesen, aber ihre Ansprüche sind weit, weit größer als ihre Geldmittel. Eine wirkliche Rechnung, was sie für eine Bulgarienreise brauchten, hatten sie noch gar nicht gemacht, sie hatten auch nicht in Betracht gezogen, daß sie über Jugendtourist hätten fahren können, sie wußten nicht, was das kostet und wie das zu machen sei, obwohl sie beide Mitglied der FDJ sind.

Aber es spukte bei ihnen die Geschichte mit dem Fahrkartenautomaten, und so steigerten sie sich gegenseitig und stachelten sich an, uns müßte das doch gelingen, so einen automatischen Druckapparat aufzuknacken und das Zählwerk zurückzustellen in der Zehntausenderreihe. Sie müßten dann zehntausend Fahrkarten in der Preisstufe III à 50 Pfennig drucken, diese Fahrkarten in ihrem Beutel verstecken und sie so nach und nach am Schalter verkaufen.

An einem Sonntag, als sie in einem Sondereinsatz am S-Bahnhof Greifswalder Straße zum Fahrkartenverkauf eingesetzt waren, wurde nur ein Schalter geöffnet, und Ulli setzte sich daran und bediente die Fahrgäste, während Fred seinen Schalter geschlossen hielt und sich an der Fahrkartendruckmaschine zu schaffen machte. Wenn wenig Fahrgäste da waren, half ihm Ulli. Es gelang ihnen beiden, die Druckmaschine aufzubrechen, das Zählwerk um zehntausend zurückzustellen, aber da fiel ihnen ein Teil auf den Boden und zerbrach. Es gelang ihnen danach, die Druckmaschine notdürftig zusammenzusetzen, und sie konnten wohl drucken, aber das Zählwerk versagte nun ganz. Sie druckten, ohne genau zu zählen. Ulli bekam 4730 Karten à 50 Pfennig und Fred 4720.

Und nun verkauften die beiden im Laufe der Zeit ihre Fahrkarten, Fred 70 Stück, er steckte sich 35 Mark ein, Ulli gelang es sogar, 650 loszuwerden, und er erwarb so 325 Mark zu Unrecht. Aber nicht lange ging das. Sehr bald wurde der Defekt entdeckt, und es war nicht schwer, die beiden als Täter festzustellen. Außerdem hatten sie beide Plusmengen von einigen Tagen, die in der S-Bahn-Kasse manchmal auftreten, an sich genommen, was ausdrücklich verboten ist. Mit 20 Mark wird dieser Diebstahl beziffert, und dann hatten sie auch beide bei den Blockverkäufen von zehn Karten à 20 Pfennig eine Fahrkarte gelöst, so daß jeder S-Bahn-Kunde von ihnen um 20 Pfennig betrogen wurde, ein Betrug, der ihnen etwa vier Mark einbrachte.

Das ist eine böse Geschichte für das ganze Kollektiv, man schämt sich dieser beiden jungen Leute, und trotzdem hat das Lehrlingskollektiv beschlossen, eine Bürgschaft für sie auszusprechen. Seit dieser Geschichte wurde aber angeordnet: Lehrlinge dürfen keine Fahrkarten mehr verkaufen, und das betrachten die anderen Mitlehrlinge als eine Schande, als eine Blamage, daß so etwas bei ihnen notwendig wurde.

Das Gericht nahm die Bürgschaft an, zweieinhalb Jahre lang läuft die Bewährungszeit, bei Nichtbewährung wird jedem ein Jahr Freiheitsentzug angedroht. Der entstandene Schaden, auch der an der Druckmaschine, muß ersetzt werden. Beide werden außerdem verpflichtet, an acht Tagen gemeinnützige Freizeitarbeit zu leisten.

Aber verstehen wir uns richtig: Dieser Bericht soll nur Warnung sein, und es muß erwähnt werden, die ganze Sache hätte, wäre die Tat einige Monate später geschehen, sehr übel für die beiden ausgehen können, ja ausgehen müssen. Die Geschichte mit dem Fahrkartendruckautomaten hätte sehr leicht von der Staatsanwaltschaft als Verbrechen eingestuft werden können, sie hatten unter Ausnutzung ihrer beruflichen Tätigkeit Straftaten begangen, und das ist nach geltendem Recht ein Verbrechen und kostet mindestens zwei Jahre Freiheitsentzug.

Verstaubtes Denken

Die Taten der Marianne, dieser kindlichen Frau von einundzwanzig Jahren, dieser eifrigen, freundlichen Mitarbeiterin des Reisebüros der DDR, ihre so primitiven Unterschlagungen werfen Probleme auf. Ein alltäglicher Fall, aber dennoch ein ganz besonderer, einschneidend für Frau Marianne, die nun für ein Jahr und sechs Monate von Mann und Kind getrennt leben muß.

Sie ist offen in ihrem Bekenntnis: »Ich bin schuldig. Ich hatte es gar nicht nötig, es war ja so einfach, durch einen Zufall bin ich darauf-gekommen.« Sie saß am Tresen des Zimmernachweises – früher eine Einrichtung des Magistrats, »Berlin-Information«, und seit 1972 eine Teilaufgabe des Reisebüros der DDR am Alexanderplatz. DDR-Bürger zahlen für die Vermittlung eine Mark, Ausländer fünf Mark. Mit drei anderen Kollegen und Kolleginnen hatte Frau Marianne also die schwierige Aufgabe, Gästen ein passendes Zimmer für eine oder mehrere Nächte zu vermitteln. Und gab es etwas Passendes, mußte sie von den Kunden die polizeiliche Anmeldung ausfüllen lassen, eine sogenannte Pendelkarte wurde dem Gast überreicht, sie schrieb eine Nummer auf die Anmeldung, und unter dieser Nummer wurde der Name des Gastes und seine Staatsbürgerschaft auf einer Tagesliste eingetragen. Der Gast erhielt eine Quittung für die Vermittlungsgebühren, das Geld wurde kassiert. Anhand der Tagesliste rechneten Marianne und ihre drei Kollegen abends ab.

Eines Tages im Januar bemerkte Marianne, daß sie vergessen hatte, in der Tagesliste den Namen eines ausländischen Ehepaares einzutragen. Sie hatte also zehn Mark Kassenplus, und die steckte sie sich unbemerkt ein.

Von nun an »vergaß« Marianne systematisch, Ausländer in ihre Liste einzutragen; sie glaubte, daß sie wöchentlich drei- bis vierhundert Mark Vermittlungsgebühren unterschlagen hat, und zwar in der Zeit von Januar bis Oktober 1974. Dann wurde es entdeckt. Mühevoll hat eine Arbeitsgruppe die Anmeldeblätter der Volkspolizei untersucht. Mariannes kindliche Schrift bei den eingetragenen Nummern verriet die Urheberschaft. Es wurde verglichen, ob an diesen Tagen der Name des ausländischen Gastes auf der Liste erschien. Die Arbeitsgruppe stellte fest, daß sich Marianne in dieser Zeit für 13 275 Mark Vermittlungsgebühren eingesteckt hatte, eine Summe, die mit Mariannes Schätzung etwa übereinstimmt.

Wozu, fragten die Richter, die Schöffen, die Staatsanwältin, hat Marianne das getan? Und Marianne berichtet über ihr Leben ganz offen mit ihrer kindlichen Stimme.

Sie muß sehr früh ihre Eltern verloren haben, sie wuchs bei Pflegeeltern auf, die das kleine Mädchen maßlos verwöhnt haben. Sie betont immer wieder, wie gut sie es gehabt habe: »Ich brauchte nie in einen Kindergarten zu gehen.«

Das, was anderen kleinen Kindern großen Spaß macht, war für sie eine Art Bedrohung. Ihr fiel, wie sie selber sagt, das Lernen schwer, aber sie strengte sich an, sie konnte später, wie sie mit Stolz berichtet, anderen Kindern helfen. Sie wollte Kindergärtnerin werden. Eine Verlobung und eine Schwangerschaft unterbrachen ihr Studium. Der Verlobte heiratete sie nicht, aber bald kam dann ein anderer, ihr jetziger Mann. Die kleine Tochter wächst bei ihren Pflegeeltern auf.

Die Schwiegereltern und andere Verwandte halfen bei der Wohnungseinrichtung; der Betrieb gab einen Kredit, es war alles da, von Anfang an. Die Wohnung hat sie sehr gepflegt, sie war blitzblank, das sah sie als ihre Hauptaufgabe an. Aber die Ehe, die stimmte nicht. »Wir hatten uns beide fast nichts mehr zu sagen, wir schwiegen tagelang, und wir haben uns geschlagen.«

Marianne kaufte nun von dem gestohlenen Geld ein: Stereo-Rundfunkgerät, Stereo-Plattenspieler, Tonbandgerät, Motorboot, alles, was ihrem Mann gefallen sollte. Sie war auch großzügig im Betrieb, machte Geschenke, für sich selber brauchte sie nicht sehr viel. Geldsorgen kannte sie nicht, ihr Gehalt, bescheiden, wurde durch Trinkgelder aufgebessert, ihr Mann verdiente gut.

Im Oktober kamen die Unterschlagungen heraus, die Summe: 13 275 Mark. Das wird als Verbrechen angeklagt, Marianne wurde inhaftiert. Durch ihren Anwalt sorgte sie dafür, daß ihr Mann all die Dinge verkaufte, und auch Verwandte halfen, der Schaden ist bis auf den letzten Pfennig wiedergutgemacht. Sie hat sicher nicht die Reife einer einundzwanzigjährigen Frau, sie ist in ihrer Entwicklung etwas zurück, dabei hat sie einen guten Verstand. Sie ist offen, sie legt alles dar, wie es ist, der Schaden ist bereinigt, und sie ist nicht vorbestraft. All das veranlaßt die Staatsanwältin, trotz des so hohen Schadens ihr außergewöhnliche Strafmilderung zuzubilligen, diesen Fall nicht als Verbrechen zu behandeln (dann wäre die Mindeststrafe zwei Jahre Freiheitsentzug), es soll als Vergehen betrachtet werden, ein Jahr und sechs Monate werden beantragt, und so wird sie auch vom Gericht verurteilt.

Merkwürdig, was der gesellschaftliche Ankläger unter anderem Wichtigen auch noch vorträgt. Marianne habe dem Ansehen des Reisebüros schweren Schaden zugefügt, die Gefahr, daß die Geschichte an die Öffentlichkeit komme, sei schon sehr groß.

Ja, die Gefahr ist groß, die Geschichte kommt an die Öffentlichkeit. Nicht zum Schaden des Reisebüros, nein, zu seinem Nutzen, um zu zeigen, wie sorglos gearbeitet wurde, bis die Staatsanwaltschaft eingreifen mußte und durch Auflagen eine Änderung des Verfahrens durchsetzte. Nur durch schonungsloses Aufdecken aller Unzulänglichkeiten, durch Information der Öffentlichkeit kann in ähnlichen Einrichtungen und Institutionen Schaden verhütet werden. Der gesellschaftliche Ankläger hat hier die Mitarbeit der Öffentlichkeit, die Aufgaben der Presse verkannt, er steht leider nicht allein in unserer Gesellschaft. Ein Vertuschen, ein Unter-den-Teppich-Kehren von Fehlern ist unserer sozialistischen Entwicklung wenig förderlich.

Was schadet dem Ansehen eines Reisebüros? Wenn beispielsweise die Kunden unhöflich und unsachlich bedient werden. Aber darum geht es ja in diesem Falle nicht.

Wesentlich für das Versagen von Marianne war ihre kleinbürgerliche Denkweise. Die Wohnung blitzblank (nichts gegen Sauberkeit), und wenn es eine Krise in der Ehe gibt, dann muß Geld her, viel Geld, um damit die Stimmung aufzubessern.

Kein Stäubchen auf dem Fußboden – um Gottes willen –, aber verstaubtes Denken, das sind die wahren Ursachen von Mariannes Versagen.

Utopia und der goldene Ring

Ein goldener Ring wurde gestohlen, mit einem kostbaren Stein, aber kein Ring von unschätzbarem Wert, von dem Nathan der Weise in Lessings dramatischem Gedicht erzählt, dort als Symbol der Toleranz und des Humanismus. Der Ring, Zeichen des Unendlichen, der Liebe und der Treue, wird oft im Volkslied besungen. Wer kennt es nicht, wie »in einem kühlen Grunde« das Ringlein entzweibrach, als die Liebe starb.

Der goldene Ring, ein oft sorgsam gehütetes Andenken an einen Geliebten, ist den Menschen teuer. Ich glaube, das hat Thomas Morus, der Verfasser der »Utopia«, nicht gesehen, nicht sehen wollen. Der gute alte Thomas Morus schrieb sein Werk vor 450 Jahren, eine geistvolle Abhandlung von einer sogenannten glückseligen Insel, auf der jeder Besitz auch an den privatesten Dingen abgeschafft war. Dort, auf der Insel Utopia, verfertigt man aus Gold Ketten und starke Fußfesseln zur Bestrafung von Sklaven – es gab also auch auf der Utopia Sklaven, die Slaverei war die Strafe für die Utopier, die sich an der Gemeinschaft vergangen hatten –, schließlich hängte man goldene Ringe an die Ohren der Menschen, die durch irgendein Verbrechen ihre Ehre verloren hatten. Man steckte ihnen goldene Ringe an die Füße, hängte ihnen goldene Halsketten um und legte ihnen einen goldenen Reif um den Kopf. So sorgten die Utopier mit allen Mitteln dafür – so sagt es Thomas Morus wörtlich –, daß Gold und Silber in Verruf geraten würde.

Seine Utopia war eine Satire auf die damalige Zeit. Er empörte sich über die damals so unersättliche Gier nach Gold und Silber, die alles überschattete. Auf den neuentdeckten Inseln und Erdteilen rotteten Konquistadoren durch ihre Goldgier ganze Völker aus.

Es besaß Frau Käte einen wunderschönen goldenen Ring mit einem geschliffenen Rubin, den sie nie und nimmer ablegte. Auch dann nicht, als sie sich in ein Krankenhaus wegen eines Frauenleidens begeben mußte. Dort lag sie in einem Zimmer zusammen mit einer sehr jungen, sehr blonden Frau, sagen wir Anita. Auch Anita hatte ziemliche Beschwerden, sie war gerade siebzehn Jahre alt und erwartete in den nächsten Monaten ein Kind. Ich glaube, die beiden allein auf dem Zimmer verstanden sich recht gut, denn Frau Käte ist eine mütterliche Frau und Anita ein bescheidener, etwas unselbständiger Mensch, der mütterliche Fürsorge sicher braucht. Anita ist nicht sehr gewichtig, auch geistig wenig beweglich.

Nach dem Besuch der Sonderschule, die sie mit dem Abschluß der achten Klasse erfolgreich absolvierte, besorgte ihr die Schule eine Lehrstelle als Montiererin in einem volkseigenen Elektrobetrieb.

Es stellte sich heraus, daß Frau Käte operiert werden mußte, und die Stationsschwester gab ihr am Morgen vor der Operation schon eine Beruhigungsspritze.

»Und dann, Frau Käte«, sagte die Schwester, »machen Sie sich jetzt fertig zur Operation, und legen Sie auch Ihren Schmuck ab.«

Da zog Frau Käte den ihr so lieb gewordenen Ring vom Finger und legte ihn in die Nachttischschublade.

Als nun Frau Käte in ihrem Zimmer aus der Narkose erwachte, war ihr erster Griff in die Schublade. Der Ring aber war verschwunden.

Natürlich fiel der Verdacht auf Anita. Die aber sagte, sie habe den Ring nicht, sie wisse von nichts, überhaupt sei sie meist außerhalb des Zimmers gewesen, aber es sei eine Reinigungskraft ganz allein dort tätig gewesen, außerdem habe sie eine andere Patientin beobachtet – mit der Anita sich sogar angefreundet hatte –, die sich auch im Zimmer zu schaffen gemacht habe.

Da sie doch sehr krank und leidend war, wurde Anita im Krankenhaus nur oberflächlich befragt. Ihre Angaben aber stimmten nicht. Und nach einigen Tagen, als sie das Krankenhaus verlassen hatte, gab sie auf ernstes Befragen zu, den Ring gestohlen zu haben. Sie habe ihn in der Tasche ihres Anoraks versteckt, dann aber habe sie ihn in der Aufregung verloren, und das Ringlein blieb verschwunden.

Wir verurteilen die Menschen nicht zum Tragen von goldenen Ketten und Ringen. Anita wurde vom Gericht auf Bewährung verurteilt, zwei Jahre lang soll diese Zeit dauern, und sie ist auch an ihren Arbeitsplatz gebunden, mit der Verpflichtung, der Bestohlenen monatlich mindestens 120 Mark zurückzugeben. Denn der Schadenersatz für das gestohlene und verlorene Ringlein wurde auf 2000 Mark festgesetzt, und das hätte nicht einmal seinen Wert ausgemacht, sagt Frau Käte.

Wenn Frau Anita diese Verpflichtung schuldhaft nicht einhält oder wenn sie sich sonst noch einmal an fremden Dingen vergreift, müssen sechs Monate Freiheitsentzug verbüßt werden.

Das güldene Ringlein blieb verschwunden. Es hat zwei Frauen recht traurig, ja fast unglücklich gemacht, wie es ja oft vom Golde berichtet wird. Die eine traurig, weil sie ein lieb gewordenes Schmuckstück verloren hat, das durch Geld, so sagt sie, kaum ersetzt werden kann, und die andere unglücklich, die nicht geahnt hat, wie hoch dieses kleine Ringlein geschätzt wurde.

Ich glaube, Thomas Morus hat das von den goldenen Fesseln nicht ernst gemeint. Er war, als er das schrieb, der höchste Richter von London, im Jahre 1516. Und er behauptete, er schriebe ein wahrhaft vortreffliches, ebenso heilsames wie erheiterndes Büchlein über den besten Staatszustand und über die neue Insel Utopia. Schon der Name dieser Insel sagt etwas über diesen Modellstaat, denn er heißt, wörtlich übersetzt, das »Kein-Land«, das »Land Nirgendwo«.

Eros und Ehe vor Gericht

Kleine Gebrauchsanweisung

Das Leben auf dieser Welt ist nicht immer einfach. Der Mensch muß essen und trinken, er muß jeden Tag einige Stunden schlafen. Er will nicht frieren und nicht allzusehr schwitzen. Er will auch lieben und geliebt werden.

Und damit haben wir die Schwierigkeiten der menschlichen Existenz umrissen.

Essen kann man trocken Brot und die Früchte des Waldes. Aber damit ist heute niemand zufrieden, er will besser und abwechslungsreicher speisen. Dem einen reicht ein deftiges Bauernfrühstück, der andere strebt zu Forelle blau mit frischen Kartoffeln und Butter.

Trinken. Ich brauche nur das Wort zu erwähnen, und jeder denkt schon an das, was er am liebsten schlürft. Dem einen reicht ein Glas kühlen Brunnenwassers, der andere träumt vom Champagner der Witwe Clicquot aus Reims.

Schlafen kann man im Wald, ein anderer strebt zum Luxusappartement im Interhotel. Und Angst vor Kälte – eine ganze gewaltige Textil- und Lederindustrie ist durch sie auf den Plan gerufen. Es fing an mit dem Feigenblatt und endete mit schimmernden, glitzernden Gewändern, mit tausend Fäden und Fellen aus dem Reich von Mutter Natur und Vater Kunst. Jeder weiß, wie groß die Auswahl heute ist.

Vom Lieben wird hier geredet, gebildet ausgedrückt, vom Gott Eros, der die seltsamsten Wege geht. Eros ist keine Erfindung des Menschen, er beflügelt den Erdball. Die Natur hat Lockmittel für ihn entwickelt. Die faszinierendste Sichtwerbung ist das Rad des männlichen Pfaus, ein Meisterwerk der Ästhetik auf dem Gebiet der Selbstdarstellung. Mit ihm ist ein Vogel ausgestattet, der als besonders dumm gilt. Auf den Menschen angewandt: ein Mensch, der nicht mit besonderen geistigen Gaben gesegnet ist, muß den Partner auf andere Weise locken, mit effektvollen Dingen der Textil- und Lederindustrie, die er selber zur Schau trägt, männlich oder weiblich, Jacke wie Hose. Oder mit Gaben, um den ersehnten Partner für sich günstig zu stimmen. Die kleinen Bestechungen im Vorfeld der Gunst wendet auch jeder kluge Mann an neben seinem Geist, seinem Witz, seinem Charme, und man soll ihn deswegen nicht schelten. Der bunte Blumenstrauß, das seidene Halstuch, das betörende Parfüm oder die Einladung zum Abendessen, alles zur richtigen Zeit, gehört zum Zauber des erotischen Vorfeldes.

Diese lieben kleinen Dinge sind materielle Werte. Die Hergabe der Dinge und die Hingabe der Umworbenen stehen, und das ist nicht strittig, oft in einem gewissen Zusammenhang, und dieser ist in jedem Fall sehr verschieden.

Peinlich ist es, wenn der Zusammenhang von Her- und Hingabe offen zutage tritt. Gibst du mir ein Paar Strümpfe, einen Brillantring oder hundert Mark, dann gehe ich mit dir ins Bett oder Gott weiß wohin. Unerheblich, ob das einmal als Amateur oder dauernd als Beruf der Brauch ist.

Genauso kann die Ehe eine Prostitution sein, wenn der Bewerber zu seinem künftigen Schwiegervater sagt: »Wenn ich nicht hunderttausend Mark Mitgift bekomme, heirate ich Ihr bezauberndes Fräulein Tochter nicht.«

Wir sehen, Eros, die lieben kleinen und großen Dinge und die Ehe stehen in Zusammenhängen, und diese sind nur durch eine sehr menschliche Tätigkeit zu ergründen: das Denken. Das Denken über den Sinn des Lebens und der Liebe, das Lieben und die Ehe, über das menschliche und erotische Zusammenleben von Mann und Frau.

Dies Büchlein, das Reportagen der »Wochenpost« aus den Jahren 1970 bis 1976 enthält, soll kein Lehrbuch sein über die Frage, wie man lebt und liebt, wie man Kinder erzieht. Es berichtet über Fälle, wie man sich nicht verhalten sollte als Liebender und als Ehepartner. Als Liebender und Ehepartner, ich wiederhole das, weil es nicht immer dasselbe ist. Es zeigt, wie schwer es ist, als alleinstehender Vater oder als alleinstehende Mutter Kinder zu erziehen. Man kann beim Lesen und beim Überdenken dieser wahren Geschichten zu dem Schluß kommen, daß im heutigen Stadium unserer Gesellschaft die Ehe, die dauernde und gleichberechtigte Partnerschaft von Mann und Frau, die beste Lebensweise ist, besonders für die geistige und körperliche Entwicklung der jungen Generation.

Dies Buch berichtet über die Schwierigkeiten in der Ehe, und in ihm wird gezeigt, wie die juristische und ökonomische Gleichberechtigung der Frau sich manchmal in der privaten Sphäre des Ehe- und Familienlebens nicht durchgesetzt hat. Einige Fälle mußte ich in das Buch aufnehmen, die ich unter der Überschrift »Die doppelte Bürde der Frau« zusammengefaßt habe. Die Vorstellung, von Jahrtausenden überkommen und überliefert, der Mann ist mehr als gleichberechtigt in der ehelichen Gemeinschaft, er ist der goldene Verdiener, die Frau ist für ihn und die Familie da, sie ist Dienerin, diese Vorstellung, in vielen Köpfen bewußt oder unbewußt noch vorhanden, hat in einigen Fällen zu Katastrophen geführt. Dort wurden die Frauen, weil sie sang- und klanglos diese Überlegenheit des Mannes hinnahmen, schuldig. Es wird von Familienkatastrophen berichtet, die sich alle ein wenig ähnlich sehen, und diese Ähnlichkeit ist leider kein Zufall. Sehr verschieden ist das Urteil des Gerichts. Hier zeigt sich, wie groß der Ermessensspielraum der Richter ist, es zeigt sich aber auch, wie stark der Ermessensspielraum der kritischen Reportage sein kann.

Die Gleichberechtigung von Mann und Frau in Staat und Gesellschaft, der besondere Schutz der Frau in vielen Lebensbereichen durch Staat und Gesellschaft sind wichtige, unverzichtbare Errungenschaften. Die Gleichberechtigung in der Familie, im privaten, häuslichen Bereich ist eine Sache, die jede Frau für sich in der Familie selbst durchsetzen muß. Sie steht scheinbar allein, aber gemach, denkende Männer und kluge Frauen sind auf ihrer Seite zu finden.

Eros und die lieben Dinge

Falsche Liebe für falsche Haare

Hier im Verfahren heißt er der Ausländer, der Türke, der Geschädigte. Mehr wissen wir nicht von ihm, wir ahnen nur seinen jetzigen Wohnsitz, das wird Westberlin sein, seine Adresse hat er bei der Volkspolizei hinterlegt. Ob er einen legalen oder illegalen Wohnsitz hat, ob er richtig arbeitet oder seine Arbeitskraft von einem Sklavenhändler an Westberliner Unternehmen untervermietet wird, ist er überhaupt für das Gericht je erreichbar oder wandelt er wieder an heimischen Gestaden, badet er im Marmarameer, lebt er in Ankara oder liebt er im alten Sultansharem von Konstantinopel? Wahrscheinlich spaziert er schon wieder im Anatolischen Hochland, und so wollen wir ihn den Anatolier nennen. Gerichtsnotorisch wissen wir nur, daß er in der Nacht vom 2. zum 3. Juli, vom Sonntag zum Montag, bei uns hier in der Hauptstadt war und daß er in einem Tanzcafé weiblichen Zuspruch suchte. Und ihn auch fand. Wie und wieweit, das ist noch zu ergründen. Wie er dabei zu Schaden kam, ob er Einbuße an Eigentum und Gesundheit erleiden mußte, all das ist Gegenstand eines sehr komplizierten Strafverfahrens.

In diesem Café tanzte er einmal mit der attraktiven jungen Dame Sabine, der er sofort und unvermittelt auf der Tanzfläche ein Angebot machte, das, wenn man es genau nimmt, gegen die guten Sitten verstößt. Er sei bereit, so erklärte unser junger Anatolier, seine Beziehungen zu der Dame Sabine wesentlich zu erweitern, er sei auch zu finanziellen Opfern bereit, er bot ihr 20 Mark. Und da die Angelegenheit dringlich erschien, erhöhte er es auf 50 und später sogar auf 100 Mark.

Sabine war, das muß zu ihrer Entschuldigung gesagt werden, auch bei dieser großen Summe nicht bereit, vom Pfad der Tugend auch nur einen Millimeter abzuweichen. Sie erzählte aber diese merkwürdige Offerte ihrer Tischgesellschaft, ihrem Freund Bruno, der Vater eines schon kurz zuvor bestellten Kindchens ist. Von diesem Freund, dem 34jährigen Bruno, kann leider nicht sehr viel Rühmenswertes berichtet werden. Er hat zu oft und zu ausgedehnte Beziehungen zu den Institutionen des Strafvollzugs. Siebenmal hat er eingesessen und zweimal sogar schon wegen eines Verbrechens. Ein Schuldig in diesem Fall, wo er und seine Schwester Elfriede angeklagt sind, ergibt bei ihm, das weiß jeder juristisch Gebildete, eine Freiheitsstrafe von mindestens fünf Jahren, wenn seine jetzige Tat ein Verbrechen ist. Deswegen sind seine Bemühungen begreiflich, möglichst viel von der Schuld auf seine Schwester Elfriede abzuladen. Elfriede war bis zu diesem Tage immer ehrlich und redlich. Sie ist geehrt und geachtet von ihren Kolleginnen und Kollegen in einem wichtigen staatlichen Transport- und Dienstleistungsbetrieb. Nach diesem Verfahren, vermute ich, ist ihre Beurteilung ein wenig modifiziert, unabhängig, ob die Juristen zu einem juristischen Schuldig kommen. Sie ist glücklich verheiratet, hat drei erwachsene Kinder. Vielleicht ist sie sogar mit ihren 49 Jahren schon eine Oma, und Omas traut man solche Abenteuer eigentlich nicht zu.

Auch sieht sie – man möge mir das verzeihen – nicht mehr so aus, als ob sie jünger wäre. Ihre durchaus sportliche Figur wird von einem grauen Haarschopf gekrönt. Nun soll Frau Elfriede nach dem Bericht von Frau Sabine und auch nach der Zeugenaussage von Frau Sabine gesagt haben, so eine Summe könne sie für den Ankauf einer Perücke wohl gebrauchen. Aber Frau Elfriede bestreitet das, sie habe nur ehrsame Absichten, auch habe sie schon zwei Perücken gehabt, und die könne sie aus gesundheitlichen Gründen überhaupt nicht tragen.

Aber leider hängt eine Dunstwolke von reichlich konsumiertem Weinbrand über dem ganzen Abend. Diese Wolken von Scham, Angst und Wunsch färben jeden Bericht und jede Aussage.

Unstrittig aber ist, unser liebestrunkener Anatolier tanzte mit Frau Elfriede. Wie oft er tanzte, ist strittig. Frau Elfriede sagte, einmal, Frau Sabine sagte, es sei mehrmals geschehen. Unstrittig, daß sie auch anatolisch dabei geküßt wurde. Sie sagte, einmal, Frau Sabine sagte, mehrmals.

Unstrittig, daß man beschloß, in Frau Elfriedes Wohnung gegen vier Uhr morgens zu gehen, um eine Tasse Kaffee zu trinken. Türkischen Kaffee, ohne Frage. Unstrittig auch, daß bei dieser morgendlichen Kaffeestunde unser Anatolier etwas anderes erwartete als nur Kaffee. Das wird jeder Fühlende verstehen, zumal Frau Elfriede mit dem Anatolier eingehakt voranging, während Bruder Bruno und Freundin Sabine sich vom Weinbrand auf einem Rinnstein erholten.

Wirklich, die Absichten des Anatoliers können nur ganz eindeutig erklärt werden. Die Hingabe von drei Paar Strumpfhosen deutet auf eine erwartungsvolle Hingabe von Frau Elfriede hin. Über die weiteren Vorgänge sind Zweifel erlaubt und angebracht Vier Aussagen stehen dem Gericht zur Verfügung. Eine von Elfriede, eine von Bruno und zwei von der Zeugin Sabine, die eine gemacht vor der Volkspolizei, die andere vor Gericht. Beide sehr, sehr verschieden, denn Bruno und Sabine erschienen eine Viertelstunde später zu der türkischen Kaffeestunde.

Halten wir uns also nur an das, was bewiesen ist. Vierzig Mark der Bundesbank befinden sich in Elfriedes Besitz, und eine der geschenkten Strumpfhosen war bei Sabine. Der Anatolier blutete stark, er rannte zur Volkspolizei und erstattete Anzeige, er sei ausgeraubt worden. Ohne Zweifel wurde er bös geschlagen, ob von Bruno oder von Elfriede, die Wahrheit kann nur er sagen. Und ob er zum Ziel seiner Wünsche kam, darüber gibt es nur Vermutungen.

Das alles ist vor allem für Bruno wichtig, denn fünf Jahre mindestens drohen ihm, wenn ein Raub erwiesen ist.

So muß der Anatolier über diplomatische Kanäle geladen werden, und wir hoffen, daß die Wahrheit an den Tag kommt, damit Bruno Gerechtigkeit widerfährt. Seine Fäuste sind hart, Elfriedes Händchen sind weich, aber das ist nur ein Indiz. Und auf Vermutungen kann man Bruno nicht so lange isolieren von seiner jetzigen Frau, seiner jetzigen Freundin Sabine, von seinen vier ehelichen und zwei außerehelichen Kindern und dem schon bestellten Kindchen bei Sabine. Alle brauchen den Vati, der viel Geld beisteuern muß, denn Bruno ist ein aktiver Mensch, in amouröser wie in krimineller Hinsicht zu beflissen, das verträgt sich eben nicht in einer Person.

Ist das schon zuviel, Uwe?

Ein Mann, wie ein Mann sein soll? Die äußeren Merkmale stimmen, die Figur, der Schnurrbart, das Lächeln und der schmachtende Blick. Uwe.

Seine Seele aber gleicht dem Waschlappen in bezug auf Standfestigkeit und bezüglich der ihm innewohnenden Tendenz, sich vollzusaugen, nicht wie ein echter, funktionsgerechter Waschlappen mit Wasser, sondern mit Bier.

Verdienste hat er nicht aufzuweisen, und sein Verdienst ist mager, weil der Alkohol den Arbeitseifer fast unerträglich unterkühlt. Wenn er manchmal zur Arbeit geht in eine Fabrikation von technischen Gasen, ist er als Unterkühler dort beschäftigt. Zuverlässig ist (oder war) bei ihm nur seine Unzuverlässigkeit. Man wußte nie recht, kommst du heute, kommst du morgen? Meist konnten die Kollegen mit seiner Abwesenheit rechnen.

Als er deswegen vor die Konfliktkommission des Betriebes geladen war, blieb Uwe sich treu und fern. Er hat zu Hause eine Sammlung von Verweisen, die einmalig ist, drei gewöhnliche und einen strengen wegen Arbeitsbummelei und Alkoholmißbrauch während des Dienstes. Und alle mit dem Poststempel: 1972.

Möglich, daß sein Arbeitseifer durch den Ruf von drei Kindern nach Brot gedämpft wird, zwei aus einer gescheiterten Ehe und eins aus einer gelegentlichen Unehe. Jeden Monat werden 185 Mark gepfändet, aber oft ist der Lohn durch Uwes Beständigkeit in seiner Bummelei so knapp, daß ein Rest des Pfändungsbetrages stehenbleibt, und so wächst sein Schuldenberg. Die Frauen können sehen, wie sie mit den Kindern zurechtkommen. Papi säuft.

Er ist kein Kavalier der alten und der neuen Schule, dieser schnurrbärtige Uwe, er betrügt einen abwesenden Ehemann und dann noch die mitbetrügende Ehefrau, eine Lumperei um lumpigen Gewinn. Er hatte sich bei einer schönen Dame eingenistet, deren Mann auf Montage war. Der zeitweise untätige Uwe bat untertänig um ihre Gunst, er wurde erhört und kam ständig.

Die kleinen Geschenke, die ein heimlicher und aufmerksamer Liebender gewöhnlich mitbringen sollte, nahm dieser gewöhnlich Liebende von ihr mit.

Was denkt ein Liebhaber bei der verbotenen Liebe? Das scheint sehr verschieden zu sein. Uwe dachte meist an die Sparbüchse seiner heimlichen Freundin. Einmal nahm er 50 Mark heraus. Als es entdeckt wurde, gab er ihr die Summe wieder. Ein zweites Mal stahl er 10 Mark und ein drittes Mal 10 Zigaretten. Und diese Summe und diese Zigaretten hat er bis heute nicht wiedergegeben. Uwe ist, so scheint mir, auch in Kleinigkeiten kleinlich.

Als sich die heimliche Liebe ihrem Ende näherte, sei es wegen der entdeckten Diebereien, sei es, weil der Auslandsmonteur seine Heimreise angetreten hatte, da nahm Uwe sich den Wohnungsschlüssel vom Nagel an der Wand in der Schlafkammer und hängte zum Scheine einen anderen hin, so daß er zu jeder Zeit Zeit hatte, in die ihm nun versperrte Wohnung einzudringen, nicht um die doppelt Ungetreue zu sehen, nein, sein Ziel war die zärtlich geliebte Sparbüchse.

So drang er in einer Stunde, als der Auslandsmonteur und seine polygam veranlagte Frau nicht zu Hause waren, in die Wohnung ein, fand aber kein Geld und steckte sich ein Gasfeuerzeug und einen Herrenanorak ein, damit seine Liebesmüh nicht ganz umsonst war.

Wir leben, wie wir hier sehen, in ziemlich gefährlichen Zeiten. Zwei frühreife Knaben aus der Nachbarschaft hatten ein reges Interesse für den häufig wechselnden Personenverkehr in Nachbars Wohn- und Schlafzimmer. Sie sahen den fremden und ihnen doch schon sehr vertrauten Herrn Uwe in die Wohnung eintreten. Da sie aber wohl wußten, daß die Liebe zwischen Uwe und der Ungetreuen zu Ende war, wunderte es sie sehr, was Herr Uwe jetzt noch in der Wohnung zu suchen hatte. Sie lugten durch den Briefkastenschlitz und bemerkten die Wegnahme von Feuerzeug und Anorak.

Wie schön war es für die beiden hoffnungsvollen Privatdetektive, ihre Beobachtungen der Schönen und ihrem nun heimgekehrten Ehemann mitteilen zu können. Ob sie ein paar Maulschellen dafür bekommen haben, wissen wir leider nicht. Wir wissen auch nicht, was zwischen dem Ehepaar geschah. Ein Protokoll über die nun folgende Szene lag dem Gericht nicht vor, aber mit einiger Phantasie kann man sich vorstellen, wie dieser häusliche Krach verlaufen ist.

Aber die Eheleute versöhnten sich. Mann und Frau rückten nun gemeinsam dem diebischen Ehestellvertreter auf die Pelle: »Wo sind Anorak und Gasfeuerzeug?«

»Für fünfunddreißig Mark verkauft und dann versoffen.«

200 Mark Schadenersatz verlangte das Paar und hätte dann von einer Anzeige Abstand genommen, hier eine kleine, aber durchaus erlaubte Erpressung, im berechtigten Interesse ausübend.

Woher nehmen, woher stehlen? Durch Arbeit zu Geld zu kommen war Uwe viel zu mühsam. Also erfolgte Anzeige. Und da jetzt der Wert der gestohlenen Gegenstände mit Ach und Krach auf 120 Mark festgestellt wurde, übergab die Volkspolizei die Angelegenheit der Konfliktkommission.

Aber die Konfliktkommission lehnte die Beratung ab. Sie entschied, hier wird nicht lange gefackelt, Uwe muß vor Gericht. Und diese Entscheidung hat schon gewirkt. Seither, also seit Januar 1973, arbeitet Uwe täglich, kein Fehltag, keine Bummelei, kein Zuspätkommen. Und Alkohol in nicht bemerkbaren Mengen.

»Ich habe mich gebessert«, erklärt Uwe dem Gericht

»Für wie lange?«

»Für die Ewigkeit«, sagt Uwe wörtlich.

Das Gericht aber rechnet mit absehbaren, kontrollierbaren Zeiten.

Uwe soll ein Jahr pünktlich sein, seine Schulden an das Ehepaar bezahlen, nicht für alle Ewigkeit, aber für die Zeit der Bewährung am Arbeitsplatz bleiben. Wenn er das ein Jahr durchhält, soll alles vergeben und vergessen sein, und er braucht die drei Monate nicht zu verbüßen, die ihm als Androhung vom Gericht auferlegt wurden.

Ist es eigentlich von einem 26jährigen Mann zuviel verlangt, 42 Stunden in der Woche zu arbeiten und für seine drei Kinder anständig zu sorgen? Ist das schon zuviel, Uwe?

Erotik und Rhetorik

Die Damen wollen wir nicht schelten, nicht einmal über sie lächeln mit unserem so unberechtigten männlichen Hochmut, denn auch die Männer sind ihm erlegen, kluge und gebildete in gesicherten Positionen. Es war bei ihm, dem Herrn Knud, nicht nur Erotik, es war mehr Rhetorik.

Wenn er nur zehn Prozent so gescheit und solide gewesen wäre, wie er in seiner äußeren Erscheinung wirkt.

Eine Frage bei ihm ist strittig. Ist er nun vierzehn- oder sechszehnmal vorbestraft? Zählt man zum Beispiel eine Geldstrafe von zwei Mark aus dem Jahre 1938 noch als Vorstrafe? In diesem einen Fall will ich gern Herrn Knud folgen. Schon seine vierzehn zugegebenen Vorstrafen sprechen und füllen Bände. Zweiunddreißig Jahre Freiheitsentzug sind gegen ihn schon ausgesprochen. Nur achtzehn Jahre hat er im Strafvollzug verbracht. Die letzte, sagen wir die vierzehnte, sollte im August 1972 zu Ende sein. Sie hatte auf sieben Jahre Zuchthaus gelautet. Er war also noch nach dem alten Strafgesetzbuch verurteilt. Fünf Jahre hatte er verbüßt. Sicher ein sehr gefälliger, ruhiger Häftling, ein alter Kunde, er soll sogar in der Haftanstalt Hauptbuchhalter gewesen sein. Eine solche Position möchte er auch in der Freiheit haben, aber das wäre Wahnsinn. Er wurde in seine alte Heimatstadt, eine kleine Stadt im Zittauischen, entlassen. Eine Arbeit in einer Textilfabrik als Bügler war vereinbart, ein Zimmer war da, aber Arbeitslohn, Arbeitsart und Wohnung entsprachen nicht den

Erwartungen des Herrn Hauptbuchhalters Knud. Auch war der Heimatort, ja der ganze Heimatkreis nicht das von ihm ersehnte Wirkungsfeld. Dort kannte man ihn, dort lebten Onkel und Vetter in angesehenen Stellungen, die sicher nicht froh waren, Knud wiederzusehen, die auch glücklich waren, als er nach acht Tagen wieder aus dem Zittauischen verschwand.

Solange Herr Knud als Betrüger gelebt, hatte er eine Grundgeschichte, die er von Fall zu Fall ein wenig variiert. Die Geschichte ist so simpel, so glaubhaft, daß sie immer wirkt. »Ich bin von Beruf eigentlich Uhrmacher, Meister sogar, und das steht, wie Sie bitte sehen wollen, auch in meinem Personalausweis. Außerdem bin ich ledig.« Schon das eine Seltenheit bei dem soliden, gelehrt aussehenden und gewandten Herrn von 53 Jahren. Ohne Familienanhang, nicht einmal geschieden? Ein Appetitshäppchen für so viele alleinstehende Frauen.

Aber die Geschichte geht weiter. »Ich bin nicht mehr als Uhrmacher tätig, ich bin Dolmetscher bei der Sowjetischen Kommandantur im Range eines Oberleutnants (oder eines Oberstleutnants, eines Generals sogar, wie es beliebt).« Er hat gute russische Sprachkenntnisse in der Kriegsgefangenschaft erworben, und er will auch einmal 1946 oder 1947 als Dolmetscher beschäftigt gewesen sein. Von diesem Ruhm zehrt er noch heute.

Aber das allein ist noch nicht genug. Herr Knud ist charmant und großzügig. Er fängt mit dem Spendieren an, benutzt dazu sogar die Gelder, die er in der Strafhaft verdient hat. Spendieren und Renommieren wirkt bei Männern und Frauen.

Acht Tage nach seiner Entlassung ist er schon auf großer Fahrt, lebt auf großem Fuß, der Herr Dolmetscher sitzt im Kurhaus in Löbau, er kommt bei Kaffee und Kuchen und später bei einer Flasche Wein in ein Gespräch mit einer Dame. Hier ist schon wieder das Märchen vom Dolmetscher da. Er will ein Auto kaufen, es fehlen ihm gerade 12000 Mark. Er übernachtet bei der Dame, sie stellt eine Quittung über 1400 Mark aus. Mit 200 Mark Zinsen korrumpiert er sein Opfer. Die Dame, die sich so schnell von ihrem Gelde trennte, schämte sich so, daß sie nicht einmal Anzeige erstattet, so daß man noch heute nicht weiß, wer sie ist.

So mit Geldmitteln reichlich versehen, fährt Herr Knud nach Berlin und besucht, ein alter Häftlingsbrauch, einen ehemaligen Mithäftling aus Bautzen. Eine Kleinigkeit für Herrn Knud, ihn zu beschummeln. Wieder das Märchen: »Ich bin früher Dolmetscher gewesen.« Er kenne ein sowjetisches Magazin, dort könne er für ganz billiges Geld ganz große Sachen einkaufen. Der Herr übergibt ihm 415 Mark und noch eine Tasche mit einem Fotoapparat und einem Kofferradio. Herr Knud muß in ein Haus gehen, Schönhauser Allee, Ecke Wichertstraße, ein Haus, das er von früher her kennt, mit zwei Eingängen. Der Mithäftling und Freund wartet vor dem einen Eingang, aber Herr Knud erscheint nicht wieder. Kofferradio, Fotoapparat, Nylonmantel und 415 Mark sind weg.

Mit diesem faulen Trick legt er auch ein junges bundesdeutsches Ehepaar herein, das er in der Mitropa am Bahnhof Friedrichstraße kennengelernt hat. Er weiß geschickt zu plaudern. Wieder ist er Dolmetscher, er will den jungen Leuten die Sehenswürdigkeiten von Berlin zeigen. Das Ehepaar hat Interesse für Bücher, die will Herr Knud besorgen. Er hat Interesse für schöne Intershopsachen. Das Ehepaar schenkt ihm auch noch ein Gasfeuerzeug. Mit den Intershopdingen geht er wieder in »seine« Wohnung in der Schönhauser Allee. Und dort würde das Ehepaar heute noch stehen, wenn es noch Hoffnung hätte, daß Herr Knud wieder herauskäme.

Bei den Frauen, die er in Berlins Kaffeehäusern kennenlernt, ist er immer der Dolmetscher in hohem Rang, er wohnt in einer Phantasiestraße, Straße des Roten Oktober in Karlshorst, in seiner Junggesellenwohnung geht alles ganz streng geheim zu. Dorthin kann er niemand mitnehmen, aber er hat Geld, viel Geld bei sich. Den Kindern macht er Geschenke. Ein wunderbarer Mann, zärtlich, gebildet, musikalisch. Und dann kommt die Geschichte mit der Heirat und dem Auto, das man gemeinsam erwerben kann, er will ihr außerdem noch einen Gewinn von zehn Prozent in drei Tagen versprochen haben. Da kann die Dame nicht nein sagen. 5 000 Mark hat er wirklich bekommen, die Frau aber meldet sich nicht trotz eifriger Fahndung der Volkspolizei. Und obwohl Herr Knud seine Mithilfe zugesagt hat, ist die Dame nicht mehr zu ermitteln, die Wohnung nicht mehr auffindbar.

Mit der dicken Brieftasche zieht er nun zu anderen Damen und befreit sie von ihren Ersparnissen, ihren Ohrringen, Halsketten und Uhren, die er reparieren will.

Mit einem Kapellmeister freundet er sich in einem großen Café an. Er weiß über Musik zu plaudern, sie sprechen auch russisch miteinander. Dann erwähnt er, daß er von einem sowjetischen Offizier, der plötzlich nach Moskau zurückgerufen wurde, einen Škoda erwerben kann, ganz billig für 8 500 Mark. 1 500 Mark möchte er dabei als Vermittlungsprovision verdienen. Um ganz sicher zu sein, muß er mit dem Offizier noch im Haus der sowjetischen Offiziere in Karlshorst sprechen. Sie gehen zusammen hin, Herr Knud verschwindet in einem Haus, kommt danach heraus, sagt, die Sache ist in Ordnung. Der Kapellmeister übergibt ihm 10 000 Mark, und auf die wartet er heute noch.

Dann wird Herrn Knud der Boden in Berlin zu heiß. In Leipzig schließt er sich in einem Café an einen Oberkellner an. Er sagt, er fühle sich allein, er ist ledig. Der Oberkellner gibt dem Herrn Dolmetscher einen Wink, dort gäbe es eine sehr charmante Toilettenfrau, die auch allein sei. Man schließt die Bekanntschaft, man geht zusammen aus. Wieder ist der Herr Dolmetscher spendabel, zeigt seine pralle Brieftasche, und wieder zieht er zu ihr, wieder spricht er von Heirat und vom Auto. Wieder fehlen ihm 5 000 Mark, wieder gibt er einen Schuldschein über 8 000 Mark, und wieder verschwindet er.

Keiner hat ihm widerstanden. In vierzehn Fällen hat er Frauen und Männer betrogen, 26 000 Mark sind seine Beute. Für ihn lag das Geld auf der Straße, er brauchte sich nur zu bücken und es aufzuheben. Jetzt ist er 54 Jahre alt, jetzt geht er für acht Jahre in den Freiheitsentzug. Dazu kommen noch die zwei Jahre aus der letzten Verurteilung, die er noch nicht verbüßt hat, also insgesamt zehn Jahre. Nicht, um ihn umzuerziehen, er ist nicht zu belehren, er muß nur isoliert werden von Frauen und Autoliebhabern. Sie müssen geschützt werden vor seiner unwiderstehlichen Art, ihnen das letzte Geld aus der Tasche zu ziehen. Ein Heiratsschwindler und ein Autobetrüger, ein Selbstbetrüger in des Wortes (Auto = selbst, Automobil = selbstbeweglich) doppelter Bedeutung.

Margarete kauft Liebe

Eine Ballade hat Bertolt Brecht über die sexuelle Hörigkeit gemacht, der große geistvolle Spötter: »Er soll den Tag nicht vor dem Abend loben, vor es Nacht wird, liegt er wieder oben.«

Hier ist's eine Frau, die im Liebesrausch alles verließ, alles vergaß, sich alles herausnahm, schuldig wurde wegen eines bärtigen Lumpen – mag er mich verklagen, wenn er sich beleidigt fühlt –, der sich Tag für Tag und Nacht für Nacht aushalten ließ, und nun, da Margarete in der Tinte sitzt, schuldbeladen sich nach Sachsen zurückziehen kann.

Sie, Margarete ist keine Frau, nach der sich die Männer auf der Straße umdrehen, sie ist mehr als vollschlank, ihr Gesicht strahlt vielleicht Zuverlässigkeit und Mütterliches aus, aber gerade das ist die Täuschung. Sie ist das Gegenteil, sie ist unzuverlässig wie sonst eine, und ihre Mütterlichkeit ist weggeweht wie ein dürres Herbstblatt, wenn der Sturm der sexuellen Hörigkeit sie packt.

Ihre 31 Lebensjahre sind voller Konflikte gewesen. Sie hat in frühen Jahren, als sie noch Krankenschwester war, einen Mann geheiratet, der sich bald als eine Niete entpuppte. Er war ein arger Trinker, arbeitete nicht, sorgte nicht für seine drei Kinder, die er mit Margarete gemeinsam hat. Er wurde als Asozialer verurteilt und auch wegen Verletzung seiner Unterhaltspflicht. Margarete ließ sich scheiden. Inzwischen hatte sie die Schwesternhaube abgelegt und sich eine Servierschürze umgebunden, vielleicht, um etwas ungebundener leben und arbeiten zu können. Sie zog mit ihren drei Kindern zu ihrem Vater, der ist heute 78 Jahre, ein Rentner, der sich sehr um die drei Kinder kümmert, er ist der einzige. Sie braucht keine Miete, kein Gas, kein Licht zu zahlen, alles macht der alte Herr Papa, der es sicher schwer hat, mit seiner Rente auszukommen.

Erstaunlich, Margarete heiratet ihren geschiedenen Mann nach seiner Haftentlassung wieder. Sie war der Meinung, er habe sich gebessert, sie sagt aber auch, Mitleid sei bei dieser zweiten Heirat im Spiel gewesen.

Diese zweite Ehe mit dem gleichen Mann war auch kein Glück. Es stimmte nichts in der Ehe. Es stellte sich heraus, daß er so nervenleidend ist, daß er auf Invalidenrente gesetzt werden mußte. Er kann nur sehr verkürzt arbeiten. Inzwischen war Margarete als Kioskverkäuferin bei der Mitropa gelandet. Ihr Gehalt 450 Mark, die Rente und der Nebenverdienst des Mannes lagen etwas höher. Da sie mietfrei lebten, war ihnen ihre Existenz und ein bescheidener Wohlstand sicher. Aber Margarete stahl ihrem Vater ein Scheckheft, schrieb für 4700 Mark Schecks aus und hob das Geld unberechtigt von der Sparkasse ab. Die Sparkasse ist um diesen Betrag geschädigt, ein Ermittlungsverfahren wurde eingeleitet, aber dann kam die Amnestie, es gab keine Verurteilung, keine Strafe, nur der Schadenersatz blieb, von dem sie bis jetzt etwa 200 Mark zurückgezahlt hat.

Diese erste Warnung, das Ermittlungsverfahren und die großen Schulden, die Belastung für die Familie, waren schnell vergessen, als Margarete, Mutter von drei Kindern, von denen das eine sehr schwierig ist, in einer Gaststätte den Mann ihres Lebens kennenlernte. Dieser schlanke, um zwei Jahre jüngere Mann gefiel ihr sofort. Er ist in Sachsen verheiratet, hat selber für zwei Kinder zu sorgen, er lebte vorübergehend in Berlin, und die Verbindung mit Margarete erschien ihm als ungeheuer angenehm und nützlich. Frau Margarete spendierte; jeden Abend, an dem sie mit ihm zusammen war, gab sie mindestens 100, manchmal 200 Mark und auch mehr aus. Sie saust im Taxi herum, es braust der Sekt, Trinkgelder, Hotelzimmer, das Leben ein Traum. Ein Traum auf Mitropas Kosten. Unser Mann mit Bart wundert sich nicht, wieviel eine so bescheiden wirkende Frau, die in einem Mitropakiosk auf einem S-Bahnsteig als Verkäuferin tätig ist, bezahlen kann. Vor Gericht befragt, was er sich dabei gedacht habe: Margarete habe ihm angedeutet, ihr Vater habe ein großes Bankkonto, und der stelle das Geld zur Verfügung. Es habe ihm zwar nicht gepaßt, daß sie alles bezahlte, sagt der schuldbeladene Zeuge vor Gericht aus, aber was sollte er schon machen, der Arme.

Sie hat das Geld gestohlen auf zweierlei Weise: Einmal steckte sie in jeder Schicht im Kiosk 100 Mark aus den Erlösen in ihre Tasche. Die andere Weise: Margarete war verpflichtet, den Gesamtumsatz aller drei Schichten in einer Bank abzuliefern. Hier nahm sie siebzehnmal Geld weg, das heißt, in dem Einzahlungsheft stand der wirkliche Umsatz, natürlich verkürzt durch die von Margarete schichtweise gestohlenen 100 Mark, auf der Empfangsquittung der Bank stand aber weniger als im Einzahlungsheft. Das hätte der Verkaufsstellenleiter, wenn er aufmerksam gewesen wäre, sofort erkennen können und müssen. Auf diese Weise eignete sie sich Summen an von 100, 200, 300, 500, ja sogar 600 Mark, das heißt, in jedem Monat, in dem ihr diese Diebstähle glückten, stahl sie etwa 3 000 Mark aus der Kasse. Alles für das Leben in Saus und Braus mit dem Mann. Immer wieder erstaunlich, daß eine Mitropaleitung, und hier ist es die Mitropa Nordost, nichts gemerkt hat. Erst bei einer Inventur fiel auf, daß in dem kleinen Kiosk auf dem S-Bahnsteig faktisch Waren im Werte von 11 695 Mark vorrätig waren. Es hätten aber nach Buch und Umsatz 26 274 Mark sein müssen, eine Warenmenge, die gar nicht in dem Kiosk Platz hat, eine Warenmenge, die das Limit für den Kiosk weit überschreitet. Also Gesamtschaden, also Diebstahl im Werte von 14 579 Mark. Ein gewaltiger Schaden in der kurzen Zeit und genau in der Zeit, in der die Bekanntschaft mit diesem Mann aus Sachsen begann, vom 22. November 1972 bis zur Inventur am 19. April 1973.

Die Strafe, zwei Jahre und vier Monate Freiheitsentzug wegen verbrecherischen Diebstahls, Schadenersatz in voller Höhe, und dazu kommt noch der Restschaden in Höhe von etwa 4 500 Mark.

Und der Mann aus Sachsen, der Nutznießer, der ausgehaltene Freund? Er hat es hingenommen, wie er sagt, das Geld, die Bezahlung, die Hotelzimmer, einen teuren Pullover, die Legende vom 78jährigen reichen Vater, auch Margarete wurde wohl oder übel mit hingenommen, ohne zu denken, ohne Bedenken, ohne Scham, schamlos. Ein trüber Gast, den man leider nicht mit der Elle des Strafrechts messen kann, ein unbescholtener Bürger.

Die Sorge und die Sorgen

Wie ein Mensch durch Ärger auf die Rennbahn gerät, ist ein Phänomen. Ich habe mich schon oft geärgert, bin aber nie deswegen in Karlshorst oder Hoppegarten gelandet, und wenn ich dort gewesen bin – selten genug –, dann war es nur aus Lust. So bleibt mir das

Verständnis für das Wesen des Herrn Konrad verschlossen, und er muß es mir deshalb auch nicht verübeln, wenn ich sein Handeln weder verstehe noch billige. Ich befinde mich hier in schönster Übereinstimmung mit dem Gericht und der Staatsanwaltschaft.

Beinahe fünf Jahre hatte er – der heute 34jährige – ein einwandfreies Leben gelebt. Die beiden Vorstrafen von 1962 und 1966 (bis 1968 verbüßt) wären verjährt, wenn er sich nur einen Monat länger gut geführt hätte, dann stände er jetzt als Nichtvorbestrafter vor Gericht, und das hätte sich im Strafmaß ausgewirkt. So aber ist er zweimal vorbestraft, und seine Missetaten gelten als Verbrechen, Mindeststrafe zwei Jahre Freiheitsentzug.

Konrad wird sagen, er sei vom Pech verfolgt, auf der Rennbahn und vor Gericht. Nein, das ist er nicht, er stiehlt und betrügt und verwettet fremder Leute Geld. Da muß man mit Verlusten rechnen. Konrad denkt eben falsch, er weiß nicht, wohin der Kurs geht.

Aus Liebe und aus Bösem hat er Schulden. Aus Liebe wurde er Vater von fünf Kindern, drei ehelichen von seiner geschiedenen Frau und zwei außerehelichen. Wir sehen ihn als durchaus patenten Mann, er hat die Fähigkeit, Liebe und Vertrauen zu erwecken, ein Mann mit den besten Umgangsformen, von eleganter Figur, ein Mann mit einem Beruf, ein Maschinenschlosser, wenn er arbeitet, dann arbeitet er ausgezeichnet, sogar urkundlich ausgezeichnet.

Also geht er mit einem Berg von Schulden aus den beiden Vorstrafen – er muß noch Schadenersatz leisten für die Betrügereien aus den Jahren 1962 und 1966 – und mit Unterhaltsverpflichtungen für seine fünf Kinder – monatlich werden ihm 220 Mark vom Gehalt gepfändet – durchs Leben. Den Rückstand, durch die jetzige Haft aufgelaufen, hat er noch nicht abgetragen.

Das aber weiß man nicht von ihm, auf der Arbeit, auf der Straße, in seinem Bekanntenkreis gilt er als zuverlässiger Kollege und guter Kumpel. Schon auf seiner letzten Arbeitsstelle, einem Metallbetrieb, fing er an, Geld zu pumpen, und fast immer auf die gleiche Tour: »Ich will heiraten, ich will mir Möbel kaufen.« Zuerst fordert und bekommt er 300 Mark. Vor Gericht sagt er wohl, daß er seine Freundin heiraten will, auch bleiben sie bei Spaziergängen manchmal vor Möbelgeschäften stehen, bewundernd, begehrend, aber nie als ernsthafter Reflektant. Und um die Einleitung der Ehe hat er sich nie ernsthaft gekümmert. Der zweite, den er anpumpt, den kennt er nur so von der Straße, auch 300 Mark. Beim dritten wird er schon kühner. Es ist ein Abteilungsleiter in einem anderen Betrieb, und dem erzählt er, er sei mit der Tochter des Kollegen Erikson verlobt. Erikson aber ist der Kaderleiter in dem anderen Betrieb.

Der Abteilungsleiter ist vorsichtig, er fragt erst mal seinen Kaderleiter: »Kennst du den Kollegen Konrad?« – »Ja«, sagt der, »den kenne ich gut.« Das genügt ihm, und er gibt Konrad 650 Mark. Erikson aber hat gar keine Tochter, und Konrad denkt auch nicht an Möbel oder eine Schrankwand, ans Heiraten denkt er nicht, aber er denkt an Pferde und an Wettgewinne, an den großen Einlauf in Karlshorst.

Es ist erstaunlich, wieviel Männer und Frauen dem möbelkaufenden Konrad helfen wollen. Sein ehemaliger Lehrer in der Berufsschule kennt ihn als strebsamen Schüler, und nach Rücksprache mit seiner Frau greift der Lehrer in die Tasche und gibt Konrad 500 Mark. Einer älteren Frau erzählt er von finanziellen Schwierigkeiten, weil seine, Konrads, Eltern in Bulgarien sind, und in mehreren Raten bekommt er hier 2300 Mark.

Eine Gastwirtin, bei der Konrad und seine Freundin Stammgäste sind, engagiert Konrad als Kellner. Er verläßt seine Arbeit als Maschinenschlosser. An einem Abend trinkt er mit seiner Freundin, der Chefin und deren Lebensgefährten zusammen. Die Wirtin kann anscheinend nicht viel vertragen, Konrad muß sie nach oben in die Wohnung geleiten, tragen, stützen, was weiß ich. Dort bemächtigt sich Konrad der Kassette, in der die Tageseinnahmen liegen.

Später bricht er sie auf, wirft die Kassette und einen Kundenscheck über 60 Mark in die Spree. Kassette und Scheck bleiben für die Menschheit verschwunden. Der unbekannte Zecher, der diesen Scheck ausgefüllt hat, ist der Nutznießer. Der Dieb muß den Schaden, den die Gastwirtin durch den Verlust erlitten hat, ersetzen, und ich fürchte, es wird zehn Jahre dauern, bis sie das Geld wiedersieht.

Die Freundin aber bringt, dafür soll ihr ein Lob gespendet werden, der Gastwirtin die 425 Mark zurück, die in der Kassette bar waren.

Jetzt kommen zu den Schulden aus den zwei alten Strafverfahren und dem Unterhaltsrückstand neue Schulden, neuer Rückstand, denn

Herr Konrad sitzt schon einige Monate in Untersuchungshaft und arbeitet nicht. Bis jetzt sind seine Gesamtschulden auf über 10000 Mark angelaufen, und das Gericht verurteilte Herrn Konrad wegen verbrecherischen Diebstahls und Betrugs zu einer Freiheitsstrafe von zwei Jahren und acht Monaten.

Die Verhandlung gegen Konrad fand am 8. März 1974 statt, am Internationalen Frauentag. Die wirklich Geschädigten sind die Frauen, die von Herrn Konrad Kinder haben, die ihn, den manchmal so fleißig arbeitenden, gut aussehenden Konrad, liebten, die er aber verlassen hat, allein gelassen mit ihren und mit seinen Kindern.

Bei aller Gleichberechtigung: Die Frauen bekommen die Kinder, sie betreuen sie meist, wenn sie klein sind, ernähren und kleiden sie. Die Männer machen sich oft aus dem Staube. Die Gesellschaft ist dafür da, diese Frauen zu schützen.

Der Strafvollzug, der jetzt für Konrad verantwortlich ist, sollte ihm schnellstmöglich eine lohnende Arbeit geben, damit die bevorrechtigten Gläubiger, seine Kinder und die für sie sorgenden Mütter, zu ihrem Gelde kommen können. Denn die gehen nicht wie er auf die Rennbahn, wenn sie Ärger haben, sie haben jetzt den Ärger, die Pflege, die Sorgen und die Sorge für die Kinder allein, und denen muß man wirksam helfen.

Wo die dunklen Tannen ragen

Claus verließ bald Arbeit und Zweitwohnung. Der Grund? Er möchte darüber lieber schweigen, und das wird ihm gestattet. Dann sagt er es. Ein Akademiker habe ihn mit unsittlichen Anträgen belästigt. Wenn alle Menschen wegen sittlicher oder unsittlicher Anträge Haus und Hof verließen, Produktion und Handel kämen durch steten Wandel völlig zum Erliegen.

Wir aber sind nicht so empfindsame Seelchen wie Claus, die hier nicht wegen des losen Akademikers, dort nicht wegen seiner strengen und gerechten Mutter wohnen und weilen wollte.

Das Besondere an Claus: Er sagt, er sei das, was er einmal war, und das kann er dokumentarisch ohne Falsch und Fälschung beweisen. In seinem Personalausweis steht es doch, schwarz auf blau liniert, Beruf: Lehrer. Ach, das ist leider lange her.

Das ist seine Geschichte: Aus den Reihen der Lehrenden ist er ausgeschieden. Bevor das endlich geschah, hatte man ihm schon zuviel nachgesehen, ihm, dem bieder ausschauenden und daherredenden Mecklenburger, der es schon mit 24 Jahren zum Kreissportlehrer gebracht hatte und dann in die Kasse griff. Ausscheiden mußte, noch einmal eine Chance bekam, der aber das schnell zu ergreifende Geld mehr liebte als das Ziel, dem er sich einst verschrieben hatte. Der dann, später noch, für drei Jahre aus der Öffentlichkeit ganz verschwinden mußte, weil er ein Betrüger geworden war.

Er hatte mehr Gnade als Recht gefunden. Nach acht Monaten öffnete ihm die Amnestie die Tore der Haftanstalt. In dem kleinen mecklenburgischen Städtchen, in dem er freiheitsentzogen gelebt hatte, wurde ihm Arbeit und Wohnraum nachgewiesen als zweiten Wohnsitz neben dem Hauptwohnsitz bei seiner Mutter, die am Strande der Ostsee lebt. Diesen seinen zweiten Wohnsitz verließ er wegen des angeblich losen Akademikers. Jetzt fand er einen dritten Wohnsitz bei einer Dame in Berlin, die ihn gütig in ihre Arme und ihr Heim aufnahm. Und auch hier fand er Arbeit. Aber ein solcher Wohnsitz ist an die Liebe gebunden. Schwindet sie, bleibt der andere Zugezogene heimatlos. Und so geschah es mit Claus.

»Wohnraum haben wir nicht«, sagte ihm der Betriebsleiter, und da mußte also ein Aufhebungsvertrag mit ihm gemacht werden.

Claus zog ins Bauarbeiterhotel in Berlin. Dort bezahlt man, wenn man bezahlt, 21 Mark pro Nacht und Zimmer. Und nun fing er ein lustiges Leben an. Er saß an der Bar, war ein Freund des Barmixers und der Prärieaustern. Er trank und ließ trinken. Wer keinen Cocktail von ihm wünschte, bekam Sekt. Und wenn er doch soviel Geld gehabt hätte wie Schulden, dann besäße er 8 000 Mark. Um aber bares Geld zu bekommen, ließ er schnell seinen längst verstorbenen Vater krank werden, er müsse mit einer Taxe nach Rostock. Der Barmixer und ein Koch halfen ihm, dem so spendablen Gast, mit Geld aus. Und dann war Claus weg, verschwunden. Eine lange Hotelrechnung blieb unbezahlt.

Der Harz lockte im Winter, dort, wo die dunklen Tannen ragen (Heine). In Wernigerode will er sich um Arbeit bemüht haben, vergeblich. Dann aber ließ er sich in Thale im Hotel »Zum Wilden Jäger« nieder. Dort wohnte er vierzehn Tage.

Dem Kellner erzählte er, er sei als Sportlehrer in wichtigen schulpolitischen Dingen unterwegs. Betrüblich nur, daß er seine Geldbörse auf dem Hexentanzplatz verloren habe.

Der Kellner lieh ihm Geld. Und der Kellner bekam auch reichlich Trinkgeld von dem Geld, was er ihm geliehen hatte. Und so dehnte Claus seinen Aufenthalt auf einen halben Monat aus. Der Kellner war ein ganz Gewitzter, und er vermutete, seine Tätigkeit als Lehrer habe Claus ihm vorgegaukelt, was stimmte. Aber er vermutete weiter, Claus sei in ganz geheimen Aufträgen unterwegs, und das wollte Claus weder bestätigen noch dementieren,.aber er bat den findigen Kellner, mit niemandem darüber zu sprechen. Dieses gemeinsame Geheimnis beflügelte unseren wackeren Kellner, ihm nahezu 1800 Mark vorzustrecken.

In Blankenburg im Harz ging Claus zu einer Schule und ließ sich beim Direktor melden. Er sei, so sagte er, Sportlehrer und käme auf Veranlassung des Pädagogischen Rats, um mit dieser Schule über einen Ferienaustausch zu sprechen. Harzer Kinder an die Ostsee und Ostseekinder in den Harz. Man war begeistert, sprach die Einzelheiten durch. Plötzlich klagte der Mecklenburger, Kollege Claus, er habe seine Geldbörse verloren, und man half ihm auch hier mit 20 Mark über die nächsten Runden.

Und wieder ließ Claus sein Herz sprechen. Ein junges Harzer Kind aus einem kleinen Städtchen konnte seinem Charme nicht widerstehen. Er, der hoffnungsvolle Junglehrer aus Mecklenburg, sprach vom Heiraten und einer Wohnung in Rostock. Er zog zu seiner Schwiegermutter. Die zahlte ihm auch eine Reise nach Rostock zusammen mit seiner Braut, um die Wohnung zu besichtigen. Dort angekommen, war es ihm leider nicht möglich, sein schönes Heim der Erwählten zu zeigen. Das böse Ehepaar, dem er die Wohnung freundschaftlichst überlassen hatte, war gerade verreist. Schlüssel und auch seine Geldbörse hatte der Pechvogel wieder auf dem Hexentanzplatz verloren. Zur Rückfahrt in den Harz hatte er kein Geld, den

Schaffner der Reichsbahn täuschte er, wieder war die Brieftasche verschollen.

Seiner Schwiegermutter, die ihm die Tochter und noch einiges andere anvertraut hatte, stahl er noch zwei Blankoschecks und betrog damit die Kreissparkasse um 1000 Mark.

Vier Hotels, die Schulen, die Reichsbahn, die Sparkasse hatte er betrogen, zwei Barmixer und einige Kellner, die großzügige Schwiegermutter und den kleinen Schwager. Vor allem das schöne Fräulein, das Herz und Leben mit ihm teilen wollte.

Claus, ein Mann mit den besten Anlagen, von gewinnendem Wesen.

Die Strafe: zwei Jahre und vier Monate Freiheitsentzug; und dazu muß er noch die zwei Jahre und vier Monate verbüßen, die ihm die Amnestie hatte schenken wollen, die aber nicht erloschen sind und nun wieder für ihn aktuell werden, da er sich nicht straffrei gehalten hat. Zu seinen alten Schulden von 8000 Mark zog er sich neue von 4500 Mark hinzu.

Die Schule in Blankenburg hat lange noch mit der Schule an der Ostsee über den Schüleraustausch korrespondiert. Die Räte der Kreise haben sich eingeschaltet. Ob etwas daraus geworden ist?

Müder Wanderer – wilder Räuber

Ihres Lebens schönster Traum: eine Jacke – feine Leute nennen sie einen Blazer; ob rot, grün oder blau, wir wissen es nicht, wir wissen nur, Karin mußte ihn haben. Sie allein hatte eine genaue Vorstellung, wo dieses Wunderwerk der Schneiderkunst zu erwerben sei. Wir ahnen, wie gut ihr dieser Blazer gestanden hätte zu ihren langen Beinen, ihren langen, naturblonden Haaren. All das wäre richtig zur Geltung gekommen. Karin, mit ihren achtzehn Jahren, war völlig behext von dem einen Gedanken, diesen Blazer zu besitzen. Nur ein einziges Mal vom Weg abzuirren und nur ein einziges Mal, und alles Glück der Erde wäre ihr zugefallen. Das ganze Glück war eben dieser Blazer.

Wer ist Karin, was ist sie? Wie kommt es, daß nur ein Kleidungsstück zählt. Sie war ein schwieriges Kind, schon da hatte sie ihre falschen Träume, von Schokolade und Bonbons. Und immer griff sie unbeherrscht zu. Die Mutter wurde mit dem schlanken Mädchen nicht fertig, ein Kinderheim mußte die Erziehung übernehmen. Von Schokolade und Bonbons ist sie geheilt, die Süße würde sie bei allzuviel Süßigkeiten verlieren, und das wäre das Allerschlimmste für die lange Karin.

Sie wirkt, und das weiß sie genau, nicht durch ihre außergewöhnliche Schönheit, das ist es nicht, nur durch die Anmut der Bewegungen, irgend etwas Jugendlich-Sportliches hat sie, auch ist sie eine begeisterte Handballspielerin.

Sonst sind ihre Interessen nicht sehr weit gesteckt, denn die Kneipen liegen so sehr nah. Oft trifft sie sich mit Kumpels und Kumpelinnen dort, Doppelkorn ist ihre Leidenschaft, Karin ist ein Abend- und ein Nachtmensch geworden.

Aber auch die Doppelkorn bezahlt Karin nicht selber. Ihre monatlichen Einkünfte sind reichlich mager, bei ihr reichen sie genau für eine Woche. Es müssen dann die anderen für die schlanke Karin zahlen, wenn sie die Ehre und das Vergnügen haben wollen, ihre doppelten Doppelkorns in Karins Begleitung zu trinken.

Sie wäre am liebsten Kellnerin geworden, auch eine ungelernte, sie hat eben einen Hang zur modernen Gastlichkeit, vor allem, wenn ein Streifen für sie abfällt. Indes, die Mutter ist nicht dafür. Als die Berufsberatung kurz vor dem Abschluß der zehnten Klasse die Schulabgänger beriet, wurde ihr der Beruf eines Hygieneinspektors empfohlen. Und Karin meldete sich auf Drängen ihrer Mutter dazu. Die Sorgen und der Ehrgeiz waren die Triebkräfte der Mutter, um die gewisse Sorglosigkeit bei Karin zu überwinden. Sie mußte eben etwas lernen, etwas studieren. Sie wurde zum Studium aufgenommen an einer medizinischen Fachschule mit einem Stipendium von 175 Mark. Von diesem Geld braucht Karin der Mutter nichts abzugeben, für Essen, Wohnung und Kleidung ist für sie bestens gesorgt.

Aber mit Sorge betrachten die Lehrer und die meisten etwas jüngeren Mitschüler den matten Eifer der schönen, schlanken Lilie Karin. Im Verschlafen und Zuspätkommen brach sie jeden Rekord. Auch bei der Wertung ihrer Fehltage lag Karin unangefochten an der

Spitze, leider aber nicht bei der Aneignung von Kenntnissen. Ob sie überhaupt etwas bisher gelernt hat, wissen wir nicht, denn allen Leistungskontrollen ging sie aus dem Wege.

Selbst am Tage vor dem Prozeß kam sie zwei Stunden zu spät zum Studium, ging aber wohl zum Ausgleich auch zwei Stunden früher weg. Und zum Verfahren kam sie auch eine gute Viertelstunde zu spät, so daß das Gericht schon Telefongespräche eingeleitet hatte, um sie mit Volkspolizei und Blaulicht aus dem Bett zu holen. Aber dann erschien sie doch ganz selbständig.

Eines Nachts stand sie um halb eins in der Innenstadt von Berlin und wartete auf einen Bekannten, der aber auf sich warten ließ. Da kam ein müder Wanderer des Wegs, ein Mann von reiferen Jahren, und den bat die schlanke Lilie Karin um eine Zigarette.

Wem solches in der Berliner Innenstadt nachts um halb eins widerfährt, der denkt sich sein Teil, also auch der müde Wanderer.

Wie das weitere Gespräch verlief, darüber breitet sich der Schleier der dunklen, milden Novembernacht. Karin sprach darüber vor Gericht so leise, daß der Zeuge es nicht in allen seinen Nuancen aufnehmen konnte; der müde Wanderer machte seinem Namen Ehre und hatte den Ruf, als Zeuge zu erscheinen, gänzlich überhört und konnte seine Version nicht vorbringen.

Also nur die nackten und erwiesenen Tatsachen. Der Wanderer bot Geld für Liebe, Karin wollte auf jeden Fall Geld, Geld für den ersehnten Blazer, die ganz große Liebe aber – so sagte sie vor Gericht – konnte sie an diesem Abend nicht geben, wohl nicht aus moralischen, sondern aus gewissen körperlichen Gründen.

So küßten sie sich und so weiter, Karin für Geld, der Wanderer aus Liebe, sie begaben sich zu einem Gebüsch am Robert-Koch-Platz, der Wanderer schlug ein anderes Gelände vor, wo es ruhiger und weicher sei, aber dahin wollte sie nicht.

Ihr gelang es, sich dem Drängen des nunmehr nicht mehr müden Wanderers zu entziehen, konnte aber bei diesen Bemühungen aus der Jacke die Brieftasche mit 800 Mark entziehen. Und die Brieftasche steckte sie sich in ihre Stiefel.

Der Wanderer aber bemerkte plötzlich das Fehlen seines schwer erarbeiteten Geldes und ergriff Karins Handtasche. Da erboste sie sich, die törichte Jungfrau Karin, hob ein Geschrei an, er hat mir meine Tasche entrissen, der müde Wanderer sei ein wilder Räuber.

Aber die Behörden, hier die Volkspolizei, sind nicht so leicht zu betören. Sehr schnell wurde aus Karins Schuhen die Schuld bewiesen, die Schuld, die sie dem müden Wanderer in die Schuhe schieben wollte. Der Wanderer kam wieder in den Besitz seines Geldes, Karin in den einer Anklageschrift.

Peinlich ist die ganze Sache, vor Gericht Dinge bekennen zu müssen, die Karin an der Grenze des Gunstgewerbes getrieben hatte. Das Urteil, zwei Jahre, auf Bewährung ausgesetzt, vollstreckbar mit sechs Monaten Freiheitsentzug, wenn sie sich wieder fremde Brieftaschen ans Bein bindet. Und in der Bewährungszeit alle drei Monate Rechenschaft vor dem Kollektiv und vor dem Gericht über ihre Gesamtentwicklung.

Aber vor welchem Kollektiv? Vor dem Kollektiv künftiger Hygieneinspektoren? Ein Beruf, der Eigenverantwortlichkeit und Unbestechlichkeit als erste Voraussetzung fordert. Karin als Hygieneinspektor?

Mit diesem Fragezeichen muß der Bericht hier enden, der Reporter kann die Frage nur stellen. Die Antwort müssen Karin und ihre Mitschüler finden.

Gefährlicher Eros

Der Schrecken von Rahnsdorf

Zwei Jahre lang hielt dieser Mensch einen ganzen Stadtteil in Schrekken – Berlin-Rahnsdorf, das kleine Städtchen am Rande der großen Stadt, am Ufer des Müggelsees. Die Frauen und Mädchen trauten sich ohne Begleitung abends und nachts nicht mehr auf die Straße, monatelang. Ein halbes Jahr geschah nichts, dann wurde plötzlich wieder eine angefallen und übel zugerichtet. Ein polizeilicher Schutz war schwierig.

Jetzt steht er vor Gericht, ein verhältnismäßig kleiner, schüchterner, schmaler junger Mann, 21 Jahre, man kann ohne Übertreibung sagen, er ist hübsch. Kein Mensch kann sich vorstellen, daß so der Schrecken von Rahnsdorf aussieht. Seine Eltern sind angesehene Menschen, beide fleißig, berufstätig, sie haben sich völlig von ihrem Sohn losgesagt. Nur ein Mensch hält noch zu ihm, eine 17jährige, schlanke, schöne Freundin, die ein Kind von ihm hat, zu der er sich immer ganz normal verhalten hat, genauso wie ein junger Mann zu seiner Freundin ist, nicht brutal, nicht wild.

Schon einmal, als 14jähriger, war er am Versuch eines Notzuchtverbrechens beteiligt. Das Jugendgericht schickte ihn damals für ein Jahr und drei Monate in ein Jugendhaus. Obwohl diese Strafe gelöscht ist, ist sie anscheinend doch für sein Leben sehr bedeutungsvoll geworden. Durch sie glaubt er belastet zu sein. Er arbeitet schon seit Jahren als gelernter Berufskraftfahrer in der Berliner Straßenreinigung, aber kein Kollege wußte von dieser Vorstrafe. Er ist während der ganzen Berufstätigkeit ein Einzelgänger geblieben, er beteiligte sich nicht – wir wissen es von der Aussage des Kollektivvertreters – an den zahlreichen Möglichkeiten, die es in diesem Betrieb für junge Menschen gibt; ein Schachspielklub, ein Kegelklub, ein Segelklub, das steht jedem zur Verfügung. Hierzu eine Bemerkung am Rande, die mit dem Fall doch eigentlich gar nichts zu tun hat. Wie oft hat man die alten Sozialisten gefragt, als der Sozialismus den bürgerlichen Menschen als eine Utopie erschien: »Wer wird in eurem Zukunftsstaat die Straßen kehren wollen?« – »Die Mitglieder eines Segelklubs«, hätte man damals mit Recht antworten können, wenn man die Realitäten in der DDR geahnt hätte.

Von all den Möglichkeiten, sich zu unterhalten, zu bilden, Sport zu treiben, mit Kollegen und vor allem mit Kolleginnen zusammenzukommen, machte er keinen Gebrauch. Er versah seinen Dienst schlecht und recht, öfter kam er allerdings später zur Arbeit, übermüdet. Heute weiß man, warum. Aber keiner seiner Berufskollegen kam mit ihm ernsthaft in ein privates Gespräch. Niemand wußte, was eigentlich mit diesem jungen Mann los ist, wie verbringt er seine Freizeit, seinen Sonnabend, seinen Sonntag. Er war ein Einzelgänger, ein schüchterner Mensch – so sah es aus.

Im Stadtbezirk Lichtenberg wohnte er, er war also in Rahnsdorf nicht bekannt. Er kam nur dorthin, wenn er ein Mädchen haben wollte.

Er hatte auch mehrere Freundinnen. War eine Pause in den Beziehungen oder war eine Differenz mit einer seiner Freundinnen, dann fuhr er meist nach Rahnsdorf, um dort zu suchen, was er oft dann auch fand. Die Mädchen, mit denen er normal befreundet war, ließen ihn oft stehen, sie mochten ihn nicht, und er bekam, so sagte er wohl als Entschuldigung für seine Verbrechen, eine Wut auf alle Frauen. Auf Betreiben seiner Eltern nahm er auch eine Zeitlang an Abendkursen teil, er machte die neunte und zehnte Klasse nach. In dieser Zeit blieb er Rahnsdorf fern.

Nur in den Perioden, in denen er sich abends und nachts nicht beschäftigen konnte, streunte er in den Wäldern auf den Wegen herum und wartete auf sein Opfer. Meist hatte er es schon in der S-Bahn erspäht und folgte ihm.

Im allgemeinen ging er hinterher. Da er völlig harmlos und unauffällig aussah, hatte kein Mädchen Furcht vor ihm auf den einsamen Waldwegen, auf dem Weg nach Hause. Dann plötzlich fiel er von hinten über die Frau her, würgte sie mit den Händen. »Wenn du schreist, bring ich dich um«, so machte er sie schon durch den plötzlichen Schrecken völlig willenlos. Er band ihr die Hände mit einer Schnur, knebelte sie, oft klebte er ihr auch mit einem Heftpflaster den Mund zu. Er nahm meist ein Tuch, um sich zu maskieren, wenn er vor das Opfer trat, und setzte sich in der letzten Zeit eine Bademütze auf, um unkenntlich zu bleiben.

Elf Mädchen und Frauen hat er nachweisbar angefallen. Bei dreien erreichte er sein Ziel.

Nur eine setzte sich energisch und tatkräftig zur Wehr. Sie hatte sich gerade eine Zigarette angesteckt und konnte, als sie von ihm zu Boden gerissen wurde, ihm die Zigarette ins Gesicht drücken. Dann trat sie ihm noch in den Unterleib, er krümmte sich vor Schmerzen und mußte von ihr ablassen.

Eine andere blieb nach dem Überfall und dem Würgen scheinbar reglos auf dem Boden liegen, ohnmächtig, wie er glaubte. Der Verbrecher bekam einen Schrecken, er dachte, sie sei tot, ließ von ihr ab. Erst als sie merkte, daß er weg war, stand sie auf. Kurze Zeit danach begegnete sie einem jungen Mann, den fragte sie nach dem nächsten Krankenhaus, und als er antwortete, erkannte sie den Täter an der Stimme wieder, der aber machte sich ganz schnell davon.

Erstaunlich, verwunderlich war manchmal sein Verhalten, und ebenso erstaunlich war das Verhalten eines seiner Opfer. Nachdem er bei einem Mädchen sein Ziel erreicht hatte, unterhielt er sich mit ihm und verabredete sich für den nächsten Tag. Er kam auch tatsächlich und zeigte auf Verlangen seinen Ausweis. So wußte sie Namen und Adresse des Verbrechers. Sie verabschiedete sich. Und verabredete sich für den nächsten Tag, ging mit ihrem Vater hin, den sie über die Tat unterrichtet hatte. Der Verbrecher aber riß aus, als er den Vater des Mädchens sah. Der verfolgte ihn, aber er konnte entkommen. Weder Tochter noch Vater erstatteten Anzeige. Durch diese völlig unverständliche Unterlassung war es dem Verbrecher möglich geworden, noch nach dieser Tat drei weitere junge Frauen anzufallen, schwer zu erschrecken und zu mißhandeln. Eine von ihnen leidet noch nach einem Jahr an den Folgen dieses Schreckens, sie hat ihn nervlich nicht überwinden können.

Der Staatsanwalt beantragte achteinhalb Jahre Freiheitsentzug. Das Gericht ging in Übereinstimmung mit dem gesellschaftlichen Ankläger, der aus dem Wohnbezirk von den Einwohnern von Rahnsdorf gewählt worden war, und dem Vertreter des Kollektivs über den Antrag hinaus und verurteilte ihn zu der Höchststrafe von zehn Jahren Freiheitsentzug. Nach der Verbüßung der Strafe sollen staatliche Kontrollmaßnahmen eingeleitet werden.

Detlef vom Reifenwerk

Ist der Nachhauseweg sicher? Die beiden achtzehnjährigen Mädchen kennen keine Angst, haben keine Angst, auch nicht morgens, drei Viertel vier Uhr. In einem Berliner Vorort waren sie in einem Tanzcafé, sie sollen sehr ausgelassen, sehr vergnügt gewesen sein, sie haben auch getrunken, und sie blieben bis zum Schluß. Die beiden Freundinnen wollten nach Hause, sie wohnen in einer Straße, vielleicht zehn Minuten vom Tanzcafé entfernt. Sie haben keine Bedenken, allein zu gehen.

Sie bemerken, daß ihnen ein Mann folgt. Sie erinnern sich, ihn haben sie im Lokal gesehen, er saß an der Bar, sie haben ihn nicht beachtet, sicher war er ihnen zu alt, der Mann, Siegfried, 33 Jahre.

Vor Gericht ist Siegfried der Angeklagte, und er sei den beiden nicht gefolgt; aber schon das ist unwahr, sein Nachhauseweg ist genau entgegengesetzt. Doch das bleibt unwichtig, es steht nur zur Debatte, was danach geschah. Die beiden Freundinnen bemerkten ein zweites Mal den Mann, als er an einem Monument stand und sie mit seinen Blicken verfolgte. Dann fühlten sich die beiden plötzlich an ihren Kapuzen gefaßt.

Gina, die eine, ist ein vollschlankes, kräftiges Fräulein, sie gab dem Ungebetenen, Unerwarteten eine Ohrfeige, und der gab ihr zwei zurück.

Die Freundin fängt an zu schreien, sie ist schwächlich, sie bekleidet einen der höchsten Posten in Berlin – am Fernsehturm. In einem günstigen Augenblick ruft sie der Freundin zu: »Lauf jetzt schnell weg«, aber Gina folgt dem Rat nicht, sie glaubt, der Mann ist schneller, er wird sie einholen, und sie sagt der Freundin: »Ich versuch's mit Diplomatie.«

Die kleine Freundin läuft zu Ginas Eltern, weckt sie, ruft sie zur Hilfe. Als die auf der Straße erscheinen, sind Gina und der Mann verschwunden.

Inzwischen gab es nach Ginas Darstellung, und der Mann Siegfried hat das auch bestätigt, eine Debatte.

»Was wollen Sie von mir?«

»Ich will dich als Geisel.«

Gina ist völlig perplex. Geiselnahmen, das sind Gangsterstücke, die es nur im Westen gibt, bei uns kann sie sich so etwas nicht vorstellen. Ob sie nicht erst ihre Eltern rufen könne und ihnen Bescheid sagen. Darauf geht der Mann nicht ein, zieht ein Messer, hält es nach Ginas Aussagen ihr an die Kehle und sagt in sehr zotigen Worten, was er von ihr will, greift ihr an die Brust. Das Mädchen versucht sich ihm zu entwinden, dann wird er sentimental, er fände überhaupt kein Verständnis und er wolle sich das Leben nehmen. Gina hat den Eindruck, der Mann ist geistesgestört, unberechenbar. Das Messer hat sie überzeugt, die Sache ist gefährlich. Sie setzt dem Mann nun keinen Widerstand mehr entgegen, sie folgt ihm in ein Waldstück und tut das, was er von ihr will.

Nachdem alles vorbei ist, sei er wie verwandelt gewesen. Vorher hat er ihr den Ausweis und das Portemonnaie genommen, beides gibt er jetzt zurück. Er wollte nur wissen, wie ihr Name ist und ob er sich bei ihr nicht angesteckt habe. Er sagt von sich einen falschen Namen, er sei der Detlef vom Reifenwerk. Er heißt nicht Detlef, er ist auch nicht in der Gummifabrikation beschäftigt. Jetzt, auf dem Weg zur S-Bahn-Station, wagt sie nicht, einen der Passanten anzusprechen. Sie geht bis zum Bahnhof, dann verabschiedet sich dieser Detlef, und Gina hat Gelegenheit, sofort zur Polizei zu gehen und Anzeige zu erstatten.

Der Mann ist schnell ermittelt, er ist vorbestraft, aber nicht in dieser Richtung. Er ist geschieden, er hat das Erziehungsrecht für einen kleinen Jungen, er lebt jetzt äußerlich in geordneten Verhältnissen, zusammen mit einer Lebensgefährtin. Der Betrieb, in dem er gut arbeitet, hat ihm sehr geholfen, als er wegen Mietschulden einen Kredit haben wollte. Er wurde ihm ganz unbürokratisch gewährt, aber das Geld wurde ihm nicht ausgehändigt, sondern direkt an die Kommunale Wohnungsverwaltung übergeben.

Erstaunlich, wie töricht dieser Mann Siegfried ist. Er will das Geschehen vor Gericht nicht mehr wahrhaben. Jawohl, die Sache mit der Ohrfeige stimmt, ein Messer habe er nicht gehabt, und das Mädchen sei auf sein Zureden ganz freiwillig mit ihm gegangen.

Sieht er nicht, daß es dieselbe Richterin ist, die heute den Vorsitz der Hauptverhandlung übernommen hat, dieselbe Richterin, der er kurz nach der Tat vorgeführt wurde und die den Haftbefehl gegen ihn ausstellte? Damals hat er ihr alles bekannt, genau so geschildert, wie es Gina heute sagt, und noch hinzugefügt, er habe das Messer aus dem Tanzcafé mitgenommen und später weggeworfen. Auch die Protokollantin ist dieselbe, und sie erinnert sich und wäre gern bereit, als Zeugin auszusagen, aber das geht ja nicht.

Drei Jahre Freiheitsentzug ist der Spruch des Gerichts.

Der Staatsanwalt sagte Richtiges. Es mag Leute geben, die werden sagen, das Mädchen habe sich nicht richtig verhalten. Sie hätte, wie die Freundin, weglaufen können und es nicht auf diplomatische Weise versuchen sollen. Wir können, so meinte der Staatsanwalt, ihr nicht vorschreiben, wie sie sich in einer bestimmten, sehr gefährlichen Situation hätte verhalten müssen. Das hängt ganz von ihrer Einsicht ab. Andere werden sagen, sie habe sich vielleicht nicht genug gewehrt.

Der Staatsanwalt sagte, es war richtig, nicht um eine sogenannte Ehre das Leben und die Gesundheit aufs Spiel zu setzen. Leute, die gegenteiliger Meinung sind, denken in Moralbegriffen von vergangenen Zeiten. Vielleicht, so fuhr der Staatsanwalt fort, gibt es auch Menschen, die da meinen, was haben zwei so junge Dinger nachts um vier Uhr in einem Tanzcafé und auf der Straße zu tun. Das, so sagte der kluge Staatsanwalt, ist einzig und allein die Sache von zwei jungen Frauen. Wir alle legen Wert darauf, daß unsere Straßen auch morgens um vier Uhr so sicher sind, daß zwei junge Frauen sie ohne Furcht betreten können.

Die Sache mit Hand und Fuß

Das war einer der seltenen Tage, an denen Raimund so richtig getrunken hatte, denn nach eigenen Worten trinkt er selten, aber dann richtig. Dann wird er auch richtig lustig.

Seine Größe schätze ich auf etwa 1,85 Meter, seine Breite entspricht der eines mittleren Kleiderschrankes. Er ist dem Tiefbau mit Leib und Seele ergeben, und dort liegen auch die Wurzeln seiner gesellschaftlichen Anerkennung.

Die Gretchenfrage unserer Zeit, wie hältst du's mit den Gretchen, beantwortet er als Angeklagter etwas ausweichend, abweisend. Er pflückt, so glaube ich, ganz gerne die Blumen, die am Wege blühen, die Gänseblümchen, die Tulpen, die Narzissen, die schönen Kinder des Frühlings, aber auch die des späten Sommers, die Lilien auf dem Felde. Allzusehr braucht er sich nicht zu bücken, ein Mann seines Jahrgangs, Anfang der 20er, in jeder Weise ungebunden und auch mit Geld reichlich versehen, also ein Mann seines Schlages hat Schlag bei den Frauen. So nennt er keine feste Freundin sein eigen, könnte aber sicher eine ganze Menge loser benennen.

Sein Freund Detlef und Kollege in den Gefilden des Tiefbaus ist da anders. Er ist an eine liebe Dame gebunden, er macht das durch seine Aussage gerichtsnotorisch, er will sie heiraten, und wenn ich jetzt in aller Öffentlichkeit über die Ereignisse jener Nacht berichte, so ist ihm die einzig Geliebte treu geblieben, sie weiß von seinem Fehlgriff und hat ihm verziehen. Detlef ist in der Statur etwas kleiner, er ist aktiver Sportler, als Fußballer in einer Mannschaft fest verankert, eine Stütze des Sturms, er trainiert zweimal die Woche, und jeden Sonnabend hat er ein Spiel. Außerdem nimmt er an der Zivilverteidigung teil und ist ein Interessent für Eishockey und Radrennen. Der Mann ist, wenn ich so bedenke, völlig ausgelastet, vielleicht überlastet. Wie er Zeit für solche Exkursionen findet, ist mir völlig schleierhaft. Er beweist nur, das Allheilrezept: »Treiben Sie Sport, junger Mann, schaffen Sie sich eine feste Freundin an, dann kommen Sie nicht auf dumme Gedanken«, dieses stimmt bei ihm nicht.

Die beiden Freunde hatten den seltenen Tag, an dem sie so lustig wurden, sie hatten jeder für sich zehn Bier und fünf Schnäpse getrunken. Bei Detlef heißen die Schäpse Kaffeelikör, und beide waren ganz schön angegangen. Mitternacht war schon lange vorbei, eine Heimfahrt in Detlefs Wohnung schien wenig sinnvoll, denn die liegt weit außerhalb von Berlin, und frühmorgens hätte er wieder in Berlin-Mitte sein müssen, er hätte mehr in der S-Bahn gesessen als im Bett gelegen, wenig Platz für die ersehnte und notwendige Nachtruhe.

Wohl wohnt Raimund im Stadtinnern, aber seine Mutter hat nicht gern, wenn er Schlafgäste mitbringt, also ein Übernachten bei Raimund schien auch wenig angeraten.

»Gehen wir zu Brunhilde«, schlug Raimund vor. Ich wähle diesen Phantasienamen, weil die Dame etwas Walkürenhaftes von der Statur her hat. Ich weiß aber auch, daß dieser Vergleich mit der Walküre auf beiden Beinen hinkt, denn unsere Brunhilde ist keine Schlachtenjungfrau, die – nach der Edda – die Aufgabe hat, die im Kampf geschlagenen Krieger zu Odin zu geleiten, sie ist überhaupt keine Jungfrau, eine geschiedene Frau, sie arbeitet und hat für zwei Kinder zu sorgen.

Und als die beiden zwar nicht geschlagenen, aber doch sehr angeschlagenen Recken nachts um halb zwei Uhr bei ihr läuteten, war sie von diesem Besuch wenig erbaut. Für Raimund aber war Brunhilde eine Walküre, ein Wunschmädchen. Es muß zum besseren Verständnis erwähnt werden, daß Brunhilde vor Jahresfrist nichts gegen nächtliche Besuche unseres Raimund einzuwenden hatte. Sie hatte jedoch übel vermerkt, daß er sie nur nachts und sehr angetrunken aufgesucht hatte. Das war nicht nach Brunhildes Geschmack, sie hatte in bestimmter, sehr harter Art erklärt, er möge in Zukunft die nächtlichen Besuche unterlassen, und diesen Wunsch hatte Raimund bis zu diesem Abend immer respektiert.

Also Raimund klingelte, Brunhilde öffnete. Ob sie durch die verschlossene Tür gefragt hatte, wer denn da zu nächtlicher Stunde sei, ist unklar geblieben.

Bei halbgeöffneter Tür fragte sie: »Was willst du denn hier?«

»Wir wollen schlafen«, und Raimund wies auch auf seinen Freund Detlef. Den will aber Brunhilde überhaupt nicht gekannt haben. Detlef hingegen kennt Brunhilde, er sagt, er sei mit einer Freundin von ihr, mit Ruth, befreundet gewesen. Es ist auch unwichtig, ob sie sich vorher gekannt hatten.

Brunhilde wollte die Tür schließen, aber Raimund stellte seinen Fuß, Schuhgröße 47, in die Tür. So erzwangen die beiden ihren Eintritt in Brunhildes Wohnung. Es gab nun auf dem Gang eine ganz friedliche Unterhaltung über die Möglichkeit des Schlafens, wie und wo, und sie rauchten jeder eine Zigarette, Brunhilde hatte die Tendenz, alles gütlich regeln zu wollen. Sie lehnte die Zumutung ab, sie müsse morgens zur Arbeit.

Brunhildes zauberhafte Weiblichkeit war in einem sehr kurzen, sehr dünnen, sehr durchsichtigen, sehr illustren Flatterhemd verborgen. Gerade das machte die Herren lüstern.

Raimund umfaßte die Walküre und geleitete sie mit sanfter Gewalt in ihr Wohnzimmer, wo auch ihr Bette stand. Es blieb zweifelhaft, wie weit und ob er sie mit seinem Körpergewicht zum Liegen gezwungen hat.

Klar aber ist, ihr Widerstand kam nicht zum Erliegen, und das sagt Brunhilde. Wenn aber Brunhildes Angaben stimmen, dann hätte Detlef sie mit seiner Hand an einer diskreten Stelle nicht anfassen können. Das aber ist durch übereinstimmende Aussagen von Brunhilde und Detlef erwiesen. Brunhilde war beiden nicht hold, aber die beiden waren auch keine richtigen Unholde. Es gab wohl Debatten, laute Debatten, die kleine Tochter Brunhildes wurde wach. Es gelang Brunhilde aufzustehen, sich einen Morgenmantel anzuziehen und einen Nachbarn vom Haus nebenan zu wecken.

Detlef floh, aber Raimund schlief, auf dem Boden liegend, vor dem Bette ein. So fand ihn der Nachbar. Brunhilde stellte Strafantrag, und so kam es gegen die beiden zum Prozeß.

Raimund hatte mit seinem Fuß in der Tür einen Hausfriedensbruch begangen, andere Straftaten blieben unklar, blieben verborgen im Dunkel der Nacht. Die Strafe: 300 Mark. Detlef hatte mit seiner Hand Unerlaubtes getan. Hier war die Strafe einen Grad härter, auf Bewährung wurde er verurteilt, die Zeit der Bewährung ein Jahr und die Androhung, bei weiteren unerlaubten, verbotenen Dingen, sechs Monate Freiheitsentzug.

Hand und Fuß muß man also hüten in der Nacht, wenn man, stark angetrunken, fremdgehen will, fremd auch zu Bekannten.

Eros – Ehe – Haß

Das Hin und Her der Liebe

Schweißer und Außenmonteur ist sein Beruf, Radfahren seine Leidenschaft. Tommi. Im Beruf ist er und im Sport war er Spitze, so sagt man in Berlin. Seine ideellen und materiellen Erfolge können sich sehen lassen, wir würden ihn als Held der Arbeit, ja auch als Meister des Sports feiern können, wenn er moralisch auch ein solches As wäre.

Aber wir haben ja eben nicht alles auf einmal.

Das A und O hier in diesem Verfahren sind Tommis Beziehungen zu Hilla. Er liebt sie, sie liebt ihn nicht; sie liebt ihn, er liebt sie nicht; er liebt sie, sie liebt ihn; er liebt sie nicht, sie liebt ihn nicht. So einfach ist das. Er hatte Hilla geheiratet, sie, die ein Jahr älter ist als er. Sie bringt ein Kind aus erster Ehe mit, drei Kinder kommen hinzu, dann wird die Ehe geschieden, über den Hausrat will man sich persönlich verständigen. Man verständigt sich nicht. Das Gericht wird bemüht.

Inzwischen ist der Fall drei eingetreten, er liebt sie, und sie liebt ihn. Sie geht zur Gerichtsverhandlung, er fährt sie sogar mit dem Wagen hin: »Regle du das mit deinem Anwalt, mir ist alles recht, wir bleiben ja doch zusammen.« Er kehrt vor dem Gericht um, beachtet seine Ladung nicht.

Und hier soll Hilla die Todsünde begangen haben. Daß ihr mit ihren vier Kindern die Wohnung zugesprochen wurde, ist einleuchtend, aber das Wochenendgrundstück mit dem Bungalow hatte sie, so sagt er, vor Gericht unterbewertet. Das wurde gegen andere Vermögenswerte aufgerechnet und ihr auf ihren Wunsch zugesprochen.

Die Entscheidung bekommt er schriftlich, und er legt keine Berufung ein. Er nimmt einfach das Urteil nicht zur Kenntnis, er will es nicht zur Kenntnis nehmen, unter dem Motto: Es macht nichts, wir bleiben ja doch zusammen. Denn er wohnt noch immer in der Wohnung.

Daß der Knabe Tommi sich gern in Suhl sielt, weiß Hilla, und das ärgert sie, ihn ärgert es, wenn Hilla abends spät und später oder erst morgens nach Hause kommt. Dennoch wohnen die geschiedenen und sich manchmal liebenden Nichteheleute in der gleichen Wohnung. Hier tritt also Fall vier ein mit beiderseitigen Eifersuchtskomponenten.

Den Bungalow betrachtet Tommi als ihm gehörig. Dort nimmt er einfach das Farbfernsehgerät heraus. Sie schimpft, und er schlägt sie. Die Folgen, große, blutunterlaufene Stellen, läßt sich Hilla vom Arzt bescheinigen. Ein Würgen am Hals, das sie behauptet, kann nicht bescheinigt werden.

Ständig quält er sie: »Wenn du mir das Grundstück nicht überläßt, spreng' ich dich mit dem Grundstück in die Luft.« In der Wohnung wirft er Sessel und Siegespokale nach Hilla, bis ihr das eines Tages zu bunt wird und sie ihm einen Zettel auf den Tisch legt: »Hiermit überlasse ich meinem geschiedenen Ehemann das Grundstück, damit ich endlich in Frieden leben kann.«

Den Schmuck, den er ihr geschenkt hat, nimmt er ihr einfach weg. Wert 5300 Mark, auch Bargeld im Werte von 2000 Mark. Sie nimmt ihm daraufhin aus dem Portemonnaie 1600 Mark. Den Schmuck will er im Auto aufbewahrt haben, ein großer Teil davon soll gestohlen sein. Er ist und bleibt verschwunden. Er zieht auf das Grundstück, das ihr gehört, denn der Zettel ist juristisch völlig bedeutungslos. Jetzt will sie den Gerichtsvollzieher bemühen und ihn ärgern. Sie zeigt ihn an wegen Körperverletzung, Diebstahls und wegen Erpressung. Er wird in Haft genommen. Jetzt bereut sie und schreibt ihm in die Haft einen Liebesbrief, einen innigen: »Ich habe andere Herren kennengelernt, aber keiner kann dir das Wasser reichen.«

Bei der Untersuchung stellt sich noch einiges andere heraus. In einem Kinderferienlager, das neben dem umstrittenen Grundstück liegt, freundet Tommi sich mit dem Lagerleiter an. Angeblich im Scherz, um ihm einen Streich zu spielen, nimmt er eine Kassette weg. Darin sind Spendengelder und tschechische Kronen. Die Volkspolizei wird benachrichtigt, und Tommi sieht die Kriminalangestellten. Er hat aber keinen Mut, hinzugehen und zu sagen, hier ist das verschwundene Stück. Er zerschlägt die Kassette, aber dann ist er als Täter bald gestellt. Er eignet sich auch einfach einen Autoanhänger an, den er auf der Straße stehen sieht. Er stellt dem Lagerleiter, als er noch mit ihm befreundet war, eine Gefälligkeitsquittung über 39,20 Mark aus, angeblich weil der ein Kassenmanko damit verdecken will oder die Kosten eines Bierabends. Genaues ist hier nicht mehr zu ermitteln, nur daß die Quittung falsch war.

Außerdem hat er die elektrische Leitung im Bungalow abgeklemmt und ohne Zähler Strom entnommen.

Von einigen Vorwürfen wird er freigesprochen. Ob die Geschichte mit dem Sessel- und Pokalwerfen, mit dem am nächsten Tag geschriebenen Zettel: »Ich trete dir das Grundstück ab« eine vollendete Erpressung ist, bezweifle ich, weil der Zettel völlig rechtsunwirksam bleibt, weil ja objektiv kein Vermögensschaden bei Hilla entstanden ist. Es ist eher eine Nötigung, ein Delikt, das nicht so hart geahndet wird.

Die Strafe für die Körperverletzung, den Schmuck- und den Kassettendiebstahl und die anderen kleinen Delikte: ein Jahr und acht Monate Freiheitsentzug.

Ein Fußballer kann gelegentlich ein Eigentor schießen, ein Boxer beabsichtigt oder unbeabsichtigt unter die Gürtellinie treffen, ein Sprinter ein Fehltritt begehen, einem Springer soll auch mal ein Sei tensprung gelungen sein, der Reiter kann vom hohen Roß fallen, ein Schwimmer baden gehen. Alles habe ich schon erlebt. Nichts gegen die Sportler im allgemeinen, nichts gegen den Sport im besonderen. Im Gegenteil, er stärkt den Körper, bildet die Willenskraft und den Kollektivgeist. Er erzieht zur Fairniß. Das ist die Regel. Tommi hier ist die Ausnahme.

Nachdenken über einen ungewöhnlichen Fall

Ein Kind, die Feuerwehr und die moderne ärztliche Kunst haben eine Katastrophe verhindert. Der Mann, rücksichtslos, jähzornig, ein eigenwilliger Charakter, ein sehr wankelmütiger Charakter. Die Frau, duldend, dienend und leidend, die zum zweitenmal in ihrem Leben gegen ihren sonstigen Lebensstil sich gegen den Mann aufbäumte.

Das Zusammenleben dieser zwei Menschen, die beide gemeinsam beinahe den Tod erlitten, ist ungewöhnlich. Sie hatten 1944 geheiratet. Er, ein junger Industriekaufmann, erst im letzten Jahr zur Wehrmacht eingezogen.

Zurückgekehrt aus dem Krieg, suchte und fand er oft Anschluß bei anderen Damen. Das wurde seiner Frau 1954 zu bunt. Sie reichte Scheidungsklage ein und wurde geschieden. Aber wie die Wohnverhältnisse und die Verhältnisse so sind, er blieb wohnen, und sie, gutmütig, dienend, kochte, wusch für ihn die Wäsche und bereitete für ihn auch das Bett. Und da kam 1961 unerwartet, außerhalb einer Ehe der früher so vergeblich und so lange erwartete Nachwuchs, ein kleines Mädchen.

Sie nahm den Mann wieder auf, als er eine längere Strafe wegen Untreue als HO-Geschäftsführer verbüßen mußte. Er wurde, alljährlich die Arbeitsstelle wechselnd, dennoch ein tüchtiger und anerkannter Materialverwalter in der Industrie.

Nur die natürliche Beziehung zwischen Mann und Frau wurde auf Wunsch der Frau immer spärlicher und schlief ganz ein. Er fand anderweitig Trost. Auch nahmen sie auf sein Verlangen seinen kleinen Sohn, den er außerehelich mit einer anderen hatte, in die Familie mit auf. Die Mutter war aus dem Leben geschieden. Der Mann wurde auf sein Betreiben Vormund und hatte sich auch um das Erziehungsrecht bemüht. Es wurde ihm zugesprochen, unter der Bedingung, seine geschiedene Frau, mit der er ja den Haushalt teilte, müsse den kleinen Jungen unter ihre Obhut nehmen.

Der Mann wollte, wie er immer sagte, mit seiner geschiedenen Frau ein normales Familienleben begründen, aber er suchte auch oft andere erotische Beziehungen. Auch bemühte er sich, und er bekam, da er doch schon so lange geschieden war, 1968 eine eigene Wohnung zugeteilt. Er nahm die nur, so sagte er vor Gericht, um die beiden kleinen Wohnungen jetzt gegen eine größere tauschen zu können. Das war vielleicht ab und zu sein Gedanke.

So fand er sehr viel Verständnis bei einer 27jährigen jungen Frau, die er früher schon einmal geliebt hatte. Sie hatte aber inzwischen geheiratet; ihr Mann war bei der Armee, und sie zog in die andere Wohnung. Er wollte sie, wie er sagte, heiraten, und sie ihn auch. Und sie sollte dann die Sorge um den kleinen Jungen übernehmen. Aber der Mann der jungen Frau kam zurück, es gab Versöhnung, und sie kehrte um und kehrte zurück.

Inzwischen hatte das Referat Jugendhilfe wohl erfahren, daß die geschiedenen Eheleute tatsächlich auch geschieden lebten, und es drängte auf eine Bereitschaftserklärung der Frau, ob sie weiter für den kleinen Jungen sorgen wolle.

Sie wollte nicht mehr. Es kam zwischen den beiden geschiedenen Eheleuten zu einem heftigen Streit. Erst auf der Straße, und in der Wohnung der Frau ging es weiter, es ging wüst zu. Er warf nach ihr mit einem Aschenbecher, er prügelte sie mit einem Riemen. Er wollte verhindern, daß der kleine Junge in einem Heim erzogen wird. Er war über ihre zweite Auflehnung empört, es müsse ein anderer Mann dahinterstecken.

Sie blieb ruhig, duldend, aber ablehnend. Sie schliefen noch nebeneinander im gemeinsamen Zimmer. Am anderen Morgen wurde der Streit fortgesetzt. Er wollte die Kinder aus der Schule halten, aber sie sorgte dafür, daß die beiden zur Schule gingen. Und er diskutierte weiter mit ihr. Sie war ganz still, sprach kein Wort. Wieder schlug er sie mit einem Lederriemen, vier- oder fünfmal.

»Ich habe nichts zu verlieren«, sagte er und drehte in der Küche die vier Gashähne auf. Er ließ sie nicht aus dem Wohnzimmer, begleitete sie zur Toilette. Die Wohnungstür hatte er zugesperrt, alle Türen waren sonst auf, wahrscheinlich auch die Tür zum Badezimmer, und dort stand das Fenster offen. Sie hatte das Gefühl, er will mich nötigen, ich soll es noch ein Jahr mit ihm und seinem Jungen versuchen.

Als sie merkte, daß es ernst wurde, sagte sie: »Gut, versuchen wir es noch ein Jahr.«

»Meinst du es auch ernst?«

Sie sagte unbegreiflicherweise ehrlich: »Nein.«

Er wollte, das sagte er, jetzt wohl die Gashähne schließen. Ob er es wirklich wollte, weiß kein Mensch. Er wurde ohnmächtig, sie auch. Einmal sagte er auch vor dem Haftrichter: »Ich wollte sterben.« Das ist Selbsttötung, und die Tötung der Frau, die sich weigerte, sein Kind weiterzuerziehen...?

Das kleine Mädchen, das gegen 13 Uhr aus der Schule kam, bemerkte den Gasgeruch, alarmierte Nachbarn und diese die Feuerwehr. Beide wurden mit einer mittelschweren Gasvergiftung eingeliefert. Bei beiden blieben die sonst so gefürchteten schweren Folgekrankheiten aus, sie sind genesen.

Das Gericht stellte fest: Die Hauptabsicht des Mannes war, seine Frau zu nötigen, zu bedrohen. Das Gericht war davon überzeugt, daß er als erfahrener Mann damit rechnen mußte, bei dieser Gasvergiftung kann es zu einem tödlichen Ausgang kommen; er zog diese Möglichkeit mit in Betracht. Also bedingt vorsätzlicher Mordversuch an seiner geschiedenen Frau, acht Jahre Freiheitsentzug.

Mir ist der Mann im höchsten Maße unsympathisch. Er hat eine Frau, seine geschiedene Frau wohlweislich, so behandelt, als ob wir noch in der Zeit des Feudalismus lebten. Der Versuch einer Selbsttötung ist bei uns straffrei, aber kein Mensch hat das Recht, einen anderen Menschen zu veranlassen oder sogar zu zwingen, das von ihm gewählte Schicksal zu teilen. Aus diesem Grunde muß der Mann sehr hart bestraft werden. Aber wie hart? Kann der Mann durch die lange Strafe erzogen werden? Denn er war ja auch nach Ansicht des Gerichts bereit, in einer von ihm eingebildeten Verzweiflungssituation sein Leben aufs Spiel zu setzen. Also sind die acht Jahre Freiheitsentzug Abschreckung? Abschreckung für andere mögliche Täter in ähnlicher Situation? Ein Mann, der sein eigenes Leben so mißachtet, den werden auch beim Mißlingen der Tötungsabsicht die acht Jahre nicht schrecken. Hier die richtige Strafe zu finden ist ein schweres Problem. Eine Strafe hat aber auch den Sinn, einen Menschen für ein künftiges Leben, das er ja wieder einmal anfangen muß, vorzubereiten. Acht Jahre Isolierung von der Gesellschaft kann keine gute Vorbereitung für die Eingliederung in die Gesellschaft sein.

Das Oberste Gericht der DDR wird sich sicherlich noch mit dem Fall dieses Mannes beschäftigen.

Rätsel um einen Mordversuch

Was ist Psyche, was ist die Seele des Menschen, welchen Antrieben folgt sie? Ewig neue Frage. Hier haben wir uns mit diesem Phänomen nur zu beschäftigen, wenn ein Mensch in einer seelischen Zwangslage Strafbares tut. Auch dann Zwangslage, wenn sie nur eingebildet ist, wenn ein anderer im selben Konflikt sie unbekümmert und leicht lösen kann. Schwierig wird es, unendlich schwierig, wenn der Staatsanwalt und auch der Angeklagte nach der Tat behaupten: Das, was hier geschah, wurde mit der Absicht getan, um einen Menschen zu töten, es war ein Mordversuch.

Eine Ehe muß durchleuchtet werden, eine Ehe zweier junger, ganz normaler Menschen, eine Ehe, die nicht glücklich wurde, vielleicht nicht glücklich werden konnte. Ein Kriminalfall, wie wir ihn noch nie erlebt haben und ihn bestimmt nie wieder erleben werden, nicht typisch, könnte man vereinfacht sagen.

Sie, Michaela, heute 27 Jahre alt, sehr selbstbewußt, weil sie mit den besten inneren und äußeren Gaben glaubt beschenkt zu sein, sehr zart und klein, in allem die richtige Proportion, äußerlich. Sie war schon, als sie Günter kennenlernte, als Unterstufenlehrerin tätig, ihr Examensprädikat: ausgezeichnet. Ihre Familie ist angesehen, sehr angesehen. Bald will sie weiterstudieren, Fachrichtung Kunsterziehung, in einer anderen Stadt. Günter aber ist Lehrling in einer Kfz-Werkstatt. Er ist jünger, heute 24 Jahre alt, sein Äußeres nicht so bemerkenswert, aber durchaus als nett zu bezeichnen. Den Facharbeiterbrief besteht er mit gut, er will auf ein Technikum und hat schon seine Bewerbung verfaßt. Die beiden kommen sich näher, vielleicht lieben sie sich, er sie bestimmt. Sie mochte ihn sicher damals gern.

Michaela wird mit Günter einig: Wir heiraten. Aber Michaela hatte eine sehr törichte, sehr kleinbürgerliche Bedingung an diese Heirat gestellt: Wenn ich dich nehme, mußt du ein ebenbürtiges Studium aufnehmen. Sie verfaßt Bewerbungsschreiben, er hat nur den Schulabschluß der zehnten Klasse. Und Günter wird an einem Pädagogischen Institut in einer fernen Kreisstadt angenommen, mit der Fachrichtung polytechnischer Unterricht und Werken.

Während dieser Verlobung und während ihres Kunststudiums lernt Michaela einen berühmten bildenden Künstler kennen, sie liebt ihn sehr, und sie kommen sich nahe. Er ist der Mann, der ihr imponiert, von ihm kann sie lernen. Aber diese Beziehung muß sie lösen, an eine Ehe mit ihm ist nicht zu denken.

Das alles erfährt der ferne Verlobte, und obwohl sie sich ihm aus Gründen der anderen Bindung eine Zeitlang verweigert, wird geheiratet. Aber die Kinder, die Michaela und Günter erwarten, die die schon gestörte Ehebeziehung binden sollen, bleiben aus. Michaela ist oft beim Arzt, aber Behandlungen und Arzneien helfen nicht. In Wirklichkeit ist die Ehe keine Ehe, sie sehen sich sehr selten, alle vierzehn Tage. Auch im Studium ist Günter in Michaelas Augen eine Enttäuschung. Er bringt nur durchschnittliche Noten. Sie gängelt ihn ständig, das sagt sie heute selber, und damals hat sie immer gesagt: Nimm dir ein Beispiel an mir.

Aber als sie ihr Studium Kunsterziehung beendet hat, verliert sie ihre schöne Singstimme, sie meint, sie könne nicht unterrichten, und wieder nimmt sie ein neues Studium auf, das sie auch beendet hat, und nun ist sie in einem anderen leitenden Posten tätig.

Privat, so vermutet Günter, soll sie sich nicht so beispielhaft führen. Günter weiß das von dem Künstler, anderes glaubt er zu wissen. Eifersucht und blinde, heiße Liebe. Keine echte Ehe, sagt der Psychiater, eine neurotische.

Und immer wieder: Nimm dir an mir ein Beispiel.

Ein kleines, sehr süßes Geschöpf, eine Versuchung auf zwei sehr langen Beinen mit einem Kußmäulchen, tritt in Günters Leben. Er nimmt sich ein Beispiel. Aber bei ihm ist es eine Sünde, er schläft bei der anderen mit schlechtem Gewissen vor der idealen Michaela. Ein Glücksfall für ihn, daß das süße Geschöpfchen auch den gleichen Vornamen hat wie seine Frau, also hier Michaela II. So kann er sich wenigstens nicht versprechen.

Aber Michaela II, die Achtzehnjährige, ist empfänglicher als Michaela I. Schon nach wenigen Wochen erfährt Günter von anderen, Michaela II erwarte ein Kind. Von ihm.

Die ganze Angelegenheit nimmt nun die Mutter von Michaela II, Frau Pola, in ihre allzu forschen Hände. Auch sie von Beruf Pädagogin, vorsichtig ausgedrückt, Pädagogin alten Stils. Niemand kommt bei ihr zu Wort, niemand wird es verstehen, sich bei ihr Gehör zu verschaffen. Sie bestellt Günter zu sich nach Hause, er schlägt eine legale Schwangerschaftsunterbrechung vor. Sie hat das Verordnungsblatt in der Hand, schlägt nach, sagt: unmöglich. Günter plädiert für einen anderen Weg, eine illegale Abtreibung. Frau Pola: »Das kommt bei mir nicht in Frage, wir bekommen das Kind.«

»Und ich soll achtzehn Jahre lang Alimente zahlen?« fragt Günter.

»Wer sagt Ihnen das? Vielleicht zahlen wir«, sagt die völlig am Kind unbeteiligte Frau Pola. »Unterrichten Sie erst mal Ihre Frau.« Und Frau Pola stellt einen Termin: »Wenn Sie nicht in einer Woche Ihre Frau unterrichtet haben, gebe ich ihr Bescheid.«

Unendlich schwerer Weg zu Michaela I. Beichte. Er bekommt von der kleinen Person Ohrfeigen, große Szene: »Ich lasse mich scheiden.« Dann Versöhnung auf halbem Wege. »Wir adoptieren das Kind.« Jetzt fährt Michaela I mit in Günters Studienstadt. Sie hat einen Vertrag vorbereitet über die Abgabe eines noch nicht geborenen Kindes. Zwei Frauen, an dem Kind unbeteiligt, Berufskolleginnen, handeln und verhandeln über ein kommendes Kind. Auf Frau Polas Wunsch wird der Vertragsentwurf noch etwas revidiert, dann unterschreiben das Ehepaar und Michaela II. Unwiderruflich, das Ehepaar wird das Ungeborene adoptieren, die Mutter verzichtet auf alle Rechte.

Michaela I bereitet alles für das Kindchen vor, und Günter wird immer wieder von Michaela II versichert: Es bleibt wie abgesprochen und unterschrieben.

Inzwischen sagen die Ärzte zu Michaela I: »Daß Sie kein Kind bekommen, das kann nicht an Ihnen liegen. Soll sich Ihr Mann einmal untersuchen lassen.« Auch das setzt Michaela I durch. Der gewissenhafte Hausarzt untersucht, sagt zu Günter: »Wahrscheinlich sind Sie, obwohl potent, nicht zeugungsfähig. Gehen Sie einmal zur Universitätsklinik.« Hier finden drei gründliche Untersuchungen statt, eine davon außerordentlich schmerzhaft. Das vorläufige Ergebnis: Mit einer an Sicherheit grenzenden Wahrscheinlichkeit ist Günter zeugungsunfähig. Das deprimiert ihn vollkommen. Er vernachlässigt sich, er vernachlässigt sein Studium. Und dadurch wieder große Differenzen mit Michaela I, Vorwürfe, gegenseitig bieten sie sich die Scheidung an.

Er läuft kopflos herum: Ich bin nur ein Tier, ich bin nichts wert. Er schläft nicht, arbeitet nicht an sich.

Inzwischen gebiert Michaela II einen kleinen Jungen, Stefan. Vereinbarungsgemäß betreut die junge Mutter das Kind nicht, bekommt es gar nicht zu sehen. Sie soll sich an ihr Kind nicht gewöhnen.

Einen Tag vor dem Termin, an dem Michaela I das vertraglich gebundene Kind abholen soll, bekommt sie von Frau Pola ein Telgramm. Michaela II hat ihre Meinung geändert: »Wir behalten das Kind.« Die ganze Vereinbarung fällt damit ins Wasser. Große Szene zwischen Michaela I und ihrem Mann: »Entweder du bekommst das Kind, oder ich lasse mich sofort von dir scheiden.«

Nun geht Günter zu Michaela II ins Krankenhaus, sie liegt allein. Er zieht die Klingel aus der Leitung, will sie zwingen, das Kind doch zu geben. Er würgt sie. »Entweder du gibst mir das Kind, oder ich töte dich.« Sie nimmt das nicht ernst, sie bleibt bei ihrem Entschluß. Aber hier weiß er schon, der kleine Stefan ist nie und nimmer sein Sohn. Wollte er die Kenntnis über seine Sterilität nicht kundtun, wollte er sich mit diesem Kind als Vater schmücken!

Am schnellsten tröstet sich Michaela I. Sie nimmt ein anderes kleines Mädchen in Pflege. Auch Günter fährt mit Stolz den Kinderwagen spazieren an den Wochenenden, an denen er zu Hause ist. Er hätte zwar lieber einen Sohn gehabt. Aber mit seiner Frau gibt es weitere Differenzen. Sie macht ihm Vorhaltungen über sein Benehmen; auch über die Alimente für den kleinen Stefan gibt es Streit.

Und immer wieder: »Du mußt Leistungen bringen.« Sie will, daß er sich jetzt einem Nervenarzt vorstellt, sie schreibt sogar heimlich an einen ihr bekannten Professor, bittet um Rat. Günter aber droht ihr: »Du treibst es mit mir zu weit, du wirst mich noch in der U-Haft besuchen. Dann kannst du dich von mir scheiden lassen und nach Berlin gehen.« Er fährt zurück in seine Studienstadt, hinterläßt einige Zeilen: »Ich liebe dich doch so sehr. Wenn du von mir gehst, bekommst du das Püppchen.«

In seiner Studienstadt findet er drei unangenehme Briefe. Einen von seinem Bruder, dessen Inhalt ich nicht kenne; eine Vorladung zur Wohnraumlenkung, dort gibt es Differenzen wegen seines schönen möblierten Zimmers, das er räumen soll, und Vorwürfe, er hätte sein früheres Zimmer nicht aufgeben dürfen. Dann eine Vorladung zur Jugendhilfe. Hier wird er gefragt, ob er die Vaterschaft für Stefan anerkennt. Er sagt: »Nein. Ich war wohl mit der Mutter zusammen, aber andere auch« – und nennt Namen.

Und nun geht er zu Michaela II. Er wird in die Wohnung nicht eingelassen. Auf dem Flur streiten sie sich. »Forderst du Alimente? Wieviel? Bis Stefan die Lehre beendet hat? Du wirst dich schneiden«, sagt er und geht.

Schwer deprimiert über seine Erfolglosigkeit in allen Bereichen, kommt er nach Hause. Dort sieht er eine Literflasche voll Äther, füllt eine kleine Taschenflasche mit etwa drei bis vier Kubikzentimeter Äther. Er weiß, der kleine Stefan steht an diesem warmen Sommertag unbewacht im Hof des Hauses, wo Michaela II wohnt. Dreimal geht er an den Wagen heran, dann schüttet er die kleine halbe Flasche Äther auf das Kopfkissen und geht weg.

Dem Kind geschieht gar nichts. Die Menge Äther, neben das Kind geschüttet, ist nicht einmal geeignet, den kleinen Stefan zu narkotisieren, das sagen Sachverständige, und daran ist nicht zu zweifeln. Es konnte gar keine Schädigung eintreten. Das Kind hat auch zur gewohnten Zeit seine Flasche genommen. Aber Michaela II und deren Mutter merken den Äthergeruch, der Arzt wird bemüht, die Polizei, und Günter wird verhaftet. Sofort sagt er: »Es war nicht meine Absicht, das Kind zu töten. Ich wollte mir nicht jeden Monat Vorwürfe von meiner Frau wegen der Alimente machen lassen.«

Diese Version hält er während der ganzen Voruntersuchung aufrecht. Dem Psychiater aber sagt er etwas anderes: »Ich wollte Michaela II erschrecken, damit sie uns den Stefan doch noch überläßt. Ich wollte ihn nicht töten, aber ich habe auch den Tod Stefans mit einkalkuliert.« Diese Begründung aber hält er nicht aufrecht, er widerruft sie auch bei dem sehr vorsichtig vernehmenden Staatsanwalt, ja einer fast privaten Unterhaltung. Und hier gibt er wieder die Begründung: »Ich wollte töten wegen der Alimente.« In der Verhandlung aber sagt er die Version mit dem Erschrecken.

Der Staatsanwalt bleibt bei der Version Mordversuch, Grund: Vorwürfe der Michaela I, und beantragt eine Strafe von vier Jahren sechs Monaten Freiheitsentzug. Daß der Tötungsversuch mit völlig unzureichenden Mitteln geschah, ist nach Rechtsprechung des Obersten Gerichts kein Grund, von einer Klage Abstand zu nehmen. Aber das Motiv ist nicht logisch, denn Günter weiß mit fast absoluter Sicherheit, er wird nie einen Pfennig Alimente zu zahlen brauchen.

Der Strafsenat des Bezirksgerichts Erfurt hat keinen Zweifel, daß Günter eine direkte Mordabsicht hatte. Der Grund: Klärung der Eheverhältnisse. Die Tat sollte seine Frau, Michaela I, treffen, aber sie sei mit geringer Intensität durchgeführt worden, er habe beinahe in einer psychischen Zwangslage gehandelt.

Urteil: wegen Mordversuchs und versuchter Nötigung drei Jahre Freiheitsentzug.

Daß die Tat wirklich seine Frau treffen sollte, glaube ich auch. Er hatte ihr ja gedroht: »Du wirst mich in der U-Haft besuchen, du kannst dich dann scheiden lassen.« Und er gab sich sofort als Mörder aus. War das eine Selbstbezichtigung? Wußte er vielleicht doch, daß das Mittel zur Tötung auch eines Säuglings völlig ungeeignet war? Aber wollte er wirklich töten? Wenn er wirklich töten wollte, warum nahm er dann nicht die ganze Flasche Äther? Warum goß er auch die geringe Menge noch daneben, auf das Kissen?

Ich glaube, man kann einen Menschen (auch bei der so unlogisch milden Strafe von drei Jahren) nur dann wegen Mordversuchs verurteilen, wenn das Motiv und die Handlung völlig konsequent und logisch sind, vor allem, wenn der Versuch mit einem völlig untauglichen Mittel verübt wurde. Vielleicht war es nur eine versuchte Körperverletzung.

Denn tatsächlich, sein Ziel hat er erreicht. Mit der Mordanklage und mit der Untersuchungshaft hat er seine Frau schwer getroffen. Sie ist erschüttert, sie sieht ihr Fehlverhalten während der ganzen Ehe ein. Und ihr Fehlverhalten ist moralisch gewiß hart zu verurteilen.

Ein schwieriger, fast unlösbarer Fall. Es geht dort nur um die Motive, um die seelischen Vorgänge vor und bei der Tat. Die Tat selbst hatte für den kleinen Stefan nicht die geringsten Folgen.

Der gekaufte Ehemann

Daß wir heute Kenntnis von diesem schweren Verbrechen haben, verdanken wir einzig und allein einer ganz jungen Ärztin. Sie hat weit mehr als ihre Pflicht getan in ernster Bekümmernis um den Tod einer ihrer Patientinnen, einer schwer herzkranken Frau. Der Name dieser gewissenhaften Ärztin soll nicht verschwiegen werden: Dr. Erika Müller.

27 Jahre war Manfred Kopsa alt, als er in einem Lokal zwei Frauen kennenlernte. Die eine, 58 Jahre; mit ihr freundete er sich schon an diesem ersten Abend sofort an. Er lebte oft tagelang bei ihr. Aber auch die Schwägerin dieser Frau, die damals 64jährige Elfriede Berloge, hatte allzu großen Gefallen an dem hübschen, windigen Burschen gefunden. Sie wußte, und Manfred Kopsa machte auch nie ein Hehl daraus, daß er schon einige Male gesessen hatte, Diebstahl, Kuppelei, Urkundenfälschung, Paßvergehen, all das stand auf seinem Konto. Arbeitsstellen hatte er eine Menge aufzuweisen, seine längste Ausdauer: sechs Monate.

Frau Berloge war zielstrebig in ihrer Zuneigung, leider müssen wir sagen, mit Erfolg. Sie machte ihrer Schwägerin den jungen Freund abspenstig. Sie soll, das erzählt der damals so umworbene Manfred heute, einen Defekt an einer Lampe inszeniert haben, dann bat sie den jungen Mann, der sich als höflich und geschickt erwies, um

Hilfe. Er kam in ihre sehr gepflegte Einzimmerwohnung, und dann, das muß man ganz hart sagen, kaufte sie sich den jungen Mann. »Du bekommst einen neuen Anzug, wenn du zu mir ziehst. Du hast es bei mir besser als bei der Schwägerin.«

Manfred Kopsa zog zu ihr, und er fühlte sich wohl. Er hatte bisher, so sagte er, kein richtiges Zuhause kennengelernt. Die Eltern waren geschieden, mit seiner Mutter verstand er sich nur zeitweise. Jetzt, da er sich an diese 37 Jahre ältere Frau angeschlossen hatte, da schien sich auch das Verhältnis zu seiner Mutter zu bessern, denn sie hatte und hat anscheinend Verständnis für die Neigungen der alten Frau. Auch sie, die Mutter des Manfred Kopsa, hatte wieder geheiratet, einen viel jüngeren Mann, einen Arbeitskollegen ihres Sohnes, der nur drei Jahre älter ist als sein jetziger Stiefsohn.

Frau Berloge hatte in den ersten Jahren einen guten Einfluß auf ihren neuen Liebhaber. Sie sorgte dafür, daß er pünktlich zur Arbeit ging, sie war selber noch als Toilettenfrau tätig. Ersparnisse hatte sie, und sie sorgte auch, daß ihr neuer Freund kräftig mitsparte. Sie wollte ihn heiraten und heiratete ihn auch. Das Hochzeitsgeschenk an ihn: 15 000 Mark, und sie veranlaßte ihn, daß er nach der Eheschließung sich Manfred Berloge geborener Kopsa nannte.

Von dem Hochzeitsgeschenk zahlte Manfred Berloge erst einmal Unterhaltsschulden, dafür sorgte seine Frau. Er war früher einmal verheiratet gewesen und hatte lange für seine Tochter nichts gezahlt. Dann wurden auch noch alle anderen Schulden bezahlt, und Frau Berloge legte ein Sparbuch von 12 000 Mark für ihren Mann an. Sie sorgte für ihn eigentlich wie eine Mutter, eher schon wie eine Großmutter. Sie hielt ihn von Gaststätten fern, sie spielte abends mit ihm Würfeln oder »Mensch ärgere dich nicht«. Sie zeigte ihm aber auch ihr Sparbuch, es enthielt über 21 000 Mark. Und sie sprach auch davon, daß ihr verstorbener Mann, ein Fleischer, ihr im Westen ein Guthaben von 450 000 Mark hinterlassen habe. Während ihrer seltsamen Freundschaft und Ehe wechselte er seinen Arbeitsplatz als Beifahrer zwei Jahre lang nicht, und er kam pünktlich und gewissenhaft wie nie zuvor seiner Arbeit nach.

Aber der Konflikt kam. Manfred Berloge hatte sich nach einem anderen Arbeitsplatz umgesehen, er fand einen neuen, besser be-

Also heirateten sie schnell und kurz vor der Geburt. Trotz ihrer Vater- und Mutterrolle blieben sie Kinder.

Die Ehe war im Anfang sehr ruhig, sagt Hilla, die Angeklagte. Also gut, meinte die Richterin. Sie war nicht gut, das erläutert Hilla später, und das »nicht gut« wollte sie im Anfang mit ruhig ausdrücken. Ich glaube, sie hatte etwas mehr als Ruhe in der Ehe erwartet. Aber diese Ruhe änderte sich, als plötzlich die Mutter des Jörg zu Besuch kam. Nicht Alkohol, nicht Untreue einer der beiden Partner, hier begann die Zerrüttung mit der Unerfahrenheit der beiden, an dem Eingreifen der von Jörg herbeigesehnten und von Hilla verabscheuten Mutter des Jörg. Dieser lebte nach seinen Vorstellungen oder der Vorstellung der Mutter. Es fehlte bei beiden die Einsicht in den täglichen Kompromiß, die eigenen Wünsche erst dann durchzusetzen, wenn der andere mit diesem Handeln einverstanden ist.

Jörg klagte auf Ehescheidung. Hilla zögerte erst, aber dann war sie einverstanden. »Er wurde so kaltblütig von einem Tag zum anderen. Er wollte mich fix und fertig machen.« So sah die Lage der kleinen Familie aus Hillas Sicht aus.

Während dieser Auseinandersetzung, um die Zeit der Ehescheidung, zog Hilla einfach für ein paar Wochen weg zu einer Freundin. Sie beließ ihr kleines Mädchen von knapp zwei Jahren dem Mann zur Pflege, in Wahrheit überließ sie es der Schwiegermutter.

Diese Situation mußte sich vor der Scheidungskammer natürlich auswirken. Dem Mann wurde das Erziehungsrecht und die Wohnung zugesprochen, Hilla wurde zur Zahlung eines Unterhaltsbeitrages verpflichtet. Sie hatte sich wohl bei diesem Verfahren durch einen Anwalt vertreten lassen, aber dennoch legte sie gegen die Entscheidung keine Berufung ein. Doch innerlich war sie wütend. Sie lebten beide in der gemeinsamen Wohnung, sie durfte, wie sie sagte, ihr Kind kaum sehen. Die Tür zu dem Zimmer war abgeschlossen, sie durfte sich gar nicht um das Kind kümmern. Auch die Puppe, die sie dem kleinen Mädchen, als es zwei Jahre alt wurde, schenkte, mußte sie dem geschiedenen Mann übergeben. Es wurde ihr verwehrt, das Kind selber zu beschenken. »Die Puppe war für das Kind viel zu groß«, das war Jörgs Reaktion auf die Frage des Gerichts.

Hilla behauptete vieles, und nicht alles, was sie behauptete, stimmte. Sie sagte auch, Jörg habe ihr aus Gemeinheit das Gas abgestellt, aber das ist nur zeitweise so gewesen, weil sie alle Gasflammen in der Küche nachts zum Heizen hatte brennen lassen. Aber zum Kochen und Waschen muß er wohl das Gas wieder angestellt haben, sonst wäre ja nichts geschehen.

Sie war sicher kein Engel, ein ungezogenes Kind. Sie habe, so behauptete er, einmal aus Wut das ganze Geschirr zertöppert. Es seien nur zwei Teller gewesen, sagt sie, aber im Ehescheidungsurteil steht es anders. Was sie sonst noch behauptet, blieb vor Gericht unbewiesen. Er habe trotz allem Streit, trotz Haß und Ehescheidungsverfahren versucht, die körperliche Gemeinschaft fortzusetzen, er habe sie sogar mit Gewalt dazu zwingen wollen, was er wieder bestreitet. Wem kann man hier glauben?

Aber eines Tages kam es zum Unglück. Er bastelte im Badezimmer an einem kleinen Schränkchen, sie kochte Wäsche ab, sie kam einmal mit der kochenden Seifenlauge, und er kippte sie in die Toilette aus. Nach einiger Zeit kam sie mit einem zweiten Kessel, und den goß sie, wie sie sagt, aus Wut ihm über den Oberkörper. »Er hat mich bedroht, er hat mich brutal angefaßt, ich mußte mich wehren.« So entschuldigt sie ihre böse Tat vor Gericht. Vor der Volkspolizei hat sie diese Bedrohungen nicht erwähnt. Dort wurde sie etwa zehn Tage nach dieser schlimmen Tat vernommen. Damals sagte sie nur, es sei aus ihrer allgemeinen Verärgerung passiert, aus Wut über das ihr zugefügte Unrecht. Jörg hatte schwere Schmerzen, Verbrennungen ersten und zweiten Grades am Arm und auf dem Rücken. Drei Wochen mußte er seiner Arbeit fernbleiben.

Es war die Rache des kleine Mannes, sagte im Verfahren eine erfahrene Staatsanwältin. Ich habe diese Meinung übernommen, aber als Titel geändert, es war die Rache der kleinen Frau. Verurteilung auf Bewährung, die Prüfungszeit zwei Jahre, eine Androhung von acht Monaten, wenn sie wieder solche gefährlichen Dinge tut.

Sie hat jetzt eine neue Arbeit in einer Konsumverkaufsstelle für Textilien. Der Leiter der Filiale sagt als Kollektivvertreter für sie aus, sie habe sich wie ein Kind über diese Arbeitsstelle gefreut, sie sei freundlich und gewissenhaft, nur mit der Pünktlichkeit hapert es bei ihr noch sehr.

Und diese Unpünktlichkeit stellte auch der Kollektivvertreter ihrer alten Arbeitsstelle fest, einer Betriebsverkaufsstelle, dort allerdings habe sie auch sehr lustlos gearbeitet. Das war während ihrer Ehekrise.

Da sie aber jetzt Vertrauen zu ihrem Vorgesetzten hat, der mit ihr im großen und ganzen zufrieden ist, konnte eine Arbeitsplatzbindung ausgesprochen werden. Auch privat scheint sich ein Ausweg anzubahnen, sie hat vor kurzem die Wohnung verlassen und ist zu einem neuen Freund gezogen. Aber auch hier wird es nicht ohne Vorsicht und gegenseitige Rücksichtnahme gehen, ohne sie kommt man weder im Straßenverkehr noch im Leben noch in der Liebe aus.

Sachlich richtig

Bescheiden tritt Frau Wilma auf, sehr bescheiden, aber sehr beredt, und sie zeigte eine Gewandtheit im Umgang mit Vorgesetzten, auch mit Untergebenen. Und diese Gewandtheit nutzt sie nicht zu ihrem Vorteil aus. Sie ist nahezu die ideale Angeklagte. Von Anfang an hat sie alles gestanden; sie hat ganz genau jeden Beleg geprüft, nicht alles, was ihr vorgeworfen wurde, bejaht, sie hat Dinge auch zurückgewiesen, ganz energisch vertreten, und siehe da, auch das stimmte. Sie ist die ehrlichste Angeklagte auf dieser Welt, wenn man in diesem Zusammenhang von ehrlich überhaupt sprechen darf.

Auch hat sie für ihre Taten eine Rechtfertigung, eine dünne. Sie war, so sagt sie, als Kind im Krieg unter dem Bombenhagel verschüttet, dadurch war es ihr nicht möglich, ihre Berufswünsche zu erfüllen. Sie hätte gern Medizin oder Archäologie studiert. Nun wurde ihr der Beruf eines Buchhalters richtig aufgedrängt.

Nicht ganz so ablehnend spricht sie von ihrer Ehe. Aber auch hier ging es nicht, wie sie es sich vorgestellt hat. Ihr Mann wollte eigentlich gar nicht, daß sie arbeitet, sie aber setzte ihren Beruf fort, sie war erst vier, dann fünf und dann sechs Stunden tätig, um ihre Selbständigkeit zu bewahren. Und sie legte sich einen Fonds an für den Fall, daß sie sich doch scheiden ließe. Dreimal hatte sie es schon eingereicht, aber immer wieder zurückgezogen. Ihre Ehe bezeichnete sie als sehr unglücklich. Bei den Kollegen in der Schule, später Fachschule für Medizin, wo sie als Sachbearbeiter tätig war, genoß sie großes Ansehen und hatte Einfluß. Diese Fachschule ist an ein Berliner Krankenhaus angegliedert. Unter den Kollegen erklärt sie immer etwas großsprecherisch: »Ich habe es gar nicht nötig zu arbeiten, aber ich tue es ja nur, um euch nicht im Stich zu lassen.« Auch hier erwirbt sie durch Tüchtigkeit und Freundlichkeit ein so großes Vertrauen, daß sie zeitweise sogar neben ihrer Funkion als Sachbearbeiter zum Verwaltungsleiter der Fachschule eingesetzt wurde.

Äußerlich ist sie wenig eitel, sie ist der Typ, der ganz und gar im Beruf und in der Familie aufgeht, der alles etwas schwer nimmt. Sie kümmerte sich sehr um ihre jetzige fünfzehnjährige Tochter, sie war im Elternausschuß und leistete daneben noch ehrenamtlich eine pädagogische Arbeit. Ihr Verdienst war nicht sehr hoch, das lag natürlich an ihrer verkürzten Arbeitszeit. Von ihrem Mann bekam sie jeden Monat dazu noch 600 Mark. Der Mann übernahm mit dem, was er für sich zurückbehielt, noch die Mietezahlung, die Gas- und Elektrizitätsrechnung und das Fernsehen. Es standen ihr um die 900 Mark zur Verfügung, mit denen sollte sie den Haushalt und die Kleidung der Familie bestreiten. Also genug Geld, um alle Wünsche erfüllen zu können. Sie aber glaubt, der Mann hätte ihr mehr geben können, mehr geben müssen. Sie wußte nicht einmal genau, was er verdiente, sie wußte aber, er hat ein geheimes Sparkonto. Wie hoch es war, wußte sie nicht. Jetzt erst, als ihre Taten offenbar wurden, stellt es sich heraus, daß diese Ehe doch nicht so schlecht war, wie Frau Wilma glaubte. Jetzt halten die Eheleute endlich zusammen.

Frau Wilma war in der Schulverwaltung verantwortlich für die Bereiche Haushalt, Finanzen und Statistik. Sie führte auch die sogenannte kleine Kasse, aus der die täglichen Ausgaben für Reinigungsmittel, Lehrmittel, kleine Geschenke für Feiern, für Blumen bestritten werden sollten, die es so in einer großen Schule gibt. Sie hatte für diese Kasse bis zu 400 Mark. Wenn dieses Geld aufgebraucht war, mußte sie im Krankenhaus bei der Haushaltsstelle die Belege vorlegen und bekam dann neues Geld. Die Belege mußten »sachlich richtig« und »rechnerisch richtig« gezeichnet werden. Entgegen allen gesetzlichen Vorschriften zeichnete Frau Wilma die Belege selber sachlich richtig ab, das heißt, innerhalb der Schule gab es keine Stelle, die prüfen konnte, ob die Angaben wirklich gemacht wurden, ob die Menge, die angegeben war, stimmte und ob die Belege überhaupt echt waren.

Es begann im Jahre 1971. Frau Wilma hatte aus der Kasse Ausgaben gemacht, hatte aber die Belege, die Kassenquittungen der Geschäfte, verloren. Da entnahm sie aus einer Ablage, in der alte Belege abgeheftet waren, Quittungen über ähnlich hohe Summen und reichte diese Belege einfach ein. »Ich bekam dann das Geld anstandslos.« Die Sachbearbeiterin im Krankenhaus, die die ganzen Belege durchsah, merkte nicht, daß diese schon vor Jahren abgerechnet waren. Frau Wilma hatte damals, wie sie sagte, wahnsinnige Angst, aber es geschah gar nichts.

Die Angst verlor sie. Frau Wilma fing an, in die eigene Tasche zu wirtschaften. Sie legte Quittungen vor für Ausgaben, die sie selber für sich gemacht hatte, und zeichnete sie als sachlich richtig ab, oder sie nahm alte Belege und legte sie erneut der Haushaltsabteilung im Krankenhaus vor, oder sie änderte die Ziffern, sie machte aus 3 Bürsten 8 Bürsten und schrieb dann vor eine Summe von 9 Mark eine 2. Das war sachlich ganz falsch, aber »sachlich richtig« gezeichnet. Für Blumen zu einer Feier lag eine Quittung über 7,30 Mark vor. Frau Wilma schrieb eine 6 davor, also 67,30 Mark. Das wurde bezahlt. So einfach war das.

Die Fälschungen waren oft raffiniert, aber meist ganz plump, dick aufgetragen, doch niemandem fiel das auf. Mit ihren falschen und gefälschten Belegen täuschte sie das Krankenhaus etwa 240mal. Eine Revision der Kassenführung gab es von 1971 überhaupt nicht, erst eine Kassenrevision im Jahre 1975 brachte alles ans Tageslicht. Es wurden weitere Fehler gefunden. Die Schule kaufte für die Schüler S- und U-Bahn-Fahrkarten. Bei den S-Bahn-Fahrscheinen, die 20 Pfennig kosten, rechnete Frau Wilma einfach 30 Pfennig ab und erhöhte auch die Zahl durch Vorschreiben einer Hunderter-Stelle.

Die Strafe, die das Gericht aussprach: ein Jahr und fünf Monate Freiheitsentzug und Wiedergutmachung des Schadens. Das wird Frau Wilma nicht sehr schwerfallen, denn der Schaden betrug etwa 8 900 Mark, und genau 9 000 Mark hatte sie auf ihrem privaten Sparkonto, das sie für den Fall einer Scheidung angelegt hatte, und für dieses Konto hatte sie sich das Geld angeeignet.

»Frau Wilma war eine so angesehene, fleißige und freundliche Kollegin, um die uns jeder beneidet hat«, das sagte der Leiter der Fachschule als Zeuge vor Gericht. Welch eine tüchtige Kollegin, diese Frau Wilma, die bereitwillig alles sachlich richtig abzeichnete, was sachlich falsch war.

Der zornige junge Mann

Nicht verwandt und nicht verschwägert, nicht durch Adoption verbunden. Also hat die Zeugin kein Recht, die Aussage zu verweigern. Daß sie einmal seine Frau war, das zählt hier nicht, zählt nicht mehr. Sie, Katrin, muß, sie will aber auch aussagen, diese große, anmutige, etwas füllige jugendliche Frau – Kunststück, Jahrgang 1950, denn angeklagt ist er, der einmal der Ihre war, Detlef, der gleichaltrige, der ausgesprochen schöne – mit der hohen Stirn und dem kleinen Schnurrbärtchen –, der zornige junge Mann mit der Neigung zum Alkohol und zum Tyrannen.

Sie, Katrin, hat die Scheidung angestrebt und erreicht. Sie hat das Erziehungsrecht für die beiden gemeinsamen Kinder, ein drittes hat sie noch zu betreuen. Sie erhielt im allgemeinen Einverständnis auch die schöne Wohnung. Er, der zum Tyrannen, zum Alkoholiker und zum Prügeln neigende Mann, hat sie gewarnt. Schon vor dem endgültigen Gerichtsspruch mußte er hinaus, da gab es sogar einen Gerichtsbeschluß, daß er seine Wohnung nicht mehr betreten darf, weil er oft gewalttätig wurde. Bei der Teilung des Hausrats hatten sich Katrin und Detlef geeinigt – ein kleiner Lichtblick in dem traurigen Ende einer Liebe, einer Liebe zweier Liebesleute.

Nun ist der schöne Detlef auch kein reiner Held der Arbeit, die Stellen wechselte er wie sein Hemd, manchmal – um diesen Vergleich zu strapazieren – ist er völlig unbekleidet. So heißt es doch in der Anklageschrift, der beschäftigungslose Herr Detlef wird angeklagt... Aber zwischen Anklage und Prozeß hat Detlef sich besonnen, er ist beim Rat des Kreises, seiner alten Arbeitsstelle, vorbeigegangen und hat gefragt: Kann ich nicht wieder bei euch als Lagerarbeiter anfangen? Und er durfte, man ist jetzt, ich betone das kleine Wörtchen »jetzt«, voll des Lobes.

Ob dieses letzte Ausscheren aus der Arbeit ein Sichdrücken vor den Unterhaltsverpflichtungen war, immerhin muß er im Monat 150 Mark bezahlen, das ist Vermutung, und daß sein Einlenken zur Arbeit mit dem Ermittlungsverfahren zusammenhängt, wahrscheinlich. Es hat sich ja auch in dieser Stadt herumgesprochen, daß ein in Arbeit stehender Angeklagter günstiger aufgenommen wird. Es ist nicht beweisbar, jedenfalls, Detlef arbeitet, er arbeitet sogar gut, das steht zu Buch. Unerheblich für das Gericht, aus welcher Antriebskraft sein Eifer kommt.

Frau Katrin hatte schon einige Male auch während der Ehe die Volkspolizei zu Hilfe rufen müssen, und nach der Scheidung von Tisch, Bett und Wohnung drang Herr Detlef mehrfach in die Wohnung ein, er hatte einen Schlüssel behalten und verlangte die Herausgabe einiger Sachen. Inzwischen aber ließ die kluge Frau Katrin noch ein zweites Sicherheitsschloß anlegen.

Am 26. Juli 1973 erschien Detlef wieder, er wollte sich Geschirr und noch Handwerkszeug abholen, das ihm gehörte. Frau Katrin fragte auf sein Klopfen hin, wer da sei. »Ich bin es, Detlef.« Frau Katrin: »Ich lass' dich nur herein, wenn du einen anderen mitbringst.« Detlef zog ab, heftete ein Zettelchen an die Wohnungstür mit den gefühlvollen Worten: »Soll ich erst wieder ungemütlich werden? Ich bin gleich wieder da.«

Er kam, er klopfte, wieder fragte Frau Katrin: »Wen hast du mitgebracht?« Keine Antwort. Detlef schlug sofort die Türfüllung ein, öffnete dann das Schloß und schlug so auf Katrin ein, daß sie zu Boden fiel. Er aber sagt, sie habe ihn mit einem Topf heißen Wassers empfangen und es über seinen Kopf gegossen, darauf habe er sie geschlagen.

Das Gericht glaubt Katrin mehr als Detlef. Er ist der Stärkere, er ist unberechtigt in die Wohnung eingedrungen, und ein Attest über kleine blutunterlaufene Stellen an Stirnbein und eine Prellung an der rechten Schulter geben Zeugnis von ihrer Version. Sie aber sagt, es waren zehn Schläge mit der harten Faust ins Gesicht. Das mag etwas zugespitzt sein, aber Katrin, so ist bekannt, nimmt Beschwerden beim Fernsprechamt entgegen, und da sind die Klagen der Kunden oft stark übertrieben, denn die Kunden meinen, das wirkt. Bei Gericht sollte man aber lieber ganz bei der Wahrheit bleiben.

Ein zweites Mal drang dieser liebenswürdige Kavalier auf die gleiche Weise in Katrins Wohnung ein, wieder zerschlug er die Türfüllung. Er wollte sich noch eine Bettgarnitur, ein oder zwei Tischdecken und ein Kopfkissen herausholen. Er glaubte dazu berechtigt zu sein. Sie aber sagt, das war unberechtigt, und ihr wird in diesem Falle geglaubt, das heißt auf deutsch, es war Diebstahl. Frau Katrin mußte außerdem noch einen Strafantrag stellen, denn zu dieser Zeit war die Scheidung noch nicht rechtskräftig. Diebstahl unter Verwandten – Verheiratete sind verwandt – ist ein Antragsdelikt, kein Vergehen, das der Staatsanwalt von Amts wegen verfolgen muß.Das tat Katrin denn auch. Eine Strafe auf Bewährung wurde ausgesprochen, die Zeit: zwei Jahre. Genausolange sprach das Gericht eine Bindung an den Arbeitsplatz aus. Das ist gut für Detlef, aber auch sehr gut für seine Kinder, die Anspruch auf seine Unterhaltszahlung haben, die hätten darben müssen, wenn Katrin nicht allein für sie gesorgt hätte. Und diese Androhung wird Wirklichkeit, diese Androhung von einem Freiheitsentzug von zehn Monaten, wenn er etwa sein liederliches Leben wieder aufnimmt und die Arbeit schmeißt. Dazu, damit es jetzt fühlbar ist, eine Geldstrafe von 250 Mark.

Es kann also ungemütlich werden, um die Worte von Detlef zu gebrauchen, wenn er wieder mit Gewalt oder Drohung Katrin zu einem bestimmten Verhalten zwingen will. So zwingt die Gesellschaft Detlef zu einem ordentlichen Verhalten mit einer sehr massiven Drohung, aber diese Androhung ist keineswegs rechtswidrig, ganz im Gegenteil, sie ist für Detlef ein Glück, sonst hätte es zu einer Freiheitsstrafe kommen müssen. Und an der ist er so gerade eben noch vorbeigekommen.

Die äußerst mobile Donna

Die Frau steht hier im Mittelpunkt des Geschehens. Eine Frau, die sich nicht entscheiden kann. Und die große Chancen hat. Was mag das für eine Frau sein.

Beim ersten Termin ist sie nicht erschienen, ihretwegen mußte vertagt werden. Das erhöhte die Spannung.

Beim zweiten Termin erschien sie. Sie muß große innere Qualitäten haben, daß sich zwei reife Männer um sie schlagen. Unter uns gesagt, äußere Vorzüge konnte ich nicht entdecken. Vielleicht, so wird man denken, ist es ihr Charakter, aber auch der, scheint mir, ist fast unübersichtlich. In solchen Fällen tröste ich mich, wie gut, daß die Ansprüche an das Wesen der Frau bei den Männern so grundverschieden sind.

Ich muß ihr, wie es in dieser Spalte üblich, einen Namen geben, und hier wähle ich den Namen Donna; Kenner der italienischen Opernliteratur werden sofort summen: »La Donna we mobile.« Das heißt in der freien Übersetzung: »O wie so trügerisch sind Weiberherzen.«

Dieser leicht antifeministische Vers trifft, bitte sehr, nur in diesem einen Falle zu, und da die Donnas hierzulande kaum anzutreffen sind, werde ich auch keine Scherereien mit Namenscousinen haben, wie es sonst so häufig vorkommt. Also, ich kann glücklich sein über diesen Namen. Die vielgeliebte Donna ist mit Emilio verheiratet, Emilio ist heute der Angeklagte, um dessen Schicksal wir fürchten müssen und hoffen können.

Als das Gericht seinen bisherigen Bildungs- und Lebensweg erörtern wollte, wünschte Emilio, der Richter möge den Saal räumen lassen, er sei nicht bereit, seinen Bildungsweg in aller Öffentlichkeit darzulegen. Das ist nach der geltenden Strafprozeßordnung aber nicht möglich. Emilios Bildungs- und Lebenslauf ist kein Staatsgeheimnis, noch wird durch ihn die Staatssicherheit berührt. Er wird auch das sittliche Empfinden der Zuhörer nicht damit verletzen. Also, diesem Antrag konnte das Gericht nicht stattgeben. Um aber den Prozeßverlauf nicht zu gefährden, wurde die Schulbildung von Emilio nur kurz angedeutet, viel mehr wird auch darüber nicht zu sagen sein. Das ist keine Schande für Emilio, denn er ist im Jahre des Unheils, 1933, geboren. Seine Schulzeit geriet mit Hitlers Weltkrieg in Kollision und hatte wohl darunter zu leiden.

Emilio ist im Prinzip ein arbeitsamer Mensch, aber manchmal nur im Prinzip. Er hatte die häßliche Gewohnheit zu trinken; die hat er zwar aufgegeben, aber während dieser Zeit kam er mit den Hütern der öffentlichen Ordnung in Konflikt und in den Strafvollzug, und ein zweites Mal hatte er Schwierigkeiten, weil seine Eigentumsbegriffe zu fehlerhaften Griffen führten. Seine Tätigkeit: Heizer in einer wissenschaftlichen Institution; dort gibt es über ihn keine Klagen.

Während seiner letzten Abwesenheit vom häuslichen Tisch hatte Donna das ebenso einsame Bett verlassen und sich einem anderen Herrn – nennen wir ihn Ricardo – zugewandt. Ricardo, ein Rohrleger von Profession, dem nach seinem Aussehen eine kräftige Handschrift zuzutrauen ist.

Donna zeigte wenig Neigung, zu ihrem angetrauten Mann Emilio zurückzukehren, nachdem er zurückgekehrt war. Vielleicht, weil er krank war, er mußte nämlich am Magen operiert werden. Emilio gesundete, und am 4. Dezember kam auch Donna zu ihrem heißgeliebten Ehemann zurück. Es war wohl vorher zu einigen Kontaktgesprächen gekommen, Emilio hatte zu Bekannten geäußert: »Wenn sie wiederkäme, würde ich sie nehmen.« Die Frage des Gerichts, ob er, Emilio, seine Frau denn immer noch liebe, beantwortete er salomonisch: »Rausschmeißen kann ich sie nicht.«

Am 11. Dezember 1975 gegen Abend erinnerte sich Herzensdonna, daß sie noch einige Dinge bei Ricardo liegengelassen hatte. »Die hole ich mir, ich bin um neun Uhr, spätestens Viertel zehn zurück.«

Emilio war es zufrieden, ließ sie ohne jeden Arg gehen. Die Uhr schlug neun, sie schlug zehn, sie schlug elf, die Mitternacht rückte näher schon, Donna war entrückt, war ausgerückt.

Es war schon der 12. Dezember gegen halb ein Uhr, da suchte Emilio Donna in Ricardos Wohnung, die aber war leer. Er ging in die Wohnung von Ricardos Mutter.

Er klingelte, er trommelte, Ricardo gab zu erkennen: »Deine Frau ist nicht hier.« Ein zweites Mal trommelte er, dann stemmte er sich gegen die Tür, und sie öffnete sich ihm.

Ricardo suchte nun den Ein- und Hausfriedensbrecher hinauszudrängen, der aber griff, da er der Dame Donna nicht habhaft werden konnte, zu ihrem Mantel. Ricardo will den verlassenen Ehemann jetzt geschlagen haben, Emilio aber hat davon nichts gespürt, er hat auch in dieser Hinsicht ein dickes Fell. »Deine Frau bleibt hier!« Diese klassischen Worte sagte Ricardo. Da sah Emilio noch eine elektrische Heizsonne, auf die er wie auf Donna Besitzrechte beanspruchte. Irgendwie, und hier wurde Emilio äußerst unpräzise, muß Ricardos Kopf mit dem elektrischen Heizgerät in Berührung gekommen sein. Ricardo bekam einen sehr kräftigen Schlag, und eine klaffende Platzwunde beweist, daß dies kein elektrischer war. Nur mit Donnas Mantel und der elektrischen Heizsonne muß Emilio das Feld räumen. Ricardo ließ sich in einer Unfallklinik verbinden, jedoch ließ er sich nicht krank schreiben. »Ich habe einen harten Schädel«, sagte er dem Gericht. Man kann über ihn denken, wie man will, dieser Rohrleger und Ehebrecher, arbeitsscheu ist er nicht.

Außergewöhnliche Strafmilde wurde Emilio zuerkannt. Donna hat ihn durch ihr mobiles Benehmen in eine hochgradige Erregung versetzt, ja, sie hatte ihn so weit gebracht, daß er aus Wut nach dem Zwischenfall mit der Heizsonne zu Hause Donnas Mantel in den Ofen steckte und dabei auch ihren Personalausweis verbrannte.

Also Bewährungsverurteilung, die Zeit der Bewährung eineinhalbes Jahr, und acht Monate Freiheitsentzug sind ihm angedroht, wenn er wieder einmal Heizsonnen oder ähnliches zum Schlagen und nicht zum Heizen benutzt – was übrigens wegen des hohen Stromverbrauchs auch nicht erwünscht ist.

Und Donna? Emilio hat sie heute wieder. Vor Gericht hat sie von ihrem Recht, als Ehefrau des Angeklagten die Aussage zu verweigern, keinen Gebrauch gemacht. Nein, wenn Donna zum Sprechen aufgefordert wird, läßt sie sich das nicht nehmen. So hat sie nicht nur zum Konflikt, sondern durch ihre offenen Worte auch zur Wahrheitsfindung beigetragen. Und Ricardo? Ihm wurde vom Gericht ein Schmerzensgeld von 150 Mark zuerkannt. Man kann Ricardo dazu nur beglückwünschen, für eine kleine Schramme, und dazu noch von Donna befreit, 150 Mark bar auf die Hand. Mein Liebling, was willst du noch mehr.

Ehe und Trunk

Den Stier bei den Hörnern packen

Am Geld hat es nicht gelegen. Dieses junge Ehepaar, beide 20 Jahre, verdient gemeinsam über 1 200 Mark. Er bekommt 1 000 und sie mit Halbtagsarbeit 200 Mark. Aber ihr gemeinsames Kind hat nichts anzuziehen. Deshalb stiehlt Ramona, die Mutter.

Fragen an Ramona: »Aufgewachsen?« – »Bei Oma.« – »Warum?« – »Mutti hat mich so geschlagen, daß das Ohr geblutet hat.« – »Und der Vater?« Ramona kann kein Gefühl verbergen, fängt sofort an zu weinen, wenn vom Vater die Rede ist. Sie kennt ihn nicht. »Vati hat im Gefängnis gesessen und ist dann nach Westdeutschland abgehauen.« Er ließ die Mutter mit sechs Kindern allein. So blieb Ramonas Bildung mangelhaft. Ihr Geist ist nicht geschult. Sonderschule nur bis zur sechsten Klasse. »Dann wollte mich Mutti aus der Schule haben, weil ich Geld verdienen mußte.«

Bei einer besseren Umgebung, so glaube ich, wäre Ramonas Intelligenz zu formen gewesen. Fünf Jahre war sie Küchenhilfe in einem Großbetrieb. Sie mußte dort aufhören, weil sie ein Kind bekommen hatte, das nicht krippenfähig war. Diese lange zuverlässige Tätigkeit ist für mich ein Beweis, sie ist ein wertvoller und wahrscheinlich sogar entwicklungsfähiger Mensch.

Immer hat sie gearbeitet. Nach ihrer Entbindung nahm sie eine Hauswartsstelle an. Diese Tätigkeit hat sie nie als Arbeit betrachtet, sie suchte sich eine Nachtbeschäftigung. Und dort geschah das, was heute zur Verhandlung steht.

Nach der Tat, also jetzt, arbeitet sie halbtags als Heizerin in einem Kindergarten. Für mich die erste Heizerin in meinem Leben. Aber ihr gefällt es.

Das Kind ist wohl der Grund zur Eheschließung mit ihrem jetzigen Mann. Sie hat ihn schon in der Sonderschule kennengelernt. Und dieser Mann, dessen Geschichte ich nicht kenne, weil er nur als Zeuge gehört und nicht nach seinem Werdegang und seiner Bildung gefragt wurde, ist das eigentliche Problem. Nach mehreren Versuchen als Bäcker und Heizer und mehreren längeren Arbeitspausen ist er Träger in einer privaten Kohlehandlung. Fixum 600 Mark und Trinkgeld etwa 400 Mark.

Körperlich sicher eine schwere Arbeit, aber ein Verdienst, wie ihn nicht viele haben. Beide haben eine Altbauwohnung in der Berliner Innenstadt. Sie muß auch heute, da sie nur 200 Mark verdient, allein Miete und Licht bezahlen. Aber sie wohnen nicht in der Wohnung. Der Ofen sei defekt. Ramona hat es bei der Hauswartsfrau gemeldet, aber nichts sei geschehen. Sie kennt nicht den Weg zur Kommunalen Wohnungsverwaltung, sie weiß nicht, welche überzeugenden Mittel eine Mutter mit einem Kleinkind hat, die Kommunale Wohnungsverwaltung zu zwingen, sofort einen gebrauchsfähigen Ofen zu setzen.

So wohnen alle drei bei »Mutti«, seiner Mutter. Ramona verträgt sich mit Schwiegermutter besser als mit ihrem Mann und besser als mit ihrer Mutter.

Der Mann kümmert sich nicht um Frau, Kind und Wohnung. Das Geld, das er verdient, vertrinkt er, so sagt er es selber, mit seinen Kumpels. Er ist als Zeuge geladen. Belehrt, er könne als Ehemann die

Aussage verweigern, schweigt er nicht. Trotzig steht er da, er fühlt sich im Recht. »Für die Wohnung zahle ich nicht, weil sie nicht heizbar ist.« – »Und für das Kind Kleidung und Essen?« – »Das macht Ramona.« Er behauptet, es genüge, wenn er seiner Mutter Kostgeld gebe. Aber das Gericht bezweifelt, daß er ihr etwas zahlt.

Ramona hatte, nachdem sie die Arbeit in der Großküche wegen des Babys aufgeben mußte, in einer Druckerei eine Tätigkeit als Betriebsschutz aufgenommen. »Wachmann«, sagt sie. Und so heißt es ja wohl auch. Nachts, und das macht sie allein. Da war das Kind bei der Oma, am Tag konnte sie sich um die Kleine kümmern.

Ihr Mann lag gerade einmal wieder auf der faulen Haut. Sie mußte ihm noch etwas Geld geben, damit er, wie sie sagt, etwas zum Saufen hat. Aber das Kind, jetzt eineinhalb Jahre alt, hatte nichts zum Anziehen.

Als Betriebsschutz hatte Ramona alle Schlüssel, die Schlüssel zum Tresor lagen auch bei ihr in einem zugeklebten Umschlag.

Eines Nachts öffnete sie das Kuvert mit einer Haarnadel. Aus dem Tresor nahm sie Lohntüten von Kollegen, die ihr Geld wegen Krankheit oder Urlaub noch nicht abgeholt hatten. 310 Mark. Den Schlüssel tat sie zurück in den Umschlag.

Der Diebstahl wurde nicht bemerkt. Es gelang ihr noch ein zweites Mal. Sie fand 500 Mark in den Lohntüten, außerdem noch 5 Mark, Geld einer Kollegin, das diese auf einem Schreibtisch liegengelassen hatte. Für das Kind kaufte Ramona Wäsche und Kleidchen, ein Nachthemd, zwei Puppen, einen Kochtopf. Für sich selber eine Strickjacke für 20 Mark, einen Büstenhalter, etwas Kosmetik und eine Wäscheleine mit Klammern. Dinge des täglichen Bedarfs, auch einige Lebensmittel.

Ihr Mann wird dazu gehört. Er wußte nichts von dem Diebstahl. Er fühlt sich im Recht. Er kennt nicht seine Pflichten, seine Verpflichtungen.

»Haben Sie Ihre Frau auch geschlagen?« – »Klar«, antwortete er. »Warum?« – »Weil sie einen fremden Mann bei sich hatte.«

Er hat sie so geschlagen, daß sie unter Vermutung, sie habe eine Gehirnerschütterung, acht Tage ins Krankenhaus mußte.

Sie gibt es zu, ja, es stimmt. Es war ein anderer Mann da. »Aber ich wußte mir keinen Rat. Mein Mann geht immer seine eigenen Wege, da wollte ich mich rächen.« Aber schuldbewußt, zeigt sie ihn nicht wegen der Körperverletzung an.

Das Urteil: Ramona wird auf Bewährung verurteilt. Die Zeit der Bewährung: eineinhalb Jahre. Und die in Aussicht genommene Strafe: acht Monate Freiheitsentzug.

Aber das Problem ist hier ganz eindeutig der Mann. Ihm wurde vom Gericht ins Gewissen geredet. Er habe nicht nur für das Kind zu sorgen, auch für seine Frau, die ja wegen des Kindes nicht voll arbeitsfähig ist. Er muß für Miete, Licht und Heizung aufkommen.

Ob er begriffen hat? Ob er überhaupt durch Zureden begreifen kann? Der Betrieb der Frau, der kommunale Kindergarten, sollte das Referat Jugendhilfe und auch Sozialwesen auf die Verwahrlosung des Mannes aufmerksam machen. Und den Unterhalt sollte man, wenn er nicht gutwillig zahlt, pfänden lassen.

Und warum sollte man auch nicht einmal den Stier bei den Hörnern packen. Vielleicht geht einmal ein Staatsanwalt in die Kohlehandlung, in der der Mann tätig ist, und fragt die dort Beschäftigten: »Warum lassen Sie sich ständig von diesem jungen Mann einladen?« Denn daß er sein ganzes Gehalt und sein Trinkgeld alleine vertrinkt, unmöglich, das würde den stärksten Mann umbringen.

Ein Konto für den Schnaps

Wer vor etwa zwei Jahren behauptet hätte, Frau Käte betröge seit fünfzehn Jahren in über zweitausend Einzelfällen den Betrieb, und auch noch Kollegen nehme sie den wohlverdienten Lohn weg, Kollegen von der Gleisbauunterhaltung, den hätte man nicht ernst genommen, der wäre ein Verleumder gewesen, den hätte man am Schlafittchen gepackt und vierkantig aus dem Kombinat Berliner Verkehrsbetriebe hinausgeworfen.

Diese bescheidene, tüchtige und fleißige Frau, die keinen Aufwand trieb, die nicht rauchte, die nicht trank, nicht einmal Kaffee, Mitglied der Abteilungsgewerkschaftsleitung, Vorsitzende des Rates für Sozialversicherung, der konnte man nichts Schlechtes nachsagen. Sie hatte nicht sehr viel verdient, gemessen an ihrem unermüdlichen Fleiß als Gruppenleiterin in der Lohnbuchhaltung. In den letzten Jahren noch weniger, da sie jetzt schon, in der Mitte der 50er, sich das Leben etwas leichter machen wollte. Sie arbeitete nur noch sechs Stunden, lebte von dem Zeitpunkt an, da sie mit ihrem vierten Mann zusammen war, in wohlhabenden Verhältnissen, so daß sie auf die Entlohnung hätte verzichten können.

Es war ja im Betrieb bekannt, Frau Käte hatte mit ihrem dritten Mann nicht gerade das große Los gezogen. Sie heiratete ihn 1953, nachdem ihr zweiter Mann aus dem Krieg nicht zurückgekommen war. Dieser dritte Mann hatte sich als schlimmer Trinker entpuppt. Einmal hatte Frau Käte, die nicht einmal besonders schöne Frau Käte, die Scheidungsklage eingereicht, aber dieser verhängnisvolle dritte Mann versprach händeringend Besserung, und sie nahm die Scheidung zurück. »Er hat mich bedroht, er wolle alles kaputtschlagen. Dann hat er geweint und gebettelt, wie das so üblich ist«, so sagt Frau Käte. Bei wem ist das, bitte sehr, üblich?

Sie hatte außerdem noch einen Jungen aus der zweiten Ehe, dem sie diesen Vater erhalten wollte, und sei es auch nur einen so schlechten. Eine halbe Flasche Schnaps, acht Flaschen Bier und zwanzig Zigaretten mußten jeden Tag auf dem Tisch stehen und am Wochenende eine ganze Flasche Schnaps, fünfzehn Flaschen Bier und fünfzig Zigaretten. Aber über ihre schweren Sorgen verlor sie im Betrieb kaum ein Wort. Nur manchmal merkten die Kollegen bei ihr ein verstohlenes Stöhnen. Wie sehr es verstohlen war …

Dieser dritte Mann kam durch seine Trunksucht zu Tode. Ein selbstverschuldeter Unfall war es. Und ich glaube, damals atmete Frau Käte auf.

Aber diese Trunksucht veranlaßte Frau Käte, ihre Arbeitskollegen zu bestehlen und ihren Betrieb in unerhörter Weise zu betrügen, fünfzehn Jahre lang. Sie kaufte den Schnaps, das Bier, um die Ehe zu retten, eine Ehe, die also auf Diebstahl, Betrug und Schnaps aufgebaut war.

Im Lohnbüro wurden von den drei dort beschäftigten Kollegen die Lohnzettel für die regulären Löhne ausgeschrieben. Diese regulären

Löhne wurden auf Grund der Zettel und der Listen, wie es richtig und vorgeschrieben ist, von anderen Sachbearbeitern ausgezahlt. Aber für Sonderabschlag bei Ferien, für Krankengeldzuschuß, für Prämienüberschuß, für gewisse Schichtprämien, für Erschwerniszuschlag führte Frau Käte ein Sonderkonto, das sogenannte Konto Null-Null. Diese Gelder forderte Frau Käte selber von der Hauptkasse an und zahlte sie an die Kollegen aus.

Hierbei hatte Frau Käte einige sehr unterschiedliche Systeme des Betruges und des Diebstahls entwickelt. Einmal, das war ihre Hauptmethode, forderte sie von der Kasse 20, 50, 100 Mark mehr an, als sie ausgeben mußte. Auf das Original schrieb sie die höhere Summe, auf dem durchgeschriebenen Lohnzettel radierte sie sechs bis sieben Positionen aus, arbeitete einen Rechenfehler ein, und die Sache stimmte. Wenn nur einmal einer in fünfzehn Jahren diese durchgeschriebenen und durchtriebenen Zettel nachgerechnet hätte!

In anderen Fällen forderte sie die richtige Summe an, zahlte aber den schwer arbeitenden Kollegen weniger aus, als ihnen zustand, und steckte sich die Differenz in die Tasche. Und wieder Radierungen auf den Lohnzetteln. Auf einem Zettel wurden sieben bis zehn verschiedene Positionen radiert. Das merkte in dem Betrieb fünfzehn Jahre lang niemand.

Auch die beiden von Frau Käte angelernten Lohnbuchhalterinnen radierten auf ihren Lohnzetteln, wenn sie sich einmal geirrt hatten. Sie glaubten, das sei erlaubt. Dabei muß das eigentlich in der Buchhaltung Tätigen bekannt sein: Radieren ist verboten, bei Irrtümern muß durchgestrichen und die richtige Zahl daneben geschrieben werden.

Frau Käte gab das alles zu, es war anhand der vorhandenen Lohnzettel von fünfzehn Jahren nicht zu bestreiten. Nur verwahrte sie sich dagegen und wollte sich dagegen verwahren, daß sie Kollegen um ihren Verdienst gebracht hatte. Aber ihre Radierungen sprachen eine deutliche, nicht zu beseitigende Sprache. Auch ihre Version, sie hätte das Geld nur genommen, um ihre Ehe zu retten, war nicht zu halten. Nach dem Tod ihres dritten Mannes hatte sie weiter betrogen und gestohlen. Erst in kleinem Umfang, da sie Ruhegeld, Sterbegeld und Versicherung in Höhe von 7350 Mark ausgezahlt bekam, aber bald danach stiegen ihre Unterschleife wieder. Insgesamt hat sie um

145 807,55 Mark die Berliner Verkehrsbetriebe und die Kollegen geschädigt, in 2 009 Fällen, davon in 125 Fällen war es Diebstahl am Geld der Gleisbauer. Aber da der Anfang der Taten noch in den Geltungsbereich des alten Strafgesetzbuches fällt, sind etwa 20 000 Mark verjährt. Sie wurde zu acht Jahren Freiheitsentzug verurteilt.

Ihre Verbrechen hätten schon vor fünfzehn Jahren aufgeklärt werden können, wenn der Betrieb seinen Verpflichtungen nachgekommen wäre. Er muß alle Vierteljahre in der Lohnbuchhaltung eine Innenrevision vornehmen. Das ist gesetzlich vorgeschrieben. Dann wäre es nie zu solchen Verlusten gekommen. Bei einer Revision wäre herausgekommen, daß auf Lohnzetteln radiert wurde, und das darf nicht geduldet werden. Es darf nicht gestattet sein, daß Lohnbuchhalter Gelder an Kollegen auszahlen. Erst durch einen Kollegen der staatlichen Finanzrevision des Ministeriums für Verkehrswesen wurde bemängelt, daß die vorgeschriebene Innenrevision nicht stattfand. Und dadurch kamen die Unterschleife zutage.

Wann werden wir, die gesellschaftlichen Eigentümer, in Geldangelegenheiten genauso peinlich sein wie private Aktionäre im Kapitalismus? Die haben durchgesetzt, daß jedes Jahr das Buchwerk und die Bilanzen einer Aktiengesellschaft von einer Treuhand-und-Revisions-Gesellschaft überprüft werden. Wir sollten mit dem Volkseigentum noch viel gewissenhafter umgehen als Kapitalisten mit ihrem Geld.

Verbrechen und Vergehen

Verbrechen und Vergehen, Straftaten von verschiedenem Gewicht, vieldeutige Worte. »Was hast du verbrochen? – Meiner Frau zwaa Kaffeetasse, ach, ich hab' sie falle lasse«, so lacht der hessische Heimatdichter Stolze über den Sinn des Ver- und Zerbrechens. Aber es ist schon etwas dran, das Ver- und Zerbrochene ist etwas Böses, was schwerer gutzumachen ist, als wenn einer vom Wege abirrt, sich vergeht. Ein Vergehen wird schneller Vergangenheit, als etwas Verbrochenes und Zerbrochenes ersetzt werden kann.

Diesen Ausflug in die wortwörtliche Bedeutung unserer juristischen Begriffe hat Alf sicher nicht gemacht, aber er war sich über ihre verschiedenartige Bedeutung völlig im klaren. »Weiß Ihre Frau, weswegen Sie heute hier stehen?« fragt die Richterin.

»Ja.«

»Haben Sie ihr auch die Anklageschrift gezeigt?«

»Nein.«

»Und warum nicht?«

»Weil ich hier als Verbrecher bezeichnet werde.« Das ist zwar nicht wörtlich wahr, aber angeklagt ist Alf wegen eines Verbrechens. Und es ist nicht die Schwere der Tat, so unschön sie auch sein mag, es ist hier die Wiederholung, das dritte Vergehen, der Rückfall; dann wird es Verbrechen. Schon zweimal hatte dieser hochbegabte, ideenreiche und organisatorisch so talentierte 44jährige wegen ähnlicher und beim letzten Mal wegen der gleichen Tat vor Gericht gestanden. Einmal wurde er zur Bewährung verurteilt, das zweite Mal zu einer Freiheitsstrafe, die Bewährung des ersten Falles widerrufen, und im ganzen hat er dann einen großen Teil verbüßt. Wegen guter Führung vorzeitig, aber auf Bewährung entlassen. Jetzt ist es eben ein Verbrechen, und die Mindeststrafe, »wenn nicht außergewöhnliche Milderungsgründe gefunden werden können«, zwei Jahre Freiheitsentzug.

Das weiß er, und seine Hände zittern, aber nicht wegen dieses Wissens. Sie zittern, so glaube ich, weil Alf ein schwerer Alkoholiker ist und jetzt unter Entziehungserscheinungen leidet.

Alf ist Mechaniker. Er war in seiner Jugend, wie er sagt, wenig seßhaft. Er hat sich nach seiner Lehre in allen möglichen Berufen versucht, er war eine Zeitlang aktiver Sportler und sogar Sportfunktionär, auch Kellner und Handelsvertreter.

Aber die Jugend- und Wanderjahre sind vorüber. Alf ist seßhaft geworden, es hätten die Jahre der Reife kommen müssen, auch die Jahre der Meisterschaft. Er hat geheiratet, seine Frau ist Mitarbeiterin eines finanzwirtschaftlichen Instituts, sie hat viel mit Geld zu tun, und sie ist überaus gewissenhaft. Alf aber weit weniger. Beständig ist er auch geworden, im Guten wie im Bösen. Er arbeitet seit 1963 im gleichen Betrieb. Er war Fräser und Schmied, bildete sich weiter, wurde Beauftragter für Standardisierung, brachte Neuerervorschläge ein. Und da er Bastler ist und ein Knobler, wurde er sehr bald Leiter des Büros für Neuererwesen.

Der Betrieb stellt ihm die schönsten Zeugnisse aus. Er hat Kollegen zu Neuerervorschlägen angeregt. Im letzten Jahr ist der Eingang an solchen Projekten um 500 Prozent gestiegen. Er hat selbst jetzt auch einen Neuerervorschlag gemacht, der dem Betrieb im Jahr 50000 Mark einbringen wird.

Aber beständig ist er auch im Trinken, und beständig ist er im Wetten. Täglich, so sagt er, hat er eine ganze Flasche Schnaps getrunken, auch während der Arbeitszeit.

»Haben das die Kollegen bemerkt, die mit Ihnen im Zimmer sitzen?«

Ja, die wußten es, aber sie schwiegen meist, sie duldeten es. Er hatte sich bei seiner letzten Verurteilung als Leiter des Büros für Neuererwesen Gelder, die für die Kollegen bestimmt waren, angeeignet. Aber nach seiner Haftentlassung wurde er sofort wieder in diese Funktion eingesetzt. Er sei der Beste, und es sei dafür gesorgt, daß er mit fremdem Geld nicht mehr in Berührung käme.

Aber nicht jeder im Betrieb wußte, wie klebrig Alfs Finger waren. Und so kam es, daß er noch in seiner Bewährungszeit wieder zu trinken anfing, wieder anfing zu wetten, um das Versoffene wieder einzubringen. Er konnte seiner Frau das Wirtschaftsgeld nicht mehr geben. Also wieder der Griff nach fremdem Geld.

Ein Neuerer sollte 500 Mark bekommen, und da ging Alf als Leiter des Büros für Neuererwesen zur Kasse und sagte, der Kollege sei krank, er wolle ihm das Geld bringen. Die Kollegin wußte nicht, wie gefährdet Alf war, und zahlte ihm das Geld aus. Der ihm von früher so vertraute Weg zu Geld, zu Schnaps und zum Wetten tat sich ihm wieder auf. Und es kamen neue Möglichkeiten. Bei der Auswertung der Beschlüsse des VIII. Parteitages der SED ordnete nun die Betriebsleitung an, sofort beim Einreichen eines aussichtsreichen Neuerervorschlags eine Vorausprämie von 300 Mark zu zahlen. Jeder Neuerer, der einen solchen Vorschlag einbrachte, bekam einen Brief, und nach Aufforderung wurden jedesmal an Herrn Alf 300 Mark in bar überwiesen und ausgezahlt. Der neue Hauptbuchhalter, der das angeordnet hatte, wußte nichts von Alfs krimineller Vergangenheit.

Manchmal zahlte Alf, manchmal hielt er das Geld zurück. Wenn er gemahnt wurde, zahlte er von den neu eingegangenen 300 Mark.

Am 2. Dezember 1971 hatte der Betrieb eine Neuererkonferenz im Hotel »Stadt Berlin«. Es wurde über die Sofortprämien, über den Vorschuß gesprochen, und da meldeten sich Neuerer, die wohl einen Brief, aber das Geld noch nicht bekommen hatten. Darauf wurde am 3. Dezember 1971 revidiert und Alf mußte bekennen. Er bekannte auch vor seiner Frau. Sie war wieder bereit, ihm zu verzeihen. Einen großen Teil seines Gehaltes hat er nun schon für die Rückzahlung verwendet. Bis heute wurden dem Betrieb 1 900 Mark zurückerstattet. Nur ein Rest von 700 Mark fehlt noch. Alf hat sich, wie er sagt, das Trinken ganz abgewöhnt. Er muß mit dem Taschengeld von täglich 3 Mark auskommen, soviel hat seine Frau ihm zugebilligt, bis er seine Schulden an den Betrieb beglichen hat. Er ist heute noch Leiter des Büros für Neuererwesen, sogar erfolgreich, obwohl seine Taten im Betrieb bekannt sind. Er ist derjenige, der die Arbeiter, die Meister anregt, über neue Wege in der Produktion nachzudenken. Ein großes Talent, aber leider völlig unstabil.

Verbrecherischer Diebstahl, Freiheitsstrafe, die mindeste, die für solche Fälle vorgesehen ist, wurde ihm zugebilligt: zwei Jahre. Ein Urteilsspruch für einen Mann, der die Maschinen beherrscht, aber nicht sich selbst. Ein Mann, der Menschen beeinflussen und zum Guten anregen kann, aber nicht sich selbst. Nur ein halber Mensch.

Durch Ehekrach zum Alkohol?

»Ich erwarte mit bangem Hoffen den Geldbriefträger.« Diesen klassischen Satz schrieb ein Ingenieur aus Hennigsdorf seinem alten Freund und Studienkameraden Volker. Der Schreiber wartet heute noch und wird noch über zwei Jahre lang warten müssen. Und neben dem Ingenieur aus Hennigsdorf stehen etwa zwanzig Menschen auf der Warteliste, nur einige wenige haben, durch Volkers Mutter, eine Rentnerin, ihr Geld bekommen, damit die nicht allzu schlecht von ihrem Sohn denken.

Aber gerade das bestärkt uns, schlecht über ihren Sohn Volker zu denken, denn er ist ein begabter, wohlgeratener Mann in den besten Jahren seines Lebens, 35 Jahre alt, groß, gut gewachsen, intelligent aussehend und intelligent sprechend. Er hat Freunde in guten Stellungen, und Frauen sind ihm hold. Eine, eine besonders Schöne, Schwarzhaarige, aussehend wie die ägyptische Königin Nofretete, verfolgte mit Sympathie für diesen Schurken Volker auf der Zuhörerbank die Schilderung seines, sagen wir es deutlich, zweiten Abstiegs.

Ein so kluger Mann wie Volker müßte wissen, daß er aus der begrenzten menschlichen Lebenszeit für sich und für andere das Beste machen sollte und könnte. Und er hat es als junger Mann einmal gewußt. Er war ein Achtklassenschüler, wurde Werkzeugmacher, arbeitete kurze Zeit auch als Kraftfahrer, aber er lernte weiter, eignete sich Kenntnisse als Elektriker an, wurde Schlosser und von seinem Betrieb zum Studium an der Ingenieurhochschule Bautzen vorgeschlagen. Er hatte sich also so begabt erwiesen, daß man ihn als Fachschullehrer ausbildete. Er berichtete dem Gericht von wissenschaftlicher Tätigkeit und von seiner Begabung, Studenten zu erziehen. In der Stahlgewinnung leistete er etwas, in der Elektrotechnik und in der Wissenschaft von der Automatisierung. Dazu Ehrenämter, ein Posten in der Kammer der Technik, Erfolge als Lehrausbilder bei der Messe der Meister von morgen.

Dann aber kam die Wende. Herr Volker sagt, durch eine Ehekrise griff er zum Alkohol. Ob das stimmt? Kommen nicht die meisten Ehekrisen durch den Griff zum Alkohol? Er wurde 1971 geschieden. Was aber wichtiger war, 1972 wurde er in Bautzen zu einer Freiheitsstrafe von sieben Monaten wegen Betruges verurteilt und eine Alkoholentziehung angeordnet.

In der Haftanstalt war er der geeignete Betriebselektriker. Dann öffnete ihm die Amnestie das Gefängnistor. Die Schulden aus seinen Betrügereien aber blieben, und Arbeit nach der Haftentlassung war sofort da.

Es war keine gutbezahlte Arbeit. Volker hatte aber gute Freunde, die ihn weiterempfahlen, und zwar als Hauptmechaniker in dem VEB Förderungs-Anlagenbau in Berlin. Und mit dieser Stellung gehörte der vorbestrafte Herr Volker schon in das Kollektiv der Betriebsleitung. Vom Wissen und Können war er der richtige Mann am richtigen Platz. Sein Gehalt war gut, aber die alten Schulden zogen Pfändungs- und Überweisungsbeschlüsse nach sich. Drei Kinder verlangten Unterhalt. Es blieben ihm, wie er sagt, nur 300 Mark von seinem Gehalt. Schwierigkeiten mit den Wirtinnen, Schwierigkeiten mit den Frauen, manchmal zog er nach Demmin, wo er eine Freundin hatte, und arbeitete in Berlin. Wenn er nur ein Jahr konsequent und erfolgreich in dem Betrieb gearbeitet hätte, wären alle seine Schulden getilgt.

Es ging überhaupt nicht gut. Volker sagte, er habe sich bemüht, Feierabendarbeit zu leisten, dazu habe er sich erst erst einmal Material und Werkzeug beschaffen müssen. Er machte es auf die schlimmste Weise. Für den Betrieb kaufte er Werkzeuge, angeblich für neue technische Vorhaben, aber die nahm er mit nach Hause. Mit einigen Kollegen arbeitete er auch noch am Feierabend, er zahlte diesen Kollegen jedoch nicht einmal ihren Arbeitsverdienst aus. Er begann wieder zu trinken und borgte sich Geld bei Kollegen im Betrieb. Er sei in Verlegenheit, er habe Schulden. Aber schon seine Rückzahlungsversprechen waren bewußt falsch. Er wußte, er war nicht in der Lage, in drei oder vier Tagen dieses Geld zurückzugeben.

Das Trinken, das Betrunkensein während der Arbeit und das Pumpen blieben nicht unbemerkt. Er war als Hauptmechaniker, als Leitungsmitglied des Werks nicht mehr tragbar. Es wurde ihm vorgeschlagen, weiter als Technologe bei einem geringeren Einkommen im Betrieb zu bleiben. Es wurden mit ihm Aussprachen geführt. Ohne Erfolg. Er trank weiter, Bummeltage, Verweis, strenger Verweis, Aussprachen, Ermahnungen, vergebens. Er ging nicht mehr zur Arbeit. Es wurde ihm die fristlose Entlassung zugestellt. Herr Volker hatte sich überall Geld geborgt, besser gesagt erschwindelt. Bei seiner Wirtin und deren Freundin, einer alten Frau, der er erzählt hatte, er müsse für seine Feierabendarbeiten einen Motorroller haben. 800 Mark bekam er, für 550 Mark besorgte er sich einen gebrauchten Motorroller, zahlte aber nichts zurück, er hatte gar nicht die Absicht. Er fuhr zu alten Studienkollegen, zu ehemaligen Schülern, er erzählte, er organisiere ein Klassentreffen, habe nur seine Brieftasche oder sein Scheckheft vergessen, verloren. Und er bekam Geld, 50, 100, 200

Mark. Er kam auch, wie er sagte, zu einem ehemaligen Schüler völlig betrunken, mit einer Weinflasche in der Hand, nachts um 23 Uhr. Der erklärte ihm, er kenne ihn nicht, und bestellte ihn in seinen Betrieb, gab ihm, nur um ihn loszuwerden, 50 Mark.

Geld pumpen ist sicher keine strafbare Handlung, aber Geld pumpen und den Geldgeber über die Rückzahlung täuschen, das ist strafbar.

Es waren jedesmal keine großen Beträge, es waren die vielen kleinen Summen. Und er hatte es leicht, er war einmal ein angesehener, gebildeter Mann, und von diesem Kredit zehrte er. Er war verächtlich geworden durch seine maßlose Trunksucht. Betrunken hatte er auch einmal seinen Motorroller nachts benutzt und war gestellt worden.

Zwei Jahre Freiheitsentzug, Entzug der Fahrerlaubnis auf vier Jahre, Verbot, sich in Berlin in den nächsten vier Jahren aufzuhalten. Nach der Haftentlassung soll er auch noch besonders betreut werden. Seine Freunde und Studienkollegen werden noch lange auf den Geldbriefträger warten müssen. Der Schuldenberg ist mächtig angewachsen. Unterhaltsverpflichtungen sind vorrangig zu bezahlen, sie werden wohl aus seiner Tätigkeit im Strafvollzug beglichen werden können.

Ein hochbegabter Mensch ist vor die Hunde gegangen, so stellen wir fest, aber wir sagen auch als unerschütterliche Optimisten – zeitweilig.

Der Griff zum Glas Bier

»Da habe ich manchmal zum Glas Bier gegriffen.« Und diese Formulierung gebraucht Alfred nicht einmal, diese Umschreibung des Wortes trinken oder besser saufen hat er zu seinem ständigen Sprachschatz gewählt. Sprache, die enthüllt.

Wenn für einen Film der Darsteller eines freundlichen, strebsamen, kleinbürgerlich denkenden jungen Verkäufers, sagen wir in einem Möbelkaufhaus, gesucht würde, ich könnte keinen besseren mir denken als diesen Alfred. Schmal und schmalbrüstig, ohne den Ehrgeiz, zu erkennen, was die Welt im Inneren zusammenhält. Ein Mitschwimmer im Strom des Zeitgeschehens. Er ist die zum Leben erweckte Gestalt des Romans »Kleiner Mann – was nun«, aber selbst hier, unter den ihm so günstigen Bedingungen des äußeren Lebens, gerät Alfred, diese nicht erdachte, sondern von mir wirklich erlebte Figur des kleinen Mannes, vom breiten, normalen, sicheren Strom ab in den Strudel des Alkohols. Er ist verzweifelt über sich, weiß es sich selber nicht zu erklären. »Ich bin ein schlechter Mensch«, sagt er einmal, ein andermal: »Ich bin zu gutmütig.« So widerspruchsvoll ist seine Selbsteinschätzung.

Dabei bringt er alle Voraussetzungen eines tüchtigen Möbelfachverkäufers mit. Alfred hat das Tischlerhandwerk erlernt, er war kurze Zeit als Tischler im VEB Kühlautomat beschäftigt, mußte aus gesundheitlichen Gründen aufhören und wurde Fachverkäufer in der Möbelbranche. Dort arbeitete er auch als Disponent, als Expedient und als Verkaufsstellenleiter.

Als ein großes Spezialgeschäft für Küchenmöbel eingerichtet wurde, bot man ihm die Stelle eines stellvertretenden Verkaufsleiters an. Das war keine Degradierung, er sollte diese große Verkaufsstelle abwechselnd mit einem älteren Kollegen leiten, der sowieso nach kurzer Zeit ausscheiden wollte. So ist Alfred seit 1970 mit der Leitung dieser großen, schönen und modernen Verkaufsstätte betraut, die im wesentlichen ein Musterlager von Küchenmöbeln ist, das heißt, die Kunden können sich an den ausgestellten Stücken aussuchen, was sie haben wollen. Nur im kleinen Umfang werden dort meist Kleinmöbel oder Kühlschränke direkt verkauft.

Alle notwendigen Kurse hat er absolviert, seine Lebensbahn schien wohlgeordnet. Mit seiner Ausbildung, seinen Kenntnissen, seinem verbindlichen Wesen war ihm ein langsamer, aber steter Aufstieg zu den höchsten Stellen unserer Handelsorganisation Kultur und Sport, im Fachgebiet Möbel, möglich, ja, ich möchte sagen sicher.

Aber der Mensch entzieht sich manchmal seinen Perspektiven, um dieses so oft strapazierte Wort einmal zu benutzen. Alfred sagt ja selber, manchmal habe er zum Glas Bier gegriffen, wie bösere Menschen zum Revolver greifen, weil er persönliche Sorgen hatte. Er lebt in einer sehr eheähnlichen Gemeinschaft mit einer jungen Frau. Sie haben auch gemeinsam ein Kind, aber es habe oft Streit gegeben, nicht wegen Geld, er habe von seinem Einkommen immer 350 Mark für die Familie als Kostgeld ausgegeben; es habe Streit um Nichtigkeiten gegeben. Und eine Sorge kam dazu, seine Mutter wurde Opfer eines schweren Verkehrsunfalls, ein Bein mußte amputiert werden, an den Folgen dieser Operation starb sie.

Die junge Frau, als Zeugin gehört, sieht Ursache und Folge in umgekehrter Reihenfolge. Erst, so sagte sie, habe Alfred nur für seine Arbeit gelebt. Dann aber kam es zum Streit, weil er jeden Abend direkt von der Arbeit in die Kneipen ging. Er sei gerade nur noch zum Schlafen nach Hause gekommen und habe sich gar nicht um die Familie gekümmert. Da habe sie ihm gesagt, er könne ganz wegbleiben. Heute, da alles so böse für ihn aussieht, ist er weggezogen, aber ich habe dennoch den Eindruck, jetzt, da es ihm wirklich schlecht geht, da ist die junge Frau nicht unversöhnlich. So sind die wirklich guten Frauen.

In den letzten Monaten trank Alfred nach seinen Angaben jeden Tag in stiller Verzweiflung über sich und die Welt mindestens fünf Glas Bier und fünf doppelte Weinbrand. Dabei lud er ein und wurde eingeladen. Er kam öfter angetrunken zur Arbeit und trank auch während der Arbeit. Die Kolleginnen, es waren fast nur Frauen, die in dem Möbelgeschäft tätig waren, denen er ein Vorbild sein sollte, merkten das natürlich und stellten ihn manchmal zur Rede. Er versprach Besserung, aber er versprach es, ach, nur.

Natürlich war diese schwere Trinkerleidenschaft nicht mit seinem Einkommen zu finanzieren. Als gewandter Verkäufer fand er Geldquellen. »Ich konnte es den Leuten ansehen, mit denen ich so etwas machen konnte«, sagte er vor Gericht. Es gab da Kunden, die mehrmals kamen, die zum Beispiel sich für einen billigen Kühlschrank interessierten. Alfred bot diesen Kunden dann einen neuen Kühlschrank zum halben Preis an, ohne Rechnung, ohne Quitttung, ohne Garantie. Er nahm die Kunden mit ins Lager, und die übernahmen die Kühlschränke, transportierten sie nach Hause. Der halbe Kaufpreis ging natürlich auch nicht durch die Kasse. So kam Alfred zu Geld.

Er hat insgesamt vier Kühlschränke zu je 1400 Mark zum halben Preis verkauft und genauso eine Anrichte und zwei Anbauteile. Einem

Kunden tauschte er einen gebrauchten 60-Liter-Kühlschrank »Kristall« mit abgerundeten Ecken gegen einen neuen 75-Liter-Kühlschrank »Nordstern« um, der harte Ecken hatte und besser in die Anbauküche des Kunden paßte. Für diese Gefälligkeit ließ er sich 50 Mark in die Tasche schieben.

Als die Trunksucht nicht mehr zu verheimlichen war, meldete die stellvertretende Verkaufsstellenleiterin es der Leitung der Handelsorganisation. Es wurde endlich eine Inventur angeordnet. Bevor es zur Inventur kam, stellte sich Alfred der Polizei und bekannte freiwillig seine schweren Verfehlungen. Der Gesamtschaden: 7 450 Mark, die Inventur ergab aber eine Differenz von 38 000 Mark.

Das Urteil des Gerichts, ein Jahr und sechs Monate Freiheitsentzug für Alfred.

Obwohl die Handelsorganisation Terminnachricht hatte, und sie war rechtzeitig informiert – der Kollektivvertreter aus dem Kollegenkreis war anwesend –, erschien niemand von der Leitung, die sich ja eigentlich hätte Gedanken machen müssen, wie es möglich war, daß ein Verkaufsstellenleiter selbständig Möbel ohne Quittung, ohne Kassenbon direkt vom Lager an Kunden ausliefern konnte. Gleichzeitig hätte die Handelsorganisation sich auch Gedanken machen sollen, wie die noch unaufgeklärten Inventurdifferenzen von rund 30 000 Mark in einem Möbelgeschäft zu erklären sind. Bei diesem Verfahren wurde über unser aller Eigentum gesprochen, Eigentum, das der Leitung der Handelsorganisation Kultur und Sport anvertraut ist.

Tragischer Lebensabend

Er hat es nicht verstanden, alt zu werden, er war darauf nicht vorbereitet. Das Altwerden ist ein Schicksal, das voraussichtlich jeden von uns ereilt. Es ist ein Naturprozeß, voraussehbar. Der kluge Mensch richtet frühzeitig sein Leben darauf ein. Wenn die Kinder das Haus verlassen, wenn auch der gewohnte Beruf nicht mehr gemeistert wird, ist das kein Grund zur Depression, zur Verzweiflung. Die

Reaktionen werden langsamer, das Gedächtnis läßt nach, nicht aber der Verstand; nur die Kindheits- und Jugenderinnerungen haften fest, als goldene Zeit. Das Herz will manchmal nicht so recht, andere Beschwerden müssen in Kauf genommen werden.

Es ist eine Kunst, das alles vorauszusehen, neue Interessen, neue Freunde und neue Freuden zu gewinnen. Das Alter muß und darf nicht einsam, nicht leer sein, es kann und sollte das Zeitalter der Weisheit, der Geselligkeit sein und der Heiterkeit, vielleicht auch das der kritischen Vernunft und der Ironie.

69 ist heute wirklich noch kein hohes Alter. Der Mann, der heute vor dem Ruin seines bisherigen Lebens steht, muß sich sagen: Ich habe alles, alles getan, um das, was ich mir aufgebaut habe, zu zerstören.

Seine Zeit, seine Glanzzeit waren zweifellos die Jahre von 1920 an bis 1933. Damals wurde er Buch- und Kunstdrucker und trat frühzeitig der Gewerkschaft bei. Es gab damals noch Zunftbräuche, er erzählt es, zwar stockend, aber mit Begeisterung, er erzählt voller Stolz von der Wanderschaft, und es wurde damals in seiner Zunft kräftig einer zur Brust genommen, das sagt er so.

Es war das goldene Zeitalter seiner Jugend, trotz mancher materieller Not, trotz Streikkämpfen, trotz schwarzer Listen. »Wir waren auch kulturell interessiert, die Volksbühne haben wir mitbegründet.« In der Nazizeit blieb er ziemlich unbehelligt, Buchdrucker wurden gebraucht, dienstverpflichtet. Ein Widerstandskämpfer war er nicht. Er hatte 1928 geheiratet, wie er sagte, ohne große Liebe; das große Glück, der Sohn, 1941 geboren.

Nach 1945 stellte er sich zur Verfügung, er wurde in die Berliner Polizei aufgenommen. Nach einigen Jahren hörte er dort auf, ich glaube, das Trinken, das er sich so sehr in der Jugend angewöhnt hatte, war mit seinem Dienst nicht mehr zu vereinbaren.

Er wurde Brandschutzbevollmächtigter in mehreren Betrieben, war immer emsig, ließ sich gern mit Funktionen betrauen. Er liebte Sitzungen, das Gespräch mit Arbeitskollegen und das Trinken. Er floh das Zuhause, er mochte seine Frau nicht mehr. Sie hatten sich völlig auseinandergelebt. Und so war seine Betriebsamkeit, wie er es selbst schilderte, eine Flucht vor seiner Frau. »Ich will sie nicht schlechtmachen, sie war sauber, sie hielt auf Ordnung, eine vorbildliche Hausfrau.« Mehr hat er von ihr nicht zu berichten. »Der Betrieb war mein Zuhause«, und vom Betrieb zog er mit Kollegen in die Kneipe.

Manchmal war er auch sinnlos betrunken, ein Zustand, nicht mehr menschenähnlich, das sagt er selber. Sein Körper hat darunter gelitten. Heute, da er völlig gescheitert als 69jähriger zum erstenmal vor Gericht steht, ist seine Sprache verlangsamt, fast gehemmt. Dieser vorzeitige Altersabbau hat sich auch in der Arbeit bemerkbar gemacht. Er konnte nicht mehr Brandschutzbevollmächtigter bleiben, er arbeitete nur noch halbtags und wurde im Betriebsschutz eingesetzt.

Seine Frau muß ihn zum Schluß gehaßt haben. »Du alter Esel, mußt dich überall herumtrollen.« Aber der ständige Alkoholmißbrauch verbrauchte seine letzten Kräfte. Nüchtern war er voller Angstgefühle, Beklemmungen, Schweißausbrüche stellten sich ein. Er glaubte ständig, er bekäme einen Herzinfarkt. In der Nacht weckte er oft seine Frau: »Hol den Notarzt, ich muß sterben.«

Er war nicht krank, die Ärzte stellten nur einen alters- und alkoholbedingten Verbrauch seiner Kräfte und eine Schwächung des Blutkreislaufes fest.

Die Spannungen aber in der Ehe nahmen zu. Die Frau, selber 65, erzählte ihm, sie habe auf dem Friedhof einen netten Herrn kennengelernt, einen Mann mit einem Auto. Sie fühlte sich immer zu den begüterten Kreisen hingezogen, sagt er. Nie hatte er eine liebevolle Beziehung zu seiner Frau.

Die Krise wuchs. Es kam der 6. Mai 1971. Wieder war er beim Arzt, sogar mit seiner Frau. Wieder konnte der Arzt nichts bei ihm feststellen. Sie zankten sich den ganzen Tag. Beide riefen den Sohn zu Hilfe. Er erzählte dem Sohn, die Frau habe ihm geraten, sich das Leben zu nehmen, damit sie frei sei. Sie aber erzählte: »Vater ist so schwierig, aber ich kann ihn nicht allein lassen.« Das aber hat sie dem Mann nicht gesagt. Der Sohn redete beiden gut zu, sie sollten sich vertragen, er ging dann zu seiner Familie.

Der Mann legte sich um 20 Uhr zu Bett, wieder mit angeblichen Herzbeklemmungen, dämmerte vor sich hin. Die Frau saß bis gegen 23 Uhr beim Fernsehen. Dann kam sie ins Schlafzimmer, weckte ihn, beschimpfte ihn. Sie wolle weg, er sei ein alter Simulant. »Du bist mir ein Klotz am Bein. Du stammst aus einer Idiotenfamilie« und ähnliche Beschimpfungen.

Sicherlich schimpfte er zurück. Es kam zu einem Gerangle, zu Schlägen. In seiner grenzenlosen Wut erwürgte er sie.

Als er sah, was er getan hatte, war er entsetzt. Er brachte sich Schnittwunden bei, versuchte die Tote zu knebeln, täuschte einen Raubüberfall vor und ließ durch Nachbarn die Volkspolizei alarmieren. Schon eine oberflächliche gerichtsmedizinische Untersuchung brachte die Wahrheit an den Tag.

Er bereut, macht Selbstmordversuche. Vor Gericht sagt er: »Ich muß wahnsinnig gewesen sein. Wie konnte ich meine Frau, mit der ich dreiundvierzig Jahre zusammen gelebt habe, umbringen, den einzigen Menschen, auf den ich angewiesen war.«

Es war, so stellte das Stadtgericht fest, ein Totschlag im Affekt nach einer schweren Kränkung, dazu kam noch der medizinisch festgestellte fortgeschrittene geistige Abbau, verursacht sicherlich durch den jahrelang andauernden Alkoholmißbrauch. Er wurde schuldig gesprochen bei verminderter Schuldfähigkeit und in eine Heil- und Pflegeanstalt eingewiesen, unbefristet, weil niemand garantieren kann, daß er in einer ähnlichen Situation nicht wieder genauso handeln wird. So steht er da am Ende seiner Tage als zerstörter Mensch, sein Leben war leer und schal geworden. Es fehlte ihm einfach die Liebe, die Rücksicht, das Verstehen, das lächelnde Verzeihen der kleinen Schwächen seiner Frau und die eigene Selbsterkenntnis, die Selbssteuerung.

Kein Mensch kann Liebe erwarten, der nicht selber Liebe ausstrahlt.

Später Eros

Der Mann und die Erdbeeren

Gartenerdbeeren blühen meist im April. Aber manchmal, wenn das Wetter ungewöhnlich warm ist, blühen sie ein zweites Mal, im Spätherbst.

Albrecht, ein großer, hagerer Mann, hat schon in seiner Sprache etwas Biederes; er stammt vom Lande, aus dem ehemaligen Pommern. Ein ruhiger Mann, krank geworden durch harte Arbeit. Staublunge. Er hat sich nie geschont, Arbeit nie gescheut. Er bezieht als Teilinvalide eine kleine Rente, aber er arbeitet fleißig. Zwei Monate in diesem Jahr war er ganz arbeitsunfähig. Seine Tätigkeit: Verwalter in einem kleinen Möbellager des Konsums. Der Konsum-Möbelfachhandel in Berlin hat mehrere Lagerräume gemietet. Einer davon ist in der Schönhauser Allee im Bezirk Prenzlauer Berg. Dort ist Herr Albrecht tätig. Das Hauptlager ist in der Rungestraße in Berlin-Mitte. Die Anweisungen kommen immer aus der Rungestraße. Herr Albrecht ist meist allein, ein kleiner König in seinem Bereich, ein König ohne Untertanen.

Niemals ist er in seinen 52 Lebensjahren aufgefallen, er hat viel mitgemacht, und er hat alles mitgemacht. Krieg, Gefangenschaft. Er ist kein Mann der großen Leidenschaften, kein Mann, der aufbegehrt. Ich glaube, er hat sich immer gefügt.

Heute, langsam, ist bei ihm auch die Einsicht hinzugekommen, selbst etwas dazu zu tun, damit die vernünftige Ordnung gefestigt wird. Er ist in den letzten Jahren gesellschaftlich aktiv geworden, auch als Helfer der Volkspolizei hat er sich eingesetzt.

Über das, was ihn aus der Bahn geworfen hat, spricht er nicht. Nur aus einer ganz kleinen Bemerkung läßt es sich ahnen.

Beim Auf- und Abladen der Möbel werden oft Hilfskräfte, Tageshilfen beschäftigt. Bezahlt werden die zeitweiligen Helfer von der Leitung in der Rungestraße. Das Geld, das holt man sich nicht von der Bank, sondern ganz einfach vom Konsum-Kaufhaus Fix in der Schönhauser Allee. Und dafür hat man ja den so zuverlässigen Herrn Albrecht, der einige hundert Meter weiter stadteinwärts tätig ist.

So rief eines Tages, es war ein Donnerstag oder Freitag, die »Rungestraße« an: »Albrecht, hol einmal tausend Mark von Fix, wir brauchen sie jetzt für Löhne. Wir schicken dann in den nächsten Tagen jemanden vorbei, um es bei dir abholen zu lassen.« Fix war schon verständigt. Herr Albrecht machte sich auf den Weg, bekam 1 000 Mark gegen Quittung. Er tat das Geld in einen Briefumschlag, und der Briefumschlag verschwand in seiner Aktentasche.

Erwiesen ist, daß erst am Montag der Kollege von der Rungestraße bei Herrn Albrecht erschien, um das Geld abzuholen. Erwiesen ist auch, daß Herr Albrecht gesagt hatte: »Ich habe nur fünfhundert Mark vom Kaufhaus Fix bekommen«, und Herr Albrecht zählte dem Boten die 500 Mark vor.

In dieser Woche rief nun der Chef der »Rungestraße« oft bei Herrn Albrecht an, wann er denn die fehlenden 500 Mark bekommen könnte. Herr Albrecht hatte immer Entschuldigungen, Einwände, er könne nicht, es sei jetzt kein Geld da und ähnliches. Man hatte kein Mißtrauen, denn Herr Albrecht war schon jahrelang dort tätig, und er galt als einer der ruhigsten und zuverlässigsten Menschen. Erst nach etwa acht Tagen konnte die »Rungestraße« die restlichen 500 Mark erhalten.

Tatsächlich hatte Herr Albrecht im Kaufhaus Fix angerufen, er brauche noch weitere 500 Mark. Und Kaufhaus Fix war sofort bereit, dem bewährten Mitarbeiter des Konsums gegen Quittung diese 500 Mark auszuhändigen.

Über das Verschwinden der fehlenden 500 Mark hat Herr Albrecht eine eigene Version, und der blieb er bis zum Schluß der Verhandlung treu. Tatsächlich habe er am Donnerstag die 1 000 Mark von Fix bekommen, das Geld immer bei sich gehabt und erst am Montag sei der Bote erschienen, was auch stimmte. Der habe das Geld von ihm abholen wollen, und er habe es ihm vorgezählt. Dann aber sei er abberufen worden von einem Lastkraftwagenfahrer, um beim Aufladen zu helfen. Man wisse ja, wie ungeduldig manche Fahrer seien, da habe er keine Zeit gehabt, die restlichen 500 Mark auch noch dem Boten vorzuzählen.

Am Montagabend sei er nun mit dem restlichen Geld in seiner Aktentasche in eine Gaststätte gegangen und habe dort ein, zwei Biere und einige Schnäpse getrunken und sogar mit 20 Mark aus der Tasche bezahlt. Dann aber sei er für einige Minuten verschwunden und habe die Tasche auf seinem Platz stehenlassen. Am Dienstagmorgen, als die »Rungestraße« das Geld von ihm haben wollte, habe er mit Entsetzen gesehen, das Geld war weg. Er könne es sich nur so erklären, man habe es ihm in den wenigen Minuten in der Gastwirtschaft aus der Aktentasche gestohlen.

Aus Scham habe er den Verlust aber nicht gemeldet, sondern mit dem Neuabholen der 500 Mark die Sache vorläufig bereinigen wollen.

Traurig aber bleibt festzustellen, Herr Albrecht hatte noch einmal, völlig unberechtigt, 300 Mark vom Kaufhaus Fix sich auszahlen lassen, und das Geld war auch verschwunden. Hier, in diesem Fall, mußte er zugeben, das Geld hatte er für sich verbraucht. Er habe mit seiner Frau eine kleine Differenz gehabt, er sei für eine Woche zu einer Kollegin gezogen, und das habe natürlich gewisse Aufwendungen erforderlich gemacht. Aber jetzt sei alles wieder bereinigt, er bekenne sich schuldig, die 300 Mark unterschlagen zu haben. Er fühle sich auch verantwortlich für das seltsame Verschwinden der 500

Mark, und er habe sich schon verpflichtet, den ganzen Schaden in Raten wieder abzudecken.

Die größte Milde fand Herr Albrecht bei seinen Richtern. Sie konstatierten zwar auch einen Diebstahl der 500 Mark. Sein Leugnen wurde ihm nicht als Belastung angerechnet, es wurde durch Schamhaftigkeit erklärt. Schuldig, ein Jahr Bewährung mit der Verpflichtung, in diesem Jahr den gesamten Schaden zu ersetzen. Mit der Drohung, wenn du, Albrecht, dich nicht bewährst, drei Monate Freiheitsentzug.

Er wird sich bemühen, die in ihn gesetzte Erwartung zu erfüllen, wie es so oft und so schön in den Zeugnissen heißt. Er hat zurückgefunden in das ihm gemäße Bett, wie ein Fluß, der einmal über die Ufer getreten ist.

Gartenerdbeeren blühen einmal, im April, und manchmal, wenn das Wetter ungewöhnlich warm ist, blühen sie ein zweites Mal, im Spätherbst.

Zueignung wegen Zuneigung

Sie ist nie »deliktisch« in Erscheinung getreten, wie es so schön im Kriminalistendeutsch heißt, aber sie ist eine gute Erscheinung, die äußerlich etwas darstellt. Frau Flora flößt Vertrauen ein, groß, dunkelblond, aufrechte Haltung. Aber sie ist keineswegs eine kesse Berlinerin, eine flotte Dame. Auch ihr erster Ruf, den sie einmal 1944 hatte als Schankmamsell in Ahlbeck, paßt einfach nicht zu ihrer Erscheinung, nichts Leichtlebiges und Leichtfertiges steckt in ihr. Und es paßt auch einfach nicht zu Frau Flora, als Angeklagte auftreten zu müssen. Als Fünfzigjährige zum erstenmal ein dunkler Punkt in ihrem Leben, unter uns gesagt, man hätte es auch vermeiden können.

Frau Flora lebt allein, ihre Ehe ist längst geschieden, ihr einziger Sohn, verheiratet, schon seit Jahren aus ihrer Wohnung weggezogen. Auf ihrer Arbeit in einem Bürobetrieb ist sie eifrig, sie gilt als burschikos, aber weltfremd. Man lobt sie sehr, weil sie nie resigniert. Ihr Kollege aus ihrem Arbeitskollektiv meint, etwas Provinzielles hafte ihr an. Er weiß nicht genau, ob das ein Lob oder ein Tadel ist, aber wenn er meint, Frau Flora sei nicht besonders elegant gekleidet, eher solide und qualitätsvoll, dann möchte ich ihm zustimmen. Sie ist aktiv in der Gewerkschaft, in der Solidaritätsbewegung, sie betätigt sich in ihrer Hausgemeinschaft, sie nimmt Anteil am Geschicke anderer, und wir nehmen Anteil an ihrem Geschick.

Seit vielen Jahren ist sie mit einem älteren Herrn befreundet, einem bejahrten Fuhrunternehmer, Herrn Felix. Es ist, sagen wir, eine Wochenendliebe. Am Wochenende kam Frau Flora in seine Wohnung, sie hatte einen Schlüssel, ordnete, säuberte, kochte mit weiblicher Hand. Man verlebte gemeinsam, gesetzte Liebesleute, das Wochenende.

Schon seit längerem hatte man eine gemeinsame Reise nach Ungarn im Urlaub geplant. Aber vor dieser Reise schon hatte Frau Flora Unziemliches bemerkt, ein zu sehr zerwühltes Bett, eine Haarnadel und Schokoladenreste, alles, das nie und nimmer von ihrem letzten Besuch hätte stammen können.

Herr Felix konnte und wollte nicht leugnen, daß da eine andere Dame in Frau Floras Bett gelegen, aus ihrem Becher getrunken und Herrn Felix geküßt hatte. Er sei ein freier Mann, sagte er, aber er fühle sich dennoch an die gemeinsam verabredete Ungarnreise gebunden. Er faßte dies als Abschiedsreise einer großen Liebe auf.

Über die Reise ist also nichts weiter zu vermelden, sie ist in großer Harmonie verlaufen. Etwas Präzises über das Ende von Frau Floras Wochenendbesuchen wurde nicht besprochen, aber beide hatten ein gewisses Gefühl, nach Ungarn käme es zur Trennung.

»Ich habe manches eingesteckt«, so zweideutig äußerte sich Frau Flora über das Ende der Liebe. Sie sagte auch, sie habe das meiste ihrer persönlichen Habe aus Herrn Felix' Wohnung nach der Ungarnreise schon mitgenommen. Und das ließ Herr Felix ohne Widerspruch geschehen. Auch den Wohnungsschlüssel hatte sie abgegeben. Nur einen kleinen Rest, ein paar Wäschestücke oder Toilettengegenstände, ließ sie da, wohl als letztes Band, das zu zerschneiden sie sich scheute.

Frau Flora rechnete noch immer mit einer endgültigen Aussprache, sie klammerte sich geistig an dieses ihr Recht, sie wollte das langsame

Hinsterben einer jahrelangen Liebe einfach nicht so sang- und klanglos hinnehmen. Und um diese Aussprache hat sich wohl Herr Felix gedrückt.

Am 7. September rief Herr Felix bei ihr an: »Komm doch bitte um halb sieben Uhr abends und hol dir die restlichen Sachen ab.« Er war ganz empört, als Frau Flora nicht pünktlich da war, sondern eine Viertelstunde später bei ihm erschien.

Sie kam, er redete kein Wort außer »Beeil dich«, ein Kavalier trotz alter Schule ist er eben nicht. Sie packte, er stand dabei oder meinte vielmehr, immer dabeigewesen zu sein.

Als er sich nach einiger Zeit eine neue Waschmaschine kaufen wollte, holte er seinen Umschlag aus dem Wäscheschrank, in dem 4000 Mark hätten sein sollen, aber zu seiner Überraschung fand er dort nur 2400 Mark. Er suchte lange und fand nichts. Er wußte, Frau Flora kannte sein Geldversteck, aber er konnte nicht glauben, daß sie ihm 1600 Mark aus dem Umschlag herausgenommen hatte. Dann meinte er auch noch einiges altes Silberzeug zu vermissen, aber das fand sich bald an einer anderen Stelle seiner Wohnung. Und nun ging Herr Felix zur Volkspolizei und erstattete Anzeige. Er erwähnte, daß er einen Verdacht gegen Frau Flora habe, aber er könne sich nicht denken, daß diese solide Frau ihm das Geld genommen habe.

Von der Volkspolizei befragt, sagte Frau Flora sofort: »Ja, ich habe die 1600 Mark aus dem Kuvert genommen. Ich habe das Geld zu mir nach Hause genommen und es bereitgelegt. Er sollte einen Denkzettel haben, weil er mich so behandelt hat. Und ich dachte mir immer, Herr Felix wird das Geld vermissen, er wird zu mir nach Hause kommen, dann hätte ich mich mit ihm ausgesprochen, und er hätte es ja sofort wiederbekommen. Hier ist das Geld.« Und so sagte Frau Flora auch vor Gericht.

»Wenn nun Herr Felix nicht gekommen wäre?« fragte der Richter.

»Dann hätte ich das Geld behalten.«

Das ist, was die Juristen in ihrer logischen Denkweise die Zueignungsabsicht nennen. Zueignung wegen Zuneigung.

Deshalb mußte gegen Frau Flora Anklage wegen Diebstahls erhoben werden. Selbst Herr Felix, der Geschädigte, sprach für sie. »Dieses Delikt paßt nicht zu ihr, die Sache war sicher eine Kurzschlußhandlung. Und wenn sie stehlen wollte, hätte sie mir ja auch die ganzen 4000 Mark genommen, die in der Tüte waren.«

Bewährung ist für das Gericht die Lösung, es kann die Wegnahme und die Zueignungsabsicht ja nicht aus der Welt schaffen, also schuldig. Ein und ein halbes Jahr dauert die Zeit der Prüfung, und wenn die ohne Straftat abgelaufen ist, werden die acht Monate Freiheitsentzug nicht verbüßt, dann ist alles vergeben und vergessen, gelöscht, nie ist dann Frau Flora, wie es ja zu ihr paßt, »deliktisch« in Erscheinung getreten.

Wie bewährt sich ein Bigamist?

In tausend Schwulitäten war Gerd geraten, obwohl er, als Mann gesehen, völlig der Norm entsprach. Krauses, langes Haar, über der hohen Stirn ergraut, gleicht er mehr einem freischaffenden, genialen Einzelgänger als einem fahrplanmäßig gebundenen, doppelt verheirateten doppelstöckigen Omnibusfahrer. Er mag sich glücklich preisen, daß er nicht zu Kaiser Wilhelms Zeiten in Deutschland oder zu Kaiser Franz Josephs Zeiten in Österreich lebte. Damals hätten nur ein gewiefter Advokat und ein milder Richter ihn in Preußen vor dem Zuchthaus und in Österreich vor schwerem Kerker bewahren können. Heute ist sein Tun kein Verbrechen mehr, es ist ein Vergehen von der leichteren Art, und es kann nur mit einer Strafe auf Bewährung bedroht werden. Bigamie oder Doppelehe ist auch kein Dauerdelikt mehr, es ist, so sagt das Strafgesetzbuch, mit dem Eingehen der zweiten Ehe vollendet, obwohl diese zweite Ehe nichtig ist. Die Straftat ist nach zwei Jahren verjährt, die Ehe wird aber dadurch nicht gültig.

Bei dieser Sachlage kann man ohne Sorge zur Hauptverhandlung erscheinen. Man kann auch – bei allem schuldigen Respekt vor einem Strafprozeß – wie im alten Österreich sagen, die Lage ist wohl verzweifelt, aber net so ernst.

Unser nun schon in Unehren ergrauter Kraftfahrer Gerd ehelichte am 19. April 1952 seine Greta. Greta war, wie Gerd jetzt sagt, sehr selbstbewußt und selbstherrlich. Ihre Prüfung als Krankenschwester gab ihr ein Gefühl von Macht und Weisheit. Ob es allein die Berufsausbildung war, die Gerd so sehr beeindruckte? Wenig glaubhaft, denn er hatte auch zwei Facharbeiterbriefe erworben, in seiner Jugend als Landarbeiter und später den eines Kraftfahrers. Es war nicht die Ausbildung, es war mehr die Einbildung, vielleicht jene so geheimnisvollen, aber jedem bekannten Kräfte und Fähigkeiten, die in bezug auf Mann und Frau die dominierende Rolle spielen, der Eros. Diese Kräfte und Fähigkeiten reichten wohl zum Nachwuchs – zwei Knaben –, aber da Gerd einige Zeit von zu Hause abwesend war, mußte er erfahren, daß Frau Greta ihm nicht die Treue gehalten hatte, und nicht ganz schuldlos war auch Gerd, der in der Zeit der Krise dem Alkohol mehr zusprach als seiner Greta. Es gab Schwierigkeiten mit den Jungen, und es tauchte auch ein neuer Freund des Hauses auf, der bald der Hausfreund wurde. Nach siebzehn Jahren waren Gerd und Greta geschiedene Leute, und das Scheidungsurteil war rechtsgültig am 18. Februar 1969.

Frau Greta zog den Hausfreund an Land und in ihre Wohnung. Sie heiratete ihn, aber der neue Mann trank mehr als der alte, die Schwierigkeiten mit den Jungen wurden groß und größer. Frau Greta mußte hier schon nach einem Jahr erkennen, daß der neue Mann auch nicht der Richtige sei, und sie erreichte auch hier die Ehescheidung. Nun hatte Gerd nie ganz den Kontakt zu Greta verloren, die Sorgen um die beiden Jungen spielten da eine große Rolle, und im Grunde des Herzens ist Gerd ein solider Mann. Die Zeit der Trennung wirkte wie eine Läuterung, und beide, Gerd und Greta, merkten in diesen drei Jahren, da sie getrennt waren, was sie in den siebzehn Jahren nicht erkannten: Sie konnten nicht ohne einander, aber sie konnten auch nicht miteinander leben. Hier eile ich der Zeit voraus.

Die beiden halten auf Tradition. Und da sie zum erstenmal am 19. April 1952 geheiratet hatten, heirateten sie genau nach zwanzig Jahren wieder, also am 19. April 1972. Nicht vor dem Standesamt Nord, sondern vor dem Standesamt Mitte. Ganz so traditionsbewußt sind sie also nicht. Aus Nachlässigkeit – nicht aus böser Absicht – versäumt Gerd es, in seinem DPA unter der Rubrik Familienstand das »geschieden« in »verheiratet« umschreiben zu lassen.

Das erste halbe Jahr war ein verlängerter Honigmond, bejahrte Flitterwöchner im zweiten Durchgang – die beiden Jungen konnten aus gefährdeter Umwelt in geordnete Bahnen gebracht werden. Dann aber traten die alten Schwierigkeiten auf, die Charaktere der jungen alten Liebesleute hatten sich nicht verändert. Nach einem goldenen Herbst des Wiederentdeckens vereisten die Beziehungen. Sie wollten es mit Gewalt versuchen, ein kleines Mädchen sollte adoptiert werden, es war probeweise in der Familie. Gerd war mit ihm unterwegs, um einen Schlitten zu kaufen, und verspätete sich zur Arbeit. Der Omnibusverkehr einer Linie kam beinahe durch den Schlittenkauf wenn auch nicht zum Erliegen, so doch in Schwierigkeiten. Da das nicht der erste Fall war, mußte die Konfliktkommission sich mit Gerd beschäftigen, mit Gerd und seiner Ehe. Ob nun infolge dieser Beratung – nicht alles weiß ein Reporter, aber manches kann er ahnen –, Gerd lernte endlich seine Margot durch einen Berufskollegen kennen. Auch Margot war geschieden, wohnte in einem Häuschen in der Vorstadt, für Gerd Erfüllung einer Sehnsucht, Ruhe und Frieden und Liebe. Frauen, auch wenn oder gerade wenn sie lieben, sind neugierig. Und Frau Margot hatte Einsicht in seinen Personalausweis genommen, dort stand als Herrn Gerds Familienstand »geschieden«. Er zog also zu ihr, und Gerd wurde als willkommene und natürliche Ergänzung von Frau Margots männerloser Familie aufgenommen.

Da kam eines Tages Frau Margots Schwester mit ihrem Bräutigam zu Besuch. Man war zu viert sehr vergnügt, Familienharmonie. Und die Schwester erzählte voll Stolz: »Wir haben für den 17. August 1973 im Standesamt Ost schon die Hochzeit bestellt, wie schön wäre eine Doppelhochzeit.« Nun saß Herr Gerd in den Schwulitäten. Er konnte und wollte Margot nicht verlieren, wollte und konnte die Wahrheit nicht sagen: Ich bin doch noch verheiratet.

Und da kam der Unglückliche auf eine einfache Lösung. Er gab seiner Schwägerin seine erste Eheurkunde und sein Scheidungsurteil der ersten Ehe vom 18. Februar 1969 mit, und sie bestellte für Schwester und Schwager das Aufgebot. Die Doppelhochzeit wurde gefeiert.

Margot konnte über den Familienstand von Gerd getäuscht werden, das Standesamt aber nicht. Nach wenigen Wochen stellte es sich heraus: Die Ehe von Gerd und Margot ist null und nichtig, Gerd aber ist ein Bigamist.

Strafe muß sein, nicht wegen Margots Täuschung und Enttäuschung, sondern wegen Gerds Täuschung der Behörden, denn Margot hat ihm schon verziehen, das Gericht aber braucht achtzehn Monate, um die Panne im Personenstandsregister zu vergessen. So lange läuft nach dem Gerichtsurteil seine Bewährung.

Wie aber bewährt sich ein überführter Bigamist (denn es gibt da noch eine Strafandrohung von sechs Monaten)? Indem er nur eine Frau liebt.

Die Harke im Apfelbaum

Zwei Häuser, gleich an Würdigkeit, so nennt Shakespeare im Vorwort die beiden feindlichen Familien der Capulet und Montague – der Kenner weiß Bescheid, es steht im Vorwort zu »Romeo und Julia«, in der tragischen Geschichte der Liebenden aus Verona, der Liebenden zweier tödlich verfeindeter Familien.

Der vorsichtige Reporter muß seine Leser enttäuschen. Er kann hier keine rührende Liebesgeschichte schildern aus Berlins Kleingartensiedlung, so etwa Romeo und Julia am Veilchenweg. Nein, nein, leider nein. Aber die Liebe spielt hier eine gewisse Rolle, sie überwindet nicht die Feindschaft zwischen den beiden Häusern oder hier besser zwischen den beiden Lauben in der Kleingartensiedlung. Leider im Gegenteil. Liebe und Eifersucht sind die Ursachen des jahrzehntealten Zwistes, der sich vererbt von Geschlecht zu Geschlecht, so schlecht wirkt die Liebe am Veilchenweg.

Das eine Haus oder die Laube gehört der obstzüchtenden Frau Amalie Capulet, gegenüber das Häuschen gehört der Blumenfreundin Emilia Montague. Frau Amalie ist eine kreislaufkranke, herzleidende Dame, die seit einigen Jahren – bei Damen ist der galante Reporter in bezug auf das Alter etwas ungenau – das Rentenalter erreicht hat. Ihre Beweglichkeit ist nicht nur durch ihr Leiden, auch durch ihren Körperumfang gehemmt, Frau Amalie ist nicht zu übersehen, besonders in der Breite nicht. Sie ist geschieden, sie ist verwitwet, eines nach dem anderen, das heißt, ihr Geschiedener ist schon lange verblichen.

Über Frau Emilias Erscheinungsbild kann der gewissenhafte Reporter keine zuverlässigen Angaben machen. Dabei wäre es für den Gang der Ereignisse außerordentlich aufschlußreich. Sie war an Gerichtsstelle nicht anwesend, sie hat auch mit dem Kriminalfall direkt nichts zu tun, obwohl es einen kausalen Zusammenhang zwischen ihrer betörenden Wirkung und den betrüblichen Ereignissen des 27. August 1974 gibt.

Der von ihr geliebte, von ihr geschiedene und von ihr dahingeschiedene Ehemann habe, so behauptet Frau Amalie auch heute noch, völlig unerlaubte und unerhörte Beziehungen zu Frau Emilia unterhalten, und in diesem Zusammenhang gibt es auch einen kleinen Hinweis auf das Äußere der Frau Emilia. »Krummbeiniger Dackel«, so hat Frau Amalie ihre Nachbarin einmal bezeichnet. Wenn diese Darstellung stimmen sollte, dann staunt der Reporter über die Geschmacksirrung und Geschmacksverwirrung des Herrn Capulet, denn seine eigene Frau Amalie ist heute noch eine durchaus imposante Erscheinung auf dem Boulevard der Kleingartensiedlung, auf dem Veilchenweg.

Auch der Mann der Frau Emilia Montague beackert nicht mehr die Blumenrabatte seines Kleingartens; inzwischen ist seine Tochter Bianka herangewachsen. Über Biankens Liebreiz kann direktes nicht berichtet werden, aber er muß erheblich sein, wie Kleingartenfreunde dem findigen Reporter zu erzählen wußten. Es geht auch nicht um sie, es geht um ihren damaligen Verehrer, Freund oder Bräutigam Roberto.

Es ist der Angeklagte, er hat mit der schönen Bianka auch die häßliche Feindschaft mit übernommen, er ist ihr starker Arm.

Heute ist er mit Bianken verheiratet, jedoch vor einem Jahr, als Roberto noch in dem losen Verhältnis des Freundes, Verehrers oder Bräutigams der schönen Bianka Einzug in die Parzelle am Veilchenweg genommen hatte, wurde er, der angesehene Arbeiter und Meister der freiwilligen Feuerwehr und Freund des geregelten Zusammenlebens, sofort von einem gewählten Vorstandsmitglied für das Gebiet

Ordnung und Sicherheit als Helfer in der sonst so friedlichen Siedlung gewonnen.

Es war kurz nach 14 Uhr, der Regen hatte gerade aufgehört, Frau Amalie Capulet stand an ihrem Häuschen und leitete – durchaus begrüßenswert – die angestauten Regenmengen durch eine Erdrinne ab. Herr Roberto kam mit dem Fahrrad von seiner Frühschicht und wollte die Segnungen und die Ruhe des Gartens seiner künftigen Schwiegermutter genießen. Da fand er ein Stück Rasen vor seinem Zaun, das nach seiner Meinung völlig ungebührlich von Frau Amalie dort hinübergeworfen worden war.

Roberto will dieses Stück Rasen auf die Mitte des Boulevards Veilchenweg geworfen haben, Frau Amalie fühlte sich durch einen Steinwurf Robertos am Bein schwer verletzt. Es kann kein großer Stein gewesen sein, denn er erreichte sein hoffentlich nicht angestrebtes Ziel auch durch den engen Maschendraht völlig ungehindert. Frau Amalie ergriff eine Harke und stürmte rasend auf den rasenwerfenden Roberto ein. Ohne große Mühe konnte Herr Roberto ihr das gefährliche Instrument entwinden.

Aus Gründen der Schicklichkeit und um in Zukunft die scheinbar ewig schwelende Feindschaft der beiden Häuser nicht noch weiter anzuheizen, bleiben die Worte, die da gefallen sein sollen und die dem empfindsamen Reporter so wenig gefallen, unerwähnt. Sie zeichnen sich weder durch Phantasie noch durch literarische Originalität aus.

Wie die Dinge sich nun weiter abspielten, kann der völlig objektive Reporter nicht genau darstellen. Eine junge Dame – zufällig die Tochter von Frau Amaliens bester Freundin – will die Vorgänge quer durch zwei Kleingärten und durch einen Wald von Bäumen beobachtet und alle Geräusche trotz der ständig ratternden S-Bahn verstanden haben. Nur schade, daß sie bei einer Befragung durch das Vorstandsmitglied, das für Ordnung und Sicherheit verantwortlich ist, kurz nach den Ereignissen angeblich von gar nichts wußte. So muß sich der streng sachliche Reporter an die medizinisch festgestellten Tatbestände halten. Tatbestände am Körper der Frau Amalie Capulet. Blutunterlaufene Stellen an Armen und Beinen und am ganzen Körper, auch an der Rückenpartie – und eine im Apfelbaum schwebende

Harke, zweifellos ein Beweis von Herrn Robertos sportlichen Leistungen.

Seit Jahresfrist bemühen sich die Volkspolizei, ein Schlichtungsausschuß der Gartenfreunde und eine Schiedskommission, die Sache aus der Welt zu bringen. Aber die Feindschaft der Häuser Capulet und Montague am Veilchenweg ist noch zu tief. Und beide Parteien haben mächtige Bundesgenossen.

Relativ – gemessen an der Schwere des Konflikts – machte das Stadtbezirksgericht Prenzlauer Berg kurzen Prozeß. Es sprach Herrn Roberto schuldig, sah aber von einer Bestrafung ab. Er habe in Notwehr gehandelt, sie aber durch seine hochgradige Erregung weitgehend überschritten.

Oh, hätte doch Herr Roberto die Frau Amalie entwundene Harke sofort in den Apfelbaum geworfen. Es könnte, so meint der phantasievolle Reporter, ein Symbol für vernünftiges Handeln, ein Beispiel für friedliche Koexistenz sein. Und diese Chance wurde verpaßt.

Die doppelte Bürde der Frau

Soll er dein Herr sein?

»Um ihm zu beweisen, daß ich damit auskomme.« Diese Frau Annemarie, 30 Jahre alt, ist nicht die erste und – ich fürchte – auch leider nicht die letzte, die schuldbeladen vor ihrem Richter steht und die allein gelassen wurde von ihrem Mann, der ihr bei der Eheschließung gelobt hatte, ihr immer beizustehen in guten und auch in schweren Tagen.

Und nun kommt er nicht einmal mit zur Verhandlung. Er war auch nicht als Zeuge geladen. Wenn ich hier Richter gewesen wäre, ihn hätte ich geladen, und wenn er von seinem ihm zustehenden Recht zu schweigen Gebrauch gemacht hätte, zu hören hätte ich ihn gezwungen. Das, was ich ihm gesagt hätte, wäre nicht von Pappe gewesen. Denn ein Gericht unserer Ordnung soll ja nicht nur Schuld und mitwirkende Umstände einer Angeklagten feststellen und eine dementsprechende Strafe anordnen, es hat auch noch – wie es Schiller vom Theater fordert – die Aufgabe einer moralischen Anstalt ... Natürlich, zuerst und ganz nüchtern muß der Umfang der Schuld erörtert werden.

Frau Annemarie ist das Kind einer gescheiterten Ehe. Sie war lange in einem Kinderheim untergebracht, ihre Schulbildung bescheiden, im Berufsleben hat sie den Abschluß der achten Klasse erreicht. Auch mit der Berufsausbildung ging es schwer. Erst war sie Bote, dann sollte sie als Dreherin ausgebildet werden, sie mußte aufhören, weil ihre Haut das Maschinenöl nicht vertragen konnte. Einige Zeit arbeitete sie in der Landwirtschaft, aber ich glaube, für die kleine, nicht sehr kräftige Frau war das auch nicht das Richtige. In vielen Berufen hat sie sich versucht. Sie machte eine Pause, als sie sich um die beiden Kinder, die sich einstellten, kümmern mußte.

Seit 1971 ist sie in einem großen Werk der Elektroindustrie als Werkstattschreiberin tätig, wegen der Kinder erst halbtags, jetzt ganztags. Ihr Nettoverdienst: 385 Mark. In ihrer Tätigkeit ist sie korrekt, sie ist beliebt. Ihr Mann, den wir leider nicht sahen, verdient wesentlich mehr, sie glaubt, etwa 670 Mark netto. Und er hat folgende Regeln eingeführt und durchgesetzt: Von seinem Einkommen gibt er ihr 50 Mark für die monatliche Miete und 70 Mark für eine Abzahlungsverpflichtung. Von ihrem Einkommen, den 385 Mark, soll der Haushalt bestritten werden. Wie es mit der Kleidung war, wurde nicht erörtert, aber ich vermute, das wollte der Mann im wesentlichen bezahlen.

Einkaufen, kochen, waschen, Geschirr spülen, die Kinder versorgen, das alles macht sie. Der Mann kann sparen, er hat eine Kassette, und als er bemerkte, daß sie manchmal Geld aus der Kassette nahm, schloß er sie ab.

»Er soll dein Herr sein«, jahrtausendalte Tradition, hier und auch in manchen anderen Familien noch hochgehalten, führte zur Katastrophe.

Frau Annemarie kam mit ihrem Haushaltsgeld nicht aus. Ich glaube, sie kann nicht einteilen, sie hat es nie gelernt. Ihr Mann macht ihr Vorwürfe: »Du kannst einfach nicht wirtschaften.« Um mehr Geld zu bekommen, übernahm sie auch noch eine Kassierung für die staatliche Versicherung. Nach der Arbeit wartete der Haushalt, dann zu den Versicherten gehen, die Beiträge kassieren und Marken dafür aushändigen. Dafür bekam sie zusätzlich 50 Mark. Aber auch dieses Geld reichte nicht.

Sie nahm jetzt das Geld für die Miete, das ihr der Mann gegeben hatte, und gab es für den Haushalt aus, und auch das Geld, das er ihr für die Abzahlungsraten zugesteckt hatte. Da wurde bei dem Mann im Betrieb gepfändet. Ganz empört kam er nach Hause: »Warum hast du die Raten nicht bezahlt?« – »Ein Irrtum«, sagte die Frau Annemarie, »das muß ein Irrtum sein.« Dann ging sie zu einem jungen Kollegen, einem Facharbeiter, von dem bekannt war, er kann keiner Frau eine Bitte abschlagen, und bat ihn: »Leih mir doch tausend Mark, ich komme nicht aus.« Und sie erzählte ihm von ihren Schwierigkeiten mit dem Haushalt, der Kasse und ihrem Mann. »Wenn ich ihm sage, daß ich nicht auskomme, fürchte ich, geht unsere Ehe kaputt.« Der junge Mann lieh ihr sofort 1000 Mark.

Sie hat viel Geld, das sagt sie selber, für die Kinder ausgegeben, und ich glaube, auch für sich hat sie mehr ausgegeben, als sie durfte, nach der Kleidung zu urteilen, die sie im Prozeß trug. Auch die Kollektivvertreterin, eine ihr sehr wohlwollende Kollegin, sagt über sie, sie habe sich in der Kantine zum Frühstück belegte Brötchen gekauft, und das kann eine Frau, wenn sie so sparen muß, sich nicht leisten.

Sie nahm die Gelder aus der Kasse der Versicherung, bezahlte bei einem Rechtsanwalt die Pfändung für die nichtbezahlten Raten und einen weiteren Pfändungsbeschluß für die rückständige Miete. Einigen Aufforderungen, ihre Gelder und ihre Marken bei der Versicherung abzurechnen, kam sie nicht nach. Es war gerade die Zeit, in der der alte Inspektor, der monatlich mit Frau Annemarie Kasse und Marken abzurechnen hatte, abgelöst wurde durch einen neuen. Ende Dezember hatte sich der neue Inspektor gemeldet. Sie wußte, das Defizit war nicht mehr zu verschleiern. Wieder ging sie zu dem jungen Mann und bat ihn um Rat, um Hilfe. Sie fragte ihn: »Soll ich nicht so tun, als ob ich meine Tasche mit den Marken und dem Geld der Versicherung verloren habe?« – »Das hat keinen Zweck«, sagte der junge Mann, »dann mußt du die Marken und das Geld doch ersetzen.« Nun kam sie auf den Gedanken: Die Tasche ist mir geraubt worden. Der junge Kollege wollte ihr wieder helfen. Sie verabredeten, sich nach einem Kassierungsweg zu treffen, sie übergab ihm die Tasche, und dann ging sie mit einem zerrissenen Anorak zur Volkspolizei, berichtete, drei junge Burschen hätten ihr auf einem Hof die Tasche mit viel Geld und Versicherungsmarken geraubt.

Ich glaube, es war nicht schwer für die erfahrenen Kriminalisten der Volkspolizei, herauszubekommen, daß dieser Raubüberfall vorgetäuscht war, denn in der Staatlichen Versicherung war man schon längere Zeit auf die säumige Abrechnungsweise der Frau Annemarie aufmerksam geworden.

Bei einer Überprüfung fehlten 4211,90 Mark am Kassenbestand. 173 Mark waren in der angeblich geraubten Tasche, so daß sich die fehlende Summe auf etwa 4000 Mark ermäßigt.

Die Strafe für den jungen Mann wegen Beihilfe zur Vortäuschung einer Straftat und zum Diebstahl war nicht schwer zu finden. Verurteilung auf Bewährung, die Bewährungszeit anderthalb Jahre, die Androhung bei Nichtbewährung acht Monate und eine zusätzliche Geldstrafe von 800 Mark.

Schwerer dagegen, das richtige Strafmaß bei Frau Annemarie auszusprechen. Es gab eine allgemeine Richtlinie des Obersten Gerichts. Bei einem Schaden am gesellschaftlichen Eigentum durch Diebstahl oder Betrug von 3000 Mark und mehr sollte keine Strafe auf Bewährung ausgesprochen werden. Und das Gericht verurteilte Frau Annemarie zu einer Freiheitsstrafe von einem Jahr und vier Monaten. Das Oberste Gericht weist aber auch darauf hin, daß der Schaden nicht zum alleinigen und in jedem Falle entscheidenden Maßstab gesetzt werden soll.

Ich halte diese Strafe für unangemessen. Tief in Schuld verstrickt ist der Mann der Frau Annemarie. Er, der alles seiner Frau aufgebürdet hat, der seine Frau als Haushälterin, als Kinderpflegerin, als zweifachen Mitverdiener beschäftigt hat, der nicht einmal mit einkaufen ging, der wahrscheinlich auch noch von seiner Frau erwartete, daß sie sich elegant und modisch kleidete und ebenso die Kinder. Als er das Ausmaß des Unglücks kennengelernt hatte, erhöhte er ihr das Haushaltsgeld auf 110 Mark wöchentlich.

Wir müßten, so glaube ich, Frau Annemarie als eine sehr ängstliche Frau betrachten, eine Frau, die die gescheiterte Ehe ihrer Eltern immer vor Augen hatte, die einzig und allein von dem Standpunkt ausging, das will ich meinen Kindern ersparen, meine Kinder sollen es einmal besser haben, und die dann jede Übersicht verlor und leichtsinnig wurde.

Unnötig zu sagen, daß sie den ganz falschen Weg gewählt hat, unnötig zu sagen, daß sie bestraft werden muß, empfindlich bestraft werden muß. Hier steht allein die Frage: »Wie?«

Sie schuldig, er schuldlos

»Du mußt mit 400 Mark im Monat auskommen, dann können wir uns einen Farbfernseher leisten.« Dieser kategorische Satz von Roland, dem Ehemann, ist der Leitspruch des ganzen Verfahrens. Und man muß dazu diesen Mann sehen, 30 Jahre alt, kräftig, gesund, ein Arbeiter mit einem Nettoeinkommen von 900 Mark. Wenn der so etwas zu seiner Frau Maria sagt, dann ist das ein Gesetz, dann ist daran nicht zu rütteln.

Maria, keineswegs so kräftig, überaus schmal, mit verschatteten Augen, ein Typ, der zu Kopfschmerzen neigt, der nichts zuzusetzen hat, hat ihm zwei Kinder geboren. Maria hörte mit ihrer Arbeit auf, als die Kinder kamen. Und als die Kleinen aus dem gröbsten heraus waren, hatte Frau Maria eine Kassierung für die Staatliche Versicherung übernommen, freiberuflich. Damit konnte sie durchschnittlich etwa 240 Mark im Monat dazuverdienen. Heute, da sie diesen Erwerbszweig nicht mehr hat, hat sie ihre Kinder in der Kinderkrippe unterbringen können und ist bei den Berliner Verkehrsbetrieben als Straßenbahnfahrerin beschäftigt.

Die Ehe hatte sicher einige Schwierigkeiten. Die Gründe liegen in den so verschiedenen Temperamenten der beiden. Es ist auch denkbar und deshalb glaubhaft, daß Frau Maria einmal etwa 400 Mark verloren, aber aus Angst ihrem Mann davon nichts gesagt hat. Sie borgte sich das Geld bei einer Bekannten, mußte es aber heimlich von ihrem Wirtschaftsgeld zurückzahlen.

Dann ging der alte Fernsehapparat in die Binsen, und Herr Roland beschloß, sich einen neuen zu kaufen, aber einen Farbfernseher. Er borgte sich für den Kauf 3400 Mark von seiner Mutter, und da mußte er jeden Monat 200 Mark zurückgeben.

Es wurde also von Roland angeordnet oder nach seinen Vorstellungen mit Maria vereinbart, sie gibt ihr verdientes Geld, also die 240 Mark, ganz für den Haushalt aus; von seinem Geld, das ganz offen dalag und für beide zugänglich war, nimmt sie sich 160 Mark; von dem, war übrigblieb, mußten etwa 80 Mark Miete bezahlt werden, dann war noch ein monatlicher Betrag an die Arbeiter-Wohnungsbaugenossenschaft zu zahlen, es gab auch noch Mietschulden, und dann kamen jetzt neu hinzu die 200 Mark an Rolands Mutter. Wenn man auch noch die Kosten für Licht, Gas, Zeitung und Gewerkschaft abrechnet, bleibt doch immer noch eine hübsche Summe übrig, und davon hat sich Roland zweifellos ein Taschengeld eingesteckt. Daß auch seine Frau ein Taschengeld für ihre Dinge braucht, daran hat Roland nie gedacht oder sich vielleicht im stillen gedacht, das kann sie dann von den 400 Mark Wirtschaftsgeld nehmen.

Es ist so seltsam, Maria hatte nicht den Mut, ihrem Mann zu sagen, ihrem Mann, dem Vater ihrer Kinder, ihrem Lebensgefährten, es geht nicht, ich komme nicht aus, und außerdem habe ich noch Schulden, weil ich Geld verloren habe. Aber sie hatte den Mut, in die Kasse der Versicherung zu greifen. In den ersten Monaten ihrer Tätigkeit war immer ein Inspektor gekommen, der hatte die Abrechnung überprüft, den Markenbestand addiert (die Rechnungen der Versicherung werden durch Bekleben mit einer Marke quittiert, an jeder Marke hängt noch eine kleine Marke, der sogenannte Talon, der wird auf die Karte des Versicherungskunden geklebt und bleibt bei der Kassiererin, der Inspektor stempelt diese Talons ab. Da sieht er genau, ob der Versicherte schon bezahlt hat). Aber monatelang, von März bis September, hatte Maria nur die kassierten Gelder eingezahlt, ihr Inspektor war nicht gekommen, die Markenbestände wurden nicht überprüft.

Und dann ging es so wie in vielen Fällen. Erst sagt sich Maria, ich borge mir mal Geld aus der Versicherungskasse, das lege ich nächsten Monat wieder zurück. Aber dann hatte sie sich schon so an das leichte Ausgeben gewöhnt, sie legte wohl das Geld wieder in die Kasse, nahm aber von Mitte des Monats mehr heraus, die Summe wuchs, ans Zurückzahlen war nicht mehr zu denken.

Und im September meldete sich der Inspektor zur Kontrolle – auch das sollte er nicht so machen, ein Inspektor sollte unangemeldet dasein –, und Maria wußte, jetzt kommt alles heraus, jetzt ist nichts mehr zu vertuschen. Sie überlegte hin und her, die Marken müssen weg, ein Einbruch, ja, das wäre das Beste. Sie brachte die Marken in ein Bahnhofsschließfach, aber sie holte sie schnell wieder zurück, denn sie hatte sich überlegt, das Schließfach wird ja alle 24 Stunden amtlich geöffnet.

Sie vernichtete ihren ganzen Markenbestand, zerriß sie und spülte sie weg.

Dann täuschte sie einen Einbruch vor, auch ihr Mann fiel auf den Schwindel herein, er ging zur Volkspolizei, zeigte gutgläubig den Einbruch an. Frau Maria wurde als Zeugin gehört, und sie gab an, daß der Einbrecher ihre ganze Versicherungskasse und auch ihren Markenbestand gestohlen habe. Die Sache war aber so angelegt, daß die erfahrenen Kriminalisten nur einige Tage getäuscht werden konnten.

Die vernichteten Marken wurden ihr nicht angekreidet, aber durch eine genaue Revision ihrer Kundenkartei, der Talons, wurde festgestellt, es fehlen in der Versicherungskasse 4 437 Mark, außerdem hatte sie ja eine Straftat vorgetäuscht, und auch das ist strafbar nach dem Gesetz.

Nach der Höhe der Schadenssumme hätte es eine Freiheitsstrafe ohne Bewährung geben müssen, aber das Gericht urteilte hier nicht schematisch. Maria bekam eine Strafe auf Bewährung, die Zeit der Bewährung zweieinhalb Jahre, eine Bindung an den neuen Arbeitsplatz wurde ausgesprochen, und das Gericht verlangte, in der Zeit der Bewährung den Schaden wiedergutzumachen. Die Schadenssumme ist nach dem Gesetz sofort fällig, aber das Gericht verlangte, daß sie mindestens monatlich 250 Mark an die Kasse der Versicherung zurückzahlen müsse.

Sie versprach es, reumütig, ihre Verpflichtungen einzuhalten, und auch ihr Mann verkündete, er würde dafür sorgen, daß Maria von ihrem Verdienst den Schaden begleiche. Und schon in dieser Beteuerung liegt der Schlüssel zum ganzen Verfahren. Roland ist sich auch heute noch nicht bewußt, daß er und seine Familie von dem unterschlagenen Geld mitgelebt haben, unbewußt natürlich, daß durch seine egoistische, ja fast egozentrische Haltung Maria allein – juristisch einwandfrei – schuldig wurde. Daß er aber moralisch verpflichtet wäre, auch mit für den Schaden aufzukommen, das hat er heute noch nicht begriffen.

Die erlogene Harzreise

»Die Alte, die am Abend vor der Reise dem Maulesel mit der harten Hand ein Extrabüschel Heu vorlegt, der Schiffer, der beim Einkauf der Vorräte des Sturmes und der Windstille gedenkt, das Kind, das die Mütze aufstülpt, wenn ihm bewiesen würde, daß es regnen kann, sie alle sind meine Hoffnung, sie alle lassen Gründe gelten.« Es rühmt Bertolt Brecht in Galilei hier die vorausschauende Vernunft, die Einsicht.

Leider fehlt Frau Martel, der fleißigen Mutter, diese Vernunft völlig. Sie kann nicht voraussehen, sie weiß nicht einmal, was unweigerlich kommen muß. Sie ist für mich ein klassisches Beispiel für das In-den-Tag-hinein-Leben. Wenn sie auch kriminell geworden ist, wenn sie jetzt vor dem Richter steht, gehört ihr ein gewisses Maß von Anteilnahme. Sie ist mit ihrem Leben und ihren Aufgaben nicht fertig geworden. Gehemmt, eingeschüchtert, ängstlich nach allen Seiten, ohne Mut, die Karten auf den Tisch zu legen, schwindelt sie sich seit Jahren durch. Sie ist Mutter von vier Kindern, das älteste elf, das jüngste vier. Das jüngste hat sie bei sich, ich habe es gesehen, es ist genauso ängstlich wie seine Mutter. Das ist bei einem Kind noch verständlich. Es soll während der Verhandlung aus dem Saal, soll bei einer Tante, die sehr lieb zu ihm ist, etwas warten. Aber es weint und brüllt, will nur bei der Mutter bleiben. Ohne jeden Zweifel, unsere Frau Martel ist mit ihren 34 Jahren sicher eine sehr liebevolle Mutter.

Ihr Mann, einige Jahre jünger als sie, ist ein tüchtiger und eifriger Bauhandwerker in einem unserer großen Berliner Kombinate. Er verdient gut, mit Kindergeld bringt er jeden Monat mindestens 800 Mark nach Hause. Er behält für sich nur ein sehr bescheidenes Taschengeld. An ihm ist nach den Worten von Frau Martel kein Fehl, er trinkt nicht, er raucht nicht, kein lautes Wort gibt es in ihrem Familienleben. Aber dennoch, Frau Martel hat Angst vor ihrem Mann. Sie kommt mit dem Geld einfach nicht aus. Obwohl die Miete für die kinderreiche Familie billig ist, bezahlt Frau Martel die 40 Mark für die Wohnung einfach nicht, sie kann sie sich nicht absparen, seit zwei Jahren ist sie mit der Miete im Rückstand. Dabei hatte sie noch eine Halbtagsstelle in einer Fachschule als Reinigungskraft. Hier in der Fachschule wurde sie veranlaßt, sich ein Spargirokonto einzurichten, denn es ist dort üblich, Löhne und Gehälter zu überweisen.

Aber die Stelle mußte sie aufgeben, es klappte nicht mit der Kinderkrippe für die Kleinste. Frau Martel übernahm eine Hausreinigung in einem Berliner Mietshaus mit drei Aufgängen, und sie bekommt dafür ein Entgelt von 150 Mark im Monat.

Aber das Geld reicht nicht. Im April 1972 begann Frau Martel Geld von Postämtern auf Schecks abzuholen, Geld, das auf dem Spargirokonto gar nicht vorhanden war.

Sie wurde gemahnt, reagierte aber nicht, im Gegenteil, sie hob weiteres Geld ab, meist von Postämtern, aber auch von fremden Sparkassenzweigstellen. Als sie merkte, daß ihre Kontonummer schon auf der schwarzen Liste stand, kaufte sie jetzt Lebensmittel in zwei Kaufhallen auf Scheck.

Im ganzen hat sie für 1 173 Mark ungedeckte Schecks wissentlich ausgefüllt und sich Geld und Waren dafür aushändigen lassen, das heißt, sie hat betrogen. Sie hat so getan, als ob ihr Konto dick gefüllt sei, und Post, Sparkassenfilialen und Kaufhallen getäuscht.

Frau Martel hat auch versucht, das Konto langsam wieder aufzufüllen, und sie hat im Laufe ihrer Manipulationen die Hälfte der überzogenen Summe wieder eingezahlt.

Das Gericht hatte auch Frau Martels Mann geladen, es wollte ihn als Zeugen verhören. Er erschien nicht. »Er kann nicht kommen«, sagte Frau Martel, »er ist verreist.« – »Wohin?« – »In den Harz, er hat ein paar Tage Urlaub.« – »Weiß Ihr Mann überhaupt etwas von dem Verfahren?« wurde sie von der Richterin gefragt. – »Nein.« – »Weiß er denn, daß Sie mit dem Geld nicht ausgekommen sind?« – »Nein.« – »Warum haben Sie nicht mit ihm gesprochen?« Schluchzen, unter Schluchzen: »Ich hatte solche Angst.«

»Wie sollen Sie den Schaden denn wiedergutmachen und dazu noch die Mietrückstände bezahlen?« Keine Antwort von Frau Martel, nur Schluchzen. »Stimmt es denn überhaupt, daß Ihr Mann verreist ist?« – »Ja.« – »Wir können im Betrieb anrufen.« – »Ja, bestimmt, er ist nicht da.« Die Richterin macht eine Pause. Sie telefoniert. Der Mann ist im Betrieb. Er kommt.

Er weiß wirklich von nichts. Er ist ganz ruhig. Nie hat er sich um die Wirtschaftsführung gekümmert. Sein Prinzip: Ich verdiene das Geld und liefere fast alles ab. Meine Frau führt die Wirtschaft, wie sie auskommt, ist ihre Sache. Die Richterin fragt: »Waren Sie einmal, an Sonnabenden beispielsweise, dabei, als eingekauft wurde? Wissen Sie, wie teuer alles ist? Beraten Sie nicht gemeinsam, was gekauft, was angeschafft, was gespart werden kann.« Und hier zuckt der Mann die Achseln. Ja, man hat wohl gesprochen, so im allgemeinen, aber Genaues weiß er nicht. Die Richterin versucht, dem Mann Ratschläge zu geben. »Führen Sie doch gemeinsam Buch, überzeugen Sie sich, wofür das Geld ausgegeben wird.«

Der Mann ist einsichtig, er verspricht, dafür einzustehen, daß auch die Schulden bezahlt werden. Er will Arbeiten anderweitig übernehmen, um so seine Frau zu unterstützen.

Was hat die Frau nicht alles vorher gesagt, als ihr erzählt wurde, der Mann sei geladen: »Ich trau' mich nicht mehr nach Hause!«

Frau Martel wurde auf Bewährung verurteilt, die Zeit: anderthalb Jahre, die Androhung: sechs Monate Freiheitsentzug. Während dieser anderthalb Jahre ist sie verpflichtet, den Schaden wiedergutzumachen. Das Gericht will aber auch die Abteilung Sozialwesen veranlassen, diese kinderreiche Familie mit Rat und Tat zu unterstützen. Bisher hatte man nur bei der Anschaffung eines Kinderzimmers geholfen.

Wird man ihr auch ein bißchen Übersicht beibringen können oder wenigstens Einteilung, daß sie einmal weiß, was sie in einer Woche und an einem Tag ausgeben kann? Sie kann das Geld nicht über einen Monat einteilen, sie konnte ja nicht einmal überschauen, was passieren wird, wenn sie ungedeckte Schecks einlöst. Sie konnte auch nicht voraussehen, daß die Richterin zum Telefon greift und sich überzeugt, ob der Mann wirklich im Harz ist.

Aber diese einfache, voraussehende Vernunft ist im menschlichen Zusammenleben so wichtig, sie ist so entscheidend für das Glück, das nur durch Denken und bewußtes Handeln angestrebt und erreicht werden kann.

Die juristische und moralische Schuld

Sie ist nicht schuldlos angeklagt. Er ist schuldiger. »Ich würde Sie lieber auf der Anklagebank sehen als Ihre Frau«, sagt die Richterin. Er ist als Zeuge geladen. Er hätte die Möglichkeit, als Ehemann die Aussage zu verweigern. Er sagt aus. Es ist das einzig gute Zeichen an ihm, er drückt sich nicht, denn er weiß, es wird Vorwürfe hageln. Er hat juristisch keine Schuld, aber trägt die ganze Schuld, wenn wir die Dinge moralisch sehen, wenn wir die Situation einer Ehe betrachten, einer nicht nur Liebes- und Lebensgemeinschaft, auch einer wirtschaftlichen Einheit.

Er, rundlich, junges Gesicht, Normalbürger, Mitte der Dreißig, so unauffällig, daß ich ihn morgen nicht wiedererkennen würde. Er ist Kraftfahrer in einer großen Produktionsgesellschaft von hoher künstlerischer Bedeutung, bei allen Kollegen beliebt, trinkfest – nach der Arbeit – und auch scheinbar zahlungskräftig.

Ihre Ausstrahlung auf Nachbarn und Kollegen scheint geringer zu sein. Auch sie ist durch keine äußeren besonderen Merkmale deutlich erkennbar. Eine kleine, sicher sehr tapfere Frau, die ihre drei Kinder mütterlich versorgt und als Raumpflegerin in dem Sportheim eines großen Industriebetriebes arbeitet.

Sie haben sich ein Häuschen gemietet und es ausgebaut auf eigene Kosten. Sogar eine Garage haben sie sich zugelegt, obwohl sie kein Auto besitzen, nur zum Unterstellen des Kirchenautos, wie er sagt. Er war, bevor er zu der volkseigenen Produktionsgesellschaft ging, Kraftfahrer im kirchlichen Bereich. Dort hat er manches Darlehen aufgenommen, weniges zurückbezahlt, das meiste wurde ihm hier erlassen.

Denn er pumpt, wo er kann, und er kann. Zu seiner Frau kamen und kommen die Gläubiger und mahnen, denn er ist ja immer auf Tour, unterwegs macht er sich beliebt und hat Spesen. Dabei verdient er gut, sie hat ihr Einkommen, ein gewisser Wohlstand wäre gegeben, ja, er hatte sogar alle Aussicht, in seinem Betrieb weiterzukommen. Er war für die Stelle eines Produktionsleiters vorgesehen, bis im Zuge der Ermittlungen dieses Strafverfahrens auch bei seinem Betrieb Erkundigungen eingezogen werden mußten. Und da kam eine weitere Unkorrektheit ans Licht.

Er hatte in Leipzig Pech mit seinem Dienstwagen gehabt, der Starter fiel aus. Er konnte einen neuen nur gegen bares Geld bekommen, aber er hatte nicht soviel bei sich, er lieh sich das Geld von seiner Zimmerwirtin aus. Er sagte ihr, völlig korrekt: »Ich werde es vom Betrieb zurückbekommen.« Jedoch, ob durch Geschicklichkeit oder durch seltsame, unerklärliche Fügung, der Wagen startete plötzlich auch ohne den neuen Starter. Der Ankauf war nicht nötig, er gab das geliehene Geld nicht zurück, verpraßte es. Und dieser Vorfall geschah, nachdem das Ermittlungsverfahren gegen seine Frau schon im Gange war. Vorläufig also keine Förderung, keinen Aufstieg für ihn.

Da der Mann seinen Leichtsinn kannte, da sie ständig ohne Geld war und immer bedrängt von den Gläubigern, veranlaßte er sie, ein Postscheckkonto einzurichten, auf das sein Gehalt eingezahlt und über das sie allein verfügen sollte. Denn die Schulden der Familie waren auf über 10000 Mark angewachsen.

Das ging im Anfang so leidlich, dann aber begann sie schon Postschecks auszuschreiben und abzuheben einige Tage vor dem Gehaltstermin, in der Hoffnung, das Geld würde rechtzeitig eingehen. Das ist nicht statthaft, Schecks dürfen nur ausgeschrieben werden, wenn der Scheckbuchinhaber Kenntnis hat, daß die verfügte Summe wirklich auf seinem Konto ist. Aber sie bestimmte über Geld, das nach ihrer Meinung ankommen würde.

Manchmal ging das gut, aber manchmal auch nicht, da er sich hin und wieder, um dringende Schulden zu bezahlen oder um wieder Sauftouren zu finanzieren, sein Geld bar auszahlen ließ. So wurde das Konto überzogen. Das ließ sich die Post aber nicht lange gefallen. Die bedrängte Frau wurde für einige Monate vom Postscheckverkehr ausgeschlossen.

Als sie wieder über Postschecks verfügen durfte, begann das alte Leiden von neuem, ja, sie wurde sogar ganz leichtsinnig. Sie überließ ihrem Mann manchmal auch Blankoschecks, er konnte schreiben und abheben, soviel er wollte, obwohl sie sehr genau wußte, auf dem Konto ist wenig oder fast gar keine Deckung. Auch sie holte mit voller Kenntnis, daß das Konto erschöpft war, Geld ab. Im ganzen hat sie 16 Schecks ausgestellt und abgehoben, die nicht gedeckt waren. Wenn man die alle zusammenrechnet, macht das einen Betrag von 3 400 Mark. Da aber inzwischen immer wieder Gehaltszahlungen eingingen, blieb zum Schluß nur, wie es kaufmännisch heißt, ein Saldo von 1 000 Mark zu ihren Lasten ungedeckt.

Wer aber Schecks ausschreibt, Geld abhebt, obwohl er genau weiß, auf dem Konto ist kein Geld, begeht Betrug. Da sie ganz allein zeichnungsberechtigt war, konnte nur sie angeklagt werden.

Auf Bewährung wurde sie verurteilt, zehn Monate sind ihr angedroht, wenn sie sich in den nächsten zwei Jahren nicht bewährt, und sie muß den Schaden wiedergutmachen. Aber dringend ist ihr zu raten, bei Gericht die Aufhebung der Vermögensgemeinschaft zu beantragen. Sie will bei ihrem Mann bleiben, aber sie sollte sich vor seinem Leichtsinn schützen, denn mit diesem Schutz kann sie besser für den Lebensunterhalt der drei Kinder sorgen. Für sie müssen ja beide Ehegatten sorgen.

Ausgerechnet – Jura

Er sammelt Uhren, und sie macht den Haushalt. Er repariert komplizierte Haushaltgeräte, er verdient gut, 880 Mark auf die Hand, und streicht sicherlich auch noch eine Menge Trinkgelder ein. Sie studiert fern Rechtswissenschaft seit viereinhalb Jahren und ist als Sachbearbeiterin in der Rechtsabteilung eines Großbetriebes tätig. Ihr werden monatlich 457 Mark ausgezahlt. Er fährt zu den Kunden im eigenen Trabant, und vermutlich bekommt er noch Kilometergeld. Sie bezahlt die Reparaturen am Auto.

Er hat ein Kind aus erster Ehe, und sie zahlt von ihrem Geld

95 Mark Unterhalt. Er und sie haben ein gemeinsames Kind, das bei ihren Eltern lebt. Sie zahlt dafür monatlich 150 Mark. Sie zahlt die Miete, 45 Mark, sie zahlt die Abzahlung, 80 Mark, für den Fernseher. Er zahlt für das gemeinsame Wirtschaften 150 Mark. Was er von seinem 880 minus 150 Mark erübrigt, ist im wesentlichen sein Taschengeld. Was sie so erübrigt, wird ihr Taschengeld sein. So bequem kann man es sich in der Ehe einrichten und dabei noch Uhren sammeln. Er ist Zeuge in diesem Strafverfahren, schuldbeladener Zeuge. Sie ist – mit Recht – angeklagt, und sie wird auch verurteilt.

In dieser Ehe stimmte einiges nicht. Es stimmte wahrscheinlich gar nichts. Er richtet sich in seinem Verhalten nach dem, was ihm seine Eltern sagen. Und die scheinen der Schwiegertochter nicht einmal grün zu sein. Sie, 26 Jahre alt, wirkt etwas nüchtern. Sie ist blaß, ein bißchen, so glaube ich, Stubenhocker. Sie hat sehr viel Sympathie bei ihren Kollegen. Sie gilt als tüchtig, sie ist für den Betrieb viel unterwegs. Sie kennt die Rechtsvorschriften genau. Sie hat einige Neuerervorschläge eingebracht und ist dafür prämiiert worden.

Er muß sie einmal enttäuscht haben. Sie hat ihm, wie sie sagt, in diesem einen Falle noch nicht verziehen. Sie bedauert das heute. So lebten sie nebeneinanderher. Mehr Büro-, Speise- und Wohngemeinschaft als Ehe.

Sie eröffnete im Mai 1970 auf ihren Namen ein Postspargirokonto und zahlte 20 Mark ein. Sie bekam vom Postscheckamt die Bedingungen für den Giroscheckverkehr zugeschickt, und als gewissenhafter Mensch und Jurist hat sie auch alles durchgelesen. Obwohl sie nur drei Scheckformblätter erhielt – die anderen Scheckformulare sollten später kommen, und sie kamen dann auch –, stellte sie sofort Schecks aus und hob bei Sparkassen und Postämtern viel Geld ab. An ein und demselben Tag einmal 150 und an einer anderen Stelle 300 Mark. Einige Tage später noch mal 200 Mark.

Drei Gründe führt sie vor Gericht an. Der erste: Sie habe um diese Zeit acht Tage mit ihrem Mann Ferien gemacht und dann kein Geld gehabt. Der zweite Grund: Ihr Mann war schuldlos in einen Verkehrsunfall verwickelt, an seinem Wagen Karosserieschäden. Dafür muß die Haftpflichtversicherung des Unfallverursachers einstehen. Aber jeder weiß, das dauert eine gewisse Zeit, ehe die Versicherung zahlt. Er läßt den Wagen sofort reparieren. Und sie zahlt etwa 600 Mark. Als das Geld der Versicherung später ausgezahlt wurde, steckte er sich das ein. Und der dritte Grund: Kurz nach dem Urlaub zogen sie beide in eine andere Wohnung. Es mußten hierfür ein Gasherd, ein Abwaschtisch und ein Warmwasserboiler gekauft werden. Insgesamt etwa 800 Mark. Und da der Mann für seine Sammlung immer wieder neue Uhren kaufen mußte, überließ er ihr die Bezahlung des Gasherdes, des Abwaschtisches und des Warmwasserboilers. So kann jeder verstehen, daß sie dringend Geld brauchte.

Sehr bald kam ein Brief vom Postscheckamt: Das Konto ist überzogen, und die Aufforderung, die Differenz unverzüglich auszugleichen; außerdem wurde ihr mitgeteilt, sie sei vom Scheckverkehr ausgeschlossen.

Als sie darauf nicht reagierte, wurde ihr das Konto gekündigt. Sie rührte sich nicht, sie schrieb immer weiter Schecks aus, aber auf dem schon gekündigten Konto kamen auch Beträge ein, sie ließ sich ihr Geld darauf überweisen.

Als im Oktober 1970 die Post endlich Strafantrag wegen Betrugs stellte, war ein Fehlbetrag von über 2 400 Mark vorhanden.

Inzwischen hat sie den ganzen Schaden wiedergutgemacht. Eine sehr erfahrene, ältere Kollegin, die Leiterin der Rechtsabteilung, wurde als Kollektivvertreter gewählt. Erst war sie erstaunt, daß so etwas in ihrer Abteilung geschehen konnte. »Wäre sie mit ihren Sorgen zu uns gekommen, wir hätten ihr alle geholfen.«

Das ist keine Phrase. Nachdem der Fall in der Abteilung besprochen war, hat sie der jungen Frau eine Summe privat geliehen, damit sie die Schulden beim Postscheckamt begleichen konnte.

Aber zögernd, nur sehr zögernd hat sie ihrem Mann von ihren Taten erzählt, die sie als Juristin als Betrug bewerten mußte.

Vor Gericht sagt sie es: »Ich war äußerst disziplin- und verantwortungslos.« Sie wird zur Bewährung verurteilt. Die Zeit der Bewährung: zwei Jahre, die angedrohte Strafe: ein Jahr Freiheitsentzug. Die Bürgschaft des Kollektivs wird bestätigt.

Viele werden jetzt verlangen, auch der Ehemann soll bestraft werden. Und wenn Sie mich fragen, ich habe für ihn kein Verständnis, ich mag ihn nicht. Aber es ist erwiesen, er hat nichts gewußt. Er hat seine Frau wirtschaften lassen und sich um nichts gekümmert. Er hat ihr alle Lasten aufgebürdet, während er den Gang der Uhren beobachtete. Aber das ist weder nach dem alten noch nach dem neuen, jetzt gültigen Gesetzbuch strafbar. Sie aber, die sich das gefallen ließ, sie wußte: Ich muß bei der Höhe der Summe vor ein Gericht kommen. Das weiß heute jedes Kind. Und das wußte sie, die seit viereinhalb Jahren Jura studierte, auch. Aber sie hatte weniger Angst, mit Sicherheit vor den Strafrichter zu kommen, als mit ihrem Mann einmal ein paar harte Worte zu sprechen. Sie hätte sich auch sagen müssen, solange ich jetzt vorbestraft bin, werde ich nicht weiterstudieren dürfen.

Denn ... die Ehe ist auch ein ökonomisches Problem

Über Ehe und Äpfel

Fast hätte ich gesagt: ein typischer Fall unserer Zeit. Das wäre falsch. Typisch ist diese Ehe nicht, die da zum kriminellen Tun führt, eine Ehe, in der die strafrechtlich Schuldige weniger schuldig ist als der juristisch nicht zu Belangende. Und beinahe hätte ich auch gesagt: typisch, daß hier die Frau angeklagt ist, der schwächere Teil.

Es ist also nicht typisch, aber leider keine seltene Erscheinung.

Die Frau Tina sah ich und hörte ihre Gründe. Die Angeklagte. Den Mann aber, den »unschuldigen«, sah ich nicht. Er hatte seine Frau allein gelassen, in dieser ihrer schweren Stunde. Das Gericht aber hätte ihn laden müssen und hören sollen. Zugegeben, eine Aussage hätte er nicht zu machen brauchen, denn er hat zu allem noch das Recht, im Verfahren gegen seine Frau die Aussage zu verweigern. Aber ein kräftiges Wörtlein zu hören, das hätte er nicht verweigern können.

Diese Frau Tina ist nicht mit dem Gürtel der Venus geschmückt, keine schaumgeborene Aphrodite. Sie ist eher ein Kind dieser Erde, rund und voll. Etwas Bäuerliches steckt in dieser Berlinerin. Und die HO war, so glaube ich, gut beraten, daß sie ihr eine Verkaufsstelle anvertraute, in der Obst und Gemüse feilgeboten wurde. Das finde ich ganz in der Ordnung. Frau Tina als Verkaufsstellenleiterin, obwohl sie ihre dreijährige Lehre nicht mit der Facharbeiterprüfung abgeschlossen hat.

Auch heute, nachdem die Sache aufgedeckt wurde, ist sie bei der HO tätig, nicht mehr als Verantwortliche, macht sie als Halbtagsverkäuferin in der HO-Fleischwaren einen vertrauenerweckenden, netten Eindruck. Man kann sogar sagen, die rechte Frau am rechten Ort. In ihrem 30jährigen Leben ist sie zum zweiten Male verheiratet. Die erste Ehe ist schon nach einem Jahr zerbrochen. Die zweite hat länger gehalten, aber auch sie hat schon ihre erste Krise hinter sich und auch die zweite. Denn der Mann der Tina, dieser für uns so unsichtbare, ist ein tüchtiger und sehr gut verdienender Metallarbeiter, aber er trinkt. Was er heute wirklich verdient, das weiß Tina nicht. Sie hat es nur einmal richtig erfahren, als sie die Ehescheidungsklage einreichte, und da mußte er eine Lohnbescheinigung vorweisen.

Das Gericht hat die Ehe nicht geschieden. Die Ehe bekam vom Gericht sozusagen ein Jahr Bewährung. Und in diesem Jahr hat sich Tina mit Ehe und Mann abgefunden. Aber sehr viel gebessert hat sich der Mann nicht. Die Sorge für die beiden gemeinsamen Kinder und für den Haushalt trägt ganz allein die Frau auf ihren Schultern. Der Mann wollte ihr immer 400 Mark Wirtschaftsgeld geben. Das tat er, manchmal auch nicht. Damit sollte Tina auskommen. Wenn er aber wirklich gezahlt hatte, holte er im Laufe des Monats einen 50-Mark-Schein nach dem anderen wieder heraus. Bier, Zigaretten und Schnaps kosten ihr Geld.

Als Verkaufsstellenleiterin hatte sie einen Nettoverdienst mit Kindergeld und Prämien von etwa 510 Mark. Davon mußte sie 100 Mark für das Haus bezahlen, das beide auf Rentenbasis gekauft hatten, für einen Fernsehapparat mußten auch monatlich 100 Mark abgezahlt werden. Außerdem noch 50 Mark andere fixe Kosten. Tina ist sicher keine Frau, die überlegt. Sie kann nicht einteilen. Für die

Kinder mußte immer das Beste und Teuerste gekauft werden. Sie kam mit dem Geld nie aus. Da griff sie im Januar 1970 zum erstenmal in die Kasse, nahm dreimal 100 Mark heraus, die sie am Monatsende von ihrem Gehalt wieder zurücklegte. So verfuhr sie auch im Februar und März. Diese Dinge konnte sie verschleiern, da sie gegen die Anweisung ihre Tageseinnahme nicht täglich zur Bank brachte. Das hätte eine gute Kontrolle natürlich merken und beanstanden müssen. Im April aber konnte sie die 300 Mark nicht mehr vom Gehalt einsparen. Und sie nahm auch im Mai. Im Juni, als die Kinder neu eingekleidet ins Ferienlager fahren sollten, nahm sie 700 Mark und im Juli, als sie mit ihren Kindern verreisen wollte, 1 000 Mark.

Durch Kundenbetrug versuchte sie das von ihr verschuldete Manko auszugleichen. Eine besondere Sorte Äpfel verkaufte sie um 10 Pfennig teurer, aber das Manko war nicht wegzuwischen. Sie gab auch, als die Inventur ein erschreckendes Minus zeigte, an, sie habe drei Tageseinnahmen in einem Beutel verloren. Und sie hatte den Verlust nicht gemeldet. Das schlechte Gewissen war ein schlechter Ratgeber.

Inzwischen ist Tina abgesetzt. Sie arbeitet jetzt, wie schon gesagt, nur halbtags. Sie verdient erheblich weniger. Sie hat sich der HO gegenüber verpflichtet, die veruntreuten 6 400 Mark zu ersetzen. Sie hat damit begonnen, monatlich 100 Mark abzuzahlen. In diesem Verfahren wurde sie jetzt verurteilt, auch die gestohlenen 2 300 Mark zu ersetzen.

Der Mann gab ihr jetzt, nachdem sie schuldig wurde, 600 Mark Wirtschaftsgeld. Aber er ist eine neue Verpflichtung eingegangen. Es mußte noch ein Kühlschrank gekauft werden, und wieder muß Tina 100 Mark von ihrem Wirtschaftsgeld abzweigen.

Also heute, da sie 200 Mark mehr von ihrem Mann bekommt, sind die 200 Mark schon wieder durch neue Verpflichtungen verbraucht. Dafür aber verdient Tina jetzt erheblich weniger als früher, als sie mit dem Geld überhaupt nicht auskam.

Sie wurde wegen Diebstahls und Kundenbetrugs auf Bewährung verurteilt. Zwei Jahre lang muß sie sich straffrei führen, und ein Jahr vier Monate sind ihr angedroht, wenn sie wieder etwas Verbotenes tut. Ihre Verkaufsstellenleiterin hat für Tina die Bürgschaft übernommen, und hoffentlich hilft sie ihr einmal bei der Haushaltführung und spricht auch mit dem gut verdienenden und leider noch besser trinkenden Mann.

Das wäre eigentlich Pflicht und Aufgabe des Gerichts und Staatsanwalts gewesen, denn es nützt wohl, den Schuldigen zu bestrafen, es nützt mehr, die Ursachen kriminellen Tuns aufzudecken und diese Ursachen zu beseitigen. So verstehe ich die Rolle der Justiz.

Etwas vom Straßenkehren

Es war schon in den Zeiten, da Kaiser Wilhelm von Gottes Gnaden in Deutschland regierte, eine von Konservativen und Liberalen immer wieder gestellte Frage an die damaligen Sozialdemokraten: »Wer wird denn in Ihrem Zukunftsstaat« – so nannten die Gegner den erstrebten sozialistischen Staat – »die Straßen kehren?« Und auch heute noch glauben rückständige Menschen in kapitalistischen Ländern, daß Straßenkehren in der DDR etwas Bedrückendes sei. Ich kannte eine feine, kleine Dame, angefüttert mit »Bild-Zeitungs«-Berichten und voller Mitleid. Sie kam nach Berlin, brachte einen Strauß von vierzig dunkelroten Rosen mit und wollte sie den bedauernswerten Geschöpfen, den Straßenkehrern in Berlin, überreichen. Die Rosen sind verwelkt, trotz eifrigen Bemühens fand sie keine Straßenkehrer nach ihrer Vorstellung. An die hohen Lastkraftwagen, von Spezialisten gefahren, die meist nachts die Berliner Straßen säubern, kam oder traute sie sich mit ihren kurzen Ärmchen und ihrem kurzen Verstand nicht heran. Doch es gibt in der DDR Straßenkehrer, die noch im Handbetrieb für Ordnung und Sauberkeit sorgen. Noch ist nicht in allen Städten und auf allen Gebieten das Straßenkehren mechanisiert. Aber dieser Beruf, dieses »Hand«werk, hat keine Zukunft. Die Zukunft ist die Mechanisierung, die »Auto«matisierung.

Es gibt also Straßenkehrer im »Zukunftsstaat«. Und einer der kraftfahrenden war Zeuge in diesem Prozeß. Dort habe ich tiefe Einblicke in die Probleme des Straßenreinigungswesens bekommen. Der Grundlohn dieses Zeugen ist, da er kein Fachkraftfahrer ist, noch durchschnittlich, aber mit den reichlichen Überstunden, den Sonn- und

Feiertagszulagen, verbessert er seinen Lohn sehr. Und im Winter, wenn an ihn und sein Fahrzeug höchste Anforderungen gestellt werden, hat er ein weit höheres Einkommen, als es ein Richter und Staatsanwalt bekommt. Auch ökonomisch gesehen, gehören also Straßenfeger zur herrschenden Klasse, und das ist ihnen zu gönnen; denn ihre Arbeit ist hart und schwer, also ruhig Rosen für die Spezialisten der Straßenkehrerkunst.

Nebenbei, seine Rosen züchtet unser Straßenkehrer auf eigenem Sommergrundstück, dort, wo er seinen Bungalow hat.

Susanne ist sein Weib – ich nenne sie so, weil sie das Modell von Rubens' »Susanne im Bade« hätte sein können, nur, sie trägt ihre blonden Haare hochgesteckt und führt in der Familie über Mann und zwei Kinder das Regiment. Sie war in demselben Betriebsteil, wo ihr Mann auch tätig war, als Sachbearbeiter eingestellt, mit einem bescheidenen Verdienst.

Von ihrem Mann hat sie eine Vollmacht, sie bekam seinen Lohn ausgezahlt und gab ihm davon ein Taschengeld. So weiß er nicht einmal genau, wieviel er im Monat verdient, und gibt auf Fragen der Richterin nach seinem Einkommen eine höhere Summe an, die er nicht bekommt, wohl aber seine Kollegen, die Fachkraftfahrer sind.

Frau Susanne war beruflich eine Kombination von Werkstattschreiberin und Lohnbuchhalterin. Sie bekam die Arbeitszettel, auf denen die geleisteten Überstunden vermerkt und vom Betriebsteilleiter unterschrieben waren. Sie trug sie dann in ihr vorläufiges Lohnbuch ein. Manchmal will sie für diesen und jenen noch eine Stunde mehr aufgeschrieben haben. Von diesem vorläufigen Lohnbuch übertrug sie die Angaben in ein sogenanntes gutes Lohnbuch, das sie dann in die Poststraße, in die Zentrale sandte, und von dort wurde das Einkommen berechnet und die Lohngelder an die Teilbetriebe übersandt.

Sie sagt, nachdem sie gesehen hat, wie bei manchen anderen einfach mehr aufgeschrieben wurde, als geleistet worden war, hat sie auch ihrem Mann mehr in das vorläufige und dann in das gute Lohnbuch geschrieben, als er an Überstunden wirklich leistete. Im September 1972 waren es zwölf Überstunden, die sie zuviel aufschrieb. Ende 1973 waren es pro Monat regelmäßig etwa sechzig und mehr Überstunden zuviel. Im ganzen waren es 519 Überstunden, die ihr Mann nie geleistet, für die sie aber, und das ist das Eigentümliche dieses Verfahrens, das Geld bekam. Es war bisher dem Betrieb noch nicht möglich, genau die Summe anzugeben, weil die Nacht-, Sonn- und Feiertagszuschläge verschieden sind, es müssen etwas über 2000 Mark sein, die die Familie zuviel bekam. Eine Kontrolle über die Eintragungen, einen Vergleich zwischen Arbeitszettel, dem vorläufigen und dem guten Lohnbuch gab es nie. Wegen dieser Schlamperei wurde gegen den Betriebsteilleiter ein Disziplinarverfahren durchgeführt. Frau Susanne ist jetzt im selben Betrieb in einem anderen Betriebsteil tätig.

Wegen Betrugs am sozialistischen Eigentum bekam Frau Susanne eine Bewährungsstrafe, die Zeit der Bewährung zwei Jahre. Zehn Monate sind ihr angedroht, wenn sie noch einmal etwas Unredliches tun sollte.

Der Staatsanwalt hatte noch eine Geldstrafe von 600 Mark beantragt, das Gericht aber sprach diese Zusatzstrafe nicht aus. Bei dem Verdienst von Frau Susanne erschien sie überhöht, und der Mann darf nicht mitbestraft werden, denn er gilt als unschuldig, weil nicht bewiesen werden konnte, daß er von dem Schwindel etwas gewußt hat. Zurückzahlen müssen natürlich beide.

Bis zum Tag der Hauptverhandlung hatte Frau Susanne noch nichts zurückgezahlt. Sie und ihr Mann haben aber, nachdem das Ermittlungsverfahren in dieser Sache schon lief und nachdem beide wußten, wieviel sie ungefähr zurückzahlen müssen, sich auf zwei Teilzahlungsverträgen neue Betten gekauft, auch für ihren Bungalow auf dem Sommersitz.

Gewiß, sie sollen geben und auch nach ihren Leistungen nehmen, sie sollen und sie können, wenn sie ehrlich bleiben, sorglos leben, aber bitte nicht gedankenlos, nicht nur an sich denken, sondern überhaupt denken. Denn denken ist – nach Brechts Worten – das größte Vergnügen der menschlichen Rasse.

Leichter Sinn und hilflos

»Ich mache es auch bestimmt nicht wieder«, – echte, fast kindliche Verzweiflung bei Manuela, als der Staatsanwalt seinen Antrag stellt. Genauso große Verzweiflung und Hilflosigkeit bei ihrem so schrecklich naiven Mann, diesem hübschen, großen blonden Tölpel, auf der Zeugenbank sitzend. Der nun nicht mehr ein und aus weiß, der sich um zwei Kinder wird kümmern müssen, wenn seine Frau Manuela in die Haftanstalt gehen muß. Dieser junge, schlaksige Friseur, aus einem Dorf stammend, der da glaubte, er sei von einer gescheiten Berlinerin geheiratet worden.

Ist sie klug, diese Manuela, geboren im Juni 1953, der einfach jetzt niemand mehr helfen kann, die sich so tief in den Schlamassel hineingeritten hat? Ihre Mutter war gestorben, als Manuela gerade 14 Jahre alt war, als sie sie am meisten brauchte. Von ihrem Vater weiß sie nichts. Nun kommt sie in ein Kinderheim, sie findet auch eine Familie, die ihr wenig Halt geben kann. Sie sagt: »Nehmt mich bitte zu euch«, nur um dem Kinderheim zu entkommen. Aber sie wollen sie nicht, weil sie als Kind schon Geld klaute.

Diese schlanke, niedliche Manuela ist strebsam. Trotz ihrer schweren Jugend geht sie den nicht bequemen Weg. Sie lernt in einem großen Baukombinat den Beruf einer technischen Zeichnerin und macht während ihrer Lehrzeit in Abendkursen noch ihr Abitur. In diese Zeit aber fällt auch ihre erste Schwangerschaft. Der Vater dieses ersten Kindes zahlt sehr unregelmäßig, und sie weiß nicht, wie sie an ihn herankommt.

Von dem Sozialfonds ihres Betriebes erhält Manuela während ihrer Lehrzeit einen Zuschuß, so daß sie mit Waisenrente, Schulunterstützung und Kindergeld etwa 350 Mark im Monat hat. Durch Schwangerschaft und Geburt muß die Lehrzeit um ein halbes Jahr verlängert werden.

Der Betrieb hat, und das darf nicht verschwiegen werden, Schwierigkeiten mit der jungen Mutter. Sie täuscht Krankheit ihres Kindchens vor, sie spricht von Krippensperre, kommt einige Tage nicht zur Arbeit. Aber das stimmt nicht, es gibt einen Verweis und später, bei einem ähnlichen Fall, eine große Aussprache und einen strengen Verweis. Die Aussprache hilft. Manuela reißt sich zusammen, es gibt in ihrer Arbeit jetzt keine Beanstandungen, sie gilt sogar als tüchtig, als entwicklungsfähig.

Manuela, 17, 18 Jahre alt, Mutter eines Kindes, ohne jede Lebenserfahrung, ohne Vorbild und ohne Hilfe in der Lebensführung, sie reicht nicht mit ihrem Geld.

Sie fälscht ein Sparkassenbuch auf ganz primitive Weise und holt durch Betrug nach und nach insgesamt 3 275 Mark ab. Die böse Tat kommt ans Licht, ein Ermittlungsverfahren läuft, der Betrieb wird auch informiert. Dann aber kommt der große Glücksfall für Manuela, die Amnestie. Das Strafverfahren findet nicht statt, nur die Rückzahlungsverpflichtung bleibt. Und diese Amnestie ist für Manuela ein großes Unglück.

Im Betrieb wird nun eine Kollegin beauftragt, sich um Manuela, ihre Situation und ihre Hilflosigkeit zu kümmern. Wie gut sie es gemacht hat, wissen wir nicht, sie ist leider nicht geladen. Der Kollektivvertreter in dieser Verhandlung weiß wenig darüber, denn Manuela arbeitet jetzt in einer anderen Abteilung.

Als Lehrling Manuela einen jungen Mann kennenlernt, einen Friseur vom Lande, soll ihr die betreuende Kollegin gesagt haben: »Jetzt hast du ja jemanden, mit dem du alles besprechen kannst«, und damit zog sie sich von der Betreuung zurück. Daß dieser junge Mann erst einmal bei der Nationalen Volksarmee war, selber viel unerfahrener und unreifer als Manuela, merkt niemand.

Einige Ereignisse fallen fast zusammen. Am 23. Oktober 1972 bekommt Manuela die Mitteilung, ihre Straftat fällt unter die Amnestie. Dem Freund sagt sie, was passiert ist und wie glimpflich sie davongekommen. Am 23. Dezember 1972 ist der Hochzeitstag, der junge Mann hat den Dienst bei der Volksarmee beendet.

Am 8. November 1972 richtete sich Manuela ein neues Postsparbuch ein. Und sofort, sie sagt, wegen der bevorstehenden Hochzeit, fängt sie wieder an zu fälschen. Sie fälscht primitiv, sie radiert, sie macht Kleckse, sie schreibt auf der rechten Spalte, wo in Buchstaben die Hunderter und Tausender auszufüllen sind, dort, wo die Postangestellten Striche gemacht haben, weil ja nur 10 Mark eingezahlt wurden, da schreibt sie einfach Hunderter und Tausender.

Ein Blinder mit dem Krückstock müßte die Fälschung erkennen. Es ist auch eine Seite herausgerissen. Die Postangestellten sehen und merken nichts. Manuela kommt das selber merkwürdig vor. Nachdem sie von dem einen Postsparbuch schon viel abgehoben hat, richtet sie sich nach drei Monaten ein neues ein und macht dieselbe Tour mit dem neuen Buch weiter. Diese beiden Postsparbücher und noch einige andere sollten fotokopiert, die Sicherheitsbeauftragten der Deutschen Post beauftragt werden, vor allen Postangestellten Vorträge zu halten, auf welche Dinge sie beim Auszahlen achten müssen.

Jeder verschriebene Scheck wird von der Post und der Bank zurückgewiesen, aber bei verbesserten und radierten Postsparbüchern wird, ohne mit der Wimper zu zucken, ausgezahlt. 44mal wurde hier Geld ausgezahlt, insgesamt 7235 Mark. Erst beim 45. Male fiel es einem Postangestellten auf.

Die wirtschaftliche Lage Manuelas war inzwischen viel besser geworden. Sie hatte ihre Lehre beendet, sie verdient 385 Mark. Ihr Mann gab ihr 400 bis 500 Mark Wirtschaftsgeld, sein Trinkgeld behielt er ganz für sich. Er kümmerte sich wenig darum, wie Manuela das Geld verwaltete, er träumte in den Tag hinein. Sie kaufte ihm zur Hochzeit einen Anzug, sagte, das sei von ihrem Sparbuch. Er glaubte es, obwohl er wußte, daß sie kurz zuvor Sparbücher schon gefälscht hatte.

Große Anschaffungen haben die beiden nicht gemacht, das Geld zerrann ihnen unter den Händen. Beim Antrag, ein Jahr und zehn Monate Freiheitsentzug, erleben die beiden einen völligen Zusammenbruch. Das erste Kind ist zwei Jahre alt und das kleine, gemeinsame ein halbes Jahr. Drei Frauen sitzen zu Gericht. Sie müssen, denn es ist so die ständige Rechtsprechung, auf Freiheitsstrafe in dieser Höhe erkennen.

Manuela ging anscheinend grundsätzlich um 13 Uhr oder um 19 Uhr zu den verschiedenen Postämtern, dann, wenn es die Postangestellten eilig hatten, nach Hause zu kommen, und ihre Aufmerksamkeit nachließ. Das Gericht kritisierte die Arbeit der Buchungsstelle des Postsparkassenamtes in Berlin, die auch die Ein- und Auszahlungen auf Postsparbüchern überwacht. Die Fälschungen bei dem ersten Postsparbuch der Manuela liegen sechs Monate zurück – und die Buchungsstelle hat nichts bemerkt.

Muß es Kassenverluste geben?

Sie ist die Ernährerin der Familie, und die Familie ist nicht klein. Sie umfaßt einen Mann, der zu 60 Prozent Invalide ist, sechs Kinder – zwei davon erwachsen. Der Älteste ist bei der Armee, er ist so gut wie verheiratet, mit einem 17jährigen Mädchen lebt er zusammen, beide erwarten ein Kind. In Frau Veras Haushalt leben vier Kinder, drei davon sind wirtschaftlich noch von der Mutter abhängig.

Frau Vera, 44 Jahre alt, sieht viel älter aus, als sie ist, klein, sie wirkt schüchtern. Sie hat Schlimmes getan, sie sagt zu allem, was man ihr vorwirft, demutsvoll ja und amen, sie weiß, das alles wiegt nicht leicht, das kostet sie Jahre, die sie von ihrer Familie nun getrennt sein wird.

Jeder fühlt, hier in dieser Sache stimmt einiges nicht, es bleibt einiges verborgen. Bisher hatte Frau Vera diese große Familie fast allein ernährt, nicht alles ging glatt, auch nicht alles mit dem ältesten Sohn, aber bei ihr war bisher alles ohne Tadel, sie hatte Fachverkäuferin für Textilien gelernt, sie hat noch drei Jahre nach ihrer Lehre in diesem Beruf weitergearbeitet.

Dann kamen wohl die Kinder, sie unterbrach ihre Berufstätigkeit. Ihr Mann ist schon sehr lange krank, er arbeitet nur halbtags und verdient nicht sehr viel. Sie muß also mit ihrem Verdienst und mit dem schmalen Verdienst ihres Mannes, ihrer Umsatzprovision, dem Kindergeld den ganzen Haushalt bestreiten, und sie hat einige Verpflichtungen, die nicht klein sind. Eine Abzahlungsverpflichtung ist sie eingegangen, und die monatlichen Versicherungen sind auch nicht gering, 70 Mark. Man sorgt sich in der Familie anscheinend mehr um die Zukunft, und in der Gegenwart geht einiges schief. Das Gericht errechnete, die Familie hat fixe Kosten von 385 Mark, die sind zu hoch bei diesem Einkommen. Außerdem gibt Frau Vera auch an, sie raucht täglich 20 Zigaretten, also am Tag durchschnittlich für 3,20 Mark. Für Alkohol habe sie nichts verbraucht, aber da wird Widerspruch im Zuhörerraum bemerkbar. Doch das gilt nicht, da ist nichts erwiesen. Es bleibt Vermutung, aber auch, sagen wir, eine halbe Flaschen Alkohol täglich, würde nichts, gar nichts erklären.

Frau Vera arbeitet also seit Jahren wieder im Einzelhandel, jetzt wird sie Kassiererin in einem kleinen Lebensmittelgeschäft mit Selbstbedienung. Ihre Kassen stimmen immer, sie ist fleißig und freundlich. Als die Filialleiterin Urlaub macht, redet man ihr gut zu, sie möchte die Urlaubsvertretung übernehmen. Man hat ihr Versprechungen gemacht, und kurz darauf wird ihr die Filialleitung ganz übertragen, und zwar, ich muß den Tag genau fixieren, übernimmt sie am 11. Mai 1972 die Geschäftsführung. Sie ist nun verantwortlich für die Kassenabrechnung. Und schon an diesem ersten Tag schreibt sie auf den Kassennachweis, eingezahlt 3 600 Mark, bringt aber nur 3 300 Mark auf die Bank, die 300 Mark steckt sie sich ein. Das ist so primitiv, so einfach, daß da niemand auf den Trichter kommt. Niemand verlangt in der Zentrale der HO Kassennachweis und Bankquittung. Es wurde ihr in der Anklageschrift sogar vorgeworfen, sie habe am 9. Juni die gesamte Summe des Kassennachweises dieses Tages in Höhe von 1 800 Mark nicht eingezahlt und sich das Geld eingesteckt. Sie gibt das auch zu.

Die sehr aufmerksame Richterin entdeckt aber, daß diese Summe einfach in den Kassenbestand des nächsten Tages übertragen wurde, wie es bei Wechselgeld, also bei kleineren Summen, üblich und erlaubt ist. Am nächsten Tag wurde diese Summe von 1 800 Mark mit dem Umsatz des nachfolgenden Tages eingezahlt, also hier kein Diebstahl. Für mich ein Beweis, wie mangelhaft die Buchhaltung der HO auch in der Ermittlung gearbeitet hat. Auf diese primitive Weise, so stellte das Gericht fest, steckte sich Frau Vera 3 500 Mark in die Tasche.

Viel höhere Summen kamen auf eine etwas raffiniertere Weise in ihren Besitz. Im Beisein der Kassiererin wurde am Ende jeder Schicht der Stand des Zählwerks in das Kassennachweisbuch eingetragen, der Stand des Zählwerks vor der Schicht war ja der vom Ende des vergangenen Tages. Die Differenz mußte den Kassenbestand ergeben. Das rechnete die Filialleiterin Vera aus, und dann übernahm sie das Geld von der Kassiererin, das mit dieser ausgerechneten Differenz übereinstimmen mußte. Frau Vera aber schrieb die Zahlen erst auf einen Schmierzettel, rechnete die Differenz aus, und den Kassennachweis legte sie bewußt am Tag danach vor. Sie hatte sich schon am ersten Tag um 1 000 Mark verrechnet, und die steckte sie sich ein. Die

Kassiererin aber unterschrieb ja erst am nächsten Tag und hatte die Summe nicht mehr im Kopf. In der Folgezeit verrechnete sich Frau Vera fast jeden Tag um 200 Mark. Niemand rechnete neun Monate lang den Bogen auch nur stichprobenweise einmal nach.

Die Summen, die Frau Vera unterschlug, wuchsen ins Astronomische. Im November und Dezember nahm sie sich je 4400 Mark aus der Kasse. Die Summe von 1000 Mark will sie ihrem ältesten Sohn, dem 23jährigen, übergeben haben. Was sie in den neun Monaten, in denen sie 17500 Mark im ganzen stahl, getan hat, weiß sie selber nicht mehr. Sie sagt, sie habe sie im Haushalt, für Kleidung und für die Kinder ausgegeben. Aber das reicht als Erklärung nicht. Irgend etwas scheint in der Familie mit Geld zugedeckt worden zu sein.

Frau Vera muß sich sehr gewundert haben, daß ihre so primitiv getarnten Unterschlagungen so lange unentdeckt blieben. Erst als eine Inventur in dem kleiden Laden einen Fehlbetrag von 40000 Mark ergab, wurde man stutzig. Gibt es denn in der Zentrale der HO keine kleinen Tischrechner, die all diese Berichtsbogen einmal durchrechnen. Ich weiß, es gibt in der Buchhaltung zuwenig Kollegen, aber diesen Mangel sollte man durch eine bessere, klügere Bürotechnik ersetzen.

Zwei Jahre und acht Monate Freiheitsentzug. Die Strafe ist nicht schwer zu finden, es ist schwer, sie zu verbüßen, und sie bleibt unbefriedigend, wenn die ganze Wahrheit nicht ermittelt wurde.

Inwieweit der Mann und die Familie geahnt haben, woher der plötzliche Reichtum kam? Inwieweit ist das strafbar, so mitzuleben? Nur wenn einer das Geld, das die Frau oder die Mutter stahl, mit Wissen oder der Vermutung, da stimmt etwas nicht, angenommen hat, dann ist das eine klare Hehlerei. Wer aber von den Dingen, die die Mutter oder die Frau gekauft hat, mitgelebt hat, der handelt moralisch sicher abscheulich, wird aber durch das Strafgesetzbuch nicht erfaßt.

Mutter sein – so schwer?

Furcht und Liebe

»Den Kindern habe ich nachgegeben.« Ja, das tat sie, so viel, so oft, daß Frau Gundel nun vor Gericht steht. »Mein Mann war strenger. Er hat die Kinder oft geprügelt.«

Sie hat die Scheidung verlangt und erreicht. Das Sorgerecht für Jörg und Ramona bekommen – Sorgerecht aber ist auch Sorgepflicht.

Frau Gundel liebt ihre Kinder; das schlimmste wäre für sie, wenn die Erziehungsbehörden die beiden in ein Kinderheim einweisen würde. Denn der Vorwurf der Staatsanwaltschaft ist hart, über den heute das Gericht zu entscheiden hat. Sie habe ihre Aufsichtspflicht vernachlässigt, sie habe nicht dafür gesorgt, daß ihre Kinder regelmäßig zur Schule gingen. Der zehnjährige Jörg und die neunjährige Ramona – klangvolle Namen.

Der vorsitzende Richter, einer der älteren Generation, macht ihr schon in der Beweisaufnahme bittere Vorwürfe. – Ständig weint Frau

Gundel. Jörg hat im Schuljahr 1971/72 einunddreißig Tage und im Schuljahr 1972 bis Mai 1973 sogar schon siebenunddreißig Tage ohne Grund gefehlt. Bei Ramona sieht es fast genauso aus. Frau Gundel hat ihnen auf Schmierzetteln Entschuldigungen geschrieben, Krankheiten angegeben, die nicht stimmten, sogar ein ärztliches Attest so ungeschickt gefälscht, um die Dauer der Krankheit zehn Tage zu verlängern.

»Wie konnten Sie das tun«, sagt der Richter, »es werden Lücken in der Bildung entstehen, wer nicht addieren kann, wird nie multiplizieren lernen.« – »Wissen Sie, daß Sie dadurch die Kinder ans Bummeln gewöhnen? Wollen Sie, daß wir sie später hier vor Gericht haben und sie als Asoziale verurteilen müssen?«

Ein Regen von Belehrungen und Ermahnungen über Frau Gundel. Berechtigte und richtige Vorwürfe. Mir erschien es, als kämen sie etwas zu gehäuft, denn die Aufnahmefähigkeit von Frau Gundel erscheint mir nicht sehr groß. Sie weint dauernd.

Auch sie ist in der Schule keine Meisterschülerin gewesen, hat gerade die siebente Klasse erreicht. Sie ist heute mit ihren 36 Jahren beruflich auch nicht sehr weit gekommen. Sie war meist als Reinigungskraft oder als Aushilfskellnerin beschäftigt. Und es gibt Lücken in ihrem Sozialversicherungsausweis. Und über den Lücken einige sehr dicke Tintenflecke. O weh, wenn man sie gegen das Licht hält, dann sieht man Radierungen. Wen wollte sie hinters Licht führen? Eine Fälschung war schon der Volkspolizei bekannt, eine zweite entdeckt der sehr gewissenhafte Richter.

Es sind also drei Urkundenfälschungen. Eine, um Jörg von der Schule fernzuhalten, zwei andere, wohl um eine längere Dauer eines Arbeitsplatzes vorzutäuschen. Die Staatsanwaltschaft hat eine Binde vor die Augen gerückt, sie hat diese Verfehlungen nicht angeklagt. Und es muß ja auch berichtet werden, Frau Gundel ist heute in einem kleinen Metallbetrieb tätig, und es gibt keine Bummeltage dort bei ihr. Die Zeiten der längeren Pausen scheinen vorbei zu sein.

Frau Gundel wurde von den Lehrern häufig aufgesucht und ermahnt. Sie wurde auch vor die Erziehungsberatungskommission der Schule geladen. Es wurde ihr gut zugeredet. Dort einigte man sich sogar. Die Kinder dürfen nur fehlen, wenn ein ärztliches Attest vorliegt. Und die Hausaufgaben der Kinder werden in ein Heft eingetragen, Frau Gundel muß das täglich unterschreiben und die Hausaufgaben ständig überwachen.

Nichts wurde eingehalten. Frau Gundel hat sich das Heft nur einmal angesehen. Zweimal wurde sie dann vor die Schiedskommission geladen, aber sie erschien einfach nicht.

Und der Grund, warum sie die Kinder von der Schule fernhielt? Jörg wollte nicht mehr zur Schule. Als die Klasse nach Abschluß des ersten Schuljahres in einer kleinen Aufführung die neuen kleineren Schüler in der Schule begrüßen sollte, durfte er – wohl als Strafe für sein undiszipliniertes Verhalten – nicht mitmachen.

Und Ramona? Das Problem ist ernster. Sie ist Bettnässer. Auch am Tage passiert es bei ihr immer. Die Kinder hänseln sie: »Du riechst ja nach P...«, rufen sie, und Jörg hat auch unter den Hänseleien zu leiden. Frau Gundel war deswegen auch beim Arzt, der meinte, Ramona sei kein Bettnässerkind, sie tue das bewußt, um die Schule zu schwänzen. Ich zweifle an dieser Diagnose.

Hier aber zeigte sich der Richter von seiner besten Seite, als großer Psychologe. »Ja«, sagt er, »das ist ein schweres Problem. Ich habe als Kind selber darunter gelitten, und meine Kinder hatten auch damit zu tun. Das ist für die Kinder nicht einfach und auch nicht für die Eltern. Aber ich mußte zur Schule gehen. Meine Kinder habe ich auch gezwungen. Und wegen der Hänseleien hätten Sie mit den Lehrern sprechen müssen.«

Hier zum erstenmal hört Frau Gundel auf zu weinen. Sie ist erstaunt. Bei anderen, ja sogar bei einem Richter geht auch nicht alles ganz glatt. Hier, das sieht sie, findet sie Verständnis, vielleicht sogar Hilfe. Sie hat die Kinder ja auch nicht allein gelassen. Sie ist mit ihnen spazierengegangen, zum Müggelsee, zum Tierpark, nach Glienicke.

Es liegt aber auch noch mehr bei Frau Gundel im argen. Miete zahlt sie so gut wie gar nicht. Jetzt soll aber alles anders werden. Sie will zu einem Bekannten ziehen, den will sie heiraten. Es ist ein Bauarbeiter, er hat sich schon der Kinder angenommen. Fehltage sind in letzter Zeit nicht mehr vorgekommen. Was sie aus eigener Energie nicht schafft, vielleicht hilft hier der neue Vater.

Verurteilung auf Bewährung, die Zeit der Bewährung ist lang, zwei

Jahre. Sie muß sich um die Kinder kümmern. Sie muß sie zur Schule bringen. Und sie darf nicht mehr radieren. Es drohen ihr sonst sieben Monate. Und in diesen zwei Jahren darf sie auch ihren Betrieb nicht wechseln. Der Betrieb wird davon informiert.

Wir hoffen auf die Furcht vor der angedrohten Strafe und auf den guten Geist des Bauarbeiters, den wir zwar leider in der Verhandlung nicht sehen konnten, der aber in der letzten Viertelstunde der Verhandlung zitiert wurde, der wie in alten Theaterstücken am Schluß der Tragödie als rettender Engel überraschend auf die Bühne herabschwebte.

Die Aussetzung

Sibylle hat nicht die Gabe, den rechten Mann für sich zu finden. Sie findet kein Verständnis bei den Männern. Bei den jungen Frauen, bei denen, die über sie zu urteilen haben, und bei den jüngeren, den 17-, 18jährigen, die als Berufsschulklasse ihr zuhören und später über Sibylle und ihre Tat diskutieren, noch weniger. Sie schütteln ihre blonden, braunen und schwarzen langen Mähnen und auch die kürzeren.

Die Frauen haben hier das Wort, es ist ihre ureigenste Sache, die hier verhandelt wird. Ich muß sagen, der Herr Staatsanwalt und der eine männliche Schöffe treten etwas in den Hintergrund.

Die Konfliktkommission war im Recht, daß sie über Sibylle und ihr Tun nicht beriet, sich für nicht zuständig erklärte und den Fall an die Volkspolizei zurückgab. Das hier ist keine einfache, alltägliche Sache. Das Gericht, das gründlich verhandelte, hat da auch nicht eindeutig das Motiv klären können, warum Sibylle ihr 25 Tage altes Söhnchen Sven aussetzte.

Sibylle, ich sagte es schon, hat es nicht leicht, für sich den rechten Mann zu finden. Sie ist nicht schön, eher apart, die Haare sind zu lang, und leider auch ihr Näschen. Dadurch bekommt ihr Gesicht etwas Starres, Maskenhaftes. Wie sie sich sonst so gibt? Ein großes Fragezeichen. Vor Gericht steht sie sehr in gekrümmter Haltung der armen Sünderin. Sie möchte in den Pelzmantel kriechen, und ihre rotlackierten Fingernägel vergräbt sie in den weichen Taschen. Und leise ist sie, mit einer kindlichen Stimme.

Sie gehört nicht zu den Benachteiligten, zu den Zukurzgekommenen. Sie ist nie sitzengeblieben in der Schule und nicht auf dem Tanzboden und nicht im sogenannten Ledigenheim. Sie war verheiratet, aber ihre Ehe, 1965 geschlossen, 1966 geschieden, hinterließ ihr nur ein jetzt vierjähriges Töchterchen. Für das sorgt im wesentlichen Sibylles Mutter. Sie gibt der Mutter 90 Mark, bekommt, wie sie sagt, nicht ganz regelmäßig 60 Mark von ihrem geschiedenen Mann für die Tochter. Ihr Kind belastet sie also nicht, denn sie lebt und wohnt für das Geld im Haushalt der Mutter mit.

Es geht ihr recht gut. Sibylle ist Hilfserzieherin, in einem Schulhort tätig, angesehen. Schon während ihrer Ehe hatte sie angefangen, im Fernstudium Kenntnisse zu erwerben, um ihr Examen als Unterstufenlehrerin zu bauen. Aber Schwangerschaft, das kleine Kindchen zwangen sie damals abzubrechen. Nachdem die Ehe nun gescheitert, das Kind versorgt war, begann Sibylle ganz von neuem fernzustudieren.

Aber Sibylle ist nicht nur ein strebsamer Mensch, was lobenswert ist, sie ist auch eine temperamentvolle Frau, was nur natürlich. Eine Freundschaft entstand mit einem im Prozeß Ungenannten, eine Schwangerschaft war die Folge. Als Sibylle dies erst im fünften Monat bemerkte und dem Freund schrieb, bekam sie keine Antwort, bis heute keine Antwort von dem Freund.

Sie bekam auch Vorwürfe von der Mutter: »Wie konntest du dich mit so einem einlassen.« Sie freute sich nicht auf das Kindchen, sie hatte wahrscheinlich immer die Hoffnung, daß es noch zu einer Fehlgeburt kommt. Sie ging wohl zur Schwangerschaftsberatung, bereitete aber nichts vor. Die Mutter hatte von vornherein erklärt, sie könne nicht auch noch ein zweites Kind von Sibylle großziehen.

Aber es wäre ein leichtes für Sibylle gewesen, für das kommende Kind einen Krippenplatz zu organisieren, denn sie hat eine zweifache Präferenz: einmal alleinstehende Mutter und zweitens »als Erzieher tätig«. Warum sie es nicht tat, sie kann es nicht erklären, keine Antwort. Sibylle, wohnhaft in einem Kreis des Bezirks Frankfurt an der

Oder, ging in ein dortiges Krankenhaus, wurde entbunden, am 30. April – ein kleiner Sven.

Sie wußte nun nicht, wohin mit dem Kind. Da hörte sie, nachdem sie aus ihrem Krankenhaus entlassen war, das Städtische Krankenhaus Berlin-Kaulsdorf würde Kinder in Pflege aufnehmen. Bei der Anmeldung nur Kopfschütteln. Ein gesundes Kind in Pflege nehmen? Ausgeschlossen. »Haben Sie denn hier entbunden?« Nein. Die Aufnahme schickte sie – eine junge Mutter mit einem Kind auf dem Arm ist immer etwas Rührendes – zur Sozialreferentin, zur Krankenhausfürsorgerin. Die hörte sich die Sache an. »Tja«, sagte sie, »wir können Ihnen zwar nicht helfen, aber ich weiß von einer Frau, die Kleinstkinder versorgt und verpflegt. Sie hat ein sogenanntes Kindernest. Das hat einen sehr guten Ruf, es wird auch von den Behörden ständig kontrolliert.« Die Fürsorgerin rief an, die Frau war nicht zu Hause. Sibylle sollte am nächsten Tag wiederkommen. Da wurde ihr dann gesagt, die Frau sei durchaus bereit, ein Kind aufzunehmen, es koste 165 Mark im Monat, sie müßte es morgens bringen und abends abholen. Da sagte Sibylle, das nütze ihr nichts, der kleine Sven müsse auch nachts dort bleiben. Die Fürsorgerin rief jetzt wieder im Kindernest an. Die Frau sagte, das müsse sie erst mit ihrem Mann besprechen, die junge Frau möge am anderen Tag noch einmal nachfragen.

Frau Sibylle kommt am nächsten Tag, und jetzt soll sie, wie die Frau des Kindernestes sagt, direkt mit ihr telefoniert haben. »Ja«, sagte die Frau, »das geht, mein Mann ist einverstanden, es kostet zweihundert Mark.« Sibylle aber will von diesem Gespräch nichts mehr wissen. Sie weiß nur, daß sie bei der Fürsorgerin war und daß sie ratlos war und nicht wußte, was mit dem Kind anfangen. Sie ging auf die Toilette im Vordergebäude des Krankenhauses und legte dort das Kind hin, setzte es aus. Ging nach Hause. Von dort soll sie, wie die Fürsorgerin sagt, angerufen haben, sie brauche diese Stelle im Kindernest nicht, ihr Bruder würde das Kind nehmen.

Vieles wird getan, um alleinstehenden Müttern zu helfen in unserem Staat. Dieser Fall ist auch deshalb so schlimm, weil es hier eine angehende Erzieherin betrifft, die Pädagogik und Psychologie studiert, eine intelligente Frau, in keinerlei Zwangs- oder Notlage. Vielleicht waren ihr die 200 Mark zuviel. Wenn ihr Muttergefühl schon ganz erkaltet war, warum hatte sie dann nicht sofort nach der Geburt auf ihre Mutterrechte verzichtet? Es gibt genug kinderlose Ehepaare, die den kleinen Sven adoptiert hätten.

Das Gericht gab eine Strafe auf Bewährung, zwei Jahre die Bewährungszeit, Strafandrohung sechs Monate Freiheitsentzug.

Sicher ist Sibylle gefühlsarm. Sicher ist sie ehrgeizig. Aber was nützt der Ehrgeiz? Der Traum der Pädagogin ist ausgeträumt. Jetzt hat sie auch auf ihre Mutterrechte bei Sven verzichtet, das Kind ist von einer Familie, die sie nicht kennt, adoptiert. Keine fühlende Frau und auch kein Mann kann Sibylles Tat verstehen. Wird sie es sich selbst verzeihen?

Die Wärme und der Webpelz

Die kleine neunjährige Simone stiehlt. Sie stiehlt und lügt. Ein schwieriges Kind. Dem Vater fehlen dauernd kleine Beträge. Er sagt, er hält das Kind nicht kurz, wenn es gute Leistungen in der Schule bringt, gebe er ihm eine Mark. Sie habe auch Spargeld.

Simone ist nicht sein Kind. Lothar hat Ingrid geheiratet, nachdem er zweimal schon schlechte Erfahrungen in der Ehe gemacht hat. Ingrid hat auch schon eine gescheiterte Ehe hinter sich. Drei Kinder hat sie Lothar mitgebracht, als sie ihn 1967 heiratete auf dem Standesamt Berlin, Prenzlauer Berg.

Lothar ist allen ein Vater geworden, so glaubt er. Offiziell und juristisch hat aber nur sie, Ingrid, allein Sorgerecht und Erziehungspflicht. Davon wissen die Kinder nichts, und sie sollten es auch nicht spüren, daß Lothar nicht der natürliche Vater ist. Sie sollen in dem Gefühl aufwachsen, in einer Familie zu leben. Schön wär's.

Wenn ich die beiden, Ingrid und Lothar, so sehe, hat es den Anschein, es wäre alles im Lot. Er ist groß und sieht sehr männlich aus, stark gebaut; er ist zuverlässig, seit zehn Jahren in ein und demselben Betrieb als Kraftfahrer und Baumaschinenschlosser mit einem schönen Einkommen, das er sich durch Sonderschichten und Prämien noch ganz hübsch aufstockt. Nichts wäre gegen ihn einzuwenden, auch das oft so leidige Thema Alkohol wird zwar nicht ganz klein geschrieben, spielt aber keine große Rolle und hier gar keine.

Ingrid ist auch noch sechs Stunden täglich in der Nähstube eines großen Kombinats tätig. Ihr Verdienst ist bescheiden, eine willkommene Ergänzung zu dem dicken Portemonnaie Lothars. Einen Hauch von Wohlstand verbreitet das Ehepaar.

Mit den Kindern klappt es nicht ganz so gut. Der große Junge ist ein Sorgenkind. Lothar hat sich schon mehrmals an das Referat Jugendhilfe gewandt, aber keine Unterstützung bekommen, wie er sagt, wie er klagt.

Und Simone klaut. Sie stiehlt wie eine Elster. Dem Vater fehlen 20 Mark. Simone gibt zu, sie genommen zu haben. Frage: Wozu? In der Schule wurde für Vietnam gesammelt, da habe sie 20 Mark gespendet.

Der Vater geht zur Schule, erkundigt sich: Ist es üblich, daß Kinder der dritten Klasse 20 Mark spenden, und hat Simone wirklich das Geld abgegeben?

Kein Wort davon ist wahr. Jetzt sagt Simone, das Geld ist in den Keller gefallen. Der Vater geht mit Simone dahin, hebt das Gitter hoch. Kein Wort davon ist wahr. Jetzt sagt Simone, ich habe das Geld im Hause versteckt, unter einem Läufer. Auch davon ist kein Wort wahr. So zog sich das mehrere Tage hin. Immer wieder fragt er die kleine Simone, wo hast du das Geld? Und er bekommt nur Lügen zur Antwort. Der Vater ärgert sich, gerät in Wut. Da ergreift er eine Reibekeule und schlägt auf die Kleine ein. Eine Reibekeule, das ist ein handfester Stiel mit einer dicken Kugel als Ende. Er schlägt wahllos auf Simone. Sie weint laut, die Mutter hört es. Aber auch diese Schläge erfüllen nicht den Zweck, das Kind sagt nichts. Nach Lothar: »Simone blieb stur, auch bei diesen Schlägen.« Die Mutter in der Küche kümmert sich nicht darum.

Am nächsten Morgen, an einem Sonnabend, klagt Simone, sie könne nicht richtig laufen, ihr Knie sei verletzt. »Das macht nichts«, sagt die Mutter, sie läßt Simone frühstücken, und dann muß sie in die Schule.

Gegenüber aber wohnt eine Erzieherin, sie sieht die kleine Simone davonhinken, sie sieht Verletzungen, blutunterlaufene Stellen an beiden Schläfen – die Mutter hat davon nichts bemerkt. Die Erzieherin hält einen Kraftfahrer an, beide bringen Simone in ein Krankenhaus.

Blutunterlaufene Stellen an den Schläfen, an der Brust, an den Schultern, am Becken, am Ellbogen, am Knie, am Gesäß, es gibt kaum eine Stelle an dem kleinen Körper, die nicht Spuren der brutalen Schläge aufzuweisen hat. Der Vater hat so geschlagen, daß die Reibekeule im Stiel zerbrach. Frau Ingrid findet sie am nächsten Morgen unter den Möbeln.

Ein Dauerschaden ist nicht eingetreten. Das Kind wurde nach kurzer Zeit aus dem Krankenhaus entlassen. Es ist jetzt in einem Kinderheim. Lothar ist wegen der Kindesmißhandlung, wegen Körperverletzung angeklagt, und die Mutter Ingrid, weil sie nicht eingegriffen hat und weil sie sich um das verletzte Kind nicht kümmerte. Verletzung der Erziehungspflicht. Lothar wurde auf Bewährung verurteilt, die Bewährungszeit zwei Jahre und die Androhung acht Monate Freiheitsentzug. Frau Ingrid bekam einen öffentlichen Tadel.

Wichtig aber ist, genau zu untersuchen, warum lügt Simone, warum stiehlt Simone? Leider waren die Lehrer nicht geladen, und hier wäre eine Gegenüberstellung mit den Eltern so sehr notwendig gewesen. Aber es gibt eine schriftliche Äußerung der Klassenlehrerin, die schon aufschlußreich genug ist.

Es heißt darin: Simone sei eine Einzelgängerin. Früher habe sie einen kleinen Sprachfehler gehabt, der aber jetzt überwunden ist. »Ferner haben wir festgestellt, daß Simone zu Hause kein Spielzeug hat, sie zerbricht alles, was man ihr gibt. Nach unseren Feststellungen wird sie äußerst knapp gehalten.« Ihre Kleidung sei dürftig, sie käme auch manchmal nicht sauber zur Schule. Vernachlässigt. Es fehlt warme Bekleidung. Sie habe auch anderen Kindern Dinge weggenommen, Bleistifte, Radiergummi. »Wir haben mehrmals mit den Eltern gesprochen, Simones Leistungen sind durchschnittlich, der Vater hat ihr in Mathe geholfen.«

Lothar und Ingrid haben, so scheint es mir, keine echte, warme Liebe zu ihren Kindern. Ingrid ist keine wahre Mutter, die lieber alles entbehrt, nur damit es dem Kind gut geht. Ein Kind merkt das, auch das kleinste Kind. Nur aus dieser unnatürlichen Beziehung ist für mich das Verhalten der kleinen Simone zu erklären.

Das Kind hat, wie es in dem Schreiben der Lehrerin steht, im Winter keine warme Kleidung gehabt. Ingrid aber, die Mutter, kommt mit einem schönen Webpelzmantel zur Gerichtsverhandlung. Schon deswegen gehört ihr hier ein öffentlicher Tadel.

Ja und nein

Muß Katharina in den Strafvollzug? Nein, sage ich beim ersten Überlegen, das darf nicht sein. Eine so gepflegte Frau von 30 Jahren, schlank, dezent angezogen, eine alleinstehende Frau, Mutter von fünf Kindern, die vier zu erziehen hat, für sie sorgen muß, eine solche Frau darf man doch nicht einsperren, wenn sie nicht etwas ganz Schlimmes verbrochen hat. Und ich soll darüber schreiben, ich soll das gutheißen? Nein und abermals nein.

Es liegt schon ein Urteil vor. Im August 1973 wurde sie auf Bewährung verurteilt, weil sie nicht dafür gesorgt hat, daß ihre beiden kleinen Mädchen, Jeanette und Marina, regelmäßig zur Schule gingen. Zehn Monate Freiheitsentzug wurden ihr damals angedroht, wenn sie ihr Verhalten nicht ändert. Und dann muß sie, so hieß das Urteil, in die Strafanstalt, und die Zeit ihrer Prüfung und Bewährung sind lange drei Jahre.

Jetzt, im März 1975, ist nun ein Termin anberaumt. Muß diese Bewährung widerrufen werden? Hat Frau Katharina sich gebessert? Hat sie alles getan und ihre Kinder, wie es der Staat und das Gericht von ihr verlangen, ordnungsgemäß erzogen?

Inzwischen ist Jeanette zehn und Marina acht Jahre alt geworden, beide schulpflichtig, Michael ist fünf Jahre. Die Kinder stammen aus einer geschiedenen Ehe. Dabei wurde das Erziehungsrecht des ältesten Jungen, des heute elfjährigen Mario, dem Vater übertragen.

Aber inzwischen hat sich noch ein fünftes Kind, das Brüderchen Paolo, eingestellt, jetzt vier Jahre alt. Es ist, so hört man, das Kind eines ausländischen Vaters, außer der Ehe geboren, und Frau Katharina ist ganz allein für es verantwortlich. Mit vier Kindern hat sie die Vorteile der kinderreichen Familie, die der Staat ihr gewährt, und für Kindergartenplätze müßte bei ihr immer gesorgt sein.

Frau Katharina hatte eine Arbeit als Reinigungskraft in der Hochschule für Musik. Für den fünfjährigen Michael hatte sie, wie sie sagt, keinen Kindergartenplatz, sie durfte ihn mitnehmen, aber er tobte herum, lief über die Bühnen, und das ging eben nicht. So verließ sie diesen Arbeitsplatz im gegenseitigen Einverständnis im April 1974. Und bis Mitte August hatte Frau Katharina keine passende Arbeit, wie sie sagt, gefunden. Wir wollen und können nicht die Gründe untersuchen. Es steht ja auch hier nicht ihre Lust oder Unlust zur Arbeit zur Debatte. Und wenn sie es als ihre Hauptaufgabe angesehen hätte, ihre vier Kinder zu erziehen, könnte niemand einen Stein auf sie werfen.

In dieser Zeit hätte sie sich ganz der Erziehung der Kinder widmen können, aber gerade nun hatte Marina neunzehn- und Jeanette dreizehnmal die Schule versäumt, ohne Entschuldigung, also gebummelt. Ab Mitte August 1974 nahm Frau Katharina im Konsum eine Stelle als Verkäuferin an. Wenn sie dort arbeitet, arbeitet sie gut, aber es ist eben leider sehr selten, daß sie arbeitet. Sie ist oft krank geschrieben, oft ist eines ihrer Kinder krank, und dann ist sie natürlich entschuldigt.

Vom 19. November bis 8. Dezember 1974 fehlte sie unentschuldigt. Man kommt ihr sogar entgegen, man will ihr helfen und rechnet einen Teil der Fehltage auf den Urlaub an, nachträglich. Man ist großzügig im Konsum. Aber selbst in diesen Tagen, an denen Frau Katharina ohne jeden Grund zu Hause blieb – privat mag sie Gründe gehabt haben, aber das geht uns hier nichts an –, an diesen Tagen gehen Marina und Jeanette auch nicht zur Schule. Und wenn Frau Katharina um ihrer Kinder willen nur ein klein wenig pflichtbewußt gewesen wäre, hätte sie die beiden Mädchen an die Hand genommen und zur Schule gebracht.

Nein, das hat sie nicht getan, sie hat sich sogar schlechter verhalten. An einem Tag, an dem Marina krank geschrieben war, an dem Tag, als auch Frau Katharina wegen Marinas Krankheit im Konsum für Obst- und Gemüsehandel entschuldigt hätte fehlen dürfen, an diesem Tag schickte sie die kranke Marina in den Konsum, um die Bescheinigung für ihr, Frau Katharinas, Fernbleiben dort abzugeben.

Die Folgen dieser so nachlässigen Erziehung sind leider nicht ausgeblieben. Jetzt muß Jeanette mit zehn Jahren das drittemal die erste Klasse der Schule durchmachen, dieselbe Klasse, die ihre Schwester Marina mit acht Jahren nun auch schon zum zweitenmal besuchen muß.

Die Warnung und die Androhung der zehnmonatigen Freiheitsstrafe, die Frau Katharina im August 1973 gegeben wurde, hat nichts genutzt. Sie hat diese Warnung nicht ernst genommen, sie hat nicht angenommen, daß man sie, die Mutter von fünf Kindern, die für vier Kinder allein erziehungsberechtigt ist, einsperren wird. Aber nun, da dieses Verhalten so offenkundig ist, muß das Gericht, muß der Staat konsequent sein, denn eine Drohung, die keine Folgen hat, ist nichts wert. Die Verwirklichung dieser Strafe wird Folgen haben. Die Kinder müssen in der Zeit in ein Kinderheim kommen, dort werden sie zur Schule gehen müssen und werden vieles nachholen können, was sie durch die Bummelei der Mutter versäumt haben. Es geht in dieser Entscheidung und mit dieser Entscheidung nur um das Glück von vier Kindern. Sie sollen die gleichen Startbedingungen für das Leben haben wie alle anderen Kinder. Kein Kind muß eine Klasse, und dann noch die erste, zwei oder gar dreimal durchmachen. Wenn das notwendig ist, dann ist das nicht die Schuld der Kinder, schuld sind in erster Linie die Erziehungsberechtigten, in unserem Fall die Mutter Katharina.

Das Nein, das ich erst sagen wollte, muß ich revidieren. Es ist richtig, daß Frau Katharina die ihr schon 1973 angedrohte Strafe verbüßt.

Geld – kein Allheilmittel

Seltsam mögen die Worte des Staatsanwalts für den Nichteingeweihten geklungen haben, als er seine Anklage nicht nur im Auftrag der Gesellschaft, sondern auch im Namen von drei kleinen Erdenbürgern erhob. Tatsächlich geht es um das Recht und Glück dieser drei kleinen Leute, um Michael, vier Jahre alt, um Manuela, zwei Jahre alt, und vor allem um den sieben Monate alten Thomas.

Angeklagt sind die Eltern der drei Kinder, die Mutter Heike, 21 Jahre, der Vater Armin, 26. Sie haben, so wirft ihnen die Staatsanwaltschaft vor, das Amt der Eltern, der erziehungsberechtigten und -verpflichteten, schlecht, ja sträflich schlecht ausgeübt.

Nun gibt es ein altes Sprichwort: Wem Gott gegeben hat ein Amt, dem gab er auch Verstand. Das Sprichwort ist, obwohl sehr alt, doch nicht immer richtig, denn drei Kinder zu bekommen, das ist verhältnismäßig einfach, aber sie aufzuziehen, sie zu erziehen, ist nicht leicht. Das erfordert Kenntnis. Für alles gibt es Berechtigungsscheine, Prüfungen. Um die wichtigste Sache der Menschheit, um die Heranbildung der kommenden Generation, gibt es das nicht und kann es nicht geben.

Natürlich – ganz natürlich haben Eltern eine Vorbildung, es sind ja ihre Eltern, die ein junges Paar auf Kindererziehung und -ernährung vorbereiten. Wie die Mutter ihre Kinder aufgezogen hat, wie der Vater so sorgt und manchmal auch eingegriffen hat, das ist für die meisten Menschen die richtige Schule für den Fall, daß sie selber Kinder bekommen. Und außerdem gibt es Hinweise der Schwangerenfürsorge und der Mütterberatungsstellen.

Heike hat schon mit 17 Jahren den Michael geboren, und das zweite Kind, Manuela, kam noch vor der Eheschließung. Der Vater der beiden Kinder, Armin, ist Bahnfacharbeiter, er war in der Woche wenig zu Hause, und erst in der letzten Zeit hatte er eine Arbeitsstelle, die es ihm ermöglichte, nach Hause zurückzufahren. Er verdient gut, und er hoffte, seine kleine Frau Heike würde es gut verwalten.

Sie hatte sich als Schuhfacharbeiter qualifiziert, aber als die Kinder kamen, blieb sie nicht in der Fabrik. Das erste Kind, den kleinen Michael, hatten die Großeltern übernommen, aber Mutter Heike glaubte, Michael würde von der Großmutter allzusehr verzogen. Später hat sie dann den Michael in ihre Familie übernommen. Nun arbeitete sie als Zeitungsausträgerin bei der Post, frühmorgens und am frühen Nachmittag eine Stunde. Wenn sie als Briefzusteller täglich gearbeitet hätte, hätte es für die drei Kinder einen Krippenplatz gegeben, aber das war Heike zuviel Arbeit. So saß sie lieber bei einer Nachbarin den ganzen Tag und trank Bier. Eine ältere Nachbarin, die auch keine gute Hand hatte bei der Erziehung ihrer Kinder. Heike gibt an, sie habe etwa viermal in der Woche bei der Nachbarin fünfzehn bis zwanzig Glas Bier getrunken und dazu Zigaretten geraucht. Außerdem wurden viele kostbare Geräte angeschafft, darunter ein Tonbandgerät auf Abzahlung. Die Kinder wurden gröblich vernachlässigt. Das sah auch der Mann, er sah, daß seine Frau nicht mit Geld umgehen konnte. Er versuchte, ihr täglich Geld zu geben, aber auch das war kein Allheilmittel. Die Wohnung verkam, die Eltern gingen jeder ihre eigenen Wege. Es wurde überhaupt nicht saubergemacht, Wäsche wurde nicht gewechselt, statt zweckmäßiger Nahrung bekamen die Kinder höchstens einen Mehlbrei und ein Butterbrot, auch das kleinste. Der Mann sah wohl die Vernachlässigung, er drohte auch seiner Frau, er werde sie bei den Behörden anzeigen, wenn sie nicht besser für die Kinder sorge, aber es war eine leere Drohung. Er tat auch selber nichts, um die skandalösen Zustände zu beseitigen.

Wohl nahm Frau Heike in den letzten Monaten eine Stellung als Reinigungskraft in einem technischen Büro an, dort konnte sie nach Dienstschluß und nachdem ihr Mann zu Hause war, also von 19 bis 23 Uhr, arbeiten, aber sie war so nachlässig und so unpünktlich in ihrer Arbeit, daß der Betrieb oft eingreifen mußte. Die Kaderleiterin besuchte die Frau auch zu Hause, und hier zeigt es sich, daß durch diese gute Kaderarbeit indirekt der Mißstand aufgedeckt wurde, der vielleicht sogar zum Tod des kleinsten Kindes hätte führen können. Die Kaderleiterin kümmerte sich sehr um die so unzuverlässige Heike, sie konnte aber die Ursachen der so schluderhaften Arbeit nicht ermitteln, die schon fast krankhafte Trunksucht der 21jährigen Heike. Aber die Kaderleiterin sorgte dafür, daß Frau Heike ihre Arbeitszeit änderte, daß sie unter Aufsicht jetzt saubermachte, und sie sorgte dafür, daß sie Krippenplätze und einen Kindergartenplatz für Michael bekam.

Die Kinder mußten in der Mütterberatungsstelle vorgestellt werden. Die Ärztin schrieb auch den Kleinsten, den Thomas, für krippenfähig. Die Untersuchung muß aber mehr als oberflächlich gewesen sein, so daß die Staatsanwaltschaft sich einmal um die Arbeitsweise dieser

Dienststelle kümmern wird. Als nun der kleine, sieben Monate alte Thomas in der Krippe abgeliefert wurde, da schlugen die Pflegerinnen die Hände über dem Kopf zusammen, sie brachten den kleinen Burschen sofort in ein Krankenhaus.

Dort wurden erschreckende Dinge festgestellt. Das Kind hatte die dem Alter entsprechende Größe, 76 cm, es hätte also 10 300 Gramm wiegen müssen, es wog aber bei der Einlieferung nur 6 150 Gramm. Bei der sachgemäßen Ernährung im Krankenhaus nahm es in fünf Tagen 870 Gramm zu. Das Kind war also unterernährt, fast dem Hungertod nahe. Die beiden anderen waren wohl ausreichend ernährt, aber völlig verwahrlost und in ihrer Entwicklung gefährdet. Bei dem vier Jahre alten Michael hat man auch eine Narbe am Kopf gefunden. Der Vater hatte das Kind eines Tages verprügelt, es war mit dem Kopf gegen eine harte Kante gestürzt, die Wunde wurde von beiden Eltern nicht ordentlich versehen. Hieraus kam es dann auch zu einer Anklage gegen den Vater Armin wegen Kindesmißhandlung.

Nur ihrer Jugend verdankt Frau Heike eine Strafe auf Bewährung, die Bewährungszeit ist auf drei Jahre festgesetzt, die Androhung bei Nichtbewährung vierzehn Monate. Für Armin, bei dem es an der Arbeit nichts auszusetzen gibt, zwei Jahre Bewährung und die Androhung zehn Monate bei Nichtbewährung. Es gehört zu den Pflichten der beiden, während der Bewährungszeit nachzuweisen, daß sie ihr Einkommen in erster Linie für die Heimkosten der Kinder aufwenden, daß sie alle vierzehn Tage dem Gericht über ihre Lebensweise Rechenschaft ablegen. Für Frau Heike wurde außerdem eine Arbeitsplatzbindung ausgesprochen.

Nur in einem werden sie sich nicht bewähren können, sie werden nicht die Gelegenheit haben, jetzt zu beweisen, daß sie den Willen und die Fähigkeit besitzen, Kinder zu versorgen und zu erziehen. Ob ihnen das Erziehungsrecht ganz abgesprochen wird, das hängt von ihrem Verhalten in der Gesellschaft ab. Mit dem Leben und der Gesundheit der Kinder darf nicht experimentiert werden.

Vater sein – so schwer?

Schatten eines Geheimnisses?

Geheimnisse in jeder Ehe sind gefährlich; bei Herwart und Helga muß es ein sehr ungeklärtes gewesen sein, ein wirklich brennendes. Der Brand ist ausgebrochen. Für den Außenstehenden ist das Geheimnis verborgen geblieben, wir können es nur ahnen. Einen Verdacht können wir nur hegen, ihn nicht aussprechen.

Diese Ehe ist zerstört, unheilbar. Beide sind desselben Delikts angeklagt, Verletzung ihrer Erziehungspflicht gegenüber der jetzt 16jährigen Tochter Simone. Herwart ist schwerer belastet als Helga, er ist in Haft, sie nicht. Aber beide werden, obwohl sie sich nicht gegenseitig bezichtigen, sich nicht die Schuld gegenseitig zuschieben, von zwei verschiedenen Rechtsanwälten verteidigt. Er von einer Rechtsanwältin, sie von einem Herrn. Welch ein Beweis, wie sehr sie sich auseinandergelebt haben. Die Scheidungsklage ist auch schon eingereicht.

Herwart ist eine zarte Seele mit seinen 43 Jahren. Er ist schwächlich und leidet an vielen Krankheiten. Ob sie eingebildet sind oder nicht, wer weiß es? Weiß es Herwart selber bei all seinen Schmerzen? Er muß ein ganz hervorragender, zuverlässiger Arbeiter in einem elektrotechnischen, feinmechanischen Werk sein. Er hat dort das seltene Vorrecht, seine eigenen Leistungen selber zu kontrollieren, und dementsprechend wird er auch hoch bezahlt.

Seine Frau ist aus ganz anderem, viel spröderem Holz. Was er zu fein ist, scheint sie zu derb zu sein. Sie war Verkäuferin und ist es jetzt wieder, seit sie durch seine Haft und durch die angestrebte Scheidung wieder auf eigenen Füßen stehen muß. In der Zeit aber, um die es hier geht, war sie nur für den Haushalt, nur für die Erziehung der Tochter da.

Das Zusammenleben dieser beiden ist gestört. Er glaubt, es liegt an seinem Unvermögen, sie zu lieben. Die Gründe können wir hier nicht untersuchen, aber vermutlich steht ein dritter Mensch dazwischen.

Simone, die Tochter, machte schon immer Schwierigkeiten. Sie brannte als Kind durch. Die Volkspolizei mußte sie suchen und wieder zu Hause abliefern. Einmal wurde sie als 13jährige gefaßt, als sie in einem Laden Schokolade gestohlen hatte. Der Vater hatte sie daraufhin hart ermahnt, und sie hat ihm versprochen, nie wieder so etwas zu tun.

Sie tat es aber immer wieder. Weihnachten 1969: Mutti, also hier unsere angeklagte Helga, wünschte sich eine Tasche. Vater und Tochter gehen in einen Laden. Eine schwarze findet der Vater, aber Mutti wünscht sich eine weiße. Der Vater sieht keine. Als beide aus dem Laden heraustreten, hatte Simone, die Tochter, schon die weiße gestohlen. Der Vater hatte Angst, er wollte sie nicht zurückbringen, wollte die Tochter nicht belasten und schenkte sie der Frau zu Weihnachten. Vater und Tochter gehen jetzt oft zusammen einkaufen. Immer bringt Simone Dinge an, die sie stiehlt. Er wollte es nicht dulden. Er sagt, daß er sie manchmal geschlagen hat. War das Schlagen ernst gemeint? Er nahm auch selber Dinge, die sie gestohlen hatte: ein Paar Schuhe, ein Paar Hausschuhe. Er sah zu, wie die Tochter stahl. Nicht klar war, ob er sich einige Male so hinstellte, daß er sie deckte. Die Tochter hatte den Vater anscheinend in der Gewalt.

In einem Konfektionsgeschäft ließ sie sich zwei Hosen in die Kabine reichen. Die eine zog sie an und ging mit ihr hinaus, ohne zu bezahlen. Als Vater und Tochter diesen Laden verlassen hatten, lachte sie und zeigte ihm, wie geschickt sie war. Der Vater hätte gern ihr die Hose gekauft, so sagt er. Das Geld hatte er bei sich. Aber da war eben nichts zu machen, die Tochter mußte stehlen.

Sie stahl für die ganze Familie. In erster Linie für sich, dann für den Vater, aber auch für die Mutter Helga. Zwei Bikinis und einen Badeanzug für sich selbst, eine Badehose für den Vater und für Mutti ein Bügeleisen. Und immer wieder Stofftiere. Die ganze Wohnung war vollgestopft mit Stofftieren.

Die Mutter will glauben machen, sie hätte fast nichts gewußt. Der Vater aber ist fast immer dabeigewesen. Er traut sich nichts zu unternehmen. Angst wovor? Es sieht so aus, als ob er sich in einer Abhängigkeit von dieser 14-, 15jährigen befindet. Sie stiehlt einen Dynamo für ein Fahrrad, Pullover, einen sehr feinen Manikürkasten. Simone, die keinen Widerstand, keinen echten Widerstand bei ihren Eltern findet, erliegt der Faszination der Dinge. Für sie ist alles ohne Geld erreichbar. Drei Geldbörsen, zwei Einkaufskörbe, unsinnige Dinge, vier Paar Handschuhe, Sachen, die sie kaum verwenden kann.

Der Mutter, die jahrelang einiges gesehen und vieles erduldet hat, wird es zuviel. Sie zeigt die Tochter an. Bei der Haussuchung wird ein ganzes Warenlager aufgedeckt. Simone hat, und das wußte der Vater ganz genau, Waren im Werte von 2000 Mark gestohlen. Von vielem wußte auch die Mutter. Sie sagt es im Prozeßverlauf: »Ich konnte es in der Wohnung mit den vielen Plüschtieren nicht mehr aushalten.«

Simone wurde nicht angeklagt. Sie kommt jetzt auf Beschluß des Referats Jugendhilfe in einen Werkhof. Aber angeklagt sind die Eltern. Der Hauptschuldige, Herwart. Er wird zu einer unbedingten Strafe, ein Jahr und sechs Monate Freiheitsentzug, verurteilt. Er hat durch sein Dulden seine Erziehungspflicht der jugendlichen Simone gegenüber gröblich vernachlässigt. Er ist schuld an einer sehr schweren Fehlentwicklung. Die Mutter, die von vielem etwas wußte, ist auch schuldig, aber in nicht so erheblichem Umfang. Sie wird auf Bewährung verurteilt, die Bewährungszeit auf zwei Jahre festgesetzt. Zehn Monate sind ihr bei Nichtbewährung angedroht.

Aber ungelöst bleibt das Problem, wodurch Simone eine derartige Macht über die Eltern, vor allem aber über den Vater hat.

Erziehung ist nicht nur Vermittlung von Regeln des Zusammenseins, Erziehung muß praktisch sich auf die Tätigkeit des zu Erziehenden richten, also nicht ermahnend, sondern aktivierend, mobilisierend. Davon war hier nicht die Rede.

Sehr schwer ist bei dem Vater die Persönlichkeitsanalyse. Wie war das Verhältnis dieses Täters zur Gesellschaft? Geht man einseitig davon aus, wie war seine Arbeit, seine eigenverantwortliche, schöpferische Teilnahme am Produktionsprozeß, dann würde man hier nicht weiterkommen. In diesem Fall steht sein Verhalten, sein völliges Versagen bei der Erziehung der Tochter in einem ganz krassen Gegensatz zu seinen Leistungen in der materiellen Produktion. Die Ursache seiner Fehlentwicklung liegt, das ist meine feste Überzeugung, in der gestörten Bindung zu seiner Ehefrau Helga und in einer zu starken Bindung des Vaters an die Tochter Simone, die weit über das normale Maß hinausging.

Was Kindern keine Freude macht

An einem Neubau stand ein Lastkraftwagen vom VEB Kombinat Tiefbau. Zwei junge Leute, Mitarbeiter des Kombinats, luden Ziegelsteine auf. Ein Funkwagen der Volkspolizei fuhr in langsamem Tempo vorbei. Plötzlich ließen die jungen Leute Wagen und Ziegelsteine stehen und liefen davon.

Das war ungewöhnlich.

Die beiden wurden eingeholt, vernommen.

Stadtbezirksgericht Lichtenberg: Die zwei jungen Männer, beide etwa 26 Jahre alt, sind in Haft, sitzen auf der Anklagebank, warten auf das Gericht. Um den einen, den Schwarzhaarigen, drei ziemlich kleine Kinder. Zwei sitzen auf seinen Knien. Es ist fast ein rührendes Bild. Es tut weh. Dann wird die Mutter aufgefordert, die Kinder aus dem Saal zu bringen. Die Verhandlung soll beginnen. Das eine, das größte, vier Jahre alt, ein kleines Mädchen, fängt ganz schlimm an zu weinen, zu schreien: »Papi, Papi!« Es hat begriffen, es wird den Papi für längere, für lange Zeit nicht zu Hause sehen.

Mitgemacht hat dieser Papi, dieser Bernd, nur, weil er den Kindern etwas Besonderes zu Weihnachten kaufen wollte. »Es geht mir gut, ich habe alles, ich hätte es nicht nötig gehabt, ich hätte nicht stehlen müssen.«

Noch besser geht es seinem Kumpel Armin, der neben ihm sitzt. Der hat als LKW-Fahrer beim VEB Kombinat Tiefbau ein Einkommen von 900 bis 1000 Mark im Monat, mit harter Arbeit und mit Überstunden. Seine Frau verdient außerdem 650 Mark. Beide haben nur für ein Kind zu sorgen, Miete monatlich 24 Mark. Keine Schulden, keine Abzahlungsverpflichtungen. Sie können sich fast alles leisten, was man sich so wünschen kann. Aber auch das schien ihnen nicht genug zu sein.

Bei Bernd ist es nicht ganz so rosig. Er verdient wohl nicht soviel wie sein Freund Armin, und er hat nicht nur für die drei Kinder zu sorgen, außerdem muß er noch Unterhalt für ein kleines Mädchen zahlen. Seine Frau verdient auch nur 300 bis 350 Mark im Monat. Die Miete 37 Mark. Er ist sicher sonst ein ganz solider Familienvater. Er holt die Kinder fast jeden Tag vom Kindergarten ab – hat sie abgeholt. Sie hängen sehr an ihm.

Die beiden Kraftfahrer kennen sich von der Arbeit, vom Garderobenraum. Sie haben dieselbe Garderobenreihe. Wenn Armin seine, die erste Schicht beendet hat, kommt Bernd, um seine Schicht zu beginnen. Manchmal nimmt Bernd den Armin mit, bringt ihn nach Hause.

Armin, der Blonde, kannte einmal einen Polsterer, der für ihn Sessel repariert hat. Und der hat in Wandlitz ein Grundstück, will sich ein Häuschen bauen. Ob Armin ihm nicht einen Zementmischer besorgen könne und Fliesen für sein Badezimmer.

Diesen Wunsch erzählt Armin dem Bernd. Eines Tages sagt Bernd: »Ich weiß, wo ein Mischer zu holen ist. Im Neubaugebiet von Friedrichsfelde steht einer ganz allein auf einem Grundstück. Daneben liegen auch Fliesen, fünfundzwanzig bis dreißig Pakete.«

In der Arbeitszeit von Bernd laden beide den Mischer auf, sie rufen noch Arbeiter herbei, die ihnen helfen. Dann nehmen sie die Fliesen und bringen alles nach Wandlitz. Der Polsterer ist mit dem Bau schon ganz schön vorangekommen, den Mischer braucht er nicht mehr, aber er kauft ihn, weil er so billig ist. Woher er kam, der Mischer, das will er nicht wissen, er kann es sich denken. Für den Mischer bezahlt er 300 Mark. Die Fliesen bezahlt er gar nicht, er hatte Wandfliesen gemeint, und das, was die ihm da bringen, sind Fußbodenfliesen. Sie stehen noch heute da. Den Mischer verkauft der Polsterer an einen Bekannten weiter für 550 Mark, der kann ihn auch nicht brauchen, weil er defekt ist. Er verkauft ihn weiter für 600 Mark an einen, der ihn nun repariert hat.

Aber Heizungskörper braucht der Polsterer jetzt und Kohlen. Auch das können die beiden besorgen. Wieder sieht Bernd Heizungskörper vor den Neubauten in der Berliner Rathausstraße stehen. Wieder fährt ein LKW vom VEB Kombinat Tiefbau vor, lädt 44 kleine Heizkörper auf, bringt sie nach Wandlitz. Der Polsterer und sein Freund, ein Kfz-Meister, teilen sich die Heizungskörper auf und zahlen 40 Mark pro Körper an die beiden. Dann finden die zwei Diebe auch noch Kohlen. Es war in dem kalten Winter 69/70. Ein Betrieb hatte Kohlen gelagert, auf einem Feld, unbewacht. Zweimal fahren die beiden mit dem LKW vor und laden voll. Sie schätzen, sie hätten etwa vier Tonnen Kohlen gestohlen. Auch die werden an die beiden Kunden in Wandlitz verkauft. Die Hehler müssen sich demnächst vor dem Kreisgericht Bernau verantworten.

Dann besorgen Bernd und Armin auch noch Kanthölzer für einen anderen sogenannten Kunden. Bernd stiehlt auch für eigene Rechnung. Er braucht für sich einen Abwaschtisch, findet zwei Abwaschtische, die vor einem Neubau stehen, geniert sich, nur einen aufzuladen, »das würde auffallen«, und ladet beide auf.

Und dann kam das Ende, das Aufladen der Ziegel.

Insgesamt beträgt der Wert der gestohlenen Dinge etwas über 3 000 Mark. Es war, so stellt das Gericht fest, verbrecherischer Diebstahl. Sie haben sich als Gruppe zusammengeschlossen, sie haben unter Ausnutzung ihrer beruflichen Tätigkeit gestohlen, und außerdem haben sie gemeinsam mehrere Straftaten verübt. Und deshalb kann es, auch wenn der Wert der gestohlenen Gegenstände nicht außergewöhnlich hoch ist, für beide keine Strafe auf Bewährung geben.

Also Freiheitsentzug für Armin zwei Jahre und zwei Monate; für Bernd zwei Jahre und fünf Monate.

Und das Motiv: Bernd wollte seinen Kindern eine besondere Freude machen. Aber Kinder können sich nicht freuen, wenn der Vater als Verbrecher bestraft werden muß.

Achim im Glück

Diese Geschichte ist eine höchst lehrreiche Geschichte über das Glück, fast eine Lesebuchgeschichte für Kinder und Erwachsene von heute, besser geeignet als das Grimmsche Märchen vom »Hans im Glück«.

Herr Achim hatte zweimal im Leben Glück gehabt. Er war vor einem Stadtbezirksgericht zu zehn Monaten Freiheitsentzug wegen Verletzung seiner Unterhaltspflicht verurteilt worden und hatte form- und fristgerecht gegen dieses Urteil Berufung eingelegt. Und der fünfte Strafsenat des Berliner Stadtgerichts, zuständig für Berufungen dieser Art, war nicht einstimmig der Auffassung gewesen, dieses Urteil sei in jedem Falle richtig und gerecht.

Zur Erläuterung: Nach jeder Verhandlung, nach jedem Urteil wird mit dem Verlesen und der Übergabe der schriftlichen Begründung des Urteils der Angeklagte belehrt: »Sie haben das Recht, innerhalb von acht Tagen gegen dieses Urteil Berufung einzulegen. Sie können sich hierzu eines Rechtsanwalts bedienen, Sie können aber auch Ihre Berufung schriftlich einreichen oder sie mündlich zu Protokoll der Rechtsantragstelle des Gerichts erklären.« Sehr häufig werden die Berufungen von der Zweiten Instanz ohne Hauptverhandlung durch Beschluß verworfen, wenn das Berufungsgericht einstimmig zu der Überzeugung gekommen ist, diese Berufung ist offensichtlich unbegründet. Und damit wird das Urteil der Ersten Instanz rechtskräftig.

Nicht so bei Herrn Achim. Sein Fall ist schnell erzählt. Herr Achim, Kraftfahrer seit vielen Jahren, immer pünktlich und gewissenhaft, fährt seit 1969 für den volkseigenen Reinigungs- und Wäschereibetrieb REWATEX. Im Jahre 1972 hat er das erstemal unerhörtes Glück gehabt. Er gewinnt im Lotto das hübsche Sümmchen von 57 000 Mark. Dieser Lottogewinn, das so oft ersehnte und erträumte Glück, wirft ihn völlig aus der Bahn, sogar aus der Bahn des Kraftfahrers. Er fängt an zu bummeln, wird verwarnt, bekommt Belehrungen, 1973 wird er fristlos entlassen.

Daß sich Herr Achim auch den Freuden der Liebe hingibt, ist verständlich, auch dann, wenn er nicht den Batzen Geld gewonnen hätte. Herr Achim ist nicht verheiratet, aber seine Liebesbemühungen werden, ich möchte sagen, honoriert, er bekommt ein liebes, kleines Kindlein, Micha geheißen. Der Unterhaltsbeitrag wird vom Gericht auf 90 Mark im Monat festgesetzt.

Aber Herr Achim erweist sich leider nicht nur als ein Nutznießer seiner verführerischen Anlagen (ideell und materiell), er erweist sich leider auch als ein ausgesprochener Nichtsnutz. Er arbeitet nicht mehr und zahlt auch für seinen Sprößling Micha keinen Pfennig Unterhalt. Soll doch die glückliche Mutter allein sehen, wie sie Michi groß und stark bekommt.

Bei jedem anderen, das muß man hier sagen, wäre auch ein Verfahren nicht nur wegen Verletzung der Unterhaltspflicht, sondern auch wegen Gefährdung der öffentlichen Ordnung durch asoziales Verhalten eingeleitet worden. Die erste Voraussetzung ist ja bei Achim erfüllt, er arbeitet nicht, obwohl er arbeitsfähig ist. Aber er gefährdet die öffentliche Ordnung nicht, die zweite Voraussetzung, denn er lebt ja nicht parasitär – auf Kosten anderer oder auf Kosten der Gesellschaft –, er ißt einfach seinen Lottogewinn auf, und das schafft man schnell, wenn man nicht schafft. Da hat man nämlich viel, viel Zeit, zu konsumieren und auf andere Weise sein Geld zum Fenster hinauszuwerfen.

Kurz gesagt, also nur Anklage wegen Verletzung der Unterhaltspflicht, zehn Monate Freiheitsentzug in der Ersten Instanz.

Die Hauptverhandlung zur Zweiten Instanz ist anberaumt, aber Herr Achim erscheint nicht. Er ist geladen, aber er kommt nicht, und das ist schon erstaunlich, denn diese zweite Verhandlung hat er ja selber herbeigesehnt, herbeigeführt, und er müßte das größte Interesse haben, daß sie für ihn erfolgreich durchgeführt wird. Also erneuter Termin, und diesmal wird Herr Achim um 6 Uhr von der Volkspolizei aus dem Bett geholt und polizeilich vorgeführt.

Er ist völlig konsterniert, er ist schockiert, nicht, weil er so früh sein geliebtes Bett verlassen mußte, nein, in den sechs Wochen, die zwischen der ersten und der zweiten Gerichtsverhandlung liegen, hat er sich praktisch nur bei einem Betrieb beworben und ist nicht eingestellt worden. Das habe ihn, so erklärt er, völlig aus der Bahn geworfen. Nein, ganz so stimmte es nicht, er habe sich ja noch bei einem berühmten Krankenhaus erkundigt, ob er dort nicht als Hausmeister anfangen könnte, aber auch von dort keine Antwort.

Ob er denn wenigstens angefangen habe, aus seinem Lottogewinn Unterhalt zu zahlen? Nein, sagt Herr Achim. Warum denn nicht? will das Gericht wissen. »Sie haben doch noch Ihren Lottogewinn.« Den habe er nicht mehr, es sei alles aufgebraucht, außerdem habe er wohl 20000 Mark für ein Haus angezahlt, und an dieses Geld komme er nicht mehr heran. Es klingt bei ihm so, als ob auch das verloren sei. »Und wovon haben Sie gelebt?«

»Ich lasse mich von Susi, meiner jetzigen Freundin, aushalten.«

Die Zeit zwischen der ersten und zweiten Verhandlung war für Achim eine Bewährung. Hätte er in den sechs Wochen eine Arbeit aufgenommen, hätte er sich nur ernsthaft bemüht, wäre er zum Amt für Arbeit oder zur Abteilung Inneres beim Rat des Stadtbezirks gegangen oder, ganz bescheiden, hätte er in der Zeit als Zeithilfe gearbeitet, dann hätte er etwas Geld verdient, auf jeden Fall, er hätte anfangen können, Unterhalt zu zahlen und, wenn möglich, auch noch etwas vom Rückstand abzubauen. Wäre das der Fall gewesen, ich glaube, er hätte Verständnis bei den drei Richtern des Berufungssenats gefunden.

Die Richter haben die Zeit als eine Probezeit verstanden. Aber diese Probezeit hat er vertan. Die Bewährung, die das Gericht vielleicht für ihn in Aussicht genommen hatte, konnte ihm nicht gegeben werden.

Die Berufung wurde verworfen. Das Glück, das doppelte, hat er verspielt. Das Geld, das ihm mühelos in den Schoß fiel, hat ihn verdorben.

Das Glück, so glaube ich, fällt keinem mühelos in den Schoß. Glücklich wird nur der, der gegebene Chancen nutzen kann.

Gefährliche Jagd

Aus Vorfreude auf ein glückliches Ereignis hat schon mancher Mann sich und andere ins Unglück gestürzt. Hier ist von einem Mann die Rede, der aus jenem Glücksgefühl nur sich selbst Ungemach zufügte; Ungemach, das nun ein Jahr und vier Monate dauern wird, so lang ist seine Freiheitsstrafe. Daß nur er allein Schaden nahm, ist ein glücklicher Umstand in einer sehr gefährlichen Sache.

Helmut, 23 Jahre alt, ein junger, kräftiger, gut gebauter Mann mit guten Anlagen und einer schlechten Vergangenheit. Er hat in seiner Jugend mehr Dummheiten gemacht, als es polizeilich erlaubt ist, und das mehrmals, darunter Diebstahl, Sachbeschädigung, einen versuchten Raub und ein Paßvergehen. Aber er hat sich in den letzten Jahren gewandelt. Er scheint sich von dem schlechten Einfluß eines schlechten Jugendklubs gelöst zu haben, er hat geheiratet. Vielleicht auch hat das Vatergefühl, das er seit anderthalb Jahren empfindet, diese Wandlung bestärkt. Jedenfalls in den letzten beiden Betrieben, in denen er tätig war, hat er Gutes geleistet, einen guten Namen dort erworben; die Kollegen bemühen sich sehr, ihn aus der Haft herauszuholen. Aber das dürfte nicht leicht sein.

Am 13. März sollte Helmut seine liebe Frau aus dem Krankenhaus abholen. Das war für ihn ein glückhaftes Ereignis. In deutschen Landen und auch anderswo gehört zum Glück und zum Feiern eine gehörige Menge Alkohol. Helmut, ein passionierter Bastler, hatte bei seiner Mutter eine Fernsehantenne montiert, schaute aus dem Fenster, sah im Haus gegenüber ein ihm bekanntes Gesicht: einen Schulfreund. Dem winkte Helmut, und der verstand den Wink. Mit Pils und Korn wurde nun das freudige Ereignis, die Genesung der lieben Frau, gefeiert.

Später mußte, nachdem sich ein Dritter hinzugesellt hatte, noch in der Gaststätte am Frankfurter Tor gefeiert werden, mit Wein und Tanz. Ob sie dann zu dritt am Tisch gesessen haben, wie es Helmut wahrhaben will, oder ob es inzwischen sechs geworden sind, wie es der Richter in der Verhandlung glaubte vermuten zu dürfen, das wurde nicht geklärt. Nach Mitternacht, als die Gaststätte Feierabend gebot, machte sich Helmut in sehr gehobener Stimmung allein auf den Nachhauseweg oder was er im Augenblick für den Nachhauseweg hielt.

In Berlin, an der Warschauer Brücke, fand er seitlich einen etwas stillen Platz. Der viele Wein. Dort aber stand ein Wartburg. Helmut ging um ihn herum und mußte sich, wie er sagte, an der Klinke festhalten. Die gab nach. Ob sie offen war oder ob Helmuts Festhalten so kräftig war, blieb auch eine Streitfrage, der Automechaniker stellte später eine gewaltsame Öffnung fest. Die Tür jedenfalls öffnete sich.

Helmut setzte sich nun in den Wagen, und mit ein paar Handgriffen, unterstützt von einem kleinen Schraubenzieher, den er immer bei sich hatte, wurden Zündung und Starter kurzgeschlossen, und Helmut fuhr ab. Erst, wie er sagte, in einem vernünftigen Tempo. Er fuhr in Richtung Treptow und wollte einen Wolga überholen in einem nicht mehr ganz zulässigen Tempo. Aber beim Überholen bemerkte er, daß dieser überholte Wolga ein Funkstreifenwagen war. Die Besatzung dieses Volkspolizeiwagens wurde nun auf den schnellen Wartburg aufmerksam, und man bemerkte, daß er unsicher fuhr und sehr oft die linke Fahrbahn berührte. Der Streifenwagen schaltete sein Blaulicht an, gab das bekannte Hupensignal und überholte den Wartburg, und durch einen Signalstab gab der Einsatzleiter Helmut den Befehl zum Halten.

Jetzt aber verlor Helmut aus Angst jeglichen Verstand. Er wußte, er hatte ziemlich viel getrunken, er wußte, er hat keine Fahrerlaubnis, und er wußte, daß er den fremden Wagen unberechtigt benutzte. Er trat auf das Gaspedal und versuchte, mit hoher Geschwindigkeit dem Funkstreifenwagen zu entkommen. Es ging über die Puschkinallee auf die Neue Krugallee, wahrscheinlich mit 110 Kilometer pro Stunde Geschwindigkeit. Aber die Neue Krugallee endet an der Baumschulenstraße. Dort muß der Wagen in eine Rechtskurve abbiegen. Bei dem nassen Wetter damals konnte er diese Kurve höchstens mit zwanzig bis dreißig Kilometer Geschwindigkeit befahren. Das aber schaffte Helmut nicht. Er bremste stark, und nun drehte sich sein Wagen zwei- oder dreimal um die eigene Achse. Zufällig blieb er mit den Hinterrädern auf der Bordsteinkante stehen, und es kam, da im Augenblick kein Gegenverkehr von der Baumschulenstraße war, zu keiner Katastrophe. Helmut sprang schnell aus dem haltenden Wagen und versuchte, sich in dem Gebüsch des Plänterwaldes zu verstecken. Die beiden Volkspolizisten, die Besatzung des Funkstreifenwagens, verfolgten ihn durch den dunklen Wald. Sie kamen nur tastend vorwärts.

Plötzlich erwischte einer der Volkspolizisten Helmut an den Haaren. Dann kam es zu einem Handgemenge. Als der andere Volkspolizist zu Hilfe kam, konnten sie Helmut bändigen und abführen. Dabei muß Helmut einen starken Schlag oder einen Stoß beim Fall abbekommen haben, am Kopf. Wie es dazu kam, konnte nicht geklärt werden.

Sein Blutalkoholspiegel lag zur Zeit seiner Tat etwas über 1,3 Promille. Auch die Fürsprache seiner Kollegen, des stellvertretenden FDJ-Sekretärs und des Vorsitzenden der Betriebsgewerkschaftsleitung, konnte ihn nicht vor einer harten und unbedingten Strafe bewahren.

Ein Jahr und vier Monate Freiheitsentzug hat er zu verbüßen, und er muß den Schaden, den er an dem fremden Auto verursacht hatte, auch wiedergutmachen. Selbst die sehr bescheidene Rechnung von sechzig Mark, die der Kraftfahrzeugmeister ausstellte, wollte er nicht anerkennen.

Als Helmuts Frau aus dem Krankenhaus entlassen wurde, war ihr Mann nicht zu Hause. Er hatte mit Alkohol das kommende Wiedersehen gefeiert und war durch zuviel Alkohol mutig und übermütig geworden. Und ein Jahr und vier Monate wird er wegbleiben. Wenn er zurückkommt, dann wird seine Frau, des bin ich gewiß, diesen Tag nicht mit Alkohol feiern. Frauen sind in dieser Hinsicht doch sehr viel vernünftiger.

Kampf ums Vaterglück

Gerne hätte ich Thomas verteidigt. Aber der Reporter hat still zu sein, er darf zuhören und sogar mitschreiben, das Reden ist ihm verwehrt, er ist nicht am Prozeß beteiligt, auch wenn er am Geschehen Anteil nimmt. Dazu noch eins: Wenn ich diesen Mann Thomas gerne verteidigt hätte, so billige ich seine Tat nicht; denn kein Mensch darf sein Recht mit Fäusten durchsetzen.

Das, was ihm die Staatsanwältin sehr vorsichtig ins Gedächtnis zurückruft, gerade das, finde ich, spricht für ihn. Er ist, so betont die Staatsanwältin, mit seinen 24 Jahren nicht vorbestraft, aber sie erinnert Thomas leise, sachte daran, daß er einmal als Asozialer zur Arbeitserziehung verurteilt war.

Ich weiß nicht, was sie damit sagen will. Er hat eine harte Jugend durchmachen müssen, seine Eltern nicht gekannt, er ist in Heimen aufgewachsen. Daß es dann für einen jungen Mann schwer wird, sich plötzlich allein, selbständig zurechtzufinden und mit dem Leben fertig zu werden, ist nicht verwunderlich.

Heute, und nur das zählt, ist er in fester Arbeit als Beifahrer in einem großen Wirtschaftsbetrieb. Dort ist er pünktlich, fleißig, zurückhaltend, und das ganze Kollektiv nimmt regen Anteil an seinem Geschick. Das Kollektiv sind meist Frauen, und sie wissen aus seinen Erzählungen, daß die Sorge um sein Kind ihn mehr als alles andere beschäftigt. Es ist also zu konstatieren: Thomas hat den Kreis der Asozialen verlassen, er ist ein pflichtbewußter Mensch geworden, und darüber sollten sich alle und ganz besonders die Staatsanwaltschaft freuen. Wenn hier die Vertreterin dieser Behörde seine gelöschte Vorstrafe erwähnt, sollte sie es nur in einem Zusammenhang tun: Dieser Mensch, dieser Mann Thomas, ist ein lebendes Beispiel, wie einer sich aus seiner Vergangenheit lösen kann, wie er fleißig und gewissenhaft geworden ist. Es sind nämlich nur drei Arbeitsplätze in seinem Buch für Sozialversicherung eingetragen.

Ein junger Mann wie Thomas, der nicht in einer Familie aufgewachsen ist, hat es meist auch schwer in der Wahl seines Ehepartners. Bewußt oder unbewußt sucht ein Mann in der Regel eine Geliebte, eine Gefährtin, eine Frau nach dem Bild seiner eigenen Mutter, das natürliche »Vorbild«. Fehlt diese Mutter, dann ist er unsicher. So scheint es auch bei Thomas zu sein. Dieser blonde, große junge Mann mit dem kessen Schnurrbärtchen hatte in der Wahl seiner Frau keine glückliche Hand.

Die Frau hatte nach kurzer Ehe die Scheidungsklage eingereicht, und sie hat im Verfahren absurde Behauptungen aufgestellt. Er hatte gegen die Scheidung Einwände, obwohl er wußte, daß sie schon an einen anderen gebunden war und daß sie jetzt bei dem anderen geblieben ist.

Die Scheidung wurde ausgesprochen, aber es gab da eine Unklarheit, wem sollte das Erziehungsrecht für den kleinen Sohn übertragen werden? Bei den gegenseitigen Beschuldigungen der Eheleute konnte das Gericht kein klares Bild gewinnen. Die Abteilung Jugendhilfe sollte nachforschen, wem man den Sprößling anvertrauen könne.

Die junge Frau blieb manchmal bei ihrem geschiedenen Ehemann, ging aber auch mit dem Jungen zu ihrem neuen Freund und verbrachte dort einige Tage. So war es an dem Tattage, und es war nach Aussagen von Thomas nicht das erstemal. Ihr Verhalten ärgerte ihn maßlos.

Thomas ging nun an dem Tattag hin zu der Wohnung, um seinen kleinen Jungen, dessen Sachen und einiges andere abzuholen. Er klingelte, der andere fragte, wer dort sei, und Thomas nannte seinen Namen. Da öffnete der Wohnungsinhaber, Thomas stellte seinen Fuß in die Tür und verlangte den Jungen, seine Sachen und noch die anderen Kleinigkeiten. Der andere sagte, er möge draußen warten, aber Thomas wich nicht. Wahrscheinlich drängte nun der Wohnungsinhaber ihn aus der Tür, und man kann sagen, mit seinem vollen Recht. Thomas aber schlug zu, dem anderen mit der Faust ins Gesicht. Er soll, auch nach seinen Aussagen, fünfmal zugeschlagen haben. Der Mann, größer und scheinbar stärker als er, will sich nicht gewehrt haben. Er sei leidend und hatte Angst, sich in eine richtige Schlägerei zu verwickeln. Mit dieser Brachialgewalt erreichte Thomas sein Ziel, der Junge und die verlangten Dinge wurden ihm ausgehändigt.

Am nächsten Morgen also tat Thomas das, was das einzig Richtige war. Er erwirkte vom Gericht eine einstweilige Anordnung, in der festgestellt wurde, bis zur endgültigen Regelung der Erziehungsfrage muß der kleine Junge in der Obhut seines Vaters bleiben. Und so ist es auch heute noch. Thomas sorgt vorbildlich für ihn.

Der Verletzte mußte zwei Tage lang krank geschrieben werden. Schwere Folgen sind durch die Schläge nicht eingetreten.

Es gab in der Gerichtsverhandlung eine längere Debatte, ob Thomas mit kalter Überlegung oder spontan in Erregung – im Affekt – zugeschlagen hat. Für die erste Überlegungstheorie sprach ein Umstand:

Bevor Thomas in die Wohnung des Nebenbuhlers ging, hatte er Ring und Armbanduhr in die Tasche gesteckt. »Ich wollte ihn nicht ernstlich verletzen«, sagte er zur Entschuldigung, und er glaubte sich damit zu entlasten. Die Staatsanwaltschaft hielt diesen Umstand für eine Belastung. Ich glaube, es ist immerhin möglich, daß er bei seinem Weggang von zu Hause schon in größerer Erregung war und daß er ahnte, es würde vielleicht zu einer körperlichen Auseinandersetzung kommen, und deswegen hatte er vorsorglich Ring und Uhr abgelegt. Erregung und Vorsorge sind, so denke ich, nicht immer sich ausschließende Gegensätze.

Thomas muß bestraft werden, darüber gibt es keine Frage. Über Art und Strafhöhe herrschte auch im wesentlichen Übereinstimmung bei Gericht und Staatsanwaltschaft. Eine Strafe auf Bewährung wurde ausgesprochen, die Bewährungsdauer zwei Jahre, bei Nichtbewährung sechs Monate Freiheitsentzug. Die Staatsanwaltschaft hatte außerdem noch eine Zusatzstrafe verlangt, zehn Tage unbezahlte Freizeitarbeit. Das wurde vom Gericht abgelehnt mit der Begründung, ein alleinstehender Vater, der für einen kleinen Jungen zu sorgen hat, habe neben seiner regulären Arbeit und seiner Arbeit im Haushalt genug, überreichlich zu tun. Seine Freizeit brauche er dringend, um seinen kleinen Jungen zu versorgen, zu beköstigen und zu erziehen. Ihn könne man nicht, wenn man ihm den Jungen belassen will, mit zehn Tagen Freizeitarbeit belasten.

Das gequälte Herz

Der Schrei der einsamen Seele

Tausende, Hunderttausende, ja Millionen Mädchen kommen nie in die Lage wie Vilma, sie sind mehr oder weniger gut gewachsen, schlank und rank, einige etwas weniger rank, dafür vollschlank, sie haben das Herz auf dem rechten Fleck, ein Normalherz unter einer mehr oder weniger prägnanten Brust. Sie finden ihre Bewunderer, die einen leicht, die anderen auf Umwegen, die aber auch ihre Reize haben, die Umwege. Vilma, unsere 25jährige mit dem hübschen blonden Wuschelkopf, ist ein wenig aus den Fugen geraten, man kann sie beim besten chevaleresken Willen nicht einmal als vollschlank bezeichnen, von schlank keine Spur.

Der Zeuge in dieser Sache ist kein medizinischer Sachverständiger, er weiß nicht, wo ihr umfangreiches Erscheinungsbild herrührt. Liegt es an zu großem Appetit, oder liegt es an einer hormonellen Störung? Gegen beides gibt es Mittel, das eine, bei der die Ursache Nummer eins ist, lautet kurz und volkstümlich: »F. d. H.« – »Friß die Hälfte.« Beim zweiten ist es komplizierter, da müßte Vilma den Rat eines Frauenarztes einholen, der kann und der wird helfen. Kurzum, ein so tüchtiger und fleißiger Mensch wie Vilma muß heute nicht so durch die Gegend laufen. Denn Vilma ist einsam, ohne den richtigen menschlichen Kontakt, den sie so dringend braucht, um Glücksgefühle zu entwickeln. Sie wissen, was ich meine.

Ich will der ganzen ungeschminkten Wahrheit die Ehre geben, ganz ohne Kontakt ist Vilma wohl wieder auch nicht. Sie, die 25jährige, kennt da einen 60jährigen Herrn, einen verheirateten Herrn, sagen wir namens Otto. Otto hat nicht nur eine Frau, sondern auch eine Tochter, die wesentlich älter ist als Vilma.

Aber dieser Otto, das fühlt Vilma, ist nicht der Richtige. Das, was sie empfindet, kann man Liebe wohl nicht nennen; hoffen wir, daß hier ein Hauch von Zärtlichkeit zu spüren ist, aber auch das erscheint zweifelhaft. Dieser angebliche Hauch von Zärtlichkeit wird Vilma nur in kleinen Raten und großen Abständen zuteil und leider nicht so oft, wie sich Vilma danach sehnt.

Sie ist Elektrotechnikerin von Beruf, Schaltmechanikerin, aber sie hat sich schon seit über einem Jahr dem elektrischen Massenverkehrsmittel einer größeren Bezirkshauptstadt beruflich verbunden. Über ihren Dienst und ihren Eifer gibt es keine Beschwerden, sie ist auch zu Überstunden bereit, wenn der Verkehrsmeister sie anfordert. Die Arbeit macht ihr Spaß, zum größten Teil, fügt sie einschränkend hinzu. Sie wohnt allein, sie hat ihren Vater verlassen, als der eine zweite Frau, also eine Stiefmutter für sie, heiratete.

Es war ein Wochenende, und wieder war sie allein. Ein Besuch bei einer verheirateten Schwester erregte Neid und Selbstmitleid. Sie hat einen Mann, hat Kinder, und Vilma trinkt zu ihrem Trost Kaffeelikör und Weinbrand und darauf noch zwei Flaschen Bier. Kalter Trost, der nicht vorhält.

Um 23 Uhr verläßt sie ihre Verwandten, geht zum Hause ihres bejahrten Freundes, sie klingelt, sie weiß, es könnte die Frau öffnen, aber das macht nichts. Sie kennt die Frau, die angeblich nichts von den Beziehungen ihres Mannes weiß. Aber nach dem Klingeln erinnert sie sich, der Mann ist mit Frau und der ganzen Familie übers

Wochenende auf sein Grundstück gefahren. Immer dann ist er weg, wenn sie gerade Zeit hat. Das ärgert sie.

Andere haben alles, einen Mann, sie haben Kinder, haben ein Auto, ja, auch Autos. Sie läßt ihre Wut an den Autos aus, die auf der Straße da stehen, sie bricht Rückspiegel ab, denn sie hat Kräfte, das kräftige Mädchen, verbiegt Scheibenwischer, auch Autoantennen müssen daran glauben, und dabei entstehen außerdem noch erhebliche andere Sachschäden.

Dazu sagt sie heute vor Gericht: »Ich kann meine Gedanken nicht mehr genau wiedergeben, was ich mir damals vorgestellt haben. Ich war verärgert, wütend, traurig. Ich hatte einfach das Bedürfnis zu zerstören.« Sie sagt, sie habe schon manchmal ähnliche Wutanfälle gehabt, einmal zu Hause bei ihrem Vater, da habe sie, das kräftige Mädchen, einen Stuhl auseinandergenommen und die Einzelteile zum Fenster hinausgeworfen.

Ihr Wutanfall gegen die unschuldigen Autos am Wegrand kostet viel Geld. Über 900 Mark, das sind die Spesen, die sie aufbringen muß. Und höchst ärgerlich für die Autobesitzer, die morgens zu ihrer Arbeit fahren wollen und sich nun bemühen müssen, all die zerbrochenen Teile wieder zu erneuern und die Lackschäden zu reparieren.

Es ist nicht ein rowdyhaftes Verhalten, sagt der Staatsanwalt, denn als Rowdy kann man Vilma wirklich nicht bezeichnen. Juristisch, meint er, habe sie Sachbeschädigung begangen, und weil es so ungewöhnlich war, hat er, ohne daß die Geschädigten Strafantrag stellten, Interesse angemeldet.

Verurteilung auf Bewährung und die Bewährungszeit zwei Jahre. In dieser Zeit darf sie keine Wutanfälle mehr bekommen, keine Dinge zertrümmern und beschädigen, und sie muß in sechs Monaten den ganzen Schaden wiedergutgemacht haben, sonst drohen ihr sieben Monate Isolierung.

Eine sehr junge, sehr anmutige Kollegin hatte für sie als Kollektivvertreterin gesprochen. »Wir hatten uns schon früher um Vilma gekümmert, aber sie lebt isoliert, ist abweisend, sie lehnt eine Teilnahme an allen Veranstaltungen ab, ja, selbst an einem FDJ-Tanzabend, den wir organisiert hatten, nahm sie nicht teil. Aber im Dienst, da kann man nichts an ihr aussetzen, sie ist pünktlich und gewissenhaft.«

Sie kommt nicht zu Tanzabenden, sicherlich fühlt sie sich behindert durch ihre Figur, sie möchte nicht ein ständiges Mauerblümchen sein. Wahrscheinlich nur ihre Arbeit, an der Kurbel ihres Straßenbahnwagens, ganz auf sich allein gestellt, das erhöht ihr Selbstbewußtsein, gibt ihr Befriedigung. Da thront sie wie eine Königin, da hat sie Macht und Einfluß, da kann sie sogar einen unliebsamen Passagier aus dem Wagen weisen.

Das allein aber genügt nicht, wir wissen es, das genügt nicht, um glücklich zu sein.

Mitgefühl und Zorn

Eine Frau, von uns hier Heidrun genannt, sehr tüchtig, fleißig und angesehen, Mutter zweier Kinder, treusorgend, wird aus der Bahn geworfen. Nicht durch Leichtsinn, sondern durch ein großes Unglück. Und man steht fast ratlos, weiß nicht, wohin und wieso, kein alltäglicher Fall, ein Fall, der einen nicht so schnell losläßt, der immer wieder die Frage aufwirft, wie hätte das verhindert werden können, wie hätte es verhindert werden müssen?

Die zweite Ehe der Frau Heidrun war glücklich. Ein 5jähriges Kind ist da, das 18jährige Mädchen aus der ersten Ehe lebt bei dem geschiedenen Mann der Frau Heidrun. Ihren zweiten Mann liebt sie sehr, er hatte eine gute Arbeit, und sie verdiente mit als Lohnrechnerin bei der Wirtschaftsvereinigung Obst, Gemüse und Speisekartoffeln Berlin. Dort ist sie schon seit 1968 tätig. Das Einkommen, das der Familie zur Verfügung stand, lag bei etwas über 1000 Mark netto.

Die Familie hatte sich ein Häuschen gekauft, die Hälfte des Kaufpreises war bezahlt, der Rest wurde jährlich mit 400 Mark abgezahlt, also es war weniger als eine normale Miete. Ein Auto war bestellt, auf dem Konto lagen für seinen Ankauf etwa 8000 Mark.

Da plötzlich, im August 1975 erkrankte Frau Heidruns Mann. Der Arzt erklärte Frau Heidrun, es besteht für ihn keine Hoffnung mehr, seine Lebenserwartung ist höchstens ein paar Monate. Der Mann wurde in der Charité behandelt. Da man ihm wenig helfen konnte, wurde er nach Hause entlassen, und wenn es ihm schlecht ging, kam er in ein Krankenhaus des Berliner Randgebiets. Dort hatte man nicht immer die richtigen Medikamente, er verfiel oft in ein Koma, und Frau Heidrun eilte mit einem Taxi in die Charité, um Medikamente und auch die Flüssigkeit für einen geeigneten Tropf zu holen. Manchmal wurde der Mann, der sehr eigen geworden war, nach Hause entlassen. Dort trat dann auch häufig ein Koma auf, und Frau Heidrun mußte sehr schnell einen Krankenwagen oder ein Taxi besorgen, um den Mann ins Krankenhaus zu bringen. Im Krankenhaus konnte der Mann nicht selber essen, er mußte gefüttert werden, die Schwestern schafften das nicht und riefen Frau Heidrun oft zu Hilfe, da der Mann nur von ihr Essen annahm.

Das 5jährige Kind wußte von dem hoffnungslosen Zustand des Vaters, er hatte auch dem Kind erklärt, daß er bald sterben würde. Das Kind wurde hochgradig nervös, es bekam Weinanfälle, es fürchtete, bald Vater und Mutter zu verlieren und dann allein auf der Welt zu sein.

Der sehnlichste Wunsch des Mannes war »das Auto«, vor allem für den schnellen Transport. Mit einem dringenden Attest des Arztes bekam Frau Heidrun vorfristig ihr Auto zugeteilt, aber es fehlten ihr 1500 Mark für den Ankauf. Ohne sich wegen des fehlenden Geldes an den Betrieb zu wenden, nahm sie aus der Kasse, die sie für die Zeithilfen der Wirtschaftsvereinigung führte, 1500 Mark heraus und kaufte das Auto.

Es bestand zwar die Vorschrift, daß die Kasse für die Zeithilfen alle drei Tage abzurechnen sei; um diese betriebseigene Vorschrift kümmerte sich kein Mensch und bestimmt nicht Frau Heidrun. Auch unterstand Frau Heidrun dem Lagerleiter, der hatte aber von Kassenführung und von der Lohnbuchhaltung keine Ahnung. Da wäre es meiner Ansicht nach Pflicht des Hauptbuchhalters gewesen, regelmäßig die Lohnlisten und die Kassenführung zu kontrollieren. Ob es überhaupt zweckmäßig ist, einer Lohnbuchhalterin auch die Kasse und die Auszahlung von Pauschallöhnen und Prämien zu übertragen, bezweifle ich. Aber solche Fälle kommen in der Wirtschaftspraxis häufig vor.

Eine zweite Erfahrung ist: Wenn einmal der Damm der Ehrlichkeit gebrochen, dann strömt die Unehrlichkeit nur so nach. Von der Absicht, das einmal gestohlene Geld schnell wieder zurückzulegen, kommt der Dieb immer wieder ab. So war es leider auch bei Frau Heidrun. Sie entnahm jetzt wöchentlich 500 bis 600 Mark aus der Zeithilfenkasse. Sie kaufte für ihren Mann sicher viel Obst und Obstkonserven, für das hochgradig nervöse Kind wurden viel Spielsachen besorgt. Und sie kaufte sich für einige 1000 Mark neue Kleidung, Dinge, die wirklich nichts mit der bösen Erkrankung des Mannes zu tun hatten.

Ende 1975 starb der Mann. Am 2. Dezember war die Beerdigung. Am Tag zuvor nahm Frau Heidrun das letzte Geld aus der Kasse. Sie wußte genau, am Jahresende wird im Betrieb abgerechnet, ihr Fehlbetrag kann dann nicht mehr verborgen werden. Sie hatte jetzt durch die schlampige Kontrolltätigkeit des Betriebes eine einmalige Chance. Sie hätte das Auto verkaufen können, es war ja fast neu, und die Menschen hätten es ihr aus den Händen gerissen, einen Verlust hätte sie wahrscheinlich nicht einmal gehabt. Aber sie tat es nicht. Nein, sie wollte es, das sagte sie der Richterin, für sich behalten. Am 30. Dezember 1975 täuschte sie ganz ungeschickt einen Überfall vor. Ein ihr unbekannter Mann habe ihr die Augen verbunden und ihr 13000 Mark aus der Kasse geraubt. Es war nicht schwer für die Volkspolizei, zu erkennen, wer der wirkliche Täter war, der die Kasse geplündert hatte: Frau Heidrun. Staatsanwalt und Gericht waren bei der Einschätzung der Straftat unterschiedlicher Meinung. Die Staatsanwaltschaft ist überzeugt, daß Frau Heidrun die Behörden irregeführt hatte, das Gericht verneinte es.

Aber Strafantrag des Staatsanwalts und Urteil des Gerichts waren gleichlautend. Wegen verbrecherischen Diebstahls wurde Frau Heidrun zu einem Freiheitsentzug von zwei Jahren und vier Monaten verurteilt. Den Schaden hat Frau Heidrun nach Aufdeckung der Straftat wiedergutgemacht, sie hat jetzt das Auto verkauft.

Ob sie von ihrem Kollektiv, ihren Kollegen hätte besser unterstützt werden können? Das ist eine Streitfrage. Das hat auch nichts mit der Schuld der Frau Heidrun zu tun. Es ist die Frage, hätte man diesen Diebstahl verhindern können. Der gesellschaftliche Ankläger, ein Kollege aus ihrem Betrieb, nannte Frau Heidruns ursprüngliches

Motiv »fadenscheinige Gründe« und glaubt, wenn sie Geld brauchte, hätte sie genug Gelegenheit im Betrieb gehabt, neben ihrer Berufstätigkeit als Zeithilfe Geld zu verdienen. Das ist sicher irrig. Ihre Freizeit mußte sie für den kranken Mann und das nervöse Kind opfern. Aber in einem hätte der Betrieb ihr wahrlich helfen müssen, in einer ordnungsgemäßen Kontrolle über die Kasse und eine häufige Revision. Kein Mensch, der eine Kasse verwaltet, darf die Gelegenheit haben, sich monatelang Kredit aus der Betriebskasse selber zu gewähren. Kredit, das ist hier Diebstahl, verbrecherischer Diebstahl.

Luftzimmer und Luftbetten

»Schamlos nutzte sie die Überlastung ihrer Leiter aus.« So einfach ist das in den Augen des gesellschaftlichen Anklägers, wenn er das Resümee über die Betrügereien von Frau Ellen zieht.

Aber leider spricht er auch in eigener Sache, denn der gesellschaftliche Ankläger war einer von Frau Ellens Vorgesetzten. Und wenn dann der Staatsanwalt erklärt: »Der Betrieb ist seinen Verpflichtungen in der Kontrolle nicht nachgekommen«, ist das auch eine Kritik an der Arbeit dieses Herrn.

Aber ihre Leiter sind nicht angeklagt, sie haben sich auch nicht bereichert. Hier soll nur dargestellt werden, wie peinlich es ist, wenn Vorgesetzte, deren Pflicht es ist, ihre Mitarbeiter zu kontrollieren, dieser Pflicht nicht nachkommen oder nicht nachkommen können und dann als gesellschaftlicher Ankläger bestellt werden. Kollegen, die man lieber als Zeugen gehört hätte und die als Zeugen beitragen könnten, die sogenannten begünstigenden Ursachen mit aufzudecken. Und deren gab es, unter uns gesagt, genug in der Zentrale der Bewag, des damaligen Elektrizitätsversorgungsbetriebs der Hauptstadt.

Aber nun zuerst zu Frau Ellen. Drei Männer nannte sie ihr eigen, aber alle diese drei Ehen waren etwas kurz angebunden, drei Kinder hat Frau Ellen geboren. Mit ihren 32 Jahren ist sie noch immer eine schöne und außerordentlich gewandte Frau, eine Frau mit schmalem Einkommen, und der Gutgläubige ist gern bereit, einer solchen Dame einiges durchgehen zu lassen. Aber das zieht hier nicht. Ein Kind wird von ihrer Mutter versorgt, eines ist bei einem der drei Väter, und ein drittes, ein völlig ungebärdiger Junge, ist in einem kirchlichen Kinderheim.

Frau Ellen zahlt 75 Mark an ihre Mutter, das Heim sollte eigentlich 140 Mark monatlich bekommen, aber das schafft Frau Ellen nicht immer, sie ist mit ihren Zahlungen hier im Rückstand.

Von ihrem Einkommen bleiben ihr nach Abzug all ihrer monatlichen Verpflichtungen etwa 200 Mark übrig, das ist sicher nicht viel, und diese Rechnung trägt sie wortgewandt dem Gericht vor.

Aber, aber, die Schwindeleien begannen im Dezember 1974, als ihre dritte und letzte Ehe noch mehr oder weniger intakt war, als Frau Ellen nicht nur auf ihr monatliches Einkommen angewiesen war, als der Mann noch kräftig mit dazu beitrug. Es begann am 23. Dezember, es mußten sicher für die Kinder noch Weihnachtsgeschenke gekauft werden, und Frau Ellen hatte wohl kein Geld mehr.

Frau Ellen ist bei der Bewag Sachbearbeiter für Wohnraumbeschaffung. Die Bewag beschäftigt häufig Arbeiter und Monteure, die von auswärts kurzfristig oder länger in Berlin zu tun haben. Für sie hat sie eine Reihe von Zimmern gemietet – nichterfaßte Zimmer, wie es so schön heißt. Frau Ellen muß immer wieder für neue Zimmer sorgen, Zimmer mit einem oder mehreren Betten. Die Mieten werden monatlich von der Bewag, aus dem Kultur- und Sozialfonds bezahlt und in diesem Falle eben durch Frau Ellen. Sie hat von jedem dieser Vermieter eine Kartothekkarte: wieviel Betten in dem Zimmer stehen und welchen Preis der Vermieter für belegte oder nicht belegte Betten bekommt. Auch steht da, auf welches Konto das Geld an den Vermieter überwiesen werden soll.

Frau Ellen wußte, daß bei den Überweisungen, die von einem ihrer Abteilungsleiter abgezeichnet werden mußten, die Karte nie vorgelegt zu werden brauchte; sie genoß wegen ihrer Gewandtheit, ihrer schnellen Auffassung und schnellen Arbeitsweise ein hohes Vertrauen, so daß man blindlings die Überweisungen abzeichnete. So konnte Frau Ellen Rechnungen von Vermietern und Überweisungen an Vermieter zur Unterschrift vorlegen, die gar nicht existierten, die keine Kartothekkarte hatten, mit denen es keinen Vertrag gab, deren

Zimmer auch nie von Monteuren benutzt wurden, Luftzimmer mit Luftbetten.

Oder sie legte eine Überweisung zum zweitenmal vor. Das alles aber wäre sinnlos gewesen, wenn sie nicht außerdem sich noch selber eine Vollmacht ausgestellt hätte mit einer falschen Unterschrift, die Vermieter wünschten ihr Geld bar zu bekommen und beauftragten, weil sie krank waren oder verhindert, Frau Ellen, ihnen das Geld zu bringen. Im Dezember 1974 und Januar 1975 holte Frau Ellen auf diese Weise 3394 Mark ab. Das war möglich, weil Frau Ellen im ganzen jeden Tag etwa tausend Betten zu verwalten und zu belegen hatte.

Wir müssen etwas Eigenartiges konstatieren: Plötzlich hörte der Betrug auf. Erst im August 1975, als ihre dritte Ehe schon geschieden war, wurde diese Tour wieder aufgenommen.

Es geschah auch nicht aus Not, wie sie es dem Gericht darlegen wollte, die schöne, alleinstehende Mutter mit drei Kindern. Nein, es war Liebe, es war ein Freund in Rumänien, zweimal fuhr sie im Herbst 1975 ins rumänische Land zu seinen schönen Weinen und seinen romantischen Männern. Die Kosten für diese Leidenschaft zahlte die Bewag aus ihrem Kultur-und-Sozial-Fonds, die schlafende Bewag für die liebende Ellen. In den vier Monaten August, September, Oktober und November schädigte Frau Ellen die Bewag um 11650 Mark, also fast 3000 Mark in jedem Monat. Soviel brauchte sie neben ihrem regulären Verdienst.

Frau Ellen hat eine merkwürdige, höchst gefährliche Neigung zu den schwierigen Problemen des Wohnraums. Sie war früher einmal in einem Berliner Stadtbezirk in der Abteilung Wohnungswirtschaft tätig als Sachbearbeiterin. Dort hatte sie ihre Kompetenzen weit überschritten, sie hatte als angeblicher Leiter Leuten außerhalb der Reihe schwervermietbare Wohnungen zugewiesen, und sie hatte ihre Hand nicht verschlossen, als man ihr einen Erinnerungstaler in dieselbe drückte.

Sie war wegen Anmaßung staatlicher Befugnisse zu einer Bewährungsstrafe verurteilt, aber die zwei Jahre, die man ihr zugebilligt hat, hat sie nicht genutzt. Deshalb muß sie jetzt neben der neuen Strafe von zweieinhalb Jahren Freiheitsentzug die ihr damals angedrohten neun Monate mit verbüßen in einer so wenig komfortablen Unterkunft. Daran hätte sie denken müssen. Man sollte überhaupt, bevor man etwas tut, an die notwendig eintretenden Folgen denken, das bewahrt vor Schaden und vor dem Zahlen von 15000 Mark Schadenersatz, den sie nun auch noch zu leisten hat.

Aber waren ihre Vorgesetzten so überlastet, daß sie nicht einmal eine halbe oder eine ganze Minute übrig hatten, einen Blick auf die Karteikarte zu werfen und dort die von ihnen angewiesene Summe abzuhaken? Sie sind hier nicht beschuldigt und nicht angeklagt, aber im Betrieb wird man in einem Disziplinarverfahren über ihre Leichtfertigkeit zu Gericht sitzen.

Gefährliche Einflüsterungen

Die Not eines gequälten Herzens, hier wird sie zur Allgemeingefahr. Und wenn ich darüber schreibe, will ich mit meiner Arbeit Unheil verhüten, nicht neues Unglück verursachen, und deshalb soll man Frau Vera, wenn man sie aus dieser Geschichte wiedererkennt, nicht verspotten.

Es wäre billig und töricht, über Frau Vera zu lächeln, auch wenn dieser erste Satz ihres kurzgefaßten Lebenslaufs von unfreiwilliger Komik ist: »Ich bin die Tochter von dreizehn Kindern.« Aber der junge Richter des Kreisgerichts in der Altmark bleibt ernst, er weiß, wie schwer es für Vater und Mutter der Frau Vera war, die Kinder großzuziehen, eine Binnenschifferfamilie von Beruf und Antifaschisten von Gesinnung. So hat Frau Vera, 1934 geboren, die Schule nur bis zur fünften Klasse besucht, sie mußte mitverdienen, denn der Hunger von dreizehn Kindern war brennender als der Durst nach Bildung für das junge Mädchen. Sie hat einmal als Maschinennäherin gearbeitet, als Haushaltshilfe arbeitete sie, in einem Hotel als Zimmerfrau.

Ihr Problem ist nicht die Arbeit, ihr ganzer Kummer ist ein gewisser Mann. Sie liebt ihn, sie heiratet ihn. Sie hatte schon vor der Ehe eine Tochter, und ihr Mann hatte eine fast gleichaltrige. Und zu diesen zwei Kindern kamen noch zwei gemeinsame. Der Mann ist ein arger Trinker, und Frau Vera reicht nach zehn Jahren Ehekrieg und -frieden die Scheidungsklage ein. 1971 wird die Ehe geschieden. Das Erziehungsrecht für die Kinder, für ihr eigenes und die zwei gemeinsamen, bekommt sie. Aber was soll mit der Tochter des Mannes geschehen? Er kann sie nicht erziehen, ihm kann man die 16jährige nicht anvertrauen. Also soll sie in ein Heim. »Nein«, sagt Frau Vera, »es ist meine Tochter so gut wie die anderen.« Und so bekam sie auch für dieses Mädchen das Recht und die Pflicht, zu sorgen und zu erziehen.

Aber sie hat Reue, sie bedauert, die Scheidung eingereicht und den Mann aus der Wohnung gewiesen zu haben. Aus ihren Gedanken und Wünschen, ja aus ihrem Leben ist er nicht verschwunden. Er muß 280 Mark Unterhalt für die Kinder zahlen, und das tut er auch, wie sie sagt, nach bestem Vermögen. Und sie leben wieder zusammen. Er hat wohl noch eine andere Wohnung und manchmal, so vermutet sie, auch Beziehungen zu anderen Frauen. Das quält Frau Vera maßlos.

So waren sie am Freitag, dem 20. Juli, noch zusammen, Frau Vera und ihr Geschiedener. Aber dann, am Sonnabend, ließ er sich nicht mehr blicken. Sie lauert ihm auf. Sie wartet, bis eine Frau, von der sie vermutet, daß sie bei ihm ist, aus der Wohnung kommt. Sie trifft sie und gibt ihr eine Schelle. »Ich weiß, es war unrecht«, sagt Frau Vera, »er kann ja machen, was er will.« Es war eine ältere Frau, und sie versucht sich auch einzureden, zwischen den beiden war ja nichts.

Aber die Nacht darauf hat sie nicht geschlafen. Sie nimmt Beruhigungstabletten, drei Radepur, öffnet eine halbe Flasche Sekt, stellt zwei Gläser auf den Tisch. Soll er doch, wenn er kommt, denken, hier war auch ein anderer. Die halbe Flasche trinkt sie allein aus. Der Mann kommt nicht, und so kann er von dem angeblichen Gelage keine Notiz nehmen.

Um sieben Uhr morgens, Sonntag früh, nach einer, wie sie sagt, schlaflosen Nacht, kann sie es nicht mehr ertragen. Sie zieht sich an, geht in das Haus, in dem er wohnt, es ist ein altes Haus mit einer Holztreppe. Er wohnt im letzten, im vierten Obergeschoß, in einem Haus, in dem noch sieben andere Familien leben. Sie klingelt, sie klopft, sie schlägt mit den Fäusten gegen die Tür. Niemand öffnet. Sie ist überzeugt, er ist da und die andere. Sie entzündet ein Stück ihrer

Zigarettenschachtel und legt es auf die Fußmatte. Die brennt lichterloh. Jetzt bekommt sie einen Schreck, sie versucht, die offene Flamme, die Flamme ihrer Eifersucht, mit der Fußmatte der Nachbarwohnung zu ersticken. Aber auch die beginnt zu brennen. Sie rennt schnell die Treppe hinunter, sucht und findet einen Volkspolizisten. Dem muß sie klarmachen, was sie getan hat. Der glaubt es erst nicht, geht aber auf ihr Drängen mit. Als sie oben ankommen, brennt schon die Tür. Der Volkspolizist weiß sich schnell zu helfen, er klingelt bei den Nachbarn. Mit einigen Eimern Wasser ist das Feuer gelöscht. Gleichzeitig alarmiert er auch die Feuerwehr. Als die zur Brandstelle kommt, braucht sie nur die Ursache des Feuers festzustellen.

Vorsätzlich hat Frau Vera ein Wohnhaus in Brand gesteckt, daran ist nicht zu zweifeln, und der medizinische Gutachter meint, sie sei voll zurechnungsfähig gewesen. Die drei Radepurtabletten, zu denen sie noch leichtsinnigerweise eine halbe Flasche Sekt trank – Tabletten dieser Art darf man nie mit Alkohol einnehmen –, hätten zum Zeitpunkt der Tat bei ihr keine Bewußtseinstrübung verursacht. Die Staatsanwältin, aber auch das Gericht sahen Frau Vera vielleicht etwas anders. Sie selber sagt, sie kann sich die Tat heute nicht erklären, sie sei erst zum Bewußtsein gekommen, als das Feuer aufloderte. Dann hat sie ja alles, was sie tun zu können meinte, gemacht, um den Brand zu löschen.

Die Strafe, die das Gericht bei vorsätzlicher Brandstiftung in Wohnstätten, in Betrieben, in Lagerhäusern und Wäldern, in ähnlichen Einrichtungen fällen kann, könnte sehr hart sein, bis zu acht Jahren Freiheitsentzug. Aber das Gericht hat auch die Möglichkeit, eine Strafe auf Bewährung zu verhängen. Hier wurde richtig entschieden, eine Strafe auf Bewährung, die Zeit der Bewährung zwei Jahre und die Androhung ein Jahr.

Frau Vera hat ihren Betrieb verlassen, sie ist sicher wegen dieser Tat von ihren Kolleginnen gehänselt worden, sie hat sich auch geschämt. Der Betrieb hat sie nicht ungern gehen lassen. Betriebsegoismus und nicht die Sorge um einen sehr gequälten Menschen. Die Kinder sind oft krank, sie muß häufig der Arbeit fernbleiben, und das gibt Mißhelligkeiten auch mit den anderen Kolleginnen. Sie hat eine andere Arbeit aufgenommen, und dort ist sie eifrig und sorgfältig tätig.

Die Angst, den Geliebten ganz zu verlieren, die Wut über die andere und wahrscheinlich die verletzte Eitelkeit, die Furcht, allein zu bleiben, die schlaflose, gequält verbrachte Nacht – sehen wir von der Wirkung der Tabletten und des Alkohols einmal ab –, das alles kam bei ihr zur Explosion. Vor Eifersucht ist niemand gefeit, nur der Verstand und das Selbstvertrauen, auch wenn der geliebte Partner verloren ist, einen anderen zu finden, das sind die besten Mittel gegen die gefährlichen Einflüsterungen des gekränkten Ichs. Wer sich aber gedankenlos seinem quälenden Schmerz hingibt, der zündet auch Fußabtreter vor verschlossenen Türen an ohne Rücksicht auf die Gefährdung völlig Unbeteiligter.

Liebestraum

Immer ist es ein Feuer, manchmal ein stilles, glimmendes, das wärmt, manchmal ein kurzes, heißes, eines, das alles verbrennt, das Gefühl, das wir Liebe nennen, das zwei Menschen zueinander führt, zueinander treibt. Hier sind es zwei Menschen, die äußerlich wunderbar zueinander passen, scheinbar ein glückliches junges Paar. Sie könnten in einem Film, in einem Theaterstück ihre Rollen selber spielen. Aber es würde ein erbärmliches Stück sein, ein moralisierendes Stück, ein Stück einer verbotenen Liebe, das in der Haftanstalt endet. Ein Schulstück für junge Mädchen und Frauen, seht euch ja vor, mit wem ihr euch da einlaßt, prüfet, wäget vorher.

Und wenn ich jetzt wahrheitsgemäß berichte, was vorgefallen ist, dann wird es doch auch weiter einige wenige junge Mädchen oder junge Frauen geben, die, schön und unbesonnen wie sie sind, sich dem ersten besten Schurken an den Hals werfen und alles andere stehen- und liegenlassen. Mein Lehrer, der mich in der Kunst des Autofahrens unterrichtete, sagte in seinem rheinischen Dialekt über die Zentrifugalkraft, die eine ähnliche Kraft ist wie die Liebe: »Das ist 'ne Naturjewalt, da können Sie jar nichts jejen machen.«

Wie soll ich sie beschreiben, diese 22jährige dunkel- und langhaarige Palme, Tamara, aufgewachsen im märkischen Sand, sie sieht so unwahrscheinlich gut aus, kein Fehl ist an ihr. Sie wurde betreut von einer etwas zu strengen Mutter. Einer Frau, von der man mir sagte, sie lebe nach festen Prinzipien, die sich schon lange von ihrem Mann getrennt hat. Unerträglich, so sagt die schöne Tamara, war es zu Hause, so schlimm, daß sie mit 17 Jahren, als sie noch in die zwölfte Klasse ging, das Angebot eines jungen Künstlers annahm, zu ihm zu ziehen.

Hier war es nicht ein Feuer, nicht Liebe oder Zuneigung, es war einfach Mangel an Wohnraum, und mit 18 Jahren heiratete sie ihn, ohne ihn zu lieben, ohne daß er ihr die Aufmerksamkeit schenkte, auf die sie – weiß Gott – Anspruch hat. Denn seine Neigung galt den jungen Männern, sie, die schöne Tamara, war für ihn nur ein Feigenblatt. Ihr Wunsch, nach dem Abitur Theaterwissenschaft zu studieren, ging nicht in Erfüllung, zuviel Bewerber, zuwenig gesicherte Aussichten für diesen Beruf.

Der erste Anlauf, in einem Traumberuf zu starten, scheiterte, Tamara bemühte sich nicht weiter um die dramatische Kunst. Das ist sicher schade. Sie wurde Sachbearbeiter bei zwei verschiedenen Behörden nacheinander, ohne Lust und ohne Liebe, zuletzt in einer großen Verkaufsorganisation als Finanzbuchhalter, und sie arbeitete ohne Fehl und Tadel dort bis zum April 1975. Die Buchhaltung stimmte, die Finanzen stimmten auch. Finanziell gesehen ging es dieser unnatürlichen Familie recht gut.

Aber die privaten Beziehungen wurden immer unerträglicher, eine Scheidungsklage wurde von ihrem Mann eingereicht. Inzwischen sind sie, die sich im Bett nie vereinigt hatten, auch vom Tisch geschieden. Und wieder war es die Wohnungsfrage, die ungelöst blieb.

Der Mann John, der neben ihr auf der Anklagebank sitzt, will sie erst im April kennengelernt haben. Er ist genauso groß wie sie, so schlank wie sie, als Mann wirkt er, so sagt man mir, auf Frauen ganz ungemein.

Aber seine Vergangenheit ist düster, vorbestraft als Jugendlicher wegen eines Sittlichkeitsdelikts, seine Strafe auf Bewährung mußte umgewandelt werden, weil weitere Vergehen und Verbrechen hinzukamen, Betrug, Paßvergehen, Körperverletzung, Diebstahl, unbefugtes Benutzen von fremden Kraftfahrzeugen und, was das

Schlimme an ihm ist, asoziale Lebensweise. Er war schon deswegen angeklagt, kam aber durch Amnestie frei. Ständiger Wechsel von kurzen Arbeitsstellen, Straftaten, Freiheitsentzug. Ihm aber steht immer hilfreich sein Vater zur Seite, ein vielbeschäftigter Künstler, bei ihm kann er auch arbeiten, aushelfen zu einem Stundenlohn, der manchen erblassen ließe.

In seiner letzten Strafhaft hatte er erklärt, er möchte nun im Narwa-Kombinat arbeiten, diese Stelle wurde ihm sogar im September 1974 vermittelt. Im November ging er nicht mehr hin, er ließ sich von einer Frau aushalten, eine zeitweilige Arbeit nahm er als Beikoch auf, aber die war auch Mitte Februar 1975 zu Ende.

Seitdem hat er seine Hände durch Arbeit nicht mehr schmutzig gemacht. Er lebte von den Frauen, und dann flammte die Liebe zwischen Tamara und ihm auf. Tamaras Scheidung war damals noch nicht rechtskräftig. Sie ekelte sich, sie wollte mit dem Mann nicht mehr in einer Wohnung zusammen leben. Sie war, und das ist ganz deutlich, die treibende Kraft. Von ihr kam der Vorschlag: »Fahren wir nach Polen.«

Sie nimmt ihr Scheckbuch, und in wenigen Tagen holt sie von fast allen Berliner Postämtern Geld ab, im ganzen 7900 Mark. Sie weiß, es ist nichts mehr auf dem Konto. Alles läßt sie stehen und liegen, die Arbeit, jede andere Bindung, ihre Ehrlichkeit und Zuverlässigkeit. Sie weiß ungefähr, was mit ihm los ist, aber all das ist ihr gleichgültig. Sie weiß auch, das Geld wird in einigen Monaten aufgebraucht sein, sie weiß, was auf sie dann zukommt.

Ende Juli sind das Geld und der Liebestraum in Polen zu Ende. Sie kehren zusammen zurück, nicht nach Berlin. In Stralsund bittet John einen flüchtigen Bekannten um Geld, der gibt ihm einen Scheck über 100 Mark, den fälscht er auf 500 Mark um, stiehlt ihm noch ein Scheckblatt und hebt weitere 500 Mark ab. In der Mitropa in Neubrandenburg kommt es zu einem Wortwechsel mit einer Gruppe junger Männer, John schlägt einen von ihnen nieder, und die Transportpolizei nimmt ihn fest.

Auf dem Schuldkonto Johns kommt einiges zusammen: Rückfall bei Diebstahl und Betrug, dazu noch asoziale Lebensweise; Verletzung seiner Unterhaltspflicht gegenüber einem kleinen Jungen; im ganzen also drei Jahre und sechs Monate Freiheitsentzug und danach Androhung einer behördlichen Aufsicht.

Zwanzig Monate Freiheitsentzug für Tamara, Schadenersatz von 7450 Mark, denn noch einmal ist ihr Gehalt auf das geplünderte Scheckkonto eingegangen. Für sie gab es und gibt es nur ein Glück, ein langer verzehrender Blick auf den Schurken neben ihr auf der Anklagebank. Mit gelassener Würde trägt sie das silberne Armband, mit dem sie von einer Wachtmeisterin in den Saal geleitet wird. Ich habe geliebt und liebe noch, alles andere ist mir gleich.

Ein kurzes, wildes Feuer. Es war nicht, wie sie sagte, der mangelnde Wohnraum, es war ihr Wunsch, sich wegzustehlen von der Arbeit, von all ihren Freunden, von all ihren Bindungen.

Wie bei den...

Mathematiker haben immer recht. Sie können es beweisen, gegen die Logik, 2 × 2 = 4, ist kein Kraut gewachsen.

Wolf-Dieter ist Mathematiker und jung, 30 Jahre. Wohl deshalb trägt er einen schönen Vollbart; auf dem Kopf ist sein rotbraunes Haar weniger dicht, kaum der Rede wert. Wenn ich ihn so sehe, etwa um 20 Jahre gealtert, hat er eine gewisse Ähnlichkeit mit meinem Mathematikprofessor in einem spätbürgerlichen Realgymnasium, und genauso rechthaberisch ist er.

In Mathematik und Physik ist er eine Kapazität. Schüler, ja auch Lehrer holen seinen Rat ein, in der Volkshochschule, an der er unterrichtet. Er hat dort die höchste Qualifikation. Daß er nach dem Unterricht mit seinen Schülern und Schülerinnen ein Bier trinkt, schadet, so meint sein Kollege und Sprecher seines Kollektivs, seinem Ansehen. Ich finde es nicht schlimm, denn ein Volkshochschulschüler ist meist ein berufstätiger Erwachsener, oft älter als der Lehrer und auf anderem Gebiet genauso eine Autorität wie Wolf-Dieter in Mathe.

Also hören wir nichts als Lob über ihn, den Tadel nehmen wir hier nicht zur Kenntnis. Daß er ein Natur- und Heimatfreund ist, sei auch noch vermerkt, nicht ein ganz gewöhnlicher privater, nein, auf Kreis-

und Bezirksebene. Und aufgeschlossen in Fragen der Gesellschaft im allgemeinen, auf Kreisebene, aber im Privaten hapert's, sogar sehr, und darum geht es hier.

Zugegeben, Natur- und Heimatfreund Wolf-Dieter wohnt sehr beengt, ein Zimmer und eine Küche hat er in einem alten Berliner Haus in einer großen Wohnung, in der drei Parteien zusammenleben müssen. Ein Zimmer dieser Wohnung bewohnt eine Nichte jener gewissen älteren Dame, und Wolf-Dieter ist es peinlich, daß diese ältere Dame allzu ständig Zutritt zu seiner nächsten Umgebung hat.

All das ging so gut und so schlecht bis zu dem Tag, da eine junge Frau Wolf-Dieter das Leben verschönte, aber den Wohnraum noch mehr beengte, da sie noch ein elfjähriges Töchterchen mitbrachte.

Die ältere Dame, Frau Bettina, ist irgendwann einmal in die Hausgemeinschaftsleitung gewählt worden. Die anderen Mitglieder sind aus verschiedenen Gründen ausgetreten oder ausgezogen. Frau Bettina, 72 Jahre alt, beherrscht das große Haus allein. Sie führt das Hausbuch und hat sicher mit Mißbehagen eintragen müssen, daß eine völlig unverheiratete Frau bei Herrn Wolf-Dieter auf Besuch wohnt.

Nach vier Wochen reiste die Dame ab, kam aber nach drei Tagen wieder und begehrte wieder als Besuch eingetragen zu werden, was Frau Bettina strikt ablehnte. Da aber gegen Liebe kein Kraut und kein Hausbuch wächst, wohnte die junge Frau weiter dort, sehr zum Entsetzen Frau Bettinas jetzt völlig uneingetragen.

Außerdem verbot Frau Bettina kraft ihrer Autorität dem elfjährigen Mädchen das Spielen auf dem Hof. Ein sehr unschöner Zug der alten Dame, den wir hier öffentlich rügen müssen, denn auf der Straße war das Spielen unmöglich, hier herrscht ein starker Durchgangsverkehr.

Mittlerweile soll mitgeteilt werden, daß Herr Wolf-Dieter seine Freundin geheiratet hat, sie ist jetzt nicht nur auf Besuch, sondern für dauernd gemeldet. Wolf-Dieters Frau ist auch berufstätig, an ihr ist nicht der geringste Fehl. Aber das Problem des innerhäuslichen Zwistes war nicht aus der Welt geschafft, es schwelte weiter.

Es geschah wenige Tage vor der Heirat, in jener kurzen Periode, die vom meldeordentlichen Standpunkt her außerordentlich kompliziert ist. Wolf-Dieter sagt, es hätte schon dauernd Sticheleien gegeben. An diesem Sonnabend, dem 24. November 1973, war es besonders schlimm. Wolf-Dieter war gerade von der Arbeit nach Hause gekommen, und seine Freundin kam wenige Augenblicke später. Frau Bettina, auf dem Treppenpodest postiert, erging sich ziemlich laut in allgemeinen Redensarten über fremde Menschen, die von draußen kämen und ein Benehmen hätten wie die Hottentotten.

Ohne Zweifel meinte Frau Bettina dies in einem unfreundlichen Sinne. Die Hottentotten aber sind die Ureinwohner der Gegend um das Kap der Guten Hoffnung, sie wurden von den Holländern wegen ihrer Sprache so genannt. Und nach Berichten aus der Kolonialzeit, aus einem Lexikon von 1905, sind sie ein Volksstamm, der sich durch Mut und Intelligenz und durch eine Bereitwilligkeit, den Bedrückten und Hilfsbedürftigen beizustehen, auszeichnet. Außerdem sind sie im Gegensatz zu Frau Bettina sehr gastfreundlich.

Herr Wolf-Dieter aber hörte die lauten und unfreundlich gemeinten Worte von Frau Bettina, lief auf den Podest hinunter, und es kam zu einem bösen Streit: »Was haben Sie gesagt?«

»Ich habe ja keine Namen genannt.« Dann sei, so Wolf-Dieter, Frau Bettina, die mit den Armen wie eine Windmühle herumfuchtelte, mit ihrer Brille gegen seine ausgestreckte Hand gelaufen, die Brille zerbrach auf dem Boden.

Herrn Wolf-Dieters Freundin und ein junger Mann, der gerade auf Urlaub von der Armee zu Hause war, eilten herbei und schlichteten den Streit. Da aber gab Herr Wolf-Dieter Frau Bettina einen Tritt, der nicht ohne war.

Zwei Tage später ging Frau Bettina zum Arzt, und der stellte ziemlich erhebliche Prellungen fest, außerdem habe sie durch den Schlag und den Tritt einen Schock bekommen. Und nun ist Wolf-Dieter angeklagt wegen Körperverletzung. Als es für ihn brenzlig wurde, stellte er einen Antrag, ihm einen Rechtsanwalt beizuordnen, und dann verlangte er noch einen Obergutachter für die Verletzungen von Frau Bettina. Das Gericht aber machte eine Pause, und seine Freunde und Kollegen bezeugten ihm, daß all dies nur eine Verschleppung der ganzen Sache sein würde. An dem Fußtritt sei ja nichts zu deuteln, den könne auch der geschickteste Rechtsanwalt nicht aus der Welt schaffen.

Wolf-Dieter nahm seine Anträge zurück. Das Gericht gab ihm eine

Geldstrafe von 500 Mark, eine gelinde Strafe für einen Fußtritt gegen eine alte, vielleicht nicht immer sehr freundliche Dame.

Wäre Wolf-Dieter ein ebenso guter Psychologe, Völkertums- und Gesellschaftswissenschaftler, wie er ein guter Mathematiker ist, dann wäre er nach der Bemerkung von Frau Bettina zu ihr gegangen, hätte ihr die Hand gereicht und ihr gesagt: Benehmen wir uns endlich wie die Hottentotten, lernen wir von ihnen Freundlichkeit und Gastlichkeit.

Ein Mann zwischen zwei Frauen

Die drei lieben sich, hassen sich, konsequenter Zickzackkurs. Der Mann, Alwin, und die Frau, Gina, sind angeklagt. Die andere, Zeugin und Geschädigte, Jutta, weint herzergreifend, als die Staatsanwältin die Strafen gegen die anderen beantragt. Zusammen gehen sie dann, vereint, aber verfeindet, nach Hause.

Ständiger Kampf zwischen Gina und Jutta um den Mann. Er wohnt, solange er in Berlin ist, dauernd bei Jutta, schläft bei ihr in ihrem Bett, liebt sie natürlich. Aber lieben, richtig lieben: Er liebt nur Gina. Was für ein Mann, dieser Alwin, der Mecklenburger, so etwas Solides, Ruhiges, Biederes, mit dreizehn Vorstrafen. Die tut er mit einer Handbewegung ab, er ist stark und männlich, ist LKW-Fahrer in einer Kohlenhandlung und kann kräftig eingreifen.

Hier aber ist er mit seiner Herzallerliebsten Gina angeklagt, weil er nicht eingegriffen hat.

Noch eine Besonderheit sei hier vermerkt. Alle drei haben drei Kinder, jeder für sich, bei Alwin sind es drei außereheliche, die beiden geschiedenen Ehen brachten keinen Nachwuchs. Bei Jutta mußten die drei in ein Heim gebracht werden, nur Gina, die beruflich so fleißige, tüchtige, beliebte Kollegin, betreut ihren Nachwuchs mit ganzem Herzen. Er wäre ja zu gerne, wie er sagt, zu Frau Gina gezogen, aber dort wohnt noch der geschiedene Mann, und da der sich prinzipiell nicht um eine Wohnung bemüht, wird er auch dort wohnen bleiben.

Ja, Alwin hat es von Rostock nach Berlin verschlagen. Dort besitzt er eine richtige Hauptwohnung, die er vermietet hat. Dahin will er jetzt zurück, ob er hier in einer Kohlenhandlung arbeitet oder dort, sei ihm nicht so wichtig. Hier aber in Berlin halten ihn wahrscheinlich die beiden Damen.

Nicht nur in der Liebe ist Alwin doppelbödig. Er verdient, so sagt er, jeden Tag 10 bis 15 Mark. Als er kurz darauf gefragt wird, mit wieviel er sich denn an Juttas Haushalt beteiligt, sind es täglich 20 Mark. Ein Zauberer, dieser Alwin.

Es war an einem Sonnabend, dem 7. April. Alwin hatte einen freien Tag und lag im Bett bis mittags. Da klopfte es an Frau Juttas Wohnungstür, und herein kam Frau Gina. Hellblond, wenig sparsam auch mit Schminke und Lippenstift, etwas dick aufgetragen, weil sie ja klein ist von Statur. Das aber ist ihre Sache.

Frau Gina hatte schon vorher ein wenig getrunken und brachte eine Flasche Wodka mit. Die drei unterhielten sich dann, nachdem Alwin etwas schwerfällig aufgestanden war, ganz freundschaftlich. Die beiden Damen wollten eine Bluse gegen einen Pullover tauschen. Wenn man schon den Mann gemeinsam hat, kann man auch ab und zu die Bekleidung wechseln.

Was bei diesem Gespräch Frau Juttas Gemüt so sehr erregte, ist nicht ganz klargeworden. War es überhaupt die Anwesenheit der Freundin Gina, die ihr teilweise den Mann weggenommen hat – sie hatte die beiden miteinander bekannt gemacht –, war es der Wunsch von Alwin, nach Rostock zurückzufahren, den er da äußerte, jedenfalls etwas lag auch an dem Einfluß des Wodkas. Plötzlich stieß Jutta den Tisch in ihrer Wohnung um, an dem ihre Gäste saßen. »Ich nehme mir das Leben«, sagte sie und rannte hinaus. In einem Zimmer, der sogenannten Rumpelkammer, öffnete sie ein Fenster, drohte hinauszuspringen.

Die Wohnung liegt im ersten Stock, die Höhe wird mit vier Metern angegeben. Frau Gina lief schnell hinterher, sie fand das Fenster in der Rumpelkammer offen, Frau Jutta war nicht da. Sie sah sie unten im Hof liegen.

Zu dem fernsehbesessenen Alwin ging nun Frau Gina: »Jutta hat sich aus dem Fenster gestürzt!«

»Wenn sie sich das Leben nehmen will, ist das ihre Sache. Sie hat das doch schon öfter versucht.« Herr Alwin stellte den Fernseher nicht ab, blieb ruhig sitzen und ergötzte sich. Frau Gina war, wie sie sagte, wütend. Sie sprang auf, nahm sich ihre Sachen und ging nach Hause. Sie war empört über Alwin, sie tat aber selber nichts, obwohl das VP-Revier nebenan war. Es wäre eine Kleinigkeit für sie gewesen, dorthin zu gehen und Meldung zu machen. Erst nach einer Stunde – es können auch zwei gewesen sein, denn alle Zeitangaben wurden von drei Beteiligten sehr ungenau wiedergegeben –, also mindestens weit nach einer Stunde bemerkte ein anderer Hausbewohner ein Wimmern auf dem Hof. Er fand die Gestürzte und alarmierte sofort ärztliche Hilfe und die Volkspolizei. In der Unfallklinik wurden bei Frau Jutta nur Quetschungen am Hüftgelenk festgestellt, auf ihren Wunsch wurde sie nicht krank geschrieben, ihr wurde nur ein Schonplatz bei der Arbeit ärztlicherseits verordnet.

Sie sagte, sie sei nicht aus dem Fenster blindlings gesprungen, habe mit dem Springen nur drohen wollen, dann aber habe sie das Gleichgewicht verloren und sei auf den Hof gefallen. Der Sturz wurde wahrscheinlich durch Wäscheleinen gebremst.

Bei der strafrechtlich so bewegten Vergangenheit kam für Alwin eine Bewährungsstrafe nicht in Frage. Sein Vergehen, Verletzung der Pflicht zur Hilfeleistung, hätte ihm bei seiner Vergangenheit eigentlich eine Freiheitsstrafe von zwei Jahren oder mehr einbringen müssen. Aber das Gericht billigte ihm außergewöhnliche Strafmilderung zu, weil schwerwiegende Folgen durch den Sturz und die maßlose Gefühlskälte des Alwin nicht eingetreten waren. Also sechs Monate Freiheitsentzug. Frau Gina, die auch empört war über die Kälte ihres Freundes, dann aber wütend wegging und nicht das geringste unternahm, um der Freundin zu helfen, bekam, da sie bisher nie etwas getan hat, was ein Gericht hätte beschäftigen müssen, eine Bewährungszeit von einem Jahr zugebilligt. Es drohen ihr drei Monate Isolierung, wenn sie noch einmal etwas unterläßt oder gar tut, was mit Strafe bedroht ist.

Das Geschehen, diese erschreckende Teilnahmslosigkeit von Alwin und das passive Erstarren von Frau Gina, ist für die Gesellschaft und die Strafrechtspflege viel häßlicher, als es die betroffene Frau Jutta empfindet, die mit beiden Arm in Arm das Gerichtsgebäude verließ.

Klammern am blauen Montag

In dem neu eingerichteten intimen kleinen Gerichtssaal 309, von unten bis oben ganz mit hellem Holz getäfelt, muß es ja fast ein Vergnügen sein, verurteilt zu werden. Die Richter thronen auf purpurgepolsterten Sesseln, und auch für den Angeklagten ist keine harte Anklagebank, sondern ein weicher Stuhl vorgesehen.

Es ist natürlich kein Vergnügen, schuldbeladen vor diesem Gerichtshof zu stehen. Und der starke Gerüstbauer und Zimmermann Donald steht wie der schon klassisch gewordene begossene Pudel da, ganz unwohl ist ihm auch, als er eine Vorstrafe eingestehen muß, die ohne Gerichtsverhandlung – per Strafbefehl – ausgesprochen wurde, die er ohne Widerspruch hingenommen hat. Vier Wochen Haft wegen Beleidigung. Hier also, schließt der bisher unbefangene Zuschauer, muß die Beleidigung schon ganz deftig gewesen sein.

Sonst aber ist unser Gerüstbauer ein höchst ehrenwerter Mann, dem keine Nachlässigkeit oder Schluderei oder gar Bummelei auf dem Bau nachgesagt werden kann. Eine im großen und ganzen liebenswürdige Erscheinung, noch ganz im Glanz seiner Jugend, noch nicht in Ehebanden, noch nicht Vater irgendwelcher Rangen, er geht, das ist bei einer solch stattlichen Erscheinung kein Wunder, nicht unbeweibt durch die Gefilde; aber eine junge Dame, der er, wie er sagt, eine ganze Wohnung eingerichtet habe, sei von ihm abgerückt, sie habe sich nicht an ihn geklammert. Seine Ersparnisse seien durch Einrichtungskosten ganz aufgezehrt.

Auch jetzt, wie sollte es anders sein, bei einem so verdienstvollen Mann, spielt er kein Solo. Aber hier scheint er nicht wie in der ersten Runde mit großem Einsatz zu reizen, er bedenkt seine Herzenskönigin mit kleinen Aufmerksamkeiten, ein schöner Zug seiner Lebensart. Aber bekanntlich haben gerade die kleinsten Dinge oft einen sehr hohen Preis.

So erklärt unser Gerüstbauer dem Gericht den bedauerlichen Zustand seines Spargirokontos, das bei Beginn der Begebenheiten ein Minus von 76 Mark aufwies. Unser Donald aber nahm es auf die leichte Schulter, er trug es, wie der alte Lateiner Horaz sagen würde, etwas nachlässig im Bausch seiner Toga.

Es war ein Tag nach dem Osterfest 1980. An diesem Montag setzte sich unser Zimmerer in ein Zimmer mit drei anderen Männern vom Bau, um Karten zu spielen – auf eine ganz besondere Art –, um zu klammern. Der Richterin und auch dem Beobachter sind die Regeln dieses Spiels nicht bekannt, und der Zimmermann meinte, es gäbe keine besonderen Regeln. Von den vier Spielern spielen immer zwei gegen zwei, es sei ein Volksspiel, es stamme aus dem Orient, und der Bube sei die höchste Karte, dann folge die Neun. Mehr war aus den

Erklärungen des Angeklagten nicht zu entnehmen. Es gibt also sicher sehr genaue Regeln, aber unser Gerüstbauer kann ganz sicher sagen, welche Regeln für den Gerüstbau notwendig sind, in theoretischen Kenntnissen des Klammerns ist er jedoch eine völlige Niete.

Ob er es auch in dem praktischen Ausüben des Klammerns ist, wäre zu vermuten. Er würde das bestreiten. Er klammert mit seinen Freunden schon seit vielen Jahren, aber vielleicht lag das an dem blauen Montag zu sehr am Alkohol. Zehn Glas Bier, eine Flasche Wodka und eine halbe Flasche Whisky habe er schon im Kreise seiner Kameraden getrunken. Da kann man leicht einen Buben mit einer Dame verwechseln und läßt auch einmal eine Pik-Neun gerade sein.

Ob Klammern ein Glücksspiel ist und ob Glücksspiele – auch im privaten Kreis – verboten sind, darüber gingen im Gericht die Meinungen auseinander. Trotz eifriger Mühe habe ich nichts Derartiges in unserem Strafgesetzbuch, in dem Buch über die Ordnungswidrigkeiten und in dem Spezialsammelband über die Strafbestimmungen außerhalb des Strafgesetzbuches finden können.

Ordnungswidrig und strafbar ist die Veranstaltung einer nichtgenehmigten Lotterie, aber ich glaube nicht, daß man Kartenspiele im privaten Kreis, auch reine Glücksspiele, verbieten und bestrafen soll und kann. Wer überflüssiges Geld hat, es riskiert und verliert, macht das auf eigene Rechnung.

Als aber in unserem Fall Donald sein Bargeld verspielt hatte, schrieb er zwei Schecks über 500 Mark und bekam dafür von einem Mitspieler 1000 Mark bar. Donald setzte an diesem Tag hoch, ungewöhnlich hoch. Mit 200 Mark fing er an und verlor, und dann, wohl um seine Verluste wieder hereinzuholen, erhöhte er auf 500 und auf 1000 Mark. Und er verlor. Dann unterschrieb er noch weitere elf Schecks mit je 500 Mark, er war durch die Trunkenheit gar nicht mehr in der Lage, die Schecks sonst auch noch auszufüllen, und die wurden dann als Bargeld in das Spiel einbezogen und auch von Donald verloren.

Da Donald wußte, und wir wissen es auch, daß er sein Konto überzogen hatte, fehlten ihm nun neben der kleinen Überziehung noch 6500 Mark auf dem Konto.

Die beiden Kameraden, die von Donald diese große Summe im

Spiel gewonnen hatten, eilten am nächsten Morgen direkt zum Postamt Friedrichsfelde 2 und bekamen am gleichen Schalter und zur gleichen Zeit die dreizehn Schecks im Freizügigkeitsverkehr eingelöst.

Ich weiß, ich bekomme an meinem Postamt, dort, wo ich sogar bekannt bin, immer nur einen Scheck über 500 Mark ausbezahlt. Beim zweiten lehnen die sonst so liebenswerten Postkolleginnen eine weitere Einlösung immer ab und berufen sich auf ihre Vorschriften. Aber hier dreizehn Schecks an einem Schalter zu der gleichen Zeit mit derselben Unterschrift. Dies sollte bei der Deutschen Post in Friedrichsfelde 2 und auch anderswo einmal, wie es bei uns so schön heißt, ausgewertet werden.

Es hätte gar nicht viel gefehlt, da hätte unser unglückseliger Glücksspieler sofort sitzen müssen, denn ein Betrug am Volkseigentum in Höhe von 6500 Mark wird von den Gerichten als ein sehr ernster Fall angesehen. Da aber in diesem Fall Donald schon fast 3000 Mark von seinem hart verdienten Zimmererlohn zurückgezahlt hatte, konnte diese Tatsache den Ausschlag bei der Urteilsfindung geben. Eine Bewährungsstrafe wurde ausgesprochen, aber eine Androhung von einem Jahr Freiheitsentzug steht zu Buche, sie wird nur dann verwirklicht, wenn Donald sich noch einmal ähnliches oder anderes zuschulden kommen läßt. Damit es aber fühlbar ist, wie unrecht er gehandelt hat, wurde eine Geldstrafe von 1000 Mark verhängt. Er wurde verurteilt, den Restschaden wiedergutzumachen.

So besehen, hat für Donald, den tüchtigen Zimmermann, der kleine helle Saal im Stadtbezirksgericht Berlin-Lichtenberg noch eine relativ freundliche Ausstrahlung gehabt. Aus dem Klammern am blauen Montag ist unser Gerüstbauer noch gerade mit einem blauen Auge davongekommen.

Inhalt

Junge Leute und ihre Nöte vor Gericht

Leben wofür?

Eros und Ehe vor Gericht

Eros und die lieben Dinge

Gefährlicher Eros

Eros – Ehe – Haß

Ehe und Trunk

Später Eros

Die doppelte Bürde der Frau

Denn ... die Ehe ist auch ein ökonomisches Problem

Mutter sein – so schwer?

Vater sein – so schwer?

Das gequälte Herz

34,-